香港政治危機

圧力と抵抗の2010年代

倉田徹

東京大学出版会

Political Crisis in Hong Kong:
Pressure and Resistance in the 2010s
Toru KURATA
University of Tokyo Press, 2021
ISBN978-4-13-033110-4

香港政治危機　目次

装幀——水戸部功＋北村陽香

香港政治危機——圧力と抵抗の二〇一〇年代

序章　香港政治危機はなぜ起きたか

二〇一〇年代、香港では激しい「政治化」が進んだ。それは、世界から平穏な返還や「一国二制度」の成功を称賛された、一九九七年から二〇〇〇年代までの状況からは想像もつかないような、あまりにも大きな変化であった。

一九八九年の天安門事件発生以来毎年行われてきた追悼集会は、二〇〇〇年代には参加者の減少、記憶の風化が言われていた。しかし、二〇〇九年に突如史上最多の参加者を集めた後、二〇一〇年代を通して一〇万人を超えるような大規模集会が毎年開催された。二〇一二年には、若者が政府前の広場を占拠して「愛国教育」の必修化に反対する抗議集会（反国民教育運動）を行い、政府はこれに屈して必修化を断念した。二〇一四年には民主化を求める「雨傘運動」が発生し、催涙弾の使用で香港中心街が大混乱した後、長期にわたって幹線道路が占拠された。二〇一六年には九龍の盛り場・旺角《モンコック》で、投石や放火、警察の威嚇射撃を伴う騒乱が発生し、極めて異例の「暴動罪」が適用された。従来ほぼ存在しなかった香港独立の主張に火がつき、政府は独立派の団体をヤクザと同様に非合法化した。そしてついに二〇一九年、「逃亡犯条例」改正反対の巨大デモに端を発した抗議活動は、香港のほぼ全土で催涙弾の発射を伴う衝突を発生させた。半年以上にわたって暴力化した衝突による混乱が続いた上、事態は米中をはじめとする世界を巻き込んだ政治危機にまで進展した。

筆者が香港政治と向き合って四半世紀になるが、これは完全に筆者の想像を超える展開であった。イデオロギーの多様性を内包しつつも、大規模な国家間紛争が四〇年以上発生していない平和な東アジアにおいて、グローバル化の恩恵の下で経済的な繁栄を極める裕福な国際金融センター・香港は「ノンポリ経済都市」と見なされがちであった。香港政治の研究は主に、香港人はなぜ政治に関心がないのか、香港はなぜ、非民主的な体制であるにもかかわらず、安定を維持してきたのかというような問題意識に基づいて行われてきた。しかし、二〇一〇年代の香港政治の展開は、そうした過去の香港政治研究の問題意識をほぼ無意味なものにした。筆者を含む研究者たちも、この状況に困惑し、悩みながら、この現実をどう理解し、説明すべきか、模索してきた。

本書は、そうした二〇一〇年代の香港の「政治化」を主な対象とし、その原因を探ることを目的とする。過去一〇年、筆者は怠惰にして単著の研究書を完成させることはできなかったが、幸いにして多くの研究者や研究機関・報道機関からのお招きにあずかり、様々な形で香港の政治現象や政治構造を論じる機会を頂戴してきた。その際の議論を部品としつつ、筆を加えて一冊の書籍としたのが本書である。

結論から言えば、「政治化」の原因を単一の事象・現象等に求めることはできない。例えば、「反中感情」、「習近平の強権化」、「貧富の格差」、「米国の煽動」などが、それぞれ立場の違う論者によって犯人扱いされてきた。いずれも一面においては事実であろうが、それだけでこの「政治化」を説明するのに十分要因とはなりえない。しかも、こうした各種の要因は相互に作用して、鶏と卵のように、原因ともなり、結果ともなっている。香港・中国・世界のレベルで、政治・経済・国際関係などの多くの側面で起きた変動が、いずれも香港の「政治化」を加速させる方向に作用した結果が、二〇一〇年代の劇変であり、二〇一九年以降の政治危機であった。

したがって、問題意識に迫るためには、こうした絡み合う多様な要因を、糸をほぐすようにより分けて、様々な側面から論じることが必要となる。本書も概ねそういった章立てをとっている。第一章では中央政府の対香港政策の変遷を、「一国二制度」方式による香港返還を決定した鄧小平から、江沢民・胡錦濤を経て習近平に至る各指導者の時代ごとにたどる。第二章では、「政治に関心がない」と言われた香港人が、大規模な民主化運動に没入するに至った価値観の変化を検討する。第三章は「中港矛盾」と言われる、中央政府或いは大陸の人々に対する香港市民の反発の現象の原因を考える。第四章では選挙制度の民主化を検討し、英国や中国、そして香港市民の思惑通りには進まなかった民主化の過程の複雑さを論じる。第五章は、自由貿易や脱政治化などの構造の下で育ってきた香港の自律的な市民社会と共産党政権が、互いにどう向き合ってきたのかを検討する。第六章では、二〇一九年の巨大抗議活動の発生後に起きた、香港をめぐる国際社会と北京の鋭い対立の背後にある構造変化を分析する。

しかし、複雑なのは、こうして腑分けした一つ一つの要因でさえも、二律背反的な説明が可能になるという点である。例えば、中央政府の態度である。習近平体制のあまりの強権が、香港を「政治化」させたとの説明は妥当に見える。しかし、そもそも大規模なデモ・抗議活動を起こさせない中央政府あるいは大陸の人たちにとっては、政府が弱腰で、抗議活動を抑え込めないことが問題の原因である。したがって、香港市民は抑圧の不自由のゆえに抗議活動をおこしたと認識するが、大陸の立場では抗議活動の発生は「過度に」自由だからである。また、中央政府や大陸の人々は、住宅難や若者の社会的地位上昇の困難といった経済問題を「政治化」の根本原因と論じる傾向が強い。しかし香港の若者は、香港人がそうした物質的価値よりも、民主・自由・環境などといった非物質的価値を追求するようになったことを「政治化」の要因として強調する。中国政府は「愛国教育」の不足が若者の反中感情の原因と見るが、香港の専門家は問題をむしろ「愛国教育」が生んだアレルギー反応と考える。激しい抗議活動は平和と安定の喪失として、少なからぬ人々の不安を呼んだ。他方、抗議活動は大量の死者を出すような事態には至らず、市民生活や経済活動への影響は限定的でもあり、その点では香港は相変らず平和でもある。中国は米国の煽動を介入の根拠とするが、米国は中国の強権化を介入の根拠とする。こうした事態は、大国が香港を翻弄しているように見えるが、香港の事態が大国を巻き込んだということも可能である。

結局のところ、「一国二制度」というシステムの下にある、香港そのものが二律背反的で逆説的な土地なのである。したがって、最終的に本書は「政治化」の原因について明快な結論には至らない。しかし恐らくこの際、問題が複雑であると指摘することもまた、一つの仕事であると筆者は考える。というのは、香港の政治問題は現在、その複雑性にもかかわらず、経済問題と外国の干渉が混乱の原因であると一方的に診断する中国中央政府によって、荒療治に着手された状態にあるからである。二〇二〇年の「香港国家安全維持法（国安法）」制定と、二〇二一年の選挙制度の変更による民主化の頓挫は、本書が扱う香港の、様々なアクターによる対立と妥協の積み重ねで作られてきた制度と状況を、根本から覆しうるインパクトを与える。本書の執筆中に、本書が扱う現状分析のかなりの部分が過去形になってしまった。この先の事態の展開は容易には想像できない。したがって本書は結論に替えて、二〇二〇年代に入ってからの香港政治の変化がいかに衝撃的なものであるかを、終章において強調して終わる。

第一章　中央政府の対香港政策——鄧小平の香港から、習近平の香港へ

はじめに

二〇二〇年、中国政府による「香港国家安全維持法（国安法）」の制定を受けて、「一国二制度」は終わった、壊れたなどの議論が巷にあふれた。米国のドナルド・トランプ大統領は、同法制定を全国人民代表大会（全人代）が可決した直後の五月二九日、香港は「一国一制度になった」と明言した。

「一国二制度」が変調しているとの議論は、必ずしも「国安法」制定によって初めて出現したものではない。一九八四年の「中英共同声明」で、一九九七年の返還以後の香港に「一国二制度」が適用されることが決定され、そのシステムは二〇四七年まで「五十年不変」とされた。しかし、周知の通り、返還後の香港政治は紆余曲折の多い波瀾万丈の展開となった。このため、返還後〇〇年経つと、香港内外のメディアが「五十年不変、〇〇年大変」と喧伝することが、もはや近年の通例となっている。

二〇一七年七月一日の返還二〇周年の前後には、「一国二制度」の現状に対する厳しい論調が多く現れた。疑問は主に香港の自治の弱体化や民主化の遅れに向けられている。二〇一四年の民主化運動「雨傘運動」の指導者であった黄之鋒（ジョシュア・ウォン）は、「一国二制度はすでに一国一・五制度に変容した」[1]と主張している。返還前の「最後の香港総督」であったクリス・パッテンは、二〇一七年五月三日に開かれた米国の中国問題に関する連邦議会・行政府委員会公聴会において、中央政府による「中英共同声明」や「香港特別行政区基本法（基本法）」への違反、司法の独立への圧力、学術の自由の侵害などの問題を多数列挙した上で、「香港が新しい主権国から約束されたものを与えられていないことは全く明らかである」[2]と述べた。日本の新聞においても、朝日新聞は「最近、中国・習近平政権によって自由は侵食され、制度の建前が損なわれてきた。一国二制度は空洞化していると言わざるをえない」[3]と論じ、産経新聞は「人々が二〇年前に描いた香港の未来図は、決して現在の姿ではなかったはずである。中国政府は香港の高度の自治を認めた『一国二制度』の原点を思い起こすべきだ」[4]と主張した。立場の異なる二紙の主張がいずれも「一国二制度」の変質を非難する形で、奇しくも一致している。

果たして「一国二制度」は、その二〇年を超える実践の過程において、何が変わったのか。本章では、返還決定後の中央政府の対香港政策の特徴を、鄧小平から江沢民・胡錦濤を経て習近平の時代までの時期ごとに分け、それぞれの指導者が香港問題をどう認識し、どのような政策で対応しようとしたのか、その結果どのようなことが発生したのかを考える。その作業を通じて、「一国二制度」をめぐる長年の問題の蓄積が、その爆発としての二〇一九年の大規模抗議活動に至り、二〇二〇年の「国安法」制定という北京の大きな政策転換を引き起こしたことを説明する。

1　鄧小平の香港――「資本主義の香港」

(1) 中英交渉と香港返還の決定

一八四二年、アヘン戦争に敗北した清国が「南京条約」に基づいて、香港島を英国に割譲したところから、英領植民地としての香港の歴史が始まった。しかし、中華人民共和国が一九四九年に成立した時点では、大英帝国はすでに衰退期に入り、軍事力においても中国は英国を上回っていた。植民地の香港は、共産党のイデオロギーから見ても、あるいは中国のナショナリズムから見ても、本来であれば「解放」されるべき土地である。それにもかかわらず、中国は香港への進軍を避け、英国の統治を永らえさせた。

これは共産党の戦略的な判断であった。一九四六年にはすでに、毛沢東は香港を急ぎ回収する意思がないことを英国人ジャーナリストに伝えていたとされる。(5) 建国後の一九四九年一二月九日、毛沢東は「香港の解放を急がない」と述べている。(6) こうした政策は、周恩来によって「長期打算、充分利用（長期的に計算して、充分に利用する）」の「八字方針」にまとめられた。確かに、英国が香港を統治し続けることは、中国にとって利点があった。中国は建国直後から朝鮮戦争に関する国連と米国の制裁を受けたが、香港経由の密輸はその抜け穴となった。その後も香港は自由貿易港として、中国に貴重な外貨をもたらした。また、日米などと国交を結べない中で、英国が一九五〇年に西側諸国として最初に中華人民共和国を承認したのも、香港の存続をめぐって中国に配慮したことが一因であるとされる。つまり、社会主義の中国が、建前上不都合な資本主義世界とつながる行為を現実には必要とし、そのために香港が使われたのである。

一九七六年、毛沢東が死去し、鄧小平が一九七八年には新たに中国の最高指導者としての権力を掌握した。英国が一八九八年の条約で清国から九九年間租借した新界地区の租借期限である一九九七年が近づくにつれ、一九七〇年代に入ると香港では将来の問題が浮上していた。一九九七年以降の香港の地位が不透明であったために、新界での長期土地リース契約などに支障が出始めていたからである。一九七九年三月、中国政府の招請により、マレー・マクルホースが総督として初めて公式に北京を訪問した。マクルホースは香港に戻ると、鄧小平が「投資家は安心してよい」と述べていたとのみ伝えた。実際には、この時点ですでに鄧小平は香港を一九九七年に「一国二制度」方式で回収する意思を示していたとも言われる。同年元旦には、中国は同日の米国との国交正常化に合わせて台湾向けに「台湾同胞に告げる書」と題する公開書簡を発表し、「合理的な政策と方法を採用し、台湾人民に損失を蒙らせない」平和的手段で統一すると宣言しており、すでに「一国二制度」の原型がこの時点では構想されていたと考えられている。一九八二年には中英間で香港返還をめぐる正式な交渉が開始された。その口火を切ったマーガレット・サッチャー首相の訪中の際は、英国が香港統治を一九九七年以降も継続するとの意志を強調するサッチャーを鄧小平が一喝した。代わって、香港の繁栄を守りながら統一を実現する方式として、中国は「一国二制度」を提案した。交渉は一九八四年に決着し、同年調印された「中英共同声明」で、一九九七年七月一日の香港返還と、返還後の「一国二制度」方式による香港統治が決定された。

中国では鄧小平が「一国二制度」方式を考案したとされている[(7)]。「一国二制度」とは、社会主義の中国の一部で、資本主義の体制を実施することを意味する。したがって、鄧小平の頭の中にあったのは、圧倒的に、資本主義で経済的に繁栄する香港の現状維持という問題であった。

「中英共同声明」の第三項は、返還後の香港における中国の政策の大綱を説明する内容となっている。その内容は一二項目に及んでいるが、そのうち半分に当たる第五〜一〇号は、主として経済に関する内容となっている。即ち、現行の社会・経済制度と生活様式の不変、個人財産・企業所有権・合法的相続権・投資への法的保護(第五号)、自由港および独立関税地区の地位の維持(第六号)、国際金融センターの地位の維持、外国為替・金・証券・先物取引市場の開放、資金の流入・流出の自由、香港ドルの流通及び自由兌換の継続(第七号)、財政の独立と、中央政府の香港に対する非課税(第八号)、英国及びその他諸国と香港が互恵の経済関係を樹立できること、英国その他の諸国の香港における経済的利益への配慮(第九号)、「中国香港」の名称での各国・各地区・国際機構との経済・文化関係を保持・発展できることおよび関係協定締結の権利(第一〇号)といったものである。

返還交渉末期の一九八四年七月三一日、ジェフリー・ハウ英外相と会談した鄧小平は、①英国が過渡期に香港ドルの地位を動揺させること、②土地売却収入を日常の政府運営に使うこと、③政府官僚の給与や退職金などをむやみに増額すること、④過渡期に政府統治の指導者層を自分で育て上げて返還後にそれを押しつけること、⑤英国系企業が資金を香港から持ち去ることの五つを避けて欲しいと求めている。[8] ④を除けば、鄧小平が心配したのは基本的に経済問題であった。鄧小平が守ろうとしたのは「資本主義の香港」、しかも、低税率・低福祉で潤沢な財政剰余金を生み出す、社会主義の対極にあるような香港の経済のあり方であった。

過渡期に香港で流行したのは「馬照跑、舞照跳」という言い回しであった。「馬は走り続け、ダンスは踊り続ける」と訳せるが、この場合の「馬」は競馬、「ダンス」はナイトクラブでのダンスを意味する。賭博や夜の社交というような資本主義の娯楽は、当時の中国では「精神汚染」として取り締まりの対象とされたが、香港においてはこれらも引き続き自由であるとの意味である。これらの発言の前提にあったのは、「経済都市」香港であった。

(2) 民主化問題の浮上と双方の妥協

一方、政治の面については、中国が約束したのは「港人治港(香港人による香港統治)」と「高度の自治」であった。「中英共同声明」第三項は、香港が外交と国防以外の高度の自治権(第二号)、行政管理権・立法権・独立した司法権・終審権を享有し、現行法は不変であり(第三号)、香港政府は現地人によって構成され、行政長官は香港での選挙または協議を通じて選出され、中央人民政府が任命する、主要高官は行政長官が指名し、中央政府が任命する、従来からの公務員・警察要員は外国籍の者も含め留任でき、香港政府は、外国籍の者を顧問や公職に就けることができるとしている(第四号)。高官の具体的な人選の方法に関する内容は極めて曖昧であり、議員などについては言及すらない。それも当然である。当時香港の行政評議会・立法評議会(それぞれ閣議と議会に擬せられる)は、全議員が総督の委任で選ばれた諮問機関に過ぎなかったのである。民主化はまだ開始されていなかった。

それでは、その状況からどのように「自治」の主体を形成して行くのか。鄧小平の発言は曖昧なものであった。

「港人治港」には、境界線と基準がある。即ち、愛国者を主体とする香港人によって香港を管理せねばならない。将来の香港特別行政区政府の主な中身は愛国者である。もっとも、そうでない者も受け入れねばならないし、外国人を顧問として雇用してもよい。愛国者とは何か。愛国者の基準は、自らの民族を尊重し、祖国が香港に対する主権の行使を回復することを誠心誠意擁護し、香港の繁栄と安定に害を与えないことである。これらの条件さえ備えていれば、彼らが資本主義を信じていようが、封建主義を信じていようが、果ては奴隷主義を信じていようが、いずれも愛国者である。我々は、彼らが皆中国の社会主義制度に賛成

することを要求しない。彼らに祖国を愛し、香港を愛することだけを求める。(9)

即ち、「愛国者による香港統治」である。但し、ここでいう愛国者はかなり寛大に定義されており、イデオロギーは不問に等しい。この発言から、どのような香港人が「港人治港」の主体として選ばれるのか、具体的に想像することは難しい。

一方、英国が「自治」に関して出した答えは民主化であった。一八四二年からの香港統治において、英国は植民地化初期に作り上げた、総督が事実上独裁的な権力を握ることのできる体制を、ほとんど変更しなかった。選挙は、保健・衛生に関する行政および公共施設に関する行政について決定する機関である市政評議会と、新界に一八九九年の英国への割譲以前から居住していた者とその子孫が、新界の行政について政庁に対して助言を与える機関である郷議局において、いずれも一部にのみ制限選挙が実施されていたのみであり、大部分の市民は政治参加の面では無権利状態であった。英国は日本の第二次大戦敗戦により香港の統治を回復した直後の一時期、民心の掌握を目的として民主改革実施を検討したことがあったが、冷戦の激化や中国の反対により実現せずに終わった。戦後に高度成長を実現し、中産階級が出現する中でも、香港では時代遅れの一九世紀の植民地的な総督独裁体制が維持されていた。しかし、植民地からの撤退に当たり民主化を行うのは英国の常套手段である。英国は、一九八〇年代に入って突如香港で部分的な民主化を開始した。一九八二年には区議会を新設し、一九八二年からその一部議席について普通選挙での選出を開始した。そして「中英共同声明」仮調印後の一九八四年一一月、政庁は「代議制度の香港での更なる発展に関する白書」を発表し、一九八五年から立法評議会で間接選挙を実施すると発表した。

このことは中国の強い反発を招いた。前述のハウ外相との会談で鄧小平が述べたように、中国は英国が残した親英的な統治者集団を押しつけられることに強く警戒していた。香港における事実上の中国政府代表である新華社香港支社長を務めた許家屯は、回顧録で英国の民主化を「親英勢力を育て、『九七年』後も、統治権のない英国に代わってその代理人が引き続き香港を統治する局面を作りだそうとした」と批判する。まさしく、中国が最も嫌ったことを英国が始めたと見なした許家屯は、一九八五年一一月二一日、香港で記者会見し、英国の挙動を激しく非難した。(10)

では、鄧小平はこの問題についてどう語ったか。一九八七年四月一六日、返還後のミニ憲法的存在とされる「基本法」の起草委員会において、鄧小平は中国の社会主義の堅持を強調した上で、香港の政治制度を全面的に西洋化すること、西洋式を中国に丸ごと移植すること、三権分立や英米の議会制度をやることはしないと述べ、「香港にとって普通選挙は必ず有利か？　私は信じない。例えば、以前にも言ったように、将来香港は当然香港人が物事を管理するが、これらの人たちは普遍的な投票で選挙してよいのか？　私たちは、これらの香港を管理する人物は、祖国を愛し、香港を愛する香港人でなければならないと述べているが、普通選挙は必ずそういった人物を選び出すか？　最近デイヴィッド・ウィルソン香港総督が、順序ある漸進をせねばならないと言っているが、私はこの見方が比較的現実的だと思う。仮に普通選挙をするにしても、一歩一歩段階を踏むことが必要だ」と述べ、民主化に慎重な姿勢を示していた。(11)

実際、中国の反発を前に英国は妥協し、一九八八年に予定されていた立法評議会の一部普通選挙を九一年に延期した。また、「順序ある漸進」で民主化を進め、返還後に中国の主権の下で普通選挙を行うことに合意し、一九八九年二月に中国政府が発表した「基本法」草稿には、返還後にも漸進的に民主化を進め、政府の長である行政長官と、議会である立法会を普通選挙とすることが最終目標として明記された。ただし、この「最終目標」の実現時期については規定がない。この問題が後に世界を震撼させるような事態を招くとまでは、当時は鄧小平を含め、恐らく誰も予想していなかったであろう。

2　江沢民の香港――「相互不干渉の香港」

(1)天安門事件と「和平演変」への警戒

返還を前にして、漸進的民主化に関する中英の合意を揺るがす大事件が発生してしまう。一九八九年四月一五日、胡耀邦前総書記が死去した。在任中に穏健な政治改革を進めてきた改革派の胡耀邦の死に対し、これを悼む学生や市民が多数北京の天安門広場に集まってきた。折しもソ連の改革が進み、共産圏で民主化の気運が高まる中、五月一五日にはミハイル・ゴルバチョフ書記長が訪中し、三〇年を超える中ソ対立を終わらせるという歴史的な出来事があった。学生たちはその間も天安門広場を占拠し続け、天安門広場でのゴルバチョフ歓迎式典は開催不能となった。中国政府はついに五月一九日戒厳令を布告し、六月三日深夜から四日にかけて、学生運動を武力鎮圧する暴挙に出て、多数の死傷者を出した。この「天安門事件(六四事件)」により、趙紫陽総書記も解任され、冷戦終結期の中国の民主化は潰えた。胡耀邦・趙紫陽という改革派の総書記を背後で鄧小平が動かし、経済の改革・開放のみならず、政治面でも民主的な改革が模索された時代は終わり、民主化運動の鎮圧の功績を買われてヒラの政治局員から抜擢された、保守派の江沢民が総書記に就任した。

当時中国ではソ連(中国語で「蘇」聯)・「東」欧の社会主義体制崩壊の波を、宋代の詩人・蘇東坡の名にかけて

「蘇東波」と称し、その中国への到達を恐れた。天安門事件に抗議する西側諸国が一斉に中国に制裁すると、共産党政権はこれを、民主化を旗印として政権を平和裡に転覆させようとする(「和平演変」)陰謀と見なして非難した。「和平演変」の回避が、政権にとって最大の命題となったのである。

その文脈において、天安門事件前後の香港の挙動は江沢民に強く不審視された。事件後の一二月四日以降、北京で江沢民総書記ら中国の指導層と次々と会談した、サッチャー首相の特使・外交官パーシー・クラドックの回想では、江沢民は、香港市民からの寄付が天安門広場の学生を支援するテントの購入に使用されるなど、香港がデモを背後で支援した十分な証拠があると言明して強く非難してきたという。(12) 基本法起草委員会には弁護士の李柱銘(マーティン・リー)や、教師の司徒華といったリベラルな人物も参加していたが、両名は香港で学生運動を支援する香港市民支援愛国民主運動連合会(支連会)を設立し、抗議デモや集会を繰り返し開催して一躍政界の有名人に躍り出た。両名は一九九〇年に香港初の本格的政党と言われる香港民主同盟を、一九九四年にはその後身で、民主派の核心となる民主党を結成し、民主派の中心人物として活躍することとなった。七月二一日、『人民日報』は、李柱銘と司徒華の二名が「中国政府を転覆させるための様々な活動」を行ったと非難し、中国政府は両名を基本法起草委員会から排除した。

江沢民が香港に対して強調したのは相互不干渉の尊重であった。江沢民が用いた有名な比喩である「井の水は河の水を犯さず(井水不犯河水)」とは、香港という井戸の水と、中国大陸という河の水がそれぞれ混じり合わないという、相互不干渉の強調である。江沢民は香港が社会主義体制の転覆基地になるべきでないと主張したのである。同時に、中国は具体的に政権転覆を防止する措置をとった。英国の反対を無視し、完成目前の「基本法」第二三条を「香港特別行政区は、反逆・国家分裂・反乱扇動・中央人民政府転覆・国家機密窃取のいかなる行為をも禁止し、外国の政治的組織または団体の香港特別行政区における政治活動を禁止し、香港特別行政区の政治的組織または団体の、外国の政治的組織または団体との関係樹立を禁止する法律を自ら制定しなければならない」とし、中央政府の転覆の禁止などの治安立法を香港政府が行う義務を加えた。

(2) 民主化問題での中英対立

一方の香港は、返還を目前にして発生した天安門事件に巨大な衝撃を受けた。香港市民は中国の民主化に期待し、事件直前の五月には数十万人とも、一〇〇万人とも言われる規模のデモを繰り返して、広場の若者を支援していた。事件によって、返還後の香港に絶望した多くの市民が、香港を棄てて欧米・豪州などに移民した。

香港の人心の慰撫のため、英国は国際人権規約に適さない既存法を改正することなどを盛り込んだ「香港人権法案条例(人権法)」を一九九一年に制定したほか、中国政府と交渉し、一九九一年に予定されていた立法評議会初の普通選挙の議席数を、当初の全六〇議席中一五議席から、一八議席に増加させることを北京に受け入れさせた。その一八議席を選ぶ香港初の立法評議会の普通選挙では、民主派がうち一七議席を獲得するという地滑り的な勝利を収めた。そして一九九二年、英国統治下で最後の総督としてクリス・パッテンが着任すると、次回一九九五年の立法評議会選挙において、普通選挙の二〇議席以外の職能別選挙三〇議席の選挙委員会選出一〇議席の選挙方法を変更して、より普通選挙に近い方法で選出する「パッテン改革」を打ち出した。

中国政府はこれに激しく反発し、パッテンを「千古の罪人」と罵るまでに中英関係は悪化した。中央政府はパッテンが「中英共同声明」などに違反したとの口実で、一九九五年選出の立法評議会議員を返還をまたいで一九九九年まで留任させるとの当初の構想を覆し、立法評議会を返還と同時に解散させると決定した。中国政府は立法評議会とは別に、親中派で固めた「臨時立法会」を設立して一九九六年末から深圳で活動させた。臨時立法会は、「人権法」に基づいて許可制から届け出制に変更されたデモを再び許可制に戻す「公安条例」の改正や、パッテン改革で民主派が多数になった間に民主派主導で制定された各種の労働者権利保護の法律の廃止などを、返還直後に執行する準備を整えた。過渡期末期の中英関係・香港の政治状況の悪化は、返還後に対する不安を増幅させた。

（3）平穏な返還

しかし、そういう状況の中で迎えた一九九七年七月一日の返還は、多くの者の想定以上に平穏なものとなった。混乱は生じず、中央政府は初代の董建華行政長官に多くを任せて発言を控えた。非民主的な臨時立法会は確かに人権保護の法規を後退させたが、それでも返還後も天安門事件追悼集会の開催や民主派の活動などの自由や、報道の自由は基本的に維持された。「一国二制度」は守られているという評価が内外に広がった。江沢民は香港返還式典において、香港に対する不干渉を宣言している。

香港特別行政区基本法は、香港が守らなければならないだけでなく、中央政府の各部門と各省・自治区・直轄市も守らねばならない。中央の各部門とあらゆる地方は、香港特別行政区が「基本法」の規定に基づいて自ら管理することに対して、干渉しないし、干渉することを許されない(13)。

北京が（少なくとも表向き）不干渉を貫いた理由はいくつか挙げられる。そもそも「一国二制度」は、台湾を統一するために中国政府が導入したアレンジであった。不干渉を貫けば、返還の成功を台湾及び国際社会に示すことができる。また、パッテン総督が去り、北京自らが選んだ[14]董建華行政長官に交代したことで、当然ながら公の場で論戦する必要はなくなった。中国に投資と近代化をもたらす香港経済の安定も、もちろん重要であった。

しかし、それらとともに重要なのは、香港から北京への「干渉」が容易にはできない仕組みの存在であった。香港は「祖国に復帰」したとはいえ、「一国二制度」の下ではかつての両者間の「国境」の管理は従来通りであった。中国大陸と香港は引き続き分断され続け、ヒトの通過にはパスポート・チェックが、モノ・カネの移動は通関が行われ、多くの民主派の者は中国大陸に入れない。情報は電波妨害や書籍の没収などによって遮断される。この「擬似国境」で香港からの共産党政権に対する干渉も防ぐ仕組みが制度化されていたからこそ、北京は香港の反共的な活動を放置し、香港への露骨な干渉を回避することができたのである。

いずれにせよ、不安の中で迎えた返還が平穏に終わり、香港市民は安堵の反応を見せた。一九九二年に開始された、香港大学民意研究プロジェクトによる世論調査では、中央政府を「信任しない」と回答する者が常に「信任する」とする者を上回っていたが、返還後の一九九七年七月調査で初めて信任三二・一%、不信任三〇・一%と信任が上回った[15]。

(4) 経済の暗黒期——アジア通貨危機からSARSと「五〇万人デモ」へ

しかし、相互不干渉で政治面での中港関係が安定した返還直後の香港は、経済と社会においては最悪の時代となった。返還の翌日である一九九七年七月二日、タイ・バーツの切り下げに始まったアジア通貨危機の中、バーツ同様に米ドルとの連動相場制が採用されている香港ドルは投機筋の攻撃を受け、通貨当局がその防衛のために猛烈な利上げを迫られた。結果、返還直前には好景気に沸いた香港経済は、資産バブルが崩壊し、株価・不動産価格の暴落を招いた。また、一九九七年冬には鳥インフルエンザが人に感染して流行し、香港が世界で初めて鳥インフルエンザによる死者を確認する事態となり、返還後の沈滞する観光業に追い打ちをかけた。このインフルエンザ対策や、新空港開港時のシステム不良などでしばしば混乱が生じ、市民の間で長く信じられた「優秀で効率の良い公務員」という神話が揺らいだ。ある意味では市民からの距離に守られていた英国人の香港総督とは異なり、「香港人による香港統治」の責任者、市民の代表という地位に置かれた行政長官は、容赦ない市民の批判に晒され、民主派からは辞職要求が公然と叫ばれた。

そのような中で、香港政府は「基本法」第二三条に基づく治安立法の手続きを急ピッチで進めていた。相互不干渉を旨としたこの時期においても、中央政府は「和平演変」を防ぐことを非常に重視していた。天安門事件以後、学生運動が弾圧され、政治改革が停滞・後退した中国において、一九九九年に共産党政権の新たな脅威として浮上したのが、同年に中央政府指導者の居住する北京・中南海を人の鎖で包囲する行動を起こしたとされた法輪功であった。中国政府は法輪功を邪教として強く糾弾するキャンペーンを展開した。しかし、信教の自由が保障された香港では、法輪功は自由に活動していた。返還前に華人として初の政府ナンバー2となり、返還後留任して初代の政務長官についた陳方安生（アンソン・チャン）の法輪功の処理は、中央政府の大きな不満を呼んだと指摘される。一九九九年のマカオ返還式典の際、江沢民国家主席はマカオで法輪功のデモに遭い、マカオ政府は強硬な手段ですぐにこれを阻止した。これに対し陳方安生は、法輪功は香港では合法組織であり、その一切の活動は、香港の法律に違反しない限り、全て許可されるとメディアの質問に回答した。このことは陳方安生の大きな「罪状」となり、最終的に陳方安生は二〇〇一年に任期途中での辞職に至ったといわれる。(16)

したがって、総体的に見て自由を維持していたように見えた返還直後の香港でも、法輪功にはある種の圧力がかけられるようになった。二〇〇一年一月には、香港政府は法輪功のイベントに参加するために世界各地から香港にやってきた一〇〇〇名近くの法輪功関係者の入境を拒否した。二〇〇一年二月、董建華行政長官は立法会で、「法輪功に対しては、我々はその今後の活動と動向を密に注視し、香港社会の安寧と秩序が影響を受けないことを確保する。実際、法輪功は多かれ少なかれ、邪教の性質を持っている」と発言した(17)。信教の自由が保障されている香港で、少なくとも香港内部では社会問題を発生させていなかった法輪功に対して、行政長官がこのように言及する理由は、中央政府の圧力なしには説明が難しい。二〇〇一年三月六日、銭其琛副総理は、法輪功の存在は香港・マカオの繁栄と安定に何ら利点がないなどと発言し、香港に国家安全立法の作業を促した(18)。

こうした中で、香港政府は「二三条立法」の作業に着手し、二〇〇二年九月二四日には諮問文書を発表して立法作業を開始した。民主派やメディアなどはこれを警戒した。二〇〇二年一二月に民主派が発動した「二三条立法」反対デモには、当初予想を大きく超える六万人が参加し、天安門事件以来最大のデモとなった。しかし、普通選挙枠はまだ立法会の四割に過ぎなかった当時、民主派勢力は六〇議席中二一議席しかなく、親政府派が支持すれば政府法案は賛成多数が確実な情勢であり、政府はそのまま立法作業を急いだ。

そこに突如出現したのが、二〇〇三年春から夏にかけて香港を襲った謎の新型肺炎SARSであった。広東省から香港を訪問した医師からの感染が拡大し、香港はSARSにおいては世界最多の三〇〇人の死者を出した。感染を恐れる市民や観光客が街を避け、人通りが消えた。結果的にGDPは大幅マイナス成長に陥り、失業率は統計史上最悪となった。それでも政府は「二三条立法」の作業を予定通り進め、七月九日の「国家安全条例」可決・成立を目指していた。政府の態度は市民の反発を増幅させた。七月一日、民主派が組織した「二三条立法」

反対デモは、主催者側発表五〇万人、警察発表三五万人という巨大な規模に達した。市民の強い反発を前に、香港財界寄りの親政府派政党・自由党が立法反対に転じ、法案の立法会通過が不可能になった。結果的に条例案は廃案に追い込まれた。

3　胡錦濤の香港――「和諧社会の香港」

(1)「五〇万人デモ」後の北京の政策転換

このデモは、「平穏な返還」を見守り、返還後の香港は万事順調であると信じてきた中央政府にとって非常に大きな衝撃であったとされ、中央政府の対香港政策が大きく転換されるきっかけとなった。一方、そうした政策転換には、中央政府が江沢民から胡錦濤へという、最高指導者の交代期にあったことも影響しているであろう。二〇〇二年一一月一五日に党総書記が、二〇〇三年三月一五日に国家主席が、江沢民から胡錦濤に交代した、江沢民は中央軍事委員会主席にはしばらく留任し、二重権力の時代とも称されたが、二〇〇四年九月一九日に党の、二〇〇五年三月一三日には国家の中央軍事委員会主席も胡錦濤が継承した。

胡錦濤の統治のキーワードは「和諧社会」、即ち調和のとれた社会であった。経済は順調に、持続的に成長していたが、中国社会には格差・貧困・環境汚染などの社会問題が蓄積し、暴動も全国で多発していた。こうした状況を緩和させ、平和な社会を築くことが課題とされたのである。

この「和諧社会」という語は両義性を持った。一方では民意に対する応答が「和諧社会」実現の方法であった。特に胡錦濤の就任当初は、温家宝総理とのコンビで「胡温の新政」とも称されるような自由化の予感を与えた。

そのきっかけとなったのがSARSであった。大陸では情報の隠匿などが問題となり、当時普及しつつあった携帯電話やネットを通じたデマの拡散なども生じていた。胡錦濤は北京市長と衛生部長を更迭し、情報公開の措置をとった。このため、一時はSARSがソ連に改革を迫ったチェルノブイリ原発事故と同様の役割を果たし、ここから中国も「グラスノスチ」や「ペレストロイカ」へと向かうとの期待も一部には生じた。しかし、胡温体制は後に保守化し、民主化は進まなかった。「和諧社会」を表面上実現するためには、暴動などの「和諧」を乱す事態を鎮圧する必要があった。二〇〇八年に民主化を求める「〇八憲章」を発表した劉暁波は拘束され、二〇一〇年に劉暁波が獄中でノーベル平和賞を受賞した際には、欠席のままで授賞式が行われた。二〇〇八年にはチベット、二〇〇九年には新疆での騒乱が、厳しく弾圧された。

こうした、弱者対策などで社会の不満を解消するソフトな側面と、反対派に弾圧を加えて政治の安定を作り出す強硬な側面という、「和諧社会」の硬軟取り混ぜた二面性は香港統治にも表れた。「五〇万人デモ」によって「相互不干渉」の時代は終わり、「中港融合」と言われる政治・経済関係の緊密化がここから進行してゆくこととなった。実は、「相互不干渉」に先に「音を上げた」のは香港であった。アジア通貨危機以来の香港の深刻な不景気を尻目に、順調に経済成長を続ける大陸に対し、香港の政財界が大陸との「自由貿易区」構想など、関係強化を働きかけていたのである。董建華政権のナンバー2であった陳方安生政務長官は、経済融合は「一国二制度」を壊すとして慎重姿勢であったが、二〇〇一年に陳方安生が辞職すると構想は進展した。二〇〇三年六月二九日、就任間もない温家宝総理を招き、香港で「経済緊密化取り決め(CEPA)」が調印された。その直後に「五〇万人デモ」が発生した。CEPAの調印式に出席した後、温家宝は七月一日午前に返還六周年の記念式典に参列してから香港を離れたが、北京にはすぐに戻らずに香港北隣の深圳に留まり、香港のデモをテレビで観察していたとも言われる。中央政府の香港出先機関である中央政府駐香港連絡弁公室（中連弁）は、デモの規模を三万人程度と予測していたとされるが、それと全く異なる事態を温家宝が目の当たりにしたことで、中央政府は香港の問題の深刻さを認識し、対香港不干渉から「有所作為（役割を果たす）」に方針を転換したとされる。

(2)「中港融合」と「中国化」

まず行われたのは、経済融合の加速である。CEPAの枠組み内で、香港の金融機関の人民元業務を解禁し、香港が世界最大の人民元オフショア・センターへと成長するきっかけを作った。また、大陸からの個人観光客の香港訪問を解禁し、香港は恐らく世界で最も早く「中国人観光客の爆買い」を体験した。小売り・観光業は大いに潤い、経済はV字回復した。個人観光は、当初広東省の地方都市からの香港訪問が試験的に導入され、間もなく広州・深圳といった香港近隣の主要都市や、北京・上海などの大都市も解禁された。二〇〇七年までの間に広東省全域を含む全国二二省・直轄市の四九都市が個人旅行の対象に入った。

一方、政治の面では「アメとムチ」となった。民主派は「五〇万人デモ」に勢いづき、行政長官と立法会の普通選挙早期実現を求めたが、中央政府は二〇〇四年四月に「基本法」の解釈権を行使して、普通選挙の実施時期と選挙方法の決定権が事実上香港にないことを明確化した上で、早期の普通選挙化を却下する決定を下した。

民主化を拒否するときに中央政府が持ち出した論理は「愛国者による香港統治」であった。二〇〇三年、香港で普通選挙の要求と、選挙制度改革の手続きを巡る議論が始まると、中央政府はこれに直接回答せずに、前述の鄧小平による「愛国者による香港統治」の議論を持ち出した。香港ではこれを機に「愛国者とは誰か」をめぐる論争が生じた。具体的には、民主派も統治層に入ることのできる「愛国者」であるか否かが焦点であった。民主派は自らも中国の民主化を願う愛国者であるとの主張を行ったが、一部の中央政府関係者などからは、民主派の「中国は愛するが、共産党は愛さない」という価値観は、愛国者としては認めがたいという趣旨の議論がなされた。結局、愛国者の明確な定義は示されないまま、普通選挙の却下によって論争は収束したが、この論争を通じて明らかになったのは、資本主義者・封建主義者・奴隷主義者も愛国者であり、社会主義制度への賛同も求めないとした愛国者の基準は、実は民主派を包容するものではないという可能性であった。[19]

「愛国」に加え、「独立」という語についても、中央政府関係者は独特の見解を示した。二〇〇三年一二月、民主化論争についての見解を説明するために、四名の「基本法」の権威とされる大陸の法学者が香港に送られて講演した。その際、その一人である人民大学教授の許崇徳は、選挙制度改定の必要性の判断をもし香港人が自分で行うようにしたら、「それでは独立と同じではないか」と述べた。[20] 主権独立の国家を作らずとも、政治制度の選択や行政長官の選出などについて香港の議論に任せることは、北京としては「独立の政治実体」を作り出すこととして、受け入れがたいものであることが示唆された。「香港独立」を糾弾する北京の主張は、「植民地としてはほとんど唯一独立運動がない」[21]とも評された香港の人々にとっては、不可解とも言える論理であった。

他方、中央政府は二〇〇五年三月に不人気の董建華行政長官を突如更迭した（脚が痛いという健康問題を理由に辞職したが、信じる者は少ない）。普通選挙の即時実施は受け入れられないものの、「董建華辞めろ」という「五〇万人デモ」で最も多く叫ばれたスローガンには回答を示した格好である。もっとも、これが民意への応答なのかについては疑問視する声も小さくない。董建華は、就任前に江沢民が自ら歩み寄って握手したことで初代行政長官候補の筆頭と目されるようになった「江沢民系」の人物であったが、胡錦濤への指導者の交代によって後ろ盾を失っていたのである。更迭に先立つ二〇〇四年一二月、マカオ返還五周年式典に胡錦濤と董建華が参加した際、董建華は胡錦濤から「不足の点を洗い出す」ようにとの訓話を聞かされ、メディアには董建華が面罵されたと書かれていた。更迭劇の背後には、北京の権力移行も存在した。

ただ、いずれにせよ、董建華の辞職が香港の民意に沿うものであったことは結果として事実である。後任に据えられたのは、当時政府ナンバー2の政務長官を務めていた曽蔭権（ドナルド・ツァン）であった。海運会社の二代目社長という大富豪であった董建華とは対照的に、曽蔭権は警察官の家に生まれた庶民であった。ファイザー製薬のセールスマンなどを経て政府公務員に採用され、出世を極めたという、香港のサクセス・ストーリーを体現する経歴を持ち、アジア通貨危機の際にヘッジ・ファンドの香港ドルへの攻撃を撃退した財政長官として、能力も市民から信用されていた。また、かつてパッテン総督によって華人初の財政長官に任命されたことを見ても、共産党色の薄い人物であった。人気の高い曽蔭権行政長官の就任で、政治は急速に安定を取り戻した。

このように、「中港融合」は経済の回復に成功させ、「和諧社会」の論理に基づく統治は一定程度香港の民意への反応を見せた。二〇〇三年の政治危機は急速に解消し、返還一〇周年の二〇〇七年頃には、香港は政治・経済の黄金期を迎えた。しかし、中央政府がより大きな「役割を果たす」方針の採用は、香港の自治の後退への布石を着実に打つものでもあった。

返還一〇周年式典は、胡錦濤国家主席が就任後初めて香港を訪問するなど、香港のみならず、中国にとっての一大イベントとして準備された。中央政府は七月一日以前にも多くのシンポジウムなどを開催したが、中でも六月六日に開催された「基本法」施行一〇周年記念座談会では、呉邦国全人代委員長が、香港の高度の自治権は香港に固有のものではなく、中央政府が与えたものであり、中央政府が与えた分の自治権のみを香港特別行政区が享有すると発言し、物議を醸した。呉邦国の発言は、表面上、単一制国家の一地方という香港の法的地位を確認したに過ぎない。しかし、英国式の体制の「五十年不変」を約束された香港の市民の間では、英国式の政治システムを北京から与えられているという感覚は強くなかった。香港では、呉邦国の発言は中央政府が自由に香港の自治権を回収する意思表示とも一部で捉えられ、反発を呼んだ。

七月一日の胡錦濤の演説にも、一国は二制度の前提であり、一国なしに二制度はない、一国は中央政府が法に基づいて所持している権力を守り、国家の主権・統一・安全を守ることであり、二制度は香港の高度の自治権であるとの内容が含まれた。一〇年前の返還式典において、江沢民国家主席が中央政府の香港への不干渉を強調したのとは対照的に、胡錦濤の発言は香港が中国の一部であることを強調した。これは、香港がこの一〇年間に、経済的に中国大陸への依存を深めたことを象徴するものであった。

六月三〇日の歓迎晩餐会での講話では、胡錦濤は「愛国教育」の必要性を強調している。胡錦濤が、「私は特に強調したいが、青少年は香港の未来と希望であり、国家の未来と希望でもある。我々は青少年に国民教育を行い、香港と大陸の青少年の交流を強化し、香港の同胞の愛国愛港の栄光ある伝統をつないでゆくことを重視する必要がある」と述べたことについて、晩餐会出席者で、香港の巨大ディベロッパー・新鴻基地産のトップであった郭炳湘（ウォルター・クォック）は、胡錦濤が香港と大陸との間のコミュニケーション不足を感じているのかもしれないと語っている。(22)

二〇〇八年一月には、中連弁研究部長の曹二宝は、香港には二つの「統治隊伍」があり、その一つは行政長官や高官などからなる地元の隊伍で、これが「香港人による香港統治」を体現する一方、もう一つの中央政府の香港政策に関わる官吏という統治隊伍も、重要な統治の力として「一国」を体現していると論じた。(23) これは二つの権力センターの存在を露骨に正当化する議論として、当時香港では大いに物議を醸した。

このように、胡錦濤時代の中央政府の対香港政策は、「中港融合」というアメによって香港の人心を得つつ、その代価として中央政府も少しずつ香港において影響力を拡大してゆくというパターンが定着した。香港返還記念日の式典などの節目には中央政府指導者が香港を訪問し、個人旅行対象都市の拡大など、何らかの経済面での「中港融合」を推進する新政策を発表することが恒例となった。今回北京の指導者はどのような「ビッグ・プレゼント」を手土産に香港に来るかという内容が、訪問を前にする時期には必ず香港メディアの大きな話題となった。政治問題を経済融合で解決・解消してゆくという大方針は北京に成功体験としてすり込まれた感がある。それは二〇一〇年の大陸と台湾の間での「両岸経済協力枠組協議（ＥＣＦＡ）」締結に見られるように、後に北京が台湾に対する経済融合政策を提案することにも示唆を与えたと考えられよう。

（３）民主化の展開

一方、胡錦濤時代の香港の民主化の展開は複雑さを孕んだ。「五〇万人デモ」の後、民主派は董建華という不人気の行政長官が選出された原因を非民主的な政治体制に求め、普通選挙の早期実施を求めたが、前述の通り中央政府はこれを却下した。その際北京は全人代常務委員会によって「基本法」を解釈し、香港の政治体制の決定権が事実上北京にあるという枠組みを作った。香港では当初、民主派のみならず、親政府派も含めた多くの政界関係者が、「基本法」の文言を見る限り、選挙制度は香港で先に提案できるものと考えていた。しかし、二〇〇四年の「基本法」解釈以後、香港で選挙制度の改革を行うためには、中央政府の是認が必要となった。北京の決定権を明確にした全人代常務委員会の「基本法」解釈は、自治の後退を意味した。

他方、胡錦濤政権は香港の民主化の推進に一定の前向きな姿勢も見せた。天安門事件当時、中央弁公庁主任として、趙紫陽とともに天安門広場に学生を見舞った経歴も持つ温家宝総理とのコンビで、前述の通り「胡温の新政」を展開した胡錦濤は、「民主は良いものだ（民主是個好東西）」という論文を書いた政治学者の俞可平をブレーンに抱え、大陸でも「増量民主」と称される、共産党内の「党内民主」を漸進的に拡大する改革も試していた。胡錦濤は大陸の政治の一つのモデルケースとして、香港の民主化に一定の価値を見出していた可能性も高い。

そうした民主化へのある程度肯定的姿勢が表れたのが、二〇一二年の行政長官選挙・立法会議員選挙制度をめぐる問題であった。二〇〇七年一二月二九日、全人代常務委員会は香港の選挙制度についての決定を行った。そこでは二〇一二年に行政長官の普通選挙は行わず、立法会については普通選挙の議員数が半数という、その時点での比率を変更しないことを決定した。しかし、その決定に合致する範囲内での小幅な改革の実施は可とするとともに、二〇一七年に行政長官普通選挙化、二〇二〇年に立法会議員全面普通選挙化を可とするとも決定した。民主派が長年求めてきた、普通選挙実現の具体的なタイムテーブルが初めて中央政府から示されたことで、民主派の穏健派は北京の姿勢に一定の評価を与えた。具体的な選挙制度改革の議論の過程では、穏健民主派立法会議員三名が二〇一〇年五月二四日に中連弁を訪れ、天安門事件後初めて公式に中央政府と接触するなどし、さらに民主派の提案を容れた政府案の修正もなされた。結果的に穏健民主派が選挙制度改革案に賛成票を投じたことで、改革案は成立した。

しかし、そうした胡錦濤政権の姿勢は過大評価すべきではない。行政長官の将来の普通選挙化を規定する「基本法」第四五条は、「広汎な代表性のある指名委員会が民主的な手続きによって指名した後、普通選挙で選出する」とする。即ち、普通選挙による行政長官の選抜の前に、候補者は「指名委員会」によって絞り込まれる。委員会の構成と指名の方法については、「基本法」には具体的な規定がなかった。指名の手続き次第では、普通選挙に全有権者が投票する時点で、候補者はすでに共産党によって厳しく絞り込まれているという状態になる可能性があった。実際、二〇一七年の行政長官普通選挙を可とした二〇〇七年の全人代常務委員会の決定は、この指名委員会を、わずか八〇〇人から一二〇〇人の財界エリートを中心としたメンバーで行政長官を選出してきた従来の「行政長官選挙委員会」の構成を参考にして構成するとしていた。恐らく北京は当初から、誰もが出馬できて、公平な投票で選ぶ行政長官の普通選挙の香港での実施を想定していなかった可能性が高いであろう。「普通選挙」として、欧米型のデモクラシーを想像してきた民主派と北京の中央政府の関係は、完全に同床異夢とも言うべき状態であった。この時点では、中央政府と民主派の双方が、妥協を困難にする突っ込んだ議論を避け、指名問題についての検討はあえて回避していたようにも見える。しかしこの問題は、後の習近平時代の香港に、恐ろしいほどの禍根を残したのである。

4　習近平の香港――「国家の安全の香港」

(1)「国家の安全」の優先

胡錦濤は二〇一二年一一月一五日に共産党総書記を、二〇一三年三月一四日に国家主席を、いずれも習近平に譲った。胡錦濤は江沢民と異なり、総書記と同時に党中央軍事委員会主席を、国家主席と同時に国家軍事委員会主席を習近平に譲り、二重権力を生まずに全面的に引退した。

カリスマ指導者である鄧小平から直接に後継指名された江沢民と胡錦濤と比べ、建国後五人目の最高権力者と言うべき習近平の権力掌握の過程は不確実なものであったと言えよう。中央政府内部では江沢民に近い「上海閥」と、胡錦濤寄りの「共青団系」の権力闘争がしばしば言われた中、胡錦濤が自ら後継を託そうと考えていた李克強を上海閥の支持によって追い落として、習近平が最高指導者の地位を射止めたと、一般に考えられている。そのような経緯に加え、前年には薄熙来失脚事件という、党の指導部での大きな問題も生じていた。習近平は「反腐敗」を前面に出し、大規模な引き締めによって党内に権威を確立する必要があった。そうした習近平のストロングマン的な姿勢は、国家主席の任期を撤廃して「終身指導者」への道を開くに到った現在、世界に広く知られるところである。

香港問題においても、習近平は就任早々に政策転換の姿勢を見せた。二〇一二年一一月八日、第一八期共産党大会での胡錦濤総書記の報告では、香港について以下の通りの言及がなされた。

> 中央政府が香港・マカオに対して実行する各政策方針の根本的趣旨は、国家の主権・安全・発展の利益を擁護し、香港・マカオの長期の繁栄と安定を維持することである。全面的に正確に「一国二制度」・「香港人による香港統治」・「マカオ人によるマカオ統治」・高度の自治の方針を貫徹し、一国の原則を堅持することと二制度の差違を尊重すること、中央の権力を擁護することと特別行政区の高度の自治権を保障すること、祖国大陸の堅固な後ろ盾としての作用と香港・マカオ自身の競争力を高めることを必ず有機的に結合し、どんな時でも偏ってはならない。(24)

この報告は胡錦濤の退任演説であるが、その起草グループの中心には習近平がおり、習近平政権の方針を胡錦濤の口を借りて宣言したものと見なすべきである。香港で衝撃とともに注目されたのは、「国家の主権・安全・発展の利益」が、「香港・マカオの繁栄と安定」よりも前に書かれたことであった。中国経済の成長の結果、中国の近代化を牽引するという香港の役割は低下していた。「金の卵を産むガチョウ」としての香港を慎重に取り扱うことよりも、「転覆基地」になりかねない香港を管理することが、より優先と位置づけられたのである。

中国政治を長年観察している記者出身の研究者・呂秉権（ブルース・ルイ）は、江沢民・胡錦濤・習近平の三主席、李鵬・朱鎔基・温家宝・李克強の四総理の合計二五の報告を分析し、「一国二制度（一国両制）」が「一国」と「両制」に分けて言及されたのはこの一回だけであり、その目的は一国と二制度の優先順位の強調、即ち「一国の原則」は「二制度の差違」より重要であると主張し、香港人の「一国」と「二制度」を並列に置く発想を糾したと指摘する。同時に、「安全」の二文字が現れたのも、この時だけであったという[25]。

この報告を最後に胡錦濤は総書記を退き、習近平時代が始まった。「国家の安全」は、習近平自身の政権のキーワードでもあり、「一国」と「両制」は対等な並列関係ではないとの趣旨の発言が頻繁になされるようになった。

(2)「中港融合」の限界の露呈

習近平時代には、中央政府が香港に対して強硬な政策を連発し、激しい反発と政治的な大混乱をしばしば惹起し、国際社会からも激しい反発を受け、ついに二〇二〇年の「国安法」に到った。このことから、習近平の強硬姿勢を香港政治の混乱の主因とする見方は強い。しかし、混乱の種の多くは、胡錦濤政権末期に特に顕著になっていった「中港融合」政策の副作用にあった。

経済融合の政治的効果は、二〇〇八年の北京五輪の頃をピークとして、徐々に減退し始めた。観光客の過多による町の環境悪化や、「爆買い」による商店の品薄、そしてアジア通貨危機によるバブル崩壊から一転した不動産の暴騰による住宅難・生活苦といった社会問題が深刻化し始め、経済融合は諸悪の根源として多くの市民から問題視されるようになったのである。胡錦濤政権末期の二〇一二年には、大陸客を全て食い尽くして去る「イナゴ」と蔑視し、旅行客を攻撃対象にした一種のヘイト・デモも出現する事態となっていた。しかし、中央政府は経済融合以外に香港の人心を得る政策を持ち合わせていなかった。香港にとってはすでにいらなくなったビッグ・プレゼントを、指導者たちは訪問のたびに相変わらず持参し続けた。「中港融合」が政治的に逆効果になっていることを、北京は十分察知していなかったと思われる。

香港市民の大陸に対する感情は急激に悪化していった。経済融合が成果をあげ、歓迎されていた二〇〇八年六月の時点での香港大学民意研究プロジェクトの調査では、自らを「中国人」と称する香港市民は三八・六％に上ったのに対し、「香港人」と答えた者は一八・一％であった。しかし、二〇一二年六月の同調査では「中国人」一八・三％に「香港人」四五・六％と、中国人意識は一気に減退した。[26] 二〇一二年九月には、二〇〇七年の胡錦濤による「愛国教育」強化の指示を受けて、香港政府が当時小中高での必修科目として導入する予定としていた「国民教育科」の内容が、大陸式の共産党の「洗脳」愛国教育であるとの批判が広がった。当時一五歳のリーダー・黄之鋒らが率いる団体・学民思潮の呼びかけにより、生徒らが政府庁舎前で長期にわたって座り込みを行う「反国民教育運動」が発生し、結果的に同科目の必修化は撤回されてしまった。

同時に、「相互不干渉」から「中港融合」に転じたことは、前述の「井の水は河の水を犯さず」の論理から見て、大陸側にもリスクを伴うものであった。返還の一九九七年にのべ二三六万人であった大陸から香港への訪問客数は、ピークの二〇一八年にはのべ五一〇四万人に激増した。[27] 彼らの中には香港でデモや集会に参加する者も現れ、中国共産党政権の内幕を語る大陸での発禁本・雑誌は観光客の人気の土産物となった。「法輪功」は、観光地を狙って共産党の弾圧を非難する血なまぐさい展示を行った。ネットの発達もあり、香港の普通選挙論争に対しても大陸で大いに関心が高まった。二〇一〇年には広州で、広東語放送の一部が普通話（標準中国語）に切り替わるとの情報から、それへの反発として発生した「広東語擁護運動」では、当時香港で議論されていた選挙制度改革の香港政府による政治スローガン「錨をあげよ」をパロディ化したプラカードが、広州のデモ参加者によって使用された。そのほか、二〇一二年の広東省烏坎村の自治をもとめた村民の蜂起事件、二〇一三年に広州「南方週末」紙が民主化を求める新年社説を撤回させられ、職員のストライキが発生した事件は、いずれも香港の影響や、香港との協力によって発生ないし拡大した側面がある。

加えて、二〇〇三年の「国家安全条例」廃案、二〇一二年の「国民教育」必修化撤回と、中央政府が求める中国共産党政権の「安全」を確保する政策が、次々と巨大な反対運動に遭遇して挫折するという展開となった。中央政府は、香港の主権は祖国に回帰したが、「人心の回帰」ができていないとの問題意識を強めた。習近平が引き継いだのは、このような、問題や懸案が蓄積された状態の香港だったのである。

（3）民主化問題の「最終決着」を図る

同時に、二〇〇七年に中央政府が約束した、二〇一七年の行政長官普通選挙が時限爆弾の様相を呈してきた。共産党が嫌う候補者を指名委員会がかなり恣意的に排除するのではないかとの憶測が民主派の中で高まった。二〇一三年初頭、香港大学の戴耀廷（ベニー・タイ）准教授らは、国際人権B規約に符合する「世界標準」の普通選挙が実現しない場合、香港中心部のセントラル地区の道路を占拠する「セントラル占拠行動」を発動すると宣言した。中央政府はこれに強く反発し、緊張が高まった。

そうした中で、中央政府は二〇一四年六月一〇日、「『一国二制度』の香港特別行政区における実践」と題する、「一国二制度」に関する初めての白書（「一国二制度」白書）を発表した(28)。

同白書は中央政府の「一国二制度」に関する見解を網羅的に述べているが、内容的には従来の中央政府の見解を大きく変更するような性質のものではない。「中華人民共和国は単一制度の国家であり、中央政府は香港特別行政区を含むすべての地方行政区域に対して全面的な統治権をもっている。香港特別行政区の高度な自治権は固有のものではなく、その唯一の源は中央政府からの授権である。香港特別行政区が享有する高度な自治権は完全な自治ではなく、また分権でもなく、中央が授与する地方事務の管理権である。高度な自治権の限度は、中央がどれだけの権力を授与するかによって決まり、香港特別行政区はそれに応じた権力を享有することになる」という内容は、「基本法」をめぐるこれまでの北京の見解や、全人代常務委員会による「基本法」の解釈、二〇〇七年の呉邦国発言の内容とも一致する。実際、戴耀廷はこの白書に新味はないと述べている。しかし、香港市民にとっては、「全面的統治権」という語を無遠慮に北京が持ち出したこと自体が衝撃であった。民主党の李柱銘は、これは中央政府の一方的理解であり、仮に「基本法」の起草当時にこれを述べていたら、多くの者が移民していただろうと述べている(29)。

北京はなぜここで「白書」を発表したのか。発表直後の六月二〇日から二九日にかけて、セントラル占拠行動の主催者たちは、理想の普通選挙の案を選ぶ「擬似住民投票」を予定していた。この民主派の動きを牽制するものとして「白書」が書かれたとの見方は強い。北京大学の饒戈平教授は、中央政府がこの白書を発表まで少なくとも半年かけて準備していたと指摘し、梁振英行政長官は白書が一年かけて編纂されていると述べ、「擬似住民投票」と「白書」は無関係であると述べている。しかし、セントラル占拠行動も「白書」の一年以上前から計画されており、これを中央政府が強く非難していたことを考えれば、「白書」はセントラル占拠行動そのものへの牽制と捉えるのが合理的とも思える。

実際「白書」には、民主化問題についての具体的な言及がある。『「香港人による香港の管理」には限界と基準がある。すなわち鄧小平が強調したように、愛国者を主体とする香港人によって香港を管理しなければならない。国家に対して忠誠を尽くすことは政治を行う者が守り従うべき基本的な政治倫理である。『一国二制度』のもとで、行政長官、主要官僚、行政会議のメンバー、立法会の議員、各級裁判所の裁判官とその他の司法要員などを含む香港の管理者は、『基本法』を正しく理解し貫徹・実行する重任を負っており、国家の主権、安全、発展の利益を守り、香港の長期にわたる繁栄と安定を維持する職責を担っている。愛国は香港の管理者主体に対する基本的な政治的要求なのである」、「普通選挙で選出される行政長官の人選は必ず国を愛し、香港を愛する人物でなければならない」などの記述も、内容面では二〇〇四年の普通選挙問題をめぐる議論の当時にも使われた、鄧小平の「愛国者による香港統治」の概念の再提起に過ぎないが、民主派が求めてきた、誰もが出馬できる「真の普通選挙」を排除する意思が明確に読み取れる。

中央政府はかねてから、香港の普通選挙の問題は「国家の安全」の視角から考える必要があると強調してきた。中国は天安門事件以後、国内の民主化運動・抵抗運動については事前に芽を摘む方法によって抑え込んでいるが、中東の「ジャスミン革命」や、旧ソ連圏の「カラー革命」など、独裁政権が市民の力で打倒されるケースはその後も多くあった。香港の民主化運動が大陸に飛び火し、政権に打撃を与えることは、北京にとって現実的な悪夢であった。

しかし、結果的に「白書」は、「擬似住民投票」を却って盛り上がらせた。主催者側は、この運動の成否を判断する参加人数のラインを一〇万人と設定していた。過去の例を見ると、二〇一二年に行政長官選挙に合わせて行われた、民間で行政長官を選ぶ民主派の投票イベントの参加総数は二二万票であった。しかし、今回は初日から四〇万人以上が電子投票に参加し、最終的には香港の総人口の一〇％を超える七九万人もの人々が投票に参加した。

（4）雨傘運動——「妥協せず、流血せず」

果たして、二〇一四年八月三一日に全人代常務委員会が行った決定（「八三一決定」）により提案された「普通選挙」は、現行の選挙委員会と同様の、親中派財界人を圧倒的多数とする構成で作られた指名委員会から過半数の支持を得られない者は出馬できないとする、事実上民主派を事前に選挙から排除する制度を定めるものとなった。返還前から普通選挙実施の約束を期待して活動を続けてきた民主派およびその支持層の市民は激しく失望した。戴耀廷はセントラル占拠行動の決行を準備すると宣言し、「反国民教育運動」の成功後に普通選挙要求の運動に転じていた黄之鋒や大学生団体は授業ボイコットなどで抗議した。九月二八日、政府前広場での黄之鋒らの集会が巨大化し、参加者が車道にあふれ出たところで、警察は催涙弾を用いてこれを排除しようと試みた。しかし、この行為が却って市民の反発を受けて、抗議活動の参加者数は拡大し、警察は排除を断念、七九日間にわたり香港中心部三ヵ所で道路が占拠される雨傘運動（警察の催涙スプレーから手持ちの傘で身を守る人たちの姿から名付けられた）が発生した。

世界のメディアが注目する中で、群衆が道路に大量にあふれているという情景は、中国にとっては天安門事件以来の危機とも言えた。中央政府はセントラル占拠行動を、その計画段階から旧ソ連諸国などで政権転覆に到った一連の「カラー革命」の一つとみなして強く批判し、警戒していた。発生後間もない二〇一四年一〇月一日には、かつて北京の香港担当部門である国務院香港マカオ弁公室（港澳弁）の副主任を務めた陳佐洱全国港澳研究会長が、道路占拠を「香港版カラー革命」と断定している。(30) 一一日には汪洋副総理がロシア訪問時に「西側が香港の反対派を支持して、香港でカラー革命を作り出そうと企てており、この情勢の下では中国とロシアはさらに団結し、戦略的協力を強めねばならない」と述べた。一〇月一二日には新華ネットが陳須隆中国国際問題研究院国家戦略研究所長による「カラー革命の異なるバージョンと共通の症状」と題する文章を掲載した。文中では「確実な事実は、西側メディアがすでに香港のセントラル占拠行動をカラー革命と位置づけ、できる限り煽っていることである」と論じた上で、一九八九年のチェコスロバキアの「ビロード革命」から二〇一二年のウクライナ「第二次カラー革命」までの多くの「革命」を例に挙げた上で、カラー革命が悪質で、残酷で、汚い内乱であるなどという「共通点」を多数列記し、「カラー革命は一部の国家を分裂させ、一部の政権を崩壊させ、一部の政治家を死なせ、一部の国家を動乱・衝突・民族と宗教対立の激化に陥れ、経済は低迷し、社会秩序は混乱し、極端な暴力活動が台頭し、最後にその害を深く被ったのは無辜の庶民であった」と述べ、警戒を促している。(31)

こうした共産党政権主導の「ネガティブ・キャンペーン」の結果、大陸住民は雨傘運動に対して、非常に悪い印象を持ったとみられる。大陸住民が主たるユーザーであるSNS「微博《ウェイボー》」の、雨傘運動に関する記述の研究によれば、大陸では主に西側の国と組織による中国不安定化の政治目的を指摘して、運動を否定的に見る言論が目立ったという。微博での言論は、香港が従順で協力的であることを求める、ナショナリズムと家父長主義の価値観に占められた。大陸住民は民主の概念に関心を示す一方、国家の統一性を強調し、明白な証拠がなくとも西側の「悪意ある」影響が国内の動揺の原因としばしば考え、香港市民のフェイスブックでの言論と比べて大きく異なる議論が展開されたという。[32] そのような中でも、大陸で雨傘運動を支持する者は現れたが、広州の街頭で雨傘運動を支持する活動を行った謝豊夏（謝文飛）と王黙が、逮捕から一年半を経た二〇一六年四月八日に国家政権転覆扇動罪でいずれも四年半の刑を言い渡されるなど、[33] 厳しい弾圧を受けた。

また、香港からの影響を防ぐ措置もとられた。一一月一五日、雨傘運動の学生指導者らが北京を訪問して李克強総理に直談判することを企図したが、香港の空港で飛行機への搭乗を拒絶された。運動を支持する歌を作った歌手の黄耀明（アンソニー・ウォン）・何韻詩（デニス・ホー）は二〇一四年一一月の広州でのコンサートが、作詞家の林夕は北京での講演が中止となった。[34]

これらの「努力」により、中央政府は雨傘運動の大陸に対する影響を食い止めた。運動初期の段階から、中央政府の処理の原則は「妥協せず、流血せず」であったと報じられた。[35] 即ち、要求は拒絶する一方、弾圧もせずに放置するという戦略である。運動が求めた「真の普通選挙」の要求を中央政府が完全に無視する中、民主派には長期の道路占拠の疲れや市民からの反発などから動揺が広がり、やがて内部の路線対立に到った。黄之鋒らの主流派は非暴力を強調したが、長期の路上での座り込みを強いられたデモ参加者の一部からはより過激な行動が必要との主張も現れ、一一月には立法会議事堂への突入を試みる者も現れた。しかし、主流派はこれを非難した。過激行為への市民の賛同も弱く、平和路線と過激路線の内部対立は運動弱体化の主因となった。結局、運動は後期には弱体化し、警察によって段階的・部分的な強制排除が繰り返された後、一二月一五日には道路占拠が完全に解消した。運動は持久戦の中で消耗し、一方では「五〇万人デモ」のような政府の譲歩を勝ち取ることもなく、他方で天安門事件のような死者を出すこともなく、徐々に弱体化し、自然消滅に近い形で収束したのである。

長期化の過程では、処理の方法に自信を持ったためか、元新華社香港分社副社長の張浚生は、雨傘運動はせい

ぜい香港の経済と生活を攪乱する程度の力しかなく、カラー革命というほどのものでもないと発言している。(36)

雨傘運動は民主化を一歩も進めることができなかった。他方、北京が提案した「八三一決定」の枠組みに沿って香港政府が提案した、指名委員会の方法に基づく普通選挙も、民主派の反対によって立法会の三分の二の賛成を得ることはできず、二〇一五年に立法会で否決された。結果として、二〇一七年行政長官普通選挙の可能性は消え、普通選挙のタイムテーブルは消滅し、実現時期は白紙という、二〇〇七年以前の状態に戻ってしまった。

(5) 独立運動の浮上

一方、雨傘運動が中央政府に無視され、成果なく終わったため、運動に参加した者たちは方針転換を試みた。運動が無視されたことは、北京と対話したり、北京に圧力をかけたりして「真の普通選挙」を北京に受け入れさせるという、従来の民主派の路線が実現不可能であることを意味した。そこで、黄之鋒ら学民思潮のメンバーや、大学学生会の連合体・香港専上学生連会(学連)などの学生を中心とした雨傘運動主流派の者たちは、「一国二制度」の「五十年不変」の期限とされる二〇四七年以後の香港がどうあるべきかについて住民投票で香港市民自ら決するという「自決派」の主張を展開し、二〇一六年には新政党・香港衆志を立ち上げた。一方、雨傘運動後期に主流派と路線対立した急進的なグループは、中国大陸に対する香港優先を目指す「本土派」の主張と行動を展開した(ここでいう「本土」は、香港を自らの本来の土地として指す語である。日本語では「中国本土」は大陸を指すが、中国語にはこのような用語法はない)。そのうち、二〇一五年に成立した本土民主前線のメンバーの梁天琦(エドワード・リョン)は、二〇一六年二月の立法会補欠選挙に出馬した。その選挙期間中の二月八日深夜、旧正月恒例の無免許屋台を当局が取り締まろうとしたことに対し、こうした「本土文化」を守れと呼びかけて集まっていた本土派が反発し、警察との衝突の末、レンガの投擲や路上での放火などの騒乱に到った。警察は一九六七年の香港暴動後に規定された暴動罪を香港市民に対しては初めて適用し[37]、選挙活動のためとして現場にいた梁天琦も暴動罪で逮捕された。しかし、これが却って人気に火をつけ、梁天琦は若者の間でカリスマ的人気を集めた。保釈中の身分のまま出馬した補選では、梁天琦は六万票を超える票を集め、三位に入った。より直接的に香港の独立を叫ぶ者も現れ、二〇一六年三月には、香港で初めて独立を主張する政党と称して、陳浩天（アンディ・チャン）という若者によって香港民族党が結成された。自決派・本土派・独立派に共通しているのは、中央政府との対話を求めず、むしろ中央政府を迂回して、香港の将来を決めようとする志向である。北京が無視するならば、こちらからも北京を無視してやろうという、若者の「中国離れ」が進んだ。

二〇一六年は、香港独立の気運がピークに達した年であった。同年就任した香港大学・香港中文大学の学生会会長はいずれも独立支持を表明した。二〇一六年八月の香港大学学生会の機関誌『學苑』は「帝国は瓦解し、香港は植民地から解放される」と題した特集を掲載した。そこで発表された、香港大学の学生を対象とした調査結果では、香港の理想の政治体制として「一国二制度」を選んだ者が二〇一四年の六八％から四二％に低下した一方、「独立して国になる」を選んだ者が二〇一四年の一五％から四一％へと急増し、「一国二制度」と拮抗した[38]。歴史学者のジョン・キャロルは、「二〇一六年は歴史上初めて香港独立が真剣に議論された年」と指摘している[39]。

一方、こうした気運は圧倒的に若者中心の、限られたものとも読めた。香港中文大学の二〇一六年七月の調査では、独立を支持すると述べた者は一五歳から二四歳の者では三九・二％に達したが、全年齢層では支持一七・四％、反対五七・六％であった。上記の香港大学学生会の調査でも、いつか香港が独立を実現できると信じる者は三四％、信じない者が四八％と、理想と現実に差があることは多くの者に認識されていた。このため、この情勢をどう読むかについては様々な議論がなされた。民主派のベテラン政治家は香港独立不支持の立場を取る者が多く、最大政党・民主党の劉慧卿（エミリー・ラウ）主席も、「中央政府は大部分の香港人が香港独立を支持していないと知ってほしい」などと述べている。[40]

(6)「独立派」への弾圧

このため、問題はこの状況を政治指導者がどう認識するかであった。例えば、当時政務長官を務めており、翌年行政長官に就任した林鄭月娥（キャリー・ラム）は、メディアにおいて香港独立の論はごく一部の者の非現実的な議論に過ぎず、思潮になっているかどうか疑問であると述べた。これに対し梁振英行政長官は、台湾では「一国両府」論が一九九〇年代に台湾独立運動の前奏になったとの例を挙げ、自決・分離・香港独立の思潮には台湾独立と同様に前奏があり、変調もするのであり、主権の問題ではあらゆる漸進的なものに警戒が必要で、芽のうちに摘み取るべきであると即座に反論した。[41]

こうした中で、中央政府の反応は、極めて過敏なものであったと言えるかもしれない。前述の通り、そもそも中央政府は主権独立の国家を築く動きでなくとも、北京の影響力を排除することを広く「独立の政治実体」を作るものとしてタブー視し、警戒してきた。返還後、北京が「香港独立」に活発に言及したのは、二〇〇三―二〇〇四年の民主化論争の際であった。「五〇万人デモ」直後の二〇〇三年八月一六日、台湾で李登輝前総統が設立した「群策会」が開催した『一国二制度下の香港』シンポジウムに、香港から民主党に所属する劉慧卿・涂謹申（ジェームズ・トー）の二立法会議員らが参加すると、一八日には中国政府系の『チャイナ・デイリー』が、台湾独立派が香港独立運動の形成を促し、いずれ香港の独立の可否を問う住民投票の実施が企てられるかもしれないと論じた。しかし、この時点では、香港では独立を意識する者はごく限られており、二〇〇七年行政長官選挙などをめぐる論争が沈静化した二〇〇四年以降は、香港独立をめぐる議論は沈滞した。

中央政府の「独立」に対する対応は、過剰反応をも疑わせるものであった。「中港融合」への反発が高まるにつれて、二〇一〇年代に入るとユニオンジャックを配した英国植民地期の旗を振る若者が香港の民主派のデモで目立つようになった。これに対し、北京は「港独」が強まっているとの議論を繰り返し、若者とさらに対立した。この悪循環によって両者の溝は深まっていった。植民地期の旗を振る若者は、ネット上で呼びかけ合って、香港人優先と称する組織を結成した。同組織は当然、軍事・資金・人的資源の面で到底独立を実現できる力を持ち合わせないが、北京はこれを大いに警戒した。そのきっかけは二〇一三年一二月二六日、四人のメンバーが、香港の人民解放軍駐香港部隊本部に植民地期の旗を持って正面から入って抗議活動をしようとし、その場で即座に逮捕された事件であった。北京の港澳弁はこれに「厳重な関心」を表明し、この事件について、翌二〇一四年一月二日に北京の国務院発展研究センター香港マカオ研究所がシンポジウムを開催した。陳佐洱・全国港澳研究会会長はこの事件を「国家主権に衝撃を与えた」と非難した。席上では香港人優先が二〇一二年三月の成立当初は三〇〇人あまりであったものが、二〇一三年一一月には二・四万人を自称するようになったとの報告がなされたといい、これは大陸の保守系紙『環球時報』で報じられ、ネット上でも大いに話題になったという。しかし実際には、当時香港人優先は、中心メンバーは三〇人程度であると証言している。香港人優先のメンバーである張漢賢は、この二・四万人という数字は、二〇一三年四月に立ち上げ、八月に閉鎖した同組織のフェイスブックページに「いいね!」のボタンを押した人数の二・五万人を指している可能性を示唆している。(42)

中央政府はますます「一国」の重要性を強調するようになった。毎年恒例の職務報告のために北京を訪れる行政長官は、従来は外国の首脳の訪中時と同様、国家主席と並んで座る形式で会談していたが、二〇一五年以降、習近平は自らが中央に座り、行政長官を他の政府関係者とともに脇に座らせる形式に変更した。香港の政治的地位は、中国の一地方という色合いを強めた。

このような傾向を持つ中央政府にとって、独立の議論の出現は完全なタブーであった。香港民族党の結党に対しては、港澳弁・中連弁が次々非難を声明し、中連弁の張暁明主任は「香港政府が法に基づいて処理するだろう」と、香港民族党の非合法化を促す発言をした。中連弁の法律部長で法学者の王振民は、香港独立の言論が煽動罪に当たるかもしれないとの見解を示した。こうした中央政府関係者の強硬化はまた、大陸の世論の強硬化の反映でもあった。二〇一六年四月に北京を訪問した、香港の民主派と親政府派の間の「中間派」を自称する政界人・湯家驊（ロニー・トン）は、北京で面会した二〇名以上の大陸の学者が、香港独立論に対して非常に不満な様子であったと述べている。(43) 五月一七日から一九日には張徳江全人代委員長が香港を訪問した。習近平国家主席の就任後初めての中央政治局常務委員の訪問であり、張徳江は、「本土」の名義で実際は「分離」をやっている者がいると指摘した。

そうした中で、二〇一六年九月には四年に一度の立法会議員選挙が予定されていた。梁天琦や陳浩天らがどこまで支持を得るかが注目されていたが、立候補受付期間中の七月二〇日、張暁明中連弁主任は、香港独立分子が立法会に入ることは「一国二制度」・「基本法」・法治に合致するかと疑義を呈した。(44) これを受けて、香港政府は史上に例のない方法で対応した。七月二九日の立候補受付締め切りまでに立候補手続きを済ませた候補者のうち、梁天琦や陳浩天ら六名が香港独立を主張しており、「香港は中国の一部」と規定した「基本法」を擁護していないとの理由で、政府によって出馬資格を無効とされたのである。

それでも同選挙では、史上最年少の立法会議員となった香港衆志主席で現役大学生の羅冠聡（ネイサン・ロー）ほか、本土派・自決派の候補者も多数当選した。しかし、当選した者の一部が就任宣誓の際、「中華人民共和国香港特別行政区」に忠誠を誓うことを嫌い、文言を変更したり、発音をわざと不正確にしたりといった抵抗を見せた。こうした宣誓は過去の立法会でも民主派の一部によって行われていたが、これまではその議員就任は妨げられなかった。しかし今回は梁振英行政長官が、「Hong Kong is NOT China」と書かれた布を持ち込んで、不正確な文言で宣誓した、本土派政党・青年新政に属する梁頌恒（シクスタス・リョン）・游蕙禎の二名の若き新人議員について、議員資格はないとして裁判（司法審査）に訴えた。行政長官による司法審査請求は史上初めてのことであった。審理は一一月四日に開始されたが、一一月七日、裁判の結論を待たずに全人代常務委員会は「基本法」の解釈を行い、宣誓は誠実・荘厳に行い、正確・完全・荘厳に読み上げねばならない、一度宣誓を認められなかった者はやり直しを認められないなどとした。さらに梁振英は一二月二日、羅冠聡・劉小麗・姚松炎・梁国雄の自決派・民主派四議員についても、宣誓の際に文言に変更を加えたことなどを理由に、議員資格取り消しの司法審査請求を行った。六議員は二〇一七年までに次々と失職した。

また、雨傘運動などの社会運動の指導者や参加者たちには、次々と法的な制裁が加えられた。黄之鋒は二〇一七年八月に、違法集会などに関する罪で懲役六ヵ月の刑を受けて服役した。二〇一八年六月には梁天琦に暴動罪で懲役六年の判決が下った。弾圧を受けて、香港独立に関する議論は急速にしぼんでいった。前述の通り、二〇一六年七月の香港中文大学の調査では一五―二四歳の三九・二％が独立を支持すると回答していたが、二〇一七年六月の同調査では一四・八％まで急速に減少した。

二〇一八年七月一七日、警察は香港民族党を、国家の安全に危害を与える団体であるとの理由で、「社団条例」

に基づいて非合法化することを保安局長に提案した。「社団条例」は、暴力団など内部の治安に危害を与える団体を取り締まる目的で英国統治期に制定された法律であるが、国家の安全を理由に団体を禁止できるとの規定は返還後に追加されたもので、実際に適用されるのは初めてのことであった。

香港民族党は独立を提唱する言論を発表してはいるが、武力行使や実際の行動には及んでいない。こうした団体の禁止の是非は、言論や結社の自由との関連で、香港内部だけでなく、国際的にも関心を集めた。その中で、外国人記者クラブが八月、香港民族党招集人の陳浩天を招いてセミナーを開催することを企画すると、中国外交部駐香港特派員公署はこれを中止するよう求めた。林鄭月娥行政長官も遺憾の意を示し、前行政長官の梁振英全国政治協商会議副主席は外国人記者クラブに政府が貸与している土地の契約を打ち切ることも主張したが、外国人記者クラブは八月六日声明を発表し、陳浩天を招くことはその意見に賛同するからではない、記者や市民には様々な意見を聞く権利があるとして、八月一四日に予定通りセミナーを決行した。外交部駐香港特派員公署はこれに対して憤怒と譴責を表す声明を発表した。

香港民族党は政府に抗弁もしたが、結局保安局長は九月二四日、香港民族党を禁止することを発表した。これにより、香港民族党が活動することや、同党に対して寄付したり、場所を提供したりすることが違法となった。香港政府は九月末、陳浩天のセミナーの司会をした、英国人の『フィナンシャル・タイムズ』紙記者であるヴィクター・マレットの記者としての就労ビザの更新を拒否した。一一月八日には、すでに香港を離れたマレットが香港を訪問した際、入境を拒否した。

こうした様々な弾圧の結果、二〇一八年頃には社会運動は冬の時代と呼ばれるようになり、「無力感」がキーワードとなった。

(7) 融合から「融入」へ

習近平の一つの特徴は、過去の指導者と比較して、香港問題について具体的な注文を出すという点に求められるかもしれない。例えば、二〇一七年七月一日、返還二〇周年式典に出席するために香港を訪れた習近平は講話を行い、香港の「一国二制度」に対する評価を示した。習近平は、「目下、一国二制度の香港での実践はいくらかの新しい状況・新しい問題に直面している。香港が国家の主権・安全・発展の利益を守る制度はさらに整える必要がある。国家の歴史・民族・文化の教育宣伝は強化が待たれる。社会はいくつかの重大な政治・法律問題においてコンセンサスを欠く。経済発展も多くの試練に直面し、伝統的な優位性が相対的に弱まっている一方、新たな経済成長の源がまだ形成されておらず、住宅などの市民生活の問題が突出している」と、多岐にわたる問題を一気に指摘したのである。(45)

習近平の指摘は、北京の視点から見た際の過去五年間の香港の問題の総括であるとともに、この日就任した林鄭月娥新行政長官に対して今後五年間に答えを出すよう求める「宿題」ということもできた。一方、ここから香港の自治を尊重するという意識は読み取れない。前述の通り、一九九七年の香港返還式典において、江沢民は「中央の各部門とあらゆる地方は、香港特別行政区が『基本法』の規定に基づいて自ら管理することに対して、干渉しないし、干渉することを許されない」と述べていた。しかし、習近平が述べた各種の問題の多くは明らかに「香港内部の問題」であった。

習近平が日常的に香港問題に関与していることを匂わせる発言が、二〇一八年二月二二日の中連弁の内部会議で王志民主任によってなされている。王志民はこの際、旧正月前の一〇日に満たない期間に、習近平自ら三回にわたり香港問題で重要な指示を下したと発言している。第一に、香港在住の国学者・饒宗怡が死去すると、それに対する弔意を伝達せよと習近平は指示した。第二に、香港で発生したバス事故について、習近平は情報を問い合わせ、犠牲者への哀悼や政府の事故処理の肯定的評価を伝達せよと指示した。第三に、「少年警訊（香港警察を支援する青少年ボランティア組織）」から習近平にあてた手紙には、習近平自身が返信した。[46]かなり些細な日常的な業務にまで、中連弁が習近平からの指示を受け、関与していることを思わせる。

このような状況の下では、中央政府の論理が香港を改造してゆくことは必然になると考えられる。胡錦濤政権以来の「中港融合」政策も、融合に代わって「融入」、即ち、大陸の経済体系や中央政府の計画に香港が組み込まれ、とけ込んでゆくことを意味する用語が使用されるようになった。二〇一七年三月の北京での全人代の際は、全人代委員長の張徳江が香港の代表団に対し、香港が「中国の夢に『融入』し、香港の夢を実現する」ことを願うと発言した。二〇一七年七月一日の返還二〇周年式典の講話では、習近平は「祖国の胸に戻った香港は、すでに中華民族の偉大な復興の壮大な遠征の道のりに『融入』した」と述べている。

「融入」の進め方においては、中央政府の行政の手法が、香港の従来のやりかたを凌駕してゆく事態もみられた。その典型例が広州－香港間高速鉄道の「一地両検」問題であった。世界最長となった中国の高速鉄道網に、支線を引いて接続するこの計画自体が「融入」を体現する。問題となったのは、大陸と香港を往来する際に必要な出入境手続きのやり方であった。従来の在来線の直通列車では、香港の駅で香港の出境を行ってから乗車し、下車した大陸の駅で再び大陸の入境を行う必要があったが、この鉄道では、香港側の終点である西九龍駅から乗車する際、香港の出境手続きに続いて、大陸への入境手続きも同駅で行う「一地両検」を導入しようとした。通関の手間は省けるが、香港に属する西九龍駅で、大陸の入管職員が大陸の出入境手続きを行うことは、大陸の法律が香港で施行されないとする「基本法」第一八条などに抵触する可能性が指摘された。香港政府は合法的に「一地両検」を実施するための検討を重ね、二〇一七年七月二五日、「一地両検」の具体的な進め方を提案した。その中には、「基本法」第二〇条の、「香港特別行政区は、全人代および全人代常務委員会ならびに中央政府が授与するその他の権力を有する」との規定に基づき、全人代常務委員会が香港政府に対して「一地両検」を実施する権力を授与するという手続きが構想されていた[47]。

しかし、後になって中央政府は「基本法」第二〇条の適用に難色を示した。行政会議メンバーで、親北京派のシンクタンク「一国両制研究中心」の総裁である張志剛は、「一地両検」を北京が香港に強制したとの印象を与えるため、大陸の法律専門家が「基本法」第二〇条を使うことを嫌ったと述べている[48]。結果的に全人代常務委員会は一二月二七日、「一地両検」は「一国二制度の方針と『基本法』の根本的趣旨に合致している」との理由で、その実施を決定した[49]。しかし、「一地両検」を合法とする具体的な条文の根拠は示さなかった。李飛基本法委員会主任は会見で、「一地両検」が「基本法」のどの条文を法的基礎とするかは「簡単に言えない」とした上で、全人代常務委員会の決定は「最高の法的効力を持ち、全て決定する重みのある言葉である(一言九鼎)」と会見で述べた[50]。

この決定に香港の弁護士団体である「大律師公会」は、全人代常務委員会が一切根拠を示さずに合憲と判断したことに衝撃を受けたとした上で、これは「全人代常務委員会が合法と述べるものは全て合法と宣言するのと同然であり、この前例のない行動は、返還後に香港政府が『基本法』を執行してきた中で最大の後退であり、『一国二制度』の実施と法治の精神に重大な衝撃を与える」と激しく非難した[51]。民主派も強く反発したが、問題が高速鉄道の通関手続きという技術的な問題であったことに加え、社会運動が沈滞期に入っていたこともあり、世論の反発は限られた。中央政府の強い意向の下で、立法会では強行採決によって「一地両検」の根拠法が成立し、二〇一八年九月二三日の高速鉄道開通と同時に「一地両検」が実施されている。香港式の厳密な「法治」よりも、北京の政治決定が優先された事例と言える。

香港の「融入」は「粤港澳大湾区」というプロジェクトの下で進められた。広州・深圳などの広東省（略称「粤」）の珠江デルタ九市と香港（略称「港」）・マカオ（略称「澳」）の経済融合を目指すこのプロジェクトは、二〇〇九年に広東省で初めて提起された概念であるが、二〇一七年三月の全人代での政府報告で李克強総理が大湾区プロジェクトを提案し、本格的に検討が進められた。ニューヨーク・サンフランシスコ・東京といった著名な「ベイエリア」に匹敵する、世界クラスのメガロポリスを建設すると構想した。

二〇一八年八月一五日、粤港澳大湾区領導小組が北京で初会合を行った。韓正副総理が小組長を務め、中央政府の様々な部門の関係者が参加するだけでなく、香港の林鄭月娥行政長官とマカオの崔世安行政長官もメンバーとして参加した。中央政府の領導小組に特別行政区の行政長官が参加するのは初めてのことであり、これも一種の「融入」と言える。

（8）「逃亡犯条例」改正問題と激しい抵抗の惹起

このように、習近平政権は着実に香港の「独立」を阻止するとともに、経済的にも中国の一地方として組み込む強力な統治を、香港政府を通じて推し進めていった。香港の抵抗運動は行き詰まった。しかし、抵抗運動の低調期と見られていた二〇一九年、「逃亡犯条例」改正問題を機に、誰も予想しなかった形で巨大な運動が出現した。

政治学者の馬嶽は、この運動の本質を「香港人が自らの自由と生活方式を守るための、土壇場での抵抗」と評した(52)。この運動が巨大化したのは、香港の「人身の自由」に対する攻撃に対し、通常の民主派の運動を上回る激しい反発が生じたからであった。

二〇一五年から一六年にかけて生じた、「銅鑼湾書店」関係者五名の失踪・大陸での拘束事件は、「逃亡犯条例」改正問題の前奏と言うべきものであった。中央政府指導者の暗部を暴くような、大陸では流通が許されない「禁書」を売りにしていた書店関係者の失踪には、中央政府の直接的関与が強く疑われた。五名のうちの一人である李波は香港で失踪したが、後に大陸で当局に拘束された状態で姿を現した。しかし、李波は大陸への渡航にあたりチェックポイントで必ず提示せねばならない通行証(俗称「回郷証」)を自宅に残したまま失踪しており、通常の大陸への入境は不可能のはずであった。このため、李波が大陸にどうやって入ったのか、大いに疑問視された。李波自身は大陸でテレビ出演した際に、別の関係者の事件について説明するために香港から大陸へと密航したと説明したが、密航の方法は具体的に明かされなかったため、大陸当局者が香港から李波を拉致したとの疑惑が残された。そうであるならば明らかに、大陸当局による「一国二制度」違反となる。しかし、二〇一六年一月六日の大陸紙『環球時報』は、「全世界の強力な部門は通常みな法律を避けて調査対象者に協力させる方法を持つ。これによって仕事の目的を達成しつつも、制度のボトムラインに触れずに済む」[53]と論じ、違法行為を正当化するような議論を展開して香港に衝撃を与えた。馬嶽は、銅鑼湾書店事件が香港人に対して示したのは、香港の境界線と法律はいずれも、香港人の言論の自由は言うまでもなく、香港における人身の安全すら完全に保障できないということであったと述べている[54]。

さらに、香港の超高級ホテルで生活していた大陸の大富豪・肖建華が、ホテルから連れ去られる事件も二〇一七年に起きた。肖建華は大陸で捜査を受けていると報じられているが、未だ消息不明である。二月一〇日には『ニューヨーク・タイムズ』紙が、肖建華の滞在先ホテルの防犯カメラを見た者による、肖建華が一月二七日の早朝、毛布を掛けられて車椅子で連れ出されたとの証言を報じた[55]。銅鑼湾書店事件が言論の自由を萎縮させたのに対し、肖建華事件は香港で様々なビジネスを行う財界人にとって不気味なものとなったに違いない。ロイターの記者は、肖建華が拉致されたとの報道が事実ならば、事件は香港のミニ憲法(「基本法」)への深刻な侵害であり、銅鑼湾書店事件が単発の事件でないことも示されたとして、これらは香港の地位に対する新たな疑問の材料となり、長期的に見て、香港に対する外国の投資に深刻な影響を与えうると指摘した。(56)

これらの事件の後、二〇一九年二月一二日、香港政府保安局は「逃亡犯条例」の改正を突如提案した。香港返還直前の一九九七年二月に制定された同条例は、香港から世界各地への犯罪容疑者の引き渡しを規定する一方、「香港以外の中国」には引き渡しを行わないとの明文規定を持った。このため、二〇一八年二月一七日に台湾で女性を殺害した香港人の男がそのまま香港に逃げ帰った事件で、香港政府は「香港以外の中国」の一部と見なす台湾にこの男を送致することができなかった。香港政府は殺人犯を適切に裁くとの理由で、容疑者を「香港以外の中国」に引き渡しできるように「逃亡犯条例」を改正すると主張したが、この改正で台湾だけでなく、大陸への引き渡しも可能になることから、香港の世論は騒然となった。

共産党政権を嫌って大陸から移民した者とその子孫が多数派を占める香港市民にとって、香港は大陸の苛酷な自由への攻撃から逃れるための一種の避難所であり、香港の政治・経済活動はこの自由に依拠していた。しかし、そのような枠組みの下で、香港では体制に批判的な者が、政権にとって不都合な活動をかなりの程度自由に行っていた。「一国」の論理が優先され、「国家の安全」を最重要視する習近平政権は、そうした香港の存在を許さないどころか、その取りしまりのために銅鑼湾書店事件や肖建華事件のような事態を起こすことを、当然の権利のごとく論じた。この二つの事件について、中国外交部の宋如安駐香港副特派員は二〇一九年五月、今後こうした問題には「逃亡犯条例」改正によって対応できるようになると述べたという。端的に言って「拉致の合法化」である。

こうして、香港は安全な「避難所」としての機能を失うと見なされた。銅鑼湾書店事件の五名のうち、後に拘束の経緯を公の場で語り、カメラの前で罪を自白するよう強制されたことなどを暴露していた店長の林栄基は、条例改正案審議が始まると、最早香港は安全ではないとして、台湾に移住した。

香港政府はなぜ突如この改正を提案したのか。その動機については、主に二つの見方がある。即ち、林鄭月娥行政長官の判断か、中央政府の指示によるものかである。前者は中央政府・香港政府の公式見解である。しかし、この法改正の受益者は主に大陸当局である。改正の構想の発表後の三月二三日には、中国公安部の陳智敏元副部長が、大陸から香港に逃げている重要な犯罪人は三〇〇人以上おり、全て名前も明らかになっている、自分の在任中に香港政府の黎棟国保安局長と引き渡しについて議論してきたが、実現しなかったと述べている[57]。引き渡し問題が中央政府の長年の懸案であるならば、偶然発生した殺人事件を「奇貨」として、法改正によって問題を解決するよう中央政府が背後で指示した可能性も考えられよう。

改正には強い懸念や反対の声が各方面から上がったが、香港政府はこれを無視して改正手続きを粛々と進めた。当初は香港政府が立法会で手続きを進める形であったが、香港内部の抵抗や、国際社会の懸念の声が強まると、北京の中央政府が条例改正案に対する支持の態度を明確化した。五月一七日、王志民中連弁主任は香港の全人代メンバーや政協の委員を集め、香港政府の改正案を断固支持すると述べた。王志民は米国など外国による改正案に対する批判を譴責し、親政府派の者は団結して改正案を支持するよう要求した。また、五月二一日、中央港澳工作協調小組長の韓正副総理は、北京で改正案支持の発言をした。同日の記者会見で林鄭月娥は「今年二月一五日以降、我々が社会で条例の改正が必要と議論してきたのは、……全て香港政府が自ら主導し、指示してきたものである。しかし、後に……外国政府や外部勢力が介入し、この件を利用して中央政府と香港特別行政区の関係を破壊し……、さらには大陸の司法・人権制度を意のままに批判し始め、……香港内部の問題ではなく、『一国二制度』や、ひいては基本法の政治体制の側面にまでエスカレートした。この状況の下で、中央政府の香港出先機関や、北京の香港マカオ弁公室が発言を行わねばならないのは、私は当然のことであると思う」[58]と述べている。

しかし、香港政府の強硬姿勢はさらに大きな抵抗運動を呼んだ。六月九日、民主派が主催した条例改正反対デモは、主催者側発表一〇三万人(警察発表では最高時二四万人)の、当時としては返還後最大の規模となった。しかし、このデモを政府は完全に無視した。デモ行進は夜一〇時過ぎまで続いたが、終了後間もない夜一一時七分、政府は声明を発表し、従来の政府の立場を繰り返した上で、改正案を六月一二日から立法会で審議すると改めて表明したのである。

巨大な反対デモを受けてむしろ審議を速めるという提案は、反対派には当然挑発と受け止められた。民主派の呼びかけにより、六月一二日、立法会は警察の推計で約四万人と言われる市民によって包囲された。会議は開催不能となり、立法会を包囲した群衆の一部は警察と衝突した。警察は大量の催涙弾・ゴム弾を用い、重傷者多数を出す激しい衝突となった。この衝突は世界の注目を集めた一方、林鄭月娥は「組織的暴動の発動」とこの行動を非難した。

この混乱により、立法会は開会不能の状態がその後も続いた。政府内部にも動揺が見られた。六月一五日午後、林鄭月娥は記者会見し、改正案審議を一時停止し、少なくとも年内は審議を再開しないことを発表した。

中央政府は恐らく、雨傘運動を沈静化させた「成功体験」を踏まえ、「妥協せず、流血せず」を再現させることを狙ったのではないかと思われる。反対を無視し、強力に、迅速に既成事実化すれば、抵抗運動は収まるとの目算があったのではないか。しかし、雨傘運動の失敗を反省し、当時よりもはるかに大規模な抵抗運動を起こした香港市民を、当時と同じ方法で沈黙させることはできなかった。『ニューヨーク・タイムズ』は六月一五日、これを「習近平統治下の中国として最大の政治的敗北」と報じた。

抗議活動は激化・長期化し、あらゆる意味でエスカレートした。まず、要求の内容である。審議の一時停止では香港市民の不満は収まらなかった。多くの市民は、審議の停止を発表した林鄭月娥の会見で謝罪の言葉がなかったことに怒り、また、一五日に最初の抗議の自殺者が出たことに衝撃を受けていた。審議停止発表の翌日の六月一六日、民主派が主催したデモはさらに巨大化し、主催者側発表で二〇〇万人を集める香港史上最大の規模に達した。ここで民主派は「五つの要求」を掲げた。即ち、①「逃亡犯条例」改正案の完全撤回、②六月一二日の立法会外での衝突を「暴動」と称した政府の見解を撤回すること、③抗議活動参加者を逮捕・起訴しないこと、④警察の権力濫用の責任追及のための第三者委員会「独立調査委員会」の設置、⑤林鄭月娥行政長官の辞職である。この内容は、すでに抗議活動が条例改正という一つの政策への反対から、政権批判に転化したことを示した。

その後も政府が妥協を見せない中で、七月一日には立法会への突入を敢行する者が現れた。その一人である香港大学学生会誌『學苑』元編集長の梁継平(ブライアン・リョン)は、議場で「香港人抗争宣言」を読み上げ、そこで「五つの要求」の五つ目である林鄭月娥の辞職を、普通選挙の即時実施へと書き換えた。現行の制度では、行政長官が仮に交替しても、北京の影響下で民意に反する新長官の選出が繰り返されるだけであると彼らは考えたのである。つまり、ここで政権批判は体制批判へとさらにエスカレートした。

そして七月二一日、抗議活動参加者はついに中央政府の香港出先機関である中連弁ビルを包囲し、落書きを行い、ペンキを投げつけて中華人民共和国の国章を汚損した。それまで回避されてきた北京との直接の対峙に踏み込んだのである。運動はもはや、中央の政権を直接攻撃する「革命」の色彩を帯びてきた。今は叫ぶだけで「国安法」によって逮捕される危険のある、元々梁天琦が使用した「光復香港、時代革命（香港をとり戻せ、革命の時代だ）」というスローガンが、抗議活動の現場で頻繁に聴かれるようになった。

行動の内容もエスカレートした。当初、デモは基本的には香港島の政府庁舎付近で行われてきたが、七月以降は九龍や新界にも拡散した。デモ行進のほかにも、人間の鎖や、世界各国の主要紙への全面広告の掲載など活動は多様化した。付箋などにスローガンを書いて貼り出す「レノン・ウォール」も至る所に出現した。同時に過激化も進んだ。ゼネストの実施を意図した交通妨害は空港にも及び、八月一二日から一三日には全便欠航の事態も出現した。この際には空港デモの現場にいた大陸の『環球時報』紙記者とされる付国豪が、デモ参加者から暴行を受ける事件も起き、その後親政府派と抗議活動参加者の間での暴力事件も頻発した。

それでも抗議活動は支持者を集め続けた。前述の通り、立法会への突入は雨傘運動当時、運動の仲間割れに至った過激行為である。七月一日に突入事件が発生すると、政府寄りの人々はこの行為に怒ると同時に、これでデモを支持してきた市民が運動から離れると期待した。しかし現実には、事態は異なる展開を見せた。遺書まで用意して壮絶な覚悟で突入を決行した若者に、むしろ同情する世論が強くなったのである。その背景には警察の暴力に対する強い反発があった。六月一二日の「暴動」認定以来、警察は鎮圧の行動をエスカレートさせた。抗議活動の地理的拡散に伴い、催涙弾は住宅地でも大量に使用され、「一〇〇万人が煙を吸った」とも言われる状況が生じ、市民の反発を強めさせた。

中央政府は明らかに苦戦していた。北京は長く発言を控えてきたが、抗議活動の長期化を受けて沈静化を試み始めた。前述の通り、中央政府と香港政府は警察力でのデモの鎮圧に注力していたが、その実現のためには、まずは麻痺状態に陥った政府の求心力を立て直すとともに、デモの暴力化を嫌う世論を強めることが必要であった。七月二九日、北京の港澳弁の報道官が会見を行った。港澳弁は少数の過激分子の暴力行為を非難し、香港市民にそれを阻止するよう呼びかけ、林鄭月娥行政長官が率いる香港政府の法に基づく統治と、警察の厳格な法執行を支持する旨を表明した。八月七日には張暁明港澳弁主任・王志民中連弁主任が、香港選出の全人代代表などの親政府派の政治家五五〇人を招いて深圳で座談会を開催し、皆が真剣に包容力を持って林鄭月娥を支えよと指示した。この頃は親政府派内部にも動揺や対立が生じており、北京は引き締めを行う必要が生じたのである。

同時に中国は軍事的威嚇を強めた。空港デモ直後には、深圳のスタジアムに武装警察が集結した様子が外国メディアによって多く報じられた。日本を含む海外の一部評論家は、いよいよ中国は軍事介入を準備していると、天安門事件の再来の危険を指摘し始めた。しかし実際には、軍や武装警察の直接行動は発生しなかった。天安門事件当時の北京と現在の香港では、様々な条件が大きく異なる。インターネットのない時代に、革命第一世代の指導者の決断により、首都で起きた危機に対して採られたのが天安門事件の軍事鎮圧の決断であった。香港はそういった条件が全て異なる上に、当時の北京とは比較にならないほどの国際性を持つ。万一市街戦が演じられれば、デモ参加者だけでなく外国人にも犠牲者を出して国際問題化するリスクが非常に高い。ロイターの報道では、六月一二日の立法会外での衝突の翌一三日、解放軍駐香港部隊司令員の陳道祥は米国の東アジア担当のディヴィッド・ヘルビー国防次官補代理と会談し、解放軍は香港の問題に干渉しないと自ら述べたとされた(59)。

逆に、デモ参加者の側には、軍が出動した場合は「家に帰って寝る」と述べる者も多く、仮に軍が入っても、デモ参加者に逃走されて意味をなさないという可能性もあった。香港の古株の民主派は、天安門事件当時に北京の学生を支援し、一部は現場で事件に遭遇していた。こうした世代には、事件によって怒りが残されたと同時に、解放軍への恐怖感も共有されていた。しかし、現在の若者にその感覚はない。彼らは解放軍や武装警察の動向を威嚇に過ぎないと見透かし、ネット上では「香港の解放軍の出動状況に毎日関心を持とう」と題するフェイスブックのグループが作られるなど、威嚇ばかりで行動に出られない中央政府や解放軍は、恐怖よりもむしろ揶揄の対象とされたのである。

威嚇が利かない中で、中央政府は経済カードを切った。北京の圧力を受け、八月以降企業や大富豪は暴力を非難する声明や全面広告を争って掲載した。八月九日には、中国民航局がキャセイ・パシフィック航空に対し、最近の多くの事件で暴露された安全問題について警告を発出したと声明し、違法のデモに参加したり、これを支持したりした者の大陸便への搭乗を止めることや、乗務員リストを民航局に提供することを要求した。ゼネストや空港でのデモには、多くのキャセイ航空乗務員や職員が加わっていた。中国路線に加え、欧州便などの多くの便が中国上空を飛行する同社はこの圧力に耐えられず、多数の職員を解雇した上、八月一六日にはルパート・ホッグ最高経営責任者と、盧家培（ポール・ロー）最高顧客・商務責任者が辞職した。八月二二日には、香港の地下鉄と郊外列車を独占経営する香港鉄路（港鉄）が「暴徒専用列車」を提供したと非難する記事が『人民日報』に掲載された。売り上げの半分近くを大陸での鉄道や不動産事業で得る港鉄は、これ以後デモ開催予定地の最寄り駅を通過させたり、デモ開催の時間帯に運休させたりする措置をとるようになった。

こうした状況のため、大陸や海外からの観光客も減り、小売りや飲食などの業界には苦しい状況が生じた。しかし、これも抗議活動の弱体化に直結することはなかった。まず、多くの市民は景気悪化の責任を抗議活動参加者よりも政府に帰した。八月一六日の『明報』に掲載された世論調査では、経済の悪化の最大の責任は抗議活動参加者にあると述べた者は八・五%に過ぎず、政府にあるとする者が五六・八%に達した。次に、抗議活動参加者の多くは、大陸からの大量の観光客の流入による「爆買い」型の消費を嫌っており、観光客の減少や小売りの不調はむしろ吉報とすら捉えられた。そして、親北京の企業は香港内部での社会からの批判にも直面した。港鉄は政府に接近したことで、デモ参加者から共産党の「党鉄」と非難され、九月には連日破壊の対象とされた。このほかにも、露骨に政府支持の立場を示した企業は、不買運動や嫌がらせにも直面した。大陸と香港の双方でビジネスを行う企業はいずれも板挟み状態となり、迂闊に政府支持を表明することもリスクとなった。

暴力に対しても市民は容認する姿勢をとるようになっていた。八月以降は火炎瓶も使用され、地下鉄の駅や政府寄りの立場をとる商店などに対する破壊行為も行われた。一〇月以降は実弾で胸を撃たれる若者も現れ、一一月の香港中文大学と理工大学での衝突は戦場を思わせるような包囲戦となった。世論調査では、過激行為を行う「勇武派」の暴力よりも、警察の暴力がより行き過ぎであると見る市民が多いことが示された。深刻なのは、八月に至って抗議活動参加者の間で「死なば諸共」を意味する「攬炒《ラムチャウ》（抱きついて共に焼かれる）」という「戦略」が流布したことであった。香港が持つ国際金融センターとしての機能は北京にとって死活的利益であると考える抗議活動参加者は、自身を「人質」にして、香港の社会・経済を破壊することで、香港の親中的な既得権益層や特権層、そして中央政府に諸共に損失を与えることを戦略とするようになったのである。八月三一日のデモ現場で香港の研究者が行った調査では、「香港に国際社会の制裁などの極端な事態が生じた場合、中央政府の損失が香港より大きい」と述べた者は八七%にまで上った。(60) 破壊行為も、景気後退も、不動産価格の下落も、大陸客の減少も、小売業の不景気も、アジア最悪の経済格差と特権層の政治権力の独占という体制に絶望してきた市民は、むしろ「世直し」として喜んでしまう。

二〇一九年の香港の抗議活動の大きな特徴は、ネットでの議論を経て匿名の者が行動した「リーダーのいないデモ」という点にあった。六月一二日の立法会への突入は、ネット上での呼びかけに応じた者による行動であった。デモ参加者は通信アプリ「テレグラム」などを使い、匿名で連絡を取り合って行動するようになっていた。そこで「午後三時に突入」との戦術が一定の支持を集め、決行に至ったのである。この直前の数日にはテレグラムの参加者が大量に増え、一部のグループは四万人以上になっていたという(61)。こうして、合法的に実施される平和な巨大デモと、明確な指導者や組織がなく臨機応変に行動する比較的小規模で急進的な直接行動とが併存する状況が作られた。六月二一日には、要求に応じない政府にさらに圧力をかけるとして、主にネット上の呼びかけに応じた若者により、道路占拠に加えて警察本部の包囲が行われた。この行動には明確な指導者がいなかったため、デモ参加者も実際に行動があるかどうかを知らないまま現場に行った者が多数いた。テレグラムで警察包囲の情報を得た者が行動しているが、その指示を出している者が誰かは不明であったという(62)。こうした、組織や形を持たず、臨機応変・融通無碍に形を変えるデモのやり方は、かつて香港映画の大スターである李小龍(ブルース・リー)が語った「Be water(水になれ)」との言葉で語られるようになった。特定のリーダーを持たないことは、雨傘運動がリーダーと参加者の対立により弱体化したことの反省を踏まえ、広く受け入れられた方針であった。

しかし、北京はこうした抗議活動の実態について、正しい理解を欠いていたと見られる。中国政府は一貫して、デモは外国や台湾と結託した少数の指導者によって扇動されたものとの見方を示し続けた。全国政治協商会議副主席を務める董建華元行政長官は、抗議活動は規模も大きく組織も密であるから、必ず背後に黒幕がいるはずであり、多くの証拠が台湾と米国の影を示しているように、外国勢力と関係していると指摘していた(63)。巨大なピラミッド型の組織である中国共産党の視点からは、「リーダーのいないデモ」というあり方は信じがたいものなのであろう。また、リーダーをあぶり出せば、それを検挙して組織を壊滅させ、一罰百戒によって他の者を黙らせることができると考えたのであろう。そのような発想からか、八月三〇日、警察は活動家の黄之鋒と周庭(アグネス・チョウ)、三名の立法会議員、学生会のリーダーや他の活動家などを、違法集会扇動などの様々な容疑で次々と一斉に逮捕した。しかし、逮捕された者はいずれも、五年前の雨傘運動の指導者またはそれ以上のベテランの民主派であり、今回の抗議活動の参加者でこそあれ、これを指導するような存在ではなかった。

こうして、中央政府・香港政府は、譲歩によって事態の展開を図ることをしない一方、効果の薄い強硬策を繰り出しては失敗するという状況が続いた。中央政府・香港政府は雨傘運動の沈静化に成功した「妥協せず、流血せず」に近い戦術を採ったが、抗議活動参加者は雨傘運動の反省を踏まえて進化していたのである。

その結果、一一月二四日の区議会議員選挙では投票率が七一・二%と、前回を二〇ポイント以上上回る史上最高を記録する中、民主派が全体の八五%の三八八議席を得る、歴史的な大勝利を収めた。これは中央政府にとって想定外の失敗であったと言わざるを得ないであろう。というのは、中央政府は事前には区議選の「親政府派勝利」を予測していたようなのである。報道によれば、『環球時報』や『人民日報』など、中国政府系の各メディアは、親政府派勝利の予定稿を用意して選挙結果を待っていたという。一部は投票当日の報道でも、投票率の高さを「香港の混乱がこれ以上続かないようにという市民の願いのあらわれ」だと主張し、予想が外れて民主派が勝利した場合の備えはほとんどなかったという。中央政府が誤った理由について、記事は、デモが長引くという失態を隠すために、中連弁が自分に都合の良い情報ばかりを上に報告して、指導部をだましていたと推測している。(64)

香港の学者・葉蔭聡は、共産党政権の情報収集の仕組みの問題点を指摘している。(65) 即ち、「反腐敗運動」の時世においては、政府に提言する立場にある中国の学者は、クリーンであることを所属部門の指導者から求められるため、香港との関係が深い者はむしろ外される傾向にあり、多くは広東語もできない。一方、香港の学者が中国国内の学術会議に出るためには、二年前から（恐らく政治的理由で）中国側で上の許可が必要になったという。こうして、まともな学者が排除される一方、政策提言は、香港に少し留学した経験があるという程度の大陸の若い学者が、簡単な短文を書けば多額の「研究資金」を得られるという手段に堕す。こうした「内部参考」とされる提言自体も、上に忖度するため、民主派寄りのメディアの情報を避けて、共産党系の香港メディアの情報を引用する傾向が強まっている。こうして、ひたすら自分たちで作った都合の良い情報が共鳴して、濃縮されて行くのだという。

これは香港問題に限らず、共産党政権が統治において繰り返してきたミスの一つと言える。しかし、巨大なピラミッド型の体制を持つ政権が、こうした欠点を克服することは容易ではない。結局のところ、香港危機に対する共産党政権の対処法は、二〇二〇年の「香港国家安全維持法」の制定による、香港社会への直接介入であった。

おわりに

以上、鄧小平から習近平に到る四人の中央政府最高指導者の時代に分けて、「逃亡犯条例」改正問題が出現する二〇一九年までの中央政府の対香港政策の変遷を見てきた。その間の変化は明らかに大きく、かつ、各指導者の中国国内での政策方針に沿う形で、それぞれの時代の北京の対香港政策が作られているように見える。特に、二〇一二年以降の習近平時代の香港政治の混乱には、中央政府が「国家の安全」を前面に押し出して香港への介入を強めたことが大きく関係していると言えるであろう。

しかし、習近平個人の政治志向に、香港の抵抗の原因を全て求めることは適切とは言えない。まず、習近平時代になって出現したように見える問題は、現実には中央政府の過去一貫していた政策が、習近平時代になってはじめて可視化され、香港に衝撃を与えたという一面もある。その代表的な例は民主化問題である。一九八四年の「中英共同声明」に選挙の実施がうたわれ、一九九〇年の「基本法」に普通選挙が明記されたことで、香港市民に将来的な西洋型のデモクラシーの香港への導入に対する期待が広がった。しかし、鄧小平の普通選挙についての発言を見ても、あるいは二〇〇七年の、二〇一七年普通選挙化を可とする全人代常務委員会の決定を見ても、民主派が行政長官のポストを得たり、立法会の過半数を占めたりすることを受け入れる意思は、恐らく北京には一貫してなかったと見るべきではないか。しかし、普通選挙実施のタイムテーブルが定められ、具体的な選挙方法が議論される時期まで、北京はこの点では曖昧な態度表明にとどめ、二〇一四年の「八三一決定」に至ってはじめて真意を明かすことを迫られたのである。そうであるならば、習近平は前任者たちが設定した「時限爆弾」の処理を迫られたとも言いうる。

このほかにも、本章ではまだ分析しきれていない要因も多々ある。例えば、中央政府の指導者の個性と同様に、香港政府の指導者の個性もまた重要かもしれない。初代行政長官の董建華は船会社の御曹司で、その統治は「商人治港」と呼ばれた。二代目の曽蔭権は官僚出身であり、「公務員治港」とも称された。そして、二〇一二年に行政長官に就任した梁振英は、中央政府との深い関係から（本人は否定するが）隠れ共産党員とも噂される人物であり、「党人治港」とも言われた。特に、梁振英は強硬な発言で際だった個性を示し、若者と感情的な対立に陥って、若者の急進化の一因となったと見なされており、時に「香港独立の父」とも揶揄されている。もちろん、行政長官選挙には中央政府の意向が極めて強く反映されており、これらの人物の行政長官への就任自体が北京の政策を反映しているとは言いうるものの、選挙委員による間接選挙の制度でも、ある程度北京の想定外の事態は起こりうる。二〇一二年の行政長官選挙では、梁振英と唐英年（ヘンリー・タン）元政務長官という二人の親政府派の人物がともに出馬して、大本命と見られていた唐英年がスキャンダルや失言で失速したことによって梁振英が当選した。また、梁振英が二〇一七年に二期目の選挙への出馬の断念を迫られたのは、民主派が行政長官選挙委員会選挙で躍進し、不人気の梁振英が再選を目指すことが難しくなったのが直接の原因であろう。これらはいずれも突発的事態であり、北京の想定外であった可能性が高い。

制度の要因も無視できない。「一国二制度」の下では、外国人判事多数が在籍し、英国式のコモン・ローの判例に拘束される司法や、立法会議員の普通選挙選出枠、キリスト教などの宗教団体の影響も強い教育界、民間営利企業によって運営されるメディア、そしてフェイスブックやツイッターなどが自由に使えるネットなど、社会主義の大陸とは大きく異なり、政府の影響を直接受けない領域が存在している。それを前提にすれば、政策の影響力には限界がある。市民社会からのインプットに対しては、政府は受け身に対応を求められる存在でもある。自由な社会が存在せず、そのような配慮をあまり必要としないで統治を進めてきた共産党政権にとっては、統制のきかない社会自体が不快な存在であろう。

そして、環境要因の変化によって中央政府指導者の政策決定が左右されていることも重要である。鄧小平から習近平への三〇年を超える期間には、中国は貧困国から世界第二の経済大国へと躍り出た。インターネットが出現し、中国国民の世論、とりわけ民族主義的な主張が、対外政策や対香港政策にも影響をもたらすようになった。同時に香港でも漸進的民主化が進展し、市民の政治意識が高まった一方、経済の面では香港には当初期待された中国経済の近代化の牽引役を務めるような勢いは見られず、むしろ中国経済の発展に香港が依存する側面が強まった。さらに、国際社会の中国に対する態度も、周辺諸国・地域には「中国脅威論」が広がり、とりわけ二〇一〇年代以降は「米中新冷戦」とも呼ばれるような超大国の競争関係が出現している。そういう複雑な状況の下で「中港融合」が進められ、大陸と香港の人的交流は格段に密になった。中央政府の指導者の決定はこうした変化によって影響されており、中央政府指導者の個性だけから説明するのは適切とは言えない。

恐らく何よりも、北京の対香港政策は大規模な社会運動の発生を機に、段階的に変更されている。一九八九年の天安門事件、二〇〇三年の「五〇万人デモ」、二〇一四年の雨傘運動、二〇一六年の独立論の浮上などは、いずれも北京に危機意識を与え、政策変更を迫ったと解釈できる。例えば、二〇一五年一二月に北京を訪問した梁振英行政長官に対し、習近平は「『一国二制度』の実践に新しい情況が生じている」とか、「中央政府は『一国二制度』が変形しないように貫徹する」といった発言を行っている。[66] 北京から見て、香港で生じている現象が想定外であったことが読み取れよう。

しかし、「国家の安全」を確保するために、北京が矢継ぎ早に強硬な政策を打ち出した結果は、二〇一九年の香港危機の発生であった。皮肉にも、「国家の安全」を最優先する政策が、香港問題を真の意味で「国家の安全」の危機に引き上げてしまった。そしてその延長線上に二〇二〇年の「国安法」の制定がある。二〇二〇年一一月一七日の「基本法」公布三〇周年シンポジウムで、基本法委員会の主任を務めた喬暁陽は、北京が「我慢に我慢を重ね、我慢しがたい状況になり、これ以上我慢してはいけなくなったときに、さらに我慢を重ねれば歴史的な過ちを犯す(一忍再忍、忍無可忍、不能再忍、再忍下去就要犯歴史性錯誤)」との判断から「国安法」を制定したと説明している。[67] 北京のどの指導者であれ、香港に対してはある程度このような感覚を共有しているのではないか。したがって、中港関係の変化を説明するためには、北京の主導する政策のみならず、香港内部に蓄積された様々な変化を分析することが必要である。それについては、次章以降で見て行きたい。

第二章　香港市民の政治的覚醒——経済都市の変貌

はじめに

「香港人は金儲けにしか興味がない」との表現は、かつてはよく使われた台詞であった。香港は商業・経済都市であり、民主主義を欠いていても民主化要求も盛り上がらず、人々は日々の生活にしか関心がないというのは、香港にとって自他ともに認める表現であったと言えるであろう。しかし、二〇一九年の巨大抗議活動を経た現在、このような、恐らくわずか一〇年ほど前には定評であった言葉は、説明能力を全く失ってしまっている。むしろ、近年の主に政治問題をめぐってニュースに登場する香港を見慣れた人たちには、香港人が政治に関心がないと言われてきたことのほうが、最早不思議に思われるのではないか。

明らかに、近年大きな変化が生じたのである。図1は、一九九二年以来繰り返し行われている香港大学民意研究計画と、その後身の香港民意研究所の民意調査の結果であり、香港市民に、政治・経済・民生（社会）の問題のうち、いずれを最も重視するかを問うている。この調査では、経済または民生（社会）問題に対する関心が常に

問：香港は現在多くの問題に直面していますが、あなたはどの問題に最も関心を持っていますか？

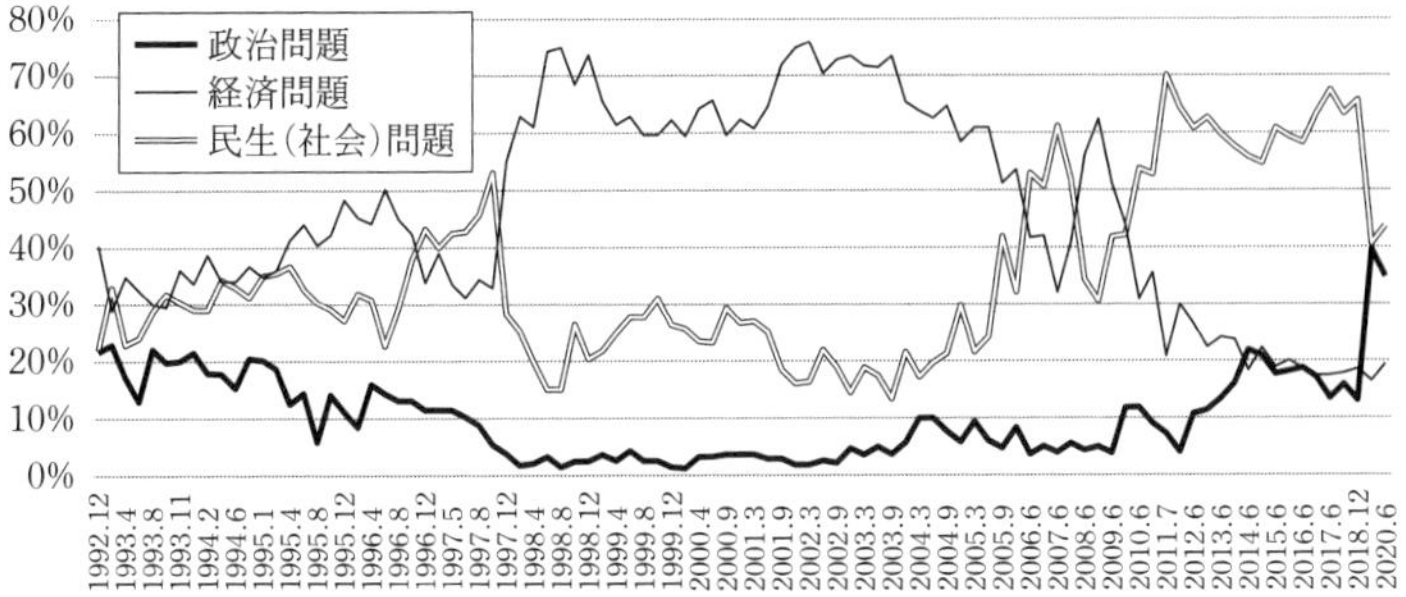

注：2009 年調査までは「社会問題」、2010 年以降は「民生問題」の用語で質問している。
出所：香港民意研究所ウェブサイトのデータより筆者作成（https://www.pori.hk/pop-poll/current-condition/n002、2020 年 12 月 6 日閲覧）。

図 1　香港市民の政治・経済・社会（市民生活）問題に対する関心の程度

一位であった。特に、一九九八年から二〇〇三年にかけての不景気の時期においては、七割近くの者が経済問題に最も関心を抱いていると回答した。マクロ経済が安定する一方、住宅難などの生活に関する問題が注目された二〇一〇年代には、民生問題が最大の関心を集めている。一方、政治問題は一貫して高い関心を集めず、一九九七年問題という巨大な問題を控えていた返還過渡期においてもほぼ一〇%台で推移し、返還後二〇〇九年までの調査では、最も重視するとの回答が一〇%に達したことがなかった。しかし、二〇〇三年七月一日の「五〇万人デモ」の頃から、少しずつ政治への関心は高まり始め、二〇一四年の雨傘運動以降は経済と同等の関心を集めるようになり、二〇一九年の「逃亡犯条例」改正反対運動によってついに民生問題（四〇・六%）と政治問題（四〇・〇%）への関心が匹敵するという事態に至った。

同様の変化は、毎年恒例の香港市民支援愛国民主運動連合会（支連会）による天安門事件追悼集会の参加人数にも見られる（図2）。北京の学生運動を受けて民主派が結集し、支連会が結成された。支連会の主催によって大規模なデモや

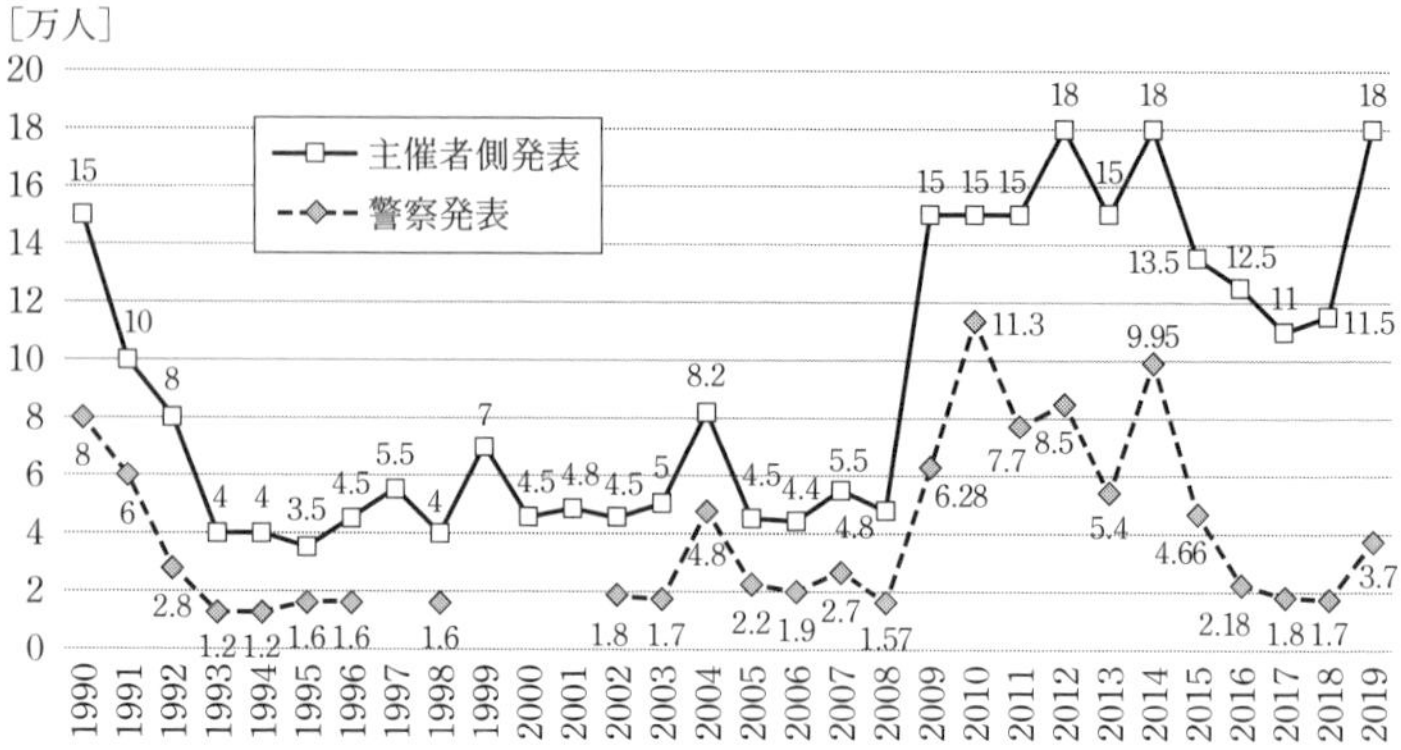

出所：『明報』、2019年6月5日。

図2　天安門事件追悼集会の参加人数

集会が開催され、香港市民は数十万人から一〇〇万人規模のデモを繰り返したが、一九八九年六月四日に血の弾圧で北京の民主化運動は幕を閉じた。以来毎年支連会はビクトリア公園で六月四日夜に追悼集会を開催してきたが、その参加人数は一九九三年から二〇〇八年にかけては数万人で推移していた。しかし二〇〇九年、事件二〇周年の節目を迎えて集会は突如主催者側発表で一五万人という、一九九〇年の初めての集会の規模を回復し、二〇一〇年代を通してその規模を維持した。

加えて、政治行動の手法の変化も驚くべきものであった。二〇〇三年七月一日の「五〇万人デモ」は、「ゴミ箱一つ倒されない」とも称された、ごく平和なデモ行進であった。法律を守りながら平和裡に行動することは香港の「デモ文化」とも称された。しかし、二〇一四年の雨傘運動は道路を長期にわたり占拠し、二〇一九年の抗議活動では破壊行為が日常化した。そうした中で行われた同年一一月二四日の区議会議員選挙では、それまで最高でも二〇一五年の四七・〇%であった投票率が、七一・二%に達した。香港の選挙で投票率が七割を超えることは、筆者も少し前までは夢想もしなかった事態であった。

香港市民の「政治的覚醒」と称されるこうした変化は、いかなる理由と経緯で生じたのか。本章では、「香港人は金儲けにしか興味がない」との議論がどう説明されてきたのかという過去の検討から出発し、変化の背景要因を踏まえた上で、特に二〇一四年の雨傘運動以後を中心として、変化をたどることを試みる。

1　政治的無関心論の再検討

(1) 香港市民の「難民心理」と中国的政治文化

香港市民はなぜ政治に関心がないのかという問題は、過去の香港政治研究の中心的テーマであったといっても良い。第二次大戦後、中国大陸で共産党のイデオロギーの嵐が吹き荒れ、台湾でも蔣介石の独裁体制が大陸と対峙し、インドシナでは戦争がうち続くという政治的混乱のただ中の地政学的位置にありながら、香港は相対的に無風とも見えるような安定を維持したからである。

その理由として多く着目されたのは、香港市民の多数派が大陸からの難民とその子孫であるという条件である。第二次大戦中に日本に占領された香港の人口は、日本敗戦時点で六〇万人程度であったと推定されるが、一九五〇年には二〇〇万人規模にまで膨れ上がった。難民の政治的関心が限られた理由は、第一に、彼らは劣悪な環境の中で生活の維持に必死であり、政治問題を意識する余裕を持たなかったこと、第二に、難民はあくまで香港を仮住まいの地と考え、故郷である大陸などの政治情勢が落ち着いたら戻るか、あるいは貯蓄ができたら欧米諸国などに移民するかのいずれかを計画しており、居住地である香港の政治について十分に関心を持たなかったこと、第三に、英語を唯一の公用語としていた当時の香港において、英国人に政治的不満を訴えるには言語の壁が存在し、大部分の者には不可能であるという無力感が覆っていたことなどで説明される。

実際、植民地の香港に政治思想が根を張る土壌は存在しなかった。香港には戦後多数の著名な学者やジャーナリストら文化人が、共産党政権を逃れてやってきている。しかし、それは香港の政治と社会に影響を与える思想の開花には到らなかった。中村元哉は、中華民国期リベラリストの思想を汲む『自由陣線』や『聯合評論』などに集まった香港の思想家たちは、中台米ソについて民主の観点から批判的に論じる一方、香港の人々の心を摑もうとせず、香港に根を張れなかったと述べる。(1) また、張彧暋は、香港に身を寄せた、銭穆・唐君毅・牟宗三・徐復観らの「反共新儒家」たちは、香港への定住をよしとせず、他方大陸に帰還することもできない「彷徨う魂」に終わったと述べる。(2)

もう一つの代表的な説明の方法は、中国的な政治文化・価値観が政治参加には不利であったというものである。政治社会学者の劉兆佳はこのような香港市民の価値傾向を「功利的家庭主義」と称している。華人社会は家族・宗族集団の集合体であり、それぞれの家族集団は、社会全体の利益よりも、自らの集団の利益を重視した。彼らはメンバー間で必要に応じて資金などを融通しあい、政府に依存せずに社会福祉の不足を埋めることができた。また、家族集団を基礎とする社会は、その組織原理からして政治的な性質のものではなく、かつ、伝統的な中国人の政治的無関心と、政治的抑圧を避けて香港に逃れてきたという大多数の者の経験から、住民の多くが政治参加に対し否定的な考えを持っていた。(3)「政党」と聞くと、共産党と国民党のような巨大で暴力的な軍事集団を連想する香港市民の間では、政党自体に対しても不信感や抵抗感が弱くなかった。

そのような香港市民の多数派の心理に対して、香港政庁は十分満足の行く統治を提供していたとも論じられてきた。香港政治に関する古典的な著作である The Government and Politics of Hong Kong において、ノーマン・マイナーズは、植民地時代の香港には民主や自治、中国との統一の要求がなかったと指摘し、その理由は端的に言えば、当時の香港が英国・中国・香港市民の利益に合う体制を持っていたからであると解釈している(4)。そうした中で、香港にはアジアNIEsの一角としての高度経済成長がもたらされた。これに伴って生活の問題は緩和され、多くの者が中産階級へと上昇を果たした。「難民」にとっての生活問題は徐々に改善されていった。

(2) 植民地の限界

一方、香港市民の政治的無関心の理由を香港人の思想・精神面での特徴から直接論じるこの種の議論に対しては、近年様々な批判が向けられてきた。

デイヴィッド・フォールは、香港の政治参加が少ないのは文化の問題と言うよりも、制度的な制約が原因と説明する。香港市民の中には政治に関心を持つエリートも少なからず存在したが、選挙が存在すらしないような植民地の体制の下で、香港市民の政治参加は大きく制限された。香港人の政治リーダーが出なかったのは、香港市民に政治の場での活躍の道が開かれていなかったからである。このため、多くの市民は経済面での成功へと目標を定めざるを得なかった。「金儲けにしか興味がない」香港人の誕生である。返す刀で、フォールは「香港人は政治に関心がない」と論じてきた香港人の学者をも斬る。彼らは自身がこうした抑圧によって経済活動に専心するよう誘導を受けながら、それを自らの文化に基づく自発的選択と説明していた。こうした議論を、フォールは香港知識人の植民地根性の産物であると痛烈に指弾したのである(5)。

そもそも、「香港人は政治に無関心」という議論は、正しくなかったとの指摘もある。歴史的に見て、戦前の一九二五―二六年に広東省と連携して長期に行われた反英運動である「省港ストライキ」、戦後多発した暴動(一九五六年九龍暴動、一九六六年スターフェリー値上げ反対暴動、一九六七―六八年香港暴動)、一九七〇年代の学生運動(中文公用語化要求運動、尖閣諸島の中国による領有を主張する「保釣運動」)など、香港は社会運動が頻発する土地であった。林蔚文は、政治的無関心論は誤りであり、香港で大きな政治動員が実現できなかったのは、政治は怖いもの、人に迷惑をかけるものなどとする「脱政治化の文化」が浸透していたからであると指摘する。このため、香港の政治活動は政権への圧力を抑えた改良主義のものとならざるを得ず、政治動員には不利な環境で、政治活動に人々を動員するためには、政治への恐怖の払拭が必要であったと説く。(6)

実際、当然ながら、非民主的な植民地当局である香港政庁には暴力的な強権性があった。戦後において、香港政庁のそうした側面が最も表れたのが、一九六七年の香港暴動に対する対応であった。

一九六七年五月、九龍の造花工場の労働争議が香港政庁批判の政治運動と化し、これを背後で香港の共産党組織・広東省の紅衛兵組織が支援し、暴動化した。八月には左派は時限爆弾によるテロを開始し、半年以上の混乱の中、政府公表で死者五一人、負傷八四八人、逮捕者五〇〇〇人以上、処理された時限爆弾(ニセモノを含む)は七三四〇発、秘密裡に追放された者多数という悲劇を生んだ。暴動の過程でラジオ司会者が焼き殺されたり、児童が爆弾の犠牲になったりしたこともあり、これを機に香港の左派は社会の支持を大きく失ったが、香港政庁は世論の左派への反発をいわば奇貨として、暴動に関わった者に対して厳しい尋問や刑罰を科した。

香港城市大学教授の葉健民(レイ・イェプ)は、香港政庁の記録から、暴動関係者に対する処罰を分析している。公式記録では、実刑を科せられた者は二〇七七人にのぼっている。このうち葉健民が記録を発見した六三四名の罪状と量刑を調べると、四六%の者が不法集会などの微罪であった。しかし、武器所持罪の者の同伴者でも平均三年ほどの刑を科せられているなど、微罪に対しても厳罰の傾向が見られたという。その根拠となったのは、一九二二年に制定された「緊急状況規則条例（緊急法）」であった。同条例は、総督が緊急事態においては、行政評議会の議を経て、公共の利益になるあらゆる法令を発布できるとしている。しかも、英国本国とは異なり、政府による正式の緊急事態宣言は必要としない。暴動の期間中にも条例は修正され、警察に武器没収・場所の封鎖・市民の個人情報提供・扇動性資料の所有と配布の禁止・扇動演説の禁止・不法集会処理などの権限が総督に付与された。さらに、政庁には長期の拘禁と香港からの追放の権限も与えられた。また、治安を理由にすれば、裁判なしで一年間の拘留が可能とされた。言い換えれば、ロンドンの同意さえあれば、政庁は誰でも好きなように逮捕できたのである。一九六八年以降、治安が徐々に回復されると、ロンドンは中英関係に配慮し、暴動に関する容疑者の減刑を香港政庁に求めた。しかし、当時のデイヴィッド・トレンチ総督は香港の司法をないがしろにするとしてこれに抵抗した。結局、外交官出身のマレー・マクルホース総督の着任後に減刑が実施され、暴動に関する全容疑者が刑期満了などで釈放されたのは一九七三年のことであった(7)。

（3）香港政庁の「脱政治化の政治」

しかし、香港政庁の統治の特徴をこうした強権性だけに求めるのは妥当とは言えないであろう。第二次大戦後の香港には、少なくとも毛沢東時代の中国や、蔣介石時代の台湾には存在しなかったような社会の自由があり、映画に代表される文化・芸術活動が盛んに行われ、多様なメディアが発達して「香港情報」と呼ばれる様々な情報がやりとりされていた。したがって注目すべきは、一方で政治運動を強硬に取り締まりつつも、他方で一定の自由を社会に残すことで政治問題の激化を回避する、香港政庁の「脱政治化の政治」とも言うべき、高度な統治術である。

一方では、香港政庁は政治活動を大いに弾圧する「悪法」を持っていた。前述の「緊急法」が制定されたのは、社会主義思想が世界に広がり、香港でもストライキが頻発したことが背景にあった。他方、一九二五―二六年の「省港大スト」では、政庁と協力して労働運動を沈静化させる立場に立った香港の有力者である羅旭龢（ロバート・コートウォール）は、儒教教育で中国の民族主義に対抗することを提案した。政庁はこれを受けて香港大学中文系の設立を支持した(8)。

中国で共産党政権が成立すると、香港政庁はその影響を防ぐための法制度を整備した。その中にはいわゆる「悪法」の制定も含まれる。一九四九年一月、英国は香港緊急防衛計画を策定し、一九四九年三月八日の閣議では、植民地大臣に香港での共産党の活動を弱体化させる術を検討させた。一九四九年一月の「人民入境統制条例」は、反乱などの関係者の入境を禁止した。四月にはストライキを禁止し、五月には「社団条例」を制定し、香港の外との関係を持つ政治団体を禁止した（これによって共産党・国民党とも「非合法化」された）。八月一七日には全市民に身分証携行を求める制度と、違法分子を香港から追放する「不法分子出境条例」も定められ、収容所も設置された(9)。一九五〇年五月には、香港政庁は従来通行自由であった中国大陸との国境を封鎖した。一九五〇年代初頭には左派の香港からの追放が多発した。警察官が対象者の家屋を尋ね、「総督がお前を嫌っている」の一言で、追放処分を言い渡したと言われる(10)。香港に限らず、左派を監視することは英国の国策であり、一九五六年四月には、英国政府は各植民地政府に対し、共産主義などの情報報告を指示している(11)。香港政庁には情報部門である「政治部」が設けられ、左派を監視していた(12)。過酷な法律は左派にのみ適用される傾向が強く、植民地統治に対する脅威は厳しく監視されていたが、当時メディアはこうしたことを報道しなかった(13)。

しかし、こうした取り締まりと同時に、市民の注目が政治問題に集中することを回避する工夫は不可欠であった。英国は左派のイデオロギー的主張とは異なる選択肢を提供することで、香港社会を体制に組み込んでいった。

例えば、教育の分野では、左派系学校に対する弾圧が行われた。左派系高等教育機関・達徳学院は、一九四九年二月に香港政庁の命で閉鎖させられている。アレクサンダー・グランサム総督は英国政府への報告において、「達徳学院が左派の教授によって設立され、極左的な政治訓練と宣伝を目的としていると疑う十分な理由がある」、「学生は忠実に共産党の路線にしたがっており、強烈に反蔣介石・反米である」と、閉鎖の理由を説明している。学院には華僑の若者も多数在学しており、東南アジアの政治に影響を与え、英国と衝突していた（しかし、達徳学院の閉鎖後、北京の中央政府はこれにあまり強く反発はしていない。それは、周恩来の指示により、閉鎖後に大部分の在学生が大陸に移ったためであるとされる）[14]。こうした左派の取り締まりの一方で、英国は英語教育を推進して香港市民に提供した。香港の教育制度は、英国式教育システムを、英国理解よりも労働力養成の用途へとアレンジしたものと評される。香港大学を好成績で卒業すれば容易に好待遇の職を見つけられるという形で、若者の社会的上昇のための道が開かれた。一方、教科書は政府の許可なしに出版できず、政治的議論は禁止された。中国近代史はカリキュラムから除外され、一九六五年に一九一一年まで、七二年に四五年まで、七九年に四九年まで、九五年に七六年までがようやく範囲に加えられた。これによって、生徒に「集団の記憶」が生まれることが回避されたのである[15]。

中国大陸と結びついて政治問題化し、反英運動につながる可能性の高い、社会主義や中国ナショナリズムの思想と対抗することも政庁にとって重要であった。特に、一九六七年の香港暴動後、共産主義のイデオロギーの影響を薄めるために、当局は「香港アイデンティティ」の確立を目指した。暴動後、香港政庁は市民としての身分・コミュニティ・帰属感などの用語を、共産党のプロパガンダに対抗する手段として用いるようになる[16]。一九七一年に中国が国連加盟を果たすと、香港では国際社会に参加を果たした中国への関心が若者の間で高まり、中国訪問団や「中国ウィーク」などのイベントが行われたほか、保釣運動や中文公用語化運動など、当時は中国ナショナリズムの高揚を背景とした社会運動が発生していた。さらに、新界租借期限が満了する一九九七年以降の香港の地位をめぐる問題も浮上しつつあった。英国にとって、共産党政権の影響力に対抗し、有効な統治を確立することが喫緊の課題であった。マクルホース総督の在任中（一九七一—八二年）には、社会福祉の拡大、義務教育の導入、香港フェスティバルの開催、腐敗撲滅の取り組み、クリーン運動などによって、香港市民の香港に対する愛着を高め、共産主義イデオロギーへの対抗が図られた。かつて植民地当局やエリートの香港市民には、福祉を充実させすぎると大陸からの移民をさらに引きつけるとの懸念があったが、この時期英国はむしろ香港が大陸よりも優れていることをアピールする必要に迫られていたのである。

教育の面でも、この時期に「公民教育」が導入されたが、その目的は植民地への帰属感の醸成にあり、自由や権利への意識を生むことを危惧して政治的議論は禁止された。国民国家の市民というよりも、植民地の住民・臣民を育てる教育であった。一九八〇年代初期になり、返還の準備のため、香港市民の政治的能力の向上が急務となり、一九八五年に初の公民教育ガイドラインが定められ、一九九〇年にようやく政治的議論の禁令が解除された。(17)

一方、脱政治化のためには、政治問題が拡大することを未然に防ぐことが必要である。それには政治が民意に対して一定の反応を示すことも重要である。植民地香港の統治体制は完全に民主主義を欠いていたが、諮問を通じてある程度民意が政治にインプットされていた。行政評議会と立法評議会には選挙は導入されていなかったが、大企業経営者や大学長など、経済界や社会の主要な人物が招かれた。任命の対象も社会の状況に応じて拡大されている。例えば、一八八〇年には伍廷芳が華人として初めて立法評議会議員に任命された。一九七六年、立法評議会に初めて草の根の代表が議員として任命され、無給であった議員が手当を受けるようになった。

両評議会に代表される各種の委員会への任命は、政庁にとって民意を吸収することに留まらず、潜在的な政治リーダーを手懐けて政府に取り込み、「脱政治化」を図るための手段でもあった。こうした統治手法を、金耀基（アンブローズ・キン）が「行政による政治の吸収」と形容したことはよく知られている。(18) 金は「しばしばエリート集団によって代表される政治勢力を、政府が行政の政策決定機関に加え、一定のエリートの融合を実現するプロセス」を「行政による政治の吸収」と定義し、これによって政権は正統性を確保し、ゆるく結合した政治的共同体が確立されると述べている。経済発展のための最大限の政治的安定を求める政府にとって、究極の目標は「政治の行政化」であり、政府は当初経済的・社会的エリートを吸収し、次いで一九六六年・六七年の暴動の教訓を受け、草の根にまで吸収の対象を拡大することで、民主化を実現せずに、強力な反政府エリートの成長を抑えることに成功してきたと金耀基は主張している。

2　政治的覚醒の背景

(1) 脱植民地化と民主化

それでは二〇一〇年代、香港市民の価値観が急速に政治的無関心から脱却したかに見える現象は、どのような原因によってもたらされたのであろうか。

背景要因としてまず挙げられるのは、香港の脱植民地化である。硬軟織り交ぜた手段による脱政治化を特徴とした英国の統治が、「高度の自治」や「香港人による香港統治」を掲げた中国による「一国二制度」の統治へと転換することが決定された。それとほぼ並行して、英国は香港の漸進的な民主化を開始した。これらに刺激され、民主化を実現して、民主的な体制を持って祖国に復帰するという「民主回帰」論が香港市民の間に出現した。一九八〇年代には、かつて学生運動で活躍した者などの手により、政治団体が続々誕生した。彼らは当時行われていた中国政府による「香港基本法」の起草に参与したり、民主化案を提案したり、香港から近い中国大陸で建設が計画されていた大亜湾原発の反対運動を展開したりと、多彩な役割を果たし始めたのである。

一九八九年の天安門事件で、香港市民社会と中央政府は徹底的に決裂した。ここから、「民主抗共」論、即ち、民主化によって香港が共産党政権に対抗する自治の力をつけるという議論が展開された。以後、何らかの理由で大きな反対デモが発生すると、その指導者たちが新しい政治指導者となって、その後も政界で活躍するという事態が繰り返された。彼らはいずれも広い意味で「民主派」と分類できる。ただし、時代の変化に伴う中港関係の変容を反映し、それぞれの時代の指導者が主張した内容は、微妙に異なっている。天安門事件からは、学生支援の活動を指導した弁護士の李柱銘（マーティン・リー）や教師の司徒華が現れ、支連会を設立し、中国の民主化を求める運動を続けた。彼らはいずれも後に民主党（一九九四年設立）の立法会議員となった。二〇〇三年七月一日、政権転覆などを犯罪とし、言論弾圧が懸念された「国家安全条例」案に反対するデモが五〇万人規模に拡大し、最終的に同条例案を廃案に追い込んだ。このデモを率いた弁護士の梁家傑（アラン・リョン）や湯家驊（ロニー・トン）らは二〇〇六年に公民党を設立した。同党は支連会と異なり、中国大陸よりも香港の民主化を重視する立場であり、後に両名とも立法会議員を務めた。二〇一二年には、北京の求めにより進められていた「愛国教育」を、共産党式の洗脳教育であると批判して反対する「反国民教育運動」が展開され、同科目の必修化を阻止した。この運動を率いた団体・学民思潮の創立者である、当時中学生の黄之鋒（ジョシュア・ウォン）は、後に雨傘運動でも活躍するが、彼らの主張は香港の中国化の阻止であった。

こうした変化を、羅永生は香港人の覚醒の過程と捉える。英国と結託する買弁、政治に関わる余裕も意思も能力もない難民、そして地元・香港よりも中国へのナショナリズムを主張する世代を経て、香港市民は真の主体性を求める「本土意識」へと転化したというのである。[19]

しかし、時代ごとに新しい思想が現れるこうした過程においても、古い思想が完全に淘汰され、消滅することがないのもまた、香港民主派の一つの特徴と言えよう。二〇〇三年の「五〇万人デモ」以後、公民党などの新勢力が現れたことを受けて、従来の勢力と新勢力を合わせた民主派は「広義の民主派（泛民主派）」とメディアで呼びならわされるようになった。後には社民連（二〇〇六年設立）や人民力量（二〇一一年）などの、立法会内で物を投げたり、暴言を吐いたりしてしばしば退席を命じられるような急進派も出現した。しかし、こうした新勢力が出現しても、老舗の民主党が消滅したわけではない。一方、返還前には民主派は多数の勢力が大同団結して民主党に結集したが、返還後には主要な民主派政党の合併は、二〇〇八年の民主党と前線の合併以外にはほぼ起きていない。その結果、民主派勢力は、表1が示すように、選挙のたびに分散化が進んでいる。

新旧の勢力の間では時に対立も生じた。それが最も顕著に表れたのは、二〇一〇年の部分的民主化案への賛否をめぐる意見対立であった。中央政府は二〇〇七年、二〇一二年の行政長官普通選挙・立法会全面普通選挙を却下しつつも、二〇一七年には可とする決定を下していた。これを受けて二〇一二年の選挙については、小幅な改革案が政府から示された。公民党などの急進派はこれに反対し、民意を問うとして辞職と出直し補欠選挙への出馬まで敢行したが、民主党に代表される穏健派は中央政府との交渉を選択した。結局、北京と穏健民主派の

表1　立法評議会（返還前）・立法会（返還後）議員選挙での民主派各勢力の獲得議席数

選挙年	全議席数	民主派等議席数	政党・団体別内訳
1991	60	23	香港民主同盟13、匯点3、民主会2、工団総会1、民協1、その他3
1995	60	31	民主党19、民協4、一二三民主連盟1、街工1、職工盟1、その他3
1998	60	20	民主党13、前線4、民権党1、その他3
2000	60	21	民主党12、前線2、職工盟2、民協1、街工1、その他3
2004	60	25	民主党9、四十五条関注組4、職工盟2、民協1、前線1、街工1、四五行動1、その他6
2008	60	23	民主党7、公民党4、社民連3、民協1、街工1、職工盟1、公民起動1、前線1
2012	70	27	公民党5、民主党4、人民力量3、工党3、新民主同盟1、社民連1、街工1
2016※	70	30	民主党5、公民党5、青年新政2、工党1、社民連1、人民力量1、熱血公民1、香港衆志1、小麗民主教室1、その他1

※2016年は、旧来の民主派に加え、「本土派」・「自決派」と称される勢力や、中間派に分類される陳沛然（「その他」に含む）が含まれている。

出所：筆者作成。

双方はそれぞれ譲歩して小幅改革案に合意した。穏健民主派が賛成に回ったことで、改革案は必要な立法会の三分の二の支持を得ることに成功し、成立した。しかし、これを急進派は北京との裏取引に応じたとして強く非難した。人民力量は二〇一一年の区議会議員選挙で穏健民主派を痛烈に非難し、一部議員の選挙区で「刺客」候補を擁立した。小選挙区制の区議会議員選挙で民主派が同一選挙区に複数候補を立てることは明らかに利敵行為であり、急進派は事実上親政府派を支援する行動をとったとして、「民建連（左派の最大政党）Bチーム」と非難された。結局、選挙では結果的に民主派は敗北した。また、人民力量などの急進派は支連会が主催する天安門事件追悼集会を批判し、二〇一四年には「打倒共産党」を叫ぶ集会を、支連会の集会と同じ時間帯を選んで別の場所で分裂開催した。しかし、香港での数千人規模の集会で「打倒共産党」を叫んだところで当然それが実現するわけもなく、このような態度は「念力抗共」とも揶揄された。こうした民主派の内紛は、返還後の香港で半ば日常風景となり、多くの者に批判された。それでも、最大政党の民主党が選挙ごとに議席を減らし、求心力を失ってゆく一方で、全体としての民主派の勢力はほぼ維持されているのである。

分裂の原因として挙げられるのは、立法会議員選挙の普通選挙枠の選挙制度である。返還後、同枠では比例代表最大剰余方式という、小政党に有利な選挙制度が採用された。その背景には、民主党の伸張を嫌った中央政府の意向があったとされる。この制度の下では、一政党が市民の多様な声を代表して大量の議席を得ることは難しいが、際だった主張をする政党が、少数者の強い支持を固めれば、少数の議席であれば獲得が可能となる。このため、より強い主張を行う政治勢力が次々と現れた。

一方、古い勢力が淘汰されないのは、全ての民主派に共通する、民主化という大目標が達成されていないからである。「基本法」の規定では最短で二〇〇七年にも実現可能と考えられていた行政長官普通選挙・立法会全面普通選挙は、遅々として実現しなかった。二〇〇四年の全人代常務委員会の決定により、香港の民主化には、中央政府が容認しない限り絶対に進めることができないという制度枠組みが成立した。この条件下で、中央政府に対して民主派がどういう態度を取るべきか、即ち「北風と太陽」の喩えで言えば、中央政府と交渉・説得して民主化を認めてもらおうとする「太陽」の戦術と、中央政府に圧力を加えて民主化を勝ち取ろうとする「北風」の戦術と、いずれが有効かという問題は、正解のない難問となった。民主派は多様な政治勢力を含むが、政府に批判的で、民主化の推進を求めるという点では一致している。民主化が完成しない限り、穏健派も、急進派も、存在意義と支持者を失うことはない。

こうして、返還後の香港の民主派勢力は分散し、内部対立も発生させつつも、全体としては勢力を維持し、かつ、分裂のたびにより急進的な勢力が出現し、民主派全体を急進化させる傾向が続いたのである。分裂し対立する民主派は団結を欠いたが、多様性を深めることで、幅広い民意の受け皿になったとも言える。

(2) 価値観の変化

こうした、時代ごとにより急進化した、異なる政治勢力やリーダーが出現した展開は、社会全体の価値観の変化・多様化を反映したものでもあった。本章冒頭で示した図1を見ると、返還後しばらく続いた経済問題への関心は二〇〇三年以降に下降線をたどった後、二〇〇八年頃に再度高まりを見せ、その後は再度二〇二〇年頃まで下降を続けた。

アジア通貨危機の影響を受けて不況が続いた返還後約六年間と、二〇〇八年頃のリーマン・ショックの時期には経済への関心が高まっていることから、不景気に見舞われると経済問題に関心があると述べる者が増えるという傾向は明らかである。したがって、不景気のどん底で二〇〇三年七月一日に発生した「五〇万人デモ」は、主に経済問題によって引き起こされたという解釈が妥当であろう。デモを発動したのは民主派であり、そのテーマは「国家安全条例」への反対であった。同条例案が不人気法案であったことは間違いないが、デモを巨大化させたのは中産階級の市民多数の自発的参加であり、彼らを街頭に駆り立てたのは、アジア通貨危機にSARSが重なり、所有する不動産の価格がローン残高を下回った「マイナス資産」問題に代表される不景気であった。デモ参加者は香港政府に対する強烈な不満を抱いていたが、デモ現場でのアンケート調査を見ても、中央政府への反感はまだ弱かった。[20]

中央政府もまた、「五〇万人デモ」の原因は主として経済問題であるとの理解に達し、香港との経済融合を進める一方、民主化は抑制するという政策で対応した。しかし、こうした、政治問題を経済で解決し、香港を「経済都市」に固定しようとする北京の対応は、その先の香港の人々の変化への種を蒔いた。

まず、「五〇万人デモ」後に高まった民主化要求に対し、北京が香港市民の「愛国心」のなさを問題視する態度を示した後、翌二〇〇四年四月に普通選挙の要求を却下する決定を下したことで、知識人の間に香港の価値観への脅威を感じ、憂慮を示す動きが現れた。二〇〇四年六月七日、香港各紙に約三〇〇人の香港各界専門家による連署声明文「核心の価値」宣言が掲載された。民主化問題に北京が介入し、政府に批判的なラジオ番組の司会者の降板が相次ぐという不穏な時期に出されたこの宣言は、香港にとって最も重要な核心的価値は、「自由と民主、人権と法治、公平と公義、平和と仁愛、誠実さと透明さ、多元性と包容、個人の尊重、プロフェッショナルの意識の擁護」と指摘し、「香港は単なる経済都市ではなく、香港人が美しい家を作る場所」と主張して話題となった。

一方、経済融合は、中央政府・香港政府と、その同盟者である開発業者を中心とした香港財界の主導で進められた。その政策には、大陸とのインフラ建設や都心部の再開発といった開発主義の色彩が色濃く表れた。それに刺激されて、開発に異議を唱え、文物や環境の保護を求める意識が高まった。二〇〇六年には、香港島と九龍半島を結ぶスターフェリー埠頭の埋め立てに伴う取り壊しに反対する運動が発生した。翌年には隣接する皇后埠頭の取り壊し反対運動が起きた。二〇一一年には、大陸と香港を結ぶ高速鉄道の建設に伴う、農村の立ち退きへの反対運動も発生した。これらは、経済発展のために環境や景観、歴史を壊すことへの違和感が高まってきたことを示し、「金儲けにしか興味がない」とされた香港市民の変化を窺わせた。

表2 「核心の価値」調査結果

問：「『○○』は香港の核心的価値であるという意見がありますが、これにあなたはどの程度賛同しますか？」

	非常に同意しない / 同意しない			非常に同意 / 同意			分からない / どちらとも言い難い
	非常に同意しない	同意しない	小計	非常に同意	同意	小計	
法治	0.2%	3.5%	3.7%	43.7%	49.0%	92.7%	3.6%
公正さと清廉さ	0.6%	3.9%	4.5%	39.8%	52.5%	92.3%	3.2%
社会の安定の追求	0.4%	6.2%	6.6%	54.4%	33.8%	88.2%	5.2%
自由	1.1%	6.9%	8.0%	51.9%	36.2%	88.1%	4.0%
平和と仁愛	0.5%	6.4%	6.9%	61.3%	26.1%	87.4%	5.7%
個人財産の保障	0.6%	7.0%	7.6%	58.0%	28.5%	86.5%	6.0%
公平な競争	0.6%	7.7%	8.3%	60.1%	26.2%	86.3%	5.3%
家庭の責任の重視	0.1%	8.1%	8.2%	61.3%	23.2%	84.5%	7.3%
民主	2.0%	8.8%	10.8%	53.0%	30.2%	83.2%	6.0%
多元性と包容性	1.2%	10.5%	11.7%	60.4%	19.4%	79.8%	8.5%
市場経済	0.9%	10.3%	11.2%	59.6%	16.9%	76.5%	12.3%

出所：中大香港亞太研究所電話調査研究室「中大香港亞太研究所民調：香港核心價值多元多樣」、2014年10月30日（https://www.cpr.cuhk.edu.hk/tc/press_detail.php?id=1915、2021年5月19日閲覧）。

そして、経済融合による好景気は新たに深刻な社会問題をもたらした。経済の改善に伴い、返還直後のバブル崩壊で暴落した不動産価格はむしろ暴騰に転じ、住宅難などの原因となった。経済の改善は市民の生活環境を必ずしも改善させなかったのである。こうした中で、市民の関心の中心は、マクロ経済の動向から、生活の問題へと移った。

表2は、香港中文大学による二〇一四年一〇月の調査である。同調査では、香港市民が重視するとされる核心の価値一一項目について市民に同意するか否かを問うた。調査は「香港市民の核心の価値は多元的で、多様で、圧倒的な価値は存在しない」と結論づけているもの(21)の、最も多くの者が非常に同意するまたは同意すると回答した法治（九二・七%）以下、市場経済（七六・五%）まで、いずれも高い水準の支持を集めている。調査時期に当たる二〇一四年一〇月は、民主化を求める雨傘運動のピークで、主要道路が占拠されているさ

なかでの調査であった。

(3) 世代間ギャップ——若者の政治的活発化

こうした価値観の変化の一因として見落としてはならないのが世代交代である。脱植民地化・民主化と経済状況の急変という大きな社会の変化の下にある香港では、世代によって生活体験の記憶が大きく異なる。このため、世代ごとの価値観の違いも大きく、世代交代によって社会の価値観は変わってゆくと考えられる。例えば、二〇一四年に雨傘運動を率いた若者は植民地時代を知らない世代であった。彼らは植民地期の非民主的な強権統治の状態も知らなければ、戦後のアジアNIEsの一翼を担った高度成長や、一九九〇年代の返還バブルも体験していない。天安門事件も知らないことから、共産党政権に対する恐怖心も限られていた。

香港の社会学者である呂大楽は、このような香港人の世代論を展開している。返還後の香港社会の主流をなしたのは「戦後ベビーブーマー」(戦後二〇年程度の間の生まれ)であった。彼らは人口が多く、激しい競争の中で懸命に努力し、成功した人たちである。彼らは努力が報われると信じ、脇目も振らずに頑張るよう若者を追い立てるが、彼らが重視するのは個人としての成功であるため、社会には関心が少ない。一方、一九七〇年代後半から一九九〇年頃生まれであるその二世の世代は、物質的豊かさの中で育ったものの、強権的なベビーブーマー世代の親に監視され、将来の職業のために学業などを強いられる人生で、幸福感がないという[22]。

雨傘運動の世代は、一九九七年の返還前後に出生した、それよりもさらに下の世代である。彼らは二〇〇三年の「五〇万人デモ」以後の時代に成長し、香港が「デモの都」と称される状態を当然として育っている。近年の調査では、若者に顕著な価値観の特徴が多く明らかになっている。

まず、若者は強い香港人意識を持ち、中国に対する親近感が弱い傾向がある。香港大学民意研究プロジェクトは継続的に香港人のアイデンティティ調査を実施している。自分を「中国人」・「香港人」・「香港の中国人」・「中国の香港人」のいずれで称するかを問うものであり、「中国人」と「香港の中国人」を合わせて「広義の中国人」と見なされる。二〇一七年六月の調査では、「広義の中国人」を自称した者は三〇歳以上では四〇・八％に達したが、一八―二九歳ではわずか三・一％であった。一方、約一〇年前の二〇〇八年六月の同調査では、一八―二九歳でも四一・二％、三〇歳以上は五四・五％が「広義の中国人」であった(23)。この間に調査対象の「一八―二九歳」はほぼ入れ替わっているため、世代交代がこの巨大な変化の主因であると想定される。

次に、若者が民主を強く渇望する傾向が強まっている。二〇一四年に香港青年協会が一五―三九歳の若者を対象に実施した「青年価値観調査二〇一四」によれば、個人の自由は社会の秩序より重要と回答した者は三八・〇％（二〇〇九年の同調査では一九・七％）、民主の発展は経済発展より重要とする者が六〇・四％（二〇〇九年の同調査では三六・五％）、社会の安定は民主の発展より重要と述べる者が五五・三％（二〇〇五年の同調査では八一・二％）と、こちらも二〇一〇年代の大きな変化が明らかに表れている(24)。

また、若者は中央政府や香港政府に対する不信感も強い。二〇一七年一―七月にかけて香港理工大学が行った調査では、高校生の七九・六％が中央政府を、五五・五％が香港政府を信任しないと回答している(25)。その代わりに彼らの多くが支持するのが「本土派」と称される新勢力である。香港中文大学の学生誌『大學線』が二〇一六年三月に香港七大学の学生に行ったアンケートでは、彼らが支持する政治勢力は本土派が最多で三六％、次いで民主派二九％、中間派一二％となったのに対し、親政府派と回答したのはわずか一％であったという(26)。同調査では、彼らの相当な割合が暴力を伴うような急進的行動を厭わないとも回答している（表3）。

表3　大学生の急進的政治活動に対する容認度

これらの抗争の手段を容認できる者の割合（複数回答可）		公義や民主を勝ち取るために、以下の代償を払ってもよいとする者の割合（複数回答可）	
座り込み	86%	時間と学業（授業ボイコットなど）	80%
ハンガー・ストライキ	55%	軽傷を受ける	50%
授業ボイコット	82%	前途を犠牲にする（前科がつく、投獄されるなど）	9%
デモ行進	89%	重傷を受ける	6%
「買い物デモ」（「鳩鳴」行動）※	33%	生命を犠牲にする	4%
集会	88%	社会の大衆の生活に不便を来す（交通渋滞など）	74%
口論	38%	公共の物を壊す	47%
身体の衝突	21%	警察に対して武力を使用する	36%
警察の防線を攻撃する	28%	武力を用いて、無関係の者（見物の市民など）に怪我をさせる	10%
その他の急進的手段（レンガの投擲、放火など）	16%	他人を死に至らしめる	7%

※雨傘運動の終了後、道路が占拠された旺角周辺で多発したゲリラ的なデモ。このデモは、当時の梁振英行政長官が、選挙が終わったので「大いに買い物しよう」と述べたことに対し、買い物（「購物」）の北京語の発音に近い広東語の当て字で「鳩鳴」と表現された。

出所：「大學線」ウェブサイトより（http://ubeat.com.cuhk.edu.hk/124poll/2/、2017年12月8日閲覧）。

3　雨傘運動とその限界

(1) 雨傘運動の「前身」――セントラル占拠行動

こうして「経済都市」香港では、返還後に民主化や中港経済融合などの刺激を受けながら、徐々に政治意識の変化と高揚が蓄積されていったが、特に二〇一四年の雨傘運動は、思想と行動の面で、従来の香港の枠を突破する新しい動きの爆発的な広がりのきっかけであったと言える。

雨傘運動の「前身」は、香港大学准教授の戴耀廷（ベニー・タイ）らが提唱した「セントラル占拠行動」であった。中央政府は二〇一七年行政長官選挙を普通選挙で行うことを可としていた。これは民主派にとって、一九八〇年代から求めてきた民主化の最終目標の達成であり、「民主回帰」実現のチャンスであった。しかし、「基本法」は普通選挙の前に指名委員会による指名という手続きを規定していた。「基本法」には指名の方法は具体的に書かれておらず、それ次第では、選挙前の候補者の絞り込みによって、共産党政権が望まない候補者が事前に排除される可能性が指摘されていた。民主派は誰もが立候補できる「真の普通選挙」を求める運動を開始したが、その中で戴耀廷は二〇一三年一月一六日の『信報』紙で、大規模デモなどの従来型の抗議活動よりも「殺傷力の大きい武器」として、デモ隊によって不法に中環（セントラル）地区の主要道路を長期的に占拠し、香港の政治経済の中心を麻痺させて、北京に立場を変えることを迫ることを提案したのである。

非合法の行動を公然と訴えることは、平和で合法なデモ文化を奉じてきた香港にとっては斬新であった。このため、戴耀廷らが行ったのは、言論や集会による香港市民に対する啓蒙活動であった。二〇一三年三月二七日、戴耀廷らセントラル占拠行動発起人三名は行動の「マニフェスト(信念書)」を発表した。彼らは、二〇一七年の行政長官普通選挙実現のためには市民の覚醒が必要で、自分たちは伝道者のように様々な人々と対話し、民主的な普通選挙や公平・公義といった普遍的価値を香港人に知らしめると宣言した。運動の基本理念は、①香港の選挙制度は、必ず国際社会の普通かつ平等な選挙の条件、即ち、全ての市民が等しい票数・等しい一票の価値を持ち、市民の選挙への参加が不合理な制限を受けない権利を満たさなければならない、②民主的手続きを通じて香港の選挙制度の具体的な方法を決めるべきであり、その過程では討議と民意の付託がなされる必要がある、③香港の普通選挙実現のために採用する市民的不服従の行動は、違法ではあっても、絶対に非暴力でなければならない、の三つであり、これらに賛同する者は誰でも運動に参加できるとされた。

運動は四つの手続きを踏んだ。第一段階は「誓約書の署名」である。運動に参加する者は、理念への同意を誓約した上で、道路占拠という違法行為に荷担することへの同意や、逮捕された場合に自首するか、法廷で争うかなどについての意思を表示した書類を提出する。その後、第二段階として、ハーバーマスの「熟議民主主義」の理論を応用した「討論日」を三回開催した。市民から幅広く募集した「世界標準」に合う行政長官普通選挙の方法案が検討され、それらの中から三回目の討論日に参加した者が投票で三つの選挙方法案を選んだ。第三段階として、全香港市民に投票権がある「民間住民投票」で、三案のうち一つをセントラル占拠行動が提案する普通選挙方法案として選出した。最終的には投票には七九万人が参加し、主要な民主派政党・組織の連合体である真普選連盟が提案した、一定数の市民の署名や主要政党の推薦があれば「指名委員会」の指名なしでも立候補できる案が選ばれた。この三段階で選ばれた案がもし中央政府に無視された場合、セントラル占拠行動は四段階目の最終手段として道路占拠に訴えると、一年以上にわたって警告を続けた。

セントラル占拠行動の訴えには、価値観の面で欧米民主主義国家の政治思想と親和する「世界標準」への強い志向性が見られる。第一に、運動の着想に二〇一一年にニューヨークから世界に広がったウォール街占拠行動など、海外の事例が強く影響している。第二に、運動が学者やキリスト教の牧師といった西洋思想の強い影響下にある人物によって組織されている。第三に、運動の理念と方法が「市民的不服従（Civil Disobedience：公民抗命）」の概念に基づいて設計されている。市民的不服従とは、政府の不公正な仕打ちに対し、暴力で対抗するのではなく、法律・要求・命令の遵守を拒絶するという方法で対抗するという戦術であり、かつてマハトマ・ガンディーやマーティン・ルーサー・キング牧師によって実践された。セントラル占拠行動は米国フリーダム・ハウスの研究プロジェクトの成果を引き、同調査の対象六七ヵ国国の七割は、非暴力の市民的不服従によって民主の道へと国を導いたとして、この方法の有効性を強調した。

(2) 雨傘運動

中央政府はセントラル占拠行動を強く非難し、妥協しない姿勢を示し続けた。二〇一四年八月三一日、北京の全人代常務委員会は、二〇一七年の行政長官普通選挙において、現行の財界人中心の選挙委員会をほぼ踏襲する指名委員会を設置し、その過半数の指名を受けた二―三名にのみ立候補を認めるという、民主派の出馬の可能性をほぼ完全に閉じる極めて保守的な方法を採用することを決定した。この「八三一決定」発表と同時に、セントラル占拠行動はやむを得ず道路占拠を発動すると宣言した。しかし、実際の展開は予定とは大きく異なる形になった。

セントラル占拠行動とは別に、大学生と高校生の団体も「八三一決定」に対する抗議活動を展開しており、大学自治会の連合団体・香港専上学生連会（学連）は、九月二二日から一週間の授業のボイコットを行った。黄之鋒ら中高生中心の学民思潮も、九月二六日に一日限りのボイコットを実施した。学生たちは香港島の金鐘（アドミラルティ）地区にある政府本庁舎前の路上で集会をしていたが、二六日深夜、封鎖されていた政府前の広場に突如なだれ込み、多数の逮捕者を出した。逮捕された学生を「支援」しようと群衆が詰めかけ、集会が一万人を超える規模に拡大した二八日未明の一時三八分、セントラル占拠行動発起人の戴耀廷は占拠行動の発動を宣言した。多くの学生はこの時、戴耀廷の行動に反発を示したという。学生主体の運動に、別働隊というべきセントラル占拠行動が便乗したようにも思われたためである。一部の学生は現場を去ろうともしたが、活動家出身の民主派立法会議員・梁国雄の説得もあり、結局多くが現場に残った。その後、現場の人の数はさらに増え、群衆が金鐘の車道にあふれ出したため、二八日夕方の一七時五八分、警察は催涙弾を使用しての排除を開始した。しかし、これはますます市民の怒りを買って群衆は拡大し、ついに警察は排除を断念した。金鐘だけでなく、混乱の中で香港島の繁華街・銅鑼湾（コーズウェイ・ベイ）と、九龍の盛り場・旺角（モンコック）でも道路が占拠され、長期の座り込みが始まった。つまり、セントラル占拠行動は、場所はセントラルではなく主に金鐘などの三ヵ所で、形態は静かな座り込みではなく催涙弾に逃げ惑う群衆、主な指導者はセントラル占拠行動の発起人らではなく学生たちという、誰も予想しなかった展開に突入したのである。

セントラルを占拠しなかったセントラル占拠行動は、その後催涙弾に傘で耐える人々の姿から欧米メディアに「雨傘革命（Umbrella Revolution）」と呼ばれるようになり、やがて「雨傘運動（Umbrella Movement）」の名称がより一般的となった。この過程で、運動の主導権は大学教員や議員などの民主派のベテランから、学生ら若者へと移行した。前述の通り、若者は既存の民主派政党などと関係の深いセントラル占拠行動が運動を乗っ取ることに懐疑的であった。しかし、二つの世代の間には緊張関係が存在したが、雨傘運動も、セントラル占拠行動が信奉した「世界標準」への意識を持ち続ける運動となった。

第一に、非暴力へのこだわりである。運動参加者は時々警察と衝突したが、雨傘で身を守る防戦を基本とし、殺傷力のある武器を用いたり、放火・略奪などの行為に及んだりすることはなかった。このため、長期に及んだ運動で、軽傷者は多数出たものの、死者は出なかった。運動が長期化する中で、行動をさらにエスカレートさせるべきであるとの主張を行う者も現れたが、雨傘運動の中心メンバーは非暴力を主軸にする姿勢を堅持した。彼らの教科書になったのは、「アラブの春」や「ウォール街占拠行動」でも参照された、ジーン・シャープによる非暴力闘争の研究である。シャープは世界の事例を踏まえ、独裁政権と戦う方法として、暴力的な手段に訴えることはより強い暴力を持つ独裁政権が優勢になる戦い方であり、政権と交渉を持つことは力関係が不均衡である以上効果を望めないとした一方、非暴力の闘争は独裁政権を倒すことが可能であると主張した。雨傘運動に批判的な立場である、元香港中文大学教授の鄭赤琰もシャープを引き、シャープが列挙した、「公共の場で演説する」、「行進をする」、「座り込みを行う」などの非暴力行動一九八の行動のうち、雨傘運動で少なくとも九〇以上が実践されていたとして、運動は外国で独裁政権が打倒された「カラー革命」の一つであると評した。こうした批判に対し、参加者の多数は運動が過激なものと見られることを忌避する意図から、自身には政権転覆の意図はないとして、雨傘「革命」との欧米メディアの呼称を雨傘「運動」に改め、定着させたのである。

第二に、インターネット・通信手段の活用である。運動参加者たちはフェイスブックなどの世界的に普及しているSNSや、ネットがつながらなくても携帯電話同士で一〇メートルほどの距離の者と通信できるファイヤーチャットなど、最新の通信手段で運動参加者の相互連絡を取り合うと同時に、運動を世界に広く知らしめた。

第三に、国際社会への幅広いアピールの意識である。特に、政府前を占拠し、学生たちが会見する舞台が設置された金鐘の占拠区には、運動発生当初から世界中のメディアのカメラが並んだ。運動参加者の主張も、広東語のほか英語や日本語などの各国語を大いに用いて発信された。結果として、雨傘運動は『タイム』アジア版の表紙を二週連続で飾るなど、世界の関心を集めることに成功したのである。

(3) 雨傘運動の限界

しかし、巨大なデモに対し、政府はこれを無視する対応を続けた。運動は政府を容易に動かすことはできず、参加者は「八三一決定」の撤回を求め、長期にわたり座り込むことになった。

長期化する占拠の現場では、二つの路線の対立が徐々に顕在化した。占拠された地区のうち、特に「メイン・ステージ（大台）」とも言われた、マイク・拡声器が設置され、民主派政治家・学者や学連・学民思潮のメンバーが座り込んだ政府庁舎前の金鐘地区においては、その周辺で環境保護団体が自然エネルギー発電や有機農業の実験をしたり、学生が路上に設置された「自習室」で勉強したり、教員の「民主教室」が開かれたり、リサイクルの実験を行ったりと、伝統的に香港の民主派の支持層となってきたリベラル団体やその支持者による各種の活動が行われた。これに対し、特に庶民の町である旺角には、むしろこのようなリベラルなエリート主義の団体に批判的な者が多数存在しており、彼らは政府からは危険視され、セントラル占拠行動の指導者たちからは無視された。張彧暋は、金鐘を「討議民主主義」、旺角を「闘技民主主義」と表現しているが、旺角にはリベラルな者たちがこだわる「平和裡・理性的・非暴力（和理非）」の方針を批判して、「勇武抗争」を掲げる者が多かった。議会内での投擲などを辞さない急進民主派の熱血公民・社民連・保衛香港自由連盟・人民力量などの関係者は旺角に多数おり、警察は旺角が「暴乱の一歩手前」の状態とも評していた。

この「和理非」と「勇武」という二つの路線は、分業や協力よりも、対立関係に陥っていった。当初、セントラル占拠行動を継承し、政府との対話路線をとった雨傘運動の学生指導層は、二〇一四年一〇月二一日には香港政府の林鄭月娥（キャリー・ラム）政務長官らとの交渉に臨んだが、政府からは一切の譲歩を得ることができず、交渉は決裂した。一一月一五日には学生指導者三名が李克強総理との直談判のために北京を訪れようと計画したが、大陸に入るための通行証を無効とされたため、香港空港から出発できずに終わった。こうした対話路線の行き詰まりを受けて、学生指導者を批判して急進行動を主張する者が現れた。一一月一九日には一部の者が立法会の建物にガラス戸を破って侵入しようとして失敗し、この行為はセントラル占拠行動指導者から非難された。

内部対立と長期化の下で、運動は徐々に市民からの支持も失っていった。香港中文大学の調査では、運動に対する支持率は一〇月には三七・八％、反対は三五・五％であったが、一一月には支持三三％、反対四四％と逆転した。道路の通行止めで迷惑をこうむる市民や、特に占拠地区周辺の商店主などに不満が蓄積され、一〇月二五日から一一月二日までに実施された道路占拠反対署名活動では一八三万人が署名したとされた。警察は一一月一八日以降、数日前に区域を指定して予告した上で排除を行うことを繰り返し、少しずつ占拠区域を狭めていった。一一月三〇日には学生団体は反撃に出て政府庁舎を包囲しようと試みたが、警察に阻止され失敗に終わった。一方のセントラル占拠行動発起人ら民主派の指導者六五名は、違法集会などの罪を認めて一二月三日に警察に出頭し、運動から身を引いた。一二月一一日には金鐘の最大の占拠区域のデモ隊が完全に排除され、学連幹部や一五名の民主派立法会議員を含む二四七名が逮捕された。一二月一五日には最後まで残っていた銅鑼湾の占拠区の全面強制排除が行われ、占拠行動はついに終結した。

雨傘運動が中央政府から何らの譲歩をも得られずに終わったことは、前述の通り「民主回帰」を掲げてきた民主派の路線にとって、大きな挫折となった。北京が断固として「八三一決定」を堅持している以上、「民主化論議の再起動を求める」という民主派の姿勢は、事実上無策に近いものであった。黄之鋒は、こうした民主派の姿勢を批判した。黄之鋒は、現状では抗議活動の動員力も限界があり、これまでのやり方を永遠に続けても意味がないとして、民主化運動の「パラダイム・シフト」の必要性を訴えた。しかし、黄之鋒自身、雨傘運動期間中に民主派の者と会った際にこれを提案したが、理解を得られなかったと述べている。

4　雨傘運動後の若者の運動と思想

(1)「自決派」の出現

このように、雨傘運動の主力となった若者は旧来の民主派との意見の相違を露わにし、運動参加者内部においても対立が生じた。それは運動の弱体化の原因でもあったが、他方で、「民主回帰」に集約されていた従来の民主派の思想の枠組みから離れた新たな思想と行動の出現を準備するものであった。雨傘運動後、若者の思想は百花繚乱の様相を呈していった。

雨傘運動が勢いを失っていった原因の一つとして、保守的な市民の支持を得られず、運動への反感が強まったことが挙げられる。このため、路上の運動参加者はそれぞれのコミュニティに戻り、そこで民主の啓蒙活動を続けるべきとの「傘落社区(傘をコミュニティに下ろす)」の主張が現れた。保守的な高齢者が支配的であるコミュニティ組織に、民主化の理念を説くのは容易なことではない。香港中文大学政治・行政学系の二〇一五年五－六月の調査では、市民に自身の「香港に対する影響力」と「コミュニティに対する影響力」を、いずれも五点満点で評価するよう求めたところ、平均点は全年齢層で前者が後者よりも高くなり、特に一八－二九歳の者では、前者が平均三・一〇点であったのに対し、後者は二・五三点と大きな差がついた。つまり、香港市民、特に若者は、コミュニティを変えることは、香港を変えることより難しいと感じていたのである。

それでもこの運動も、二〇一五年一一月二二日の区議会議員選挙での若者の台頭という成果を実現した。区議会各選挙区の人口は平均で一万人あまりと非常に少なく、面積も極めて狭い。このため、区議選の争点は主にコミュニティ規模の話題に集中し、政治性は薄い。区議選は通常組織票を持つ親政府派に有利とされており、この選挙も全体では親政府派が勝利した。しかし、史上最高の投票率四七・〇一%を記録し、雨傘運動を経た香港市民が政治への関心を増大させたことをにおわせた。この選挙には雨傘運動に参加後初めて選挙に挑戦した新人（「傘兵」即ち落下傘部隊と称された）五〇名以上が出馬し、当選は八名に留まったが、資金・組織・知名度で劣る若者が複数当選したこと自体、大いに注目された。ベテランが多く落選し、新人多数が当選したこの選挙は、香港政治に今後世代交代の波が来ることを予感させる結果であった。

一方、黄之鋒や羅冠聰（ネイサン・ロー）といった、学連・学民思潮などの学生団体を中心とする雨傘運動の主流派は一時、現在の政治体制の枠組みを定めている「香港基本法」の改正を求めるべきであると主張した。二〇一五年六月四日の天安門事件追悼集会でも、出席した四大学の代表が壇上で「基本法」を燃やすパフォーマンスを突如行い、集会参加者らに衝撃を与えた。しかし、この主張は大きな動きにはならなかった。民主派のベテラン世代は「基本法」修正におおかた否定的であった。「基本法」の起草にも携わった民主党初代主席の李柱銘は、香港人の自由と人権を守る条文が多い「基本法」の修正は危険とみた。「香港基本法」は、そもそも中国全人代によって採択された中国法であり、修正には北京での手続きが必要である。雨傘運動の顚末を見れば、現状で北京が香港の民主派を喜ばせるような方向性の「基本法」修正を行う可能性がほぼ全くないのは誰の目にも明らかである。このため、民主派の政党や立法会議員から、学生運動に同調する者は現れなかった。

このように民主化運動が次の一手に苦しむ中、新しい目標として「二〇四七年問題」が浮上した。「一国二制度」が香港に約束されているのは五〇年間、二〇四七年までである。この時点で、中央政府は「一国二制度」を継続するか、何らかの改変を行うか、廃するかを判断することになる。学生たちが五〇代を迎えるこの時期までに民主運動の成果を得なければならないという問題は切実であった。黄之鋒は、「八三一決定」で中国の民主化にも絶望した現在、香港人は二〇四七年以降の問題を真剣に考える必要があると主張した。一九九七年の返還はその三三年前の一九八四年に中英交渉で決定されたが、香港市民はその決定には参与できず、頭越しに運命を決められた。それを教訓に、黄之鋒は二〇三〇年頃に香港の前途を自決する住民投票を実施することを目標に据えるべきと主張したのである。

二〇一六年四月、黄之鋒らは学民思潮を発展解消し、新政党・香港衆志を立ち上げた。同党が掲げる目標は「民主自決」であった。彼らは二〇四七年問題を、一九九七年の返還に続く「二次前途問題」と称した。彼らはまず二〇一七年の行政長官選挙に合わせて「民間住民投票」を実施し、香港人の自決権に対するコンセンサスを作り、さらに住民投票法を制定して直接民主主義を導入し、二〇四七年以降の香港のあり方についての「香港約章」を制定し、国連憲章や国際人権B規約に基づく香港の自決権行使に対する国際的な支持を求め、最終的には国際的にも認可された民主的な住民投票で香港の将来について自ら決するという路線図を描いた。

（2）自決派のプロフィール

自決派は従来の民主派の「民主回帰」論を批判する形で登場した思想であるが、その思想には民主派との親和性もある。民間住民投票の実施や、国際関係・国際規範の重視といった構想には、セントラル占拠行動以来の「世界標準」を重視する伝統が見て取れる。やがて老舗の民主派政党からも、自決派に近い主張を行う若手が現れるようになった。

学者やジャーナリストなど、エリートに属する人たちに自決派の思想を持つ者が多かったことも特徴であろう。例えば、香港政治の若手研究者である方志恒（ブライアン・フォン）らは、民主化運動の今後の方向性を検討して『香港革新論』という著作にまとめた。[27] 方志恒は二〇一四年の行政長官普通選挙についての議論の当時、中央政府と民主派の双方の妥協点となり得る穏健な選挙方法を模索し、「一八名の学者による選挙方法案」として提案したが、中央政府に完全に無視された。こうして「民主回帰」は否定されたが、一方近年若者の一部で主張されている「独立建国」も実現できないのが現実であった。その中で方志恒は香港の未来像についての「第三の想像」が必要と述べた。方志恒は、香港の「核心の価値」である自由・法治・クリーン・公平な競争・信頼性と透明性が中国によって危機に晒されていると指摘し、コミュニティ・学校・政府機関・民間企業などの戦場でこれを守る運動（「革新保港」）を展開することを主張する。その上で、香港が競争優位のある産業を発展させ、地域のネットワーク・国際的影響力・文化的ソフトパワーでグローバルシティとしての優位性を高め、それを中央政府との交渉カードとして「民主自治」を勝ち取り、それを二〇四七年以降まで続ける（「永続自治」）と、「第三の想像」を構想した。

二〇一六年の立法会議員選挙で当選した朱凱廸（エディ・チュー）も自決派に属するとされる。朱凱廸は香港中文大学を卒業後記者やコラムニストとして活動し、その間にイランのテヘラン大学でペルシャ語を学び、アフガニスタンも取材で訪れている。若い本土派の多くの者は主に雨傘運動後に活動を開始したが、一九七七年生まれの朱凱廸が社会運動に活発に参加し始めたのは二〇〇六年のスターフェリー埠頭取り壊し反対運動からである。香港島のセントラルから九龍半島を結ぶスターフェリーの港は、古風な建築が市民に親しまれていたが、埋め立てに伴い取り壊されることになり、これに反対する市民多数が埠頭を占拠したのである。歴史を残すことを望まない植民地統治の下、開発優先の土地政策がとられてきた香港の市民の意識の変化を象徴する出来事であった。埠頭の取り壊しを受けて朱凱廸らは本土行動という組織を結成し、続く二〇〇七年には隣接する皇后埠頭の保護活動を展開し、『明報』から二〇〇七年の「時の人」に選ばれた。

二〇一一年には朱凱廸らは土地正義連盟という団体を設立する。不動産業者が主導する香港経済にあって、この頃には地価の暴騰や、それに伴う市民生活への圧迫、開発と環境破壊などが問題化していた。土地正義連盟は開発業者・政府・農村地主といった既得権益者による横暴な開発を批判し、環境や生活の権利を守ることを主張する。朱凱廸は同年、広州と香港を結ぶ高速鉄道の用地として移転・取り壊しの対象となった農村の保護運動で再び脚光を浴びる。その後も様々な郊外の大規模開発プロジェクトに対して反対の声を上げ、国際的大都会である香港において、農業の重要性を市民に訴える啓蒙活動に従事した。「金儲けにしか興味がない香港人」と長く揶揄された地にあって、朱凱廸の思想は異彩を放っている。彼らは「新左翼」とも称される。元来香港で左派と呼ばれたのは中国共産党支持者であった。しかし、左派は返還後、政権中枢にあって財界とも近しい既得権益者と化した。中国が改革・開放以後資本主義へと転回し、共産党政権が財界と近づき、かつ愛国心を強調するナショナリストの色合いを強めると、左派はそれに追随し、むしろ右翼的な存在となった。弱者の権利擁護を主張したり、環境保護や開発主義への反対を訴えたりするのは、左派と対立する民主派の側であった。民主派は左翼21などの団体を相次いで設立した。香港では朱凱廸らリベラルの左翼は、むしろ左派の対極にある。

同時に彼らは民主派でもあった。彼らは都市の再開発や郊外の発展が、土地の商品化と中国大陸との経済融合の論理に貫かれ、都市計画が官僚と専門家に独占されていることを批判し、「都市計画の民主化」を求める。開発重視の既得権益者への批判は、財界を偏重する香港の選挙制度の批判へと直結するのである。

朱凱廸は二〇一六年の立法会議員選挙に普通選挙枠の新界西選挙区から出馬した。新界西は、香港の中心街から最もアクセスが悪いが、近年の地価高騰でベッドタウン化が進み、二〇〇三年の鉄道の開通もあって、田園地帯の農村が一部で急速に開発されている地域である。新界西は朱凱廸の地元であり、最も活発に活動してきた地域であった。朱凱廸は自転車で選挙区内をめぐり、横断幕の代わりに農具をぶら下げる個性的な宣伝活動を行った。当初は新人候補として苦戦し、八月一五日の香港大学の世論調査では支持率は一%しかなかった。しかし、その後じわじわと支持を拡大し、九月三日の投票日前日の調査では一二%の支持を得るに到った。朱凱廸自身は、自らの選挙チームが数百人から数千人のコミュニティのチームを多数作り、相互に支援し合うという意味で、スペインの新興左翼政党・ポデモスの組織に似てきたと述べた。それは雨傘運動の挫折以来朱凱廸が目指してきた、コミュニティに根ざす理想の組織形態であった。結局朱凱廸は普通選挙枠の最多得票で当選し、「票王」の称号とともに香港中のメディアのトップを飾った。

しかし、それと同時に、朱凱廸は新たな戦いに巻き込まれた。「官商郷黒」、即ち、政府・財界・農村地主・ヤクザの結託を強く批判して当選した彼は、当選後に激しい脅迫を受けるようになった。朱凱廸は当選後帰宅できず、娘は学校に行けず、居所を毎日変えるような生活を続けることとなった。

(3) 「本土派」の起源

一方、従来の民主派の系譜につながる勢力と対立した者たちは「本土派」と称される勢力を形成した。その特徴は香港の利益の優先を訴える点にあり、一種の「香港ナショナリズム」の主張を展開する。一九八九年の天安門事件をきっかけに勢力を形成した民主派は、普遍的な人権・民主などの主張を展開すると同時に、中国の民主化を求めたり、尖閣諸島問題で日本に対する抗議活動を展開したりする中国ナショナリズムの色彩を帯びており、この点で本土派とは意見を異にする。

本土派と称されるグループは雨傘運動以前から存在した。また、「本土」という用語自体、雨傘運動以後に特に台頭した本土派とは異なる人々や思想を指す文脈で用いられた。陳智傑によれば、香港紙の記事に「本土」という語が登場する頻度は二〇〇〇年頃から最初のピークを迎えるが、二〇〇〇年から二〇〇三年頃の「本土」は「本土経済」という形で、政府関係者や親政府派によって多く語られていた。「本土経済」とは、アジア通貨危機が招いた不況の下で、香港内部での消費や就業機会を増加させるための手段として議論されていた地元の経済活性化策の文脈で多用された語である。例えば、経済学者の曽澍基は「優化二元経済」という概念を主張していた。これは、高付加価値・低就業のハイテクや多国籍サービス業と、労働集約的サービス業の二つの分野を発展させて、それぞれでマクロ経済の牽引役と、雇用の吸収役を務めるという発想であり、(28)後者の一環としての露店や小規模商店などが「本土経済」と表現されていた。その後、二〇〇六年になるとスターフェリーの埠頭取り壊し反対運動などが発生し、「本土保育(地元の文物・環境保護の意)」が突如浮上する。その担い手は主に民主派の若手で、環境や文化などに関心が高く、国際的な新しい思想潮流に敏感なエリートたちであった。そして、二〇一四年以降に高潮を迎えた新たな「本土思潮」は、前述のような香港優先論であった。即ち、「本土」は、当初政府や経済界の用語として使われていたものが、後に歴史的建築や環境の保護・地元の農業の振興などのリベラル的価値観の用語になり、さらに香港の利益を守ることを強調する香港ナショナリストの用語へと転じた。わずか一〇年余りの間に、「本土」の含意は大きく変化したのである。

そうした中で、陳雲の「香港城邦（都市国家）論」は、香港優先論型本土思潮の一つの起源と目される。陳雲は一九六一年生まれ、ドイツで民俗学の学位を取った後、嶺南大学で助教を務めていた。文化や政治に関する評論活動にも従事し、二〇一一年に『香港城邦論』を出版した。

その主張は民主派批判から始まる。民主派には、香港の民主化の実現のためには中国の民主化が必要と考える者が多いが、この戦略は結局、中共のやり方をまねて自身が腐敗するだけであると陳雲は批判する。陳雲が例示したのが二〇一〇年の民主党の行動であった。前述の通り、民主派は二〇一二年の小幅な民主化実施で中央政府と妥協しており、その過程では、民主党幹部が北京の出先機関である中央政府駐香港連絡弁公室（中連弁）に出向き、直接交渉にも臨んでいる。当時の香港では、この動きを肯定的に評価する者は少なくなかった。民主党の元老である教師の司徒華は、これによって民主党の支持率は上昇しており、市民は現実的・理性的な交渉の路線を歓迎したとして、民主党の裏切り行為との批判に反論している。しかし他方で、この件は民主党が密室での取引によって共産党に取り込まれたものと、一部では強く批判された。

天安門事件で結集した民主党などの主流民主派は、彼らの連合組織が「香港市民支援愛国民主運動連合会（支連会）」との名称であったことからも分かるように、根本的には愛国者であった。彼らは共産党政権のあり方には批判的であった一方、歴史問題や尖閣諸島問題などで日本を非難する活動も積極的に行い、中国の民主化のために香港は努力する義務があると考えていた。返還を支持する親中派として、天安門事件以前には北京から基本法起草委員会にも招かれていた司徒華は、民主的中国を建設することが一九四〇年代以来の自分の一生の目標であるとも述べていた。[29]しかし陳雲は、香港の運命を民主中国に託すのは極めて難しいことであり、結局中共が香港を蚕食するのを放置することになる、また、仮に民主中国が実現しても、それが現在よりももっと悪質な存在であれば、香港にさらに大きな害があるとして、この目標を否定する。

一方、当時民主党を批判した急進民主派勢力は、徹底した反共を強調した。こうした「打倒共産党」論とも陳雲は一線を画す。陳雲は、中共の香港への影響を拒絶さえできれば（「拒共」）十分であり、香港を守り香港の未来を建設するのが香港人にとって最も重要と述べる。[30]陳雲の台詞によれば、「香港本位、香港優先、香港第一、Forget China. Hong Kong comes first.」との主張である。

ただ、陳雲は中国文化を否定する議論をしてはいない。むしろ陳雲は、香港の優越性を中国文化の継承に見る。即ち、もともとの香港住民は南宋以来の前王朝の遺民であり、後には反清復明の動きにも関与した中華の正統（「華夏正統」）である、他方、中国共産党は外来の共産主義イデオロギーを信奉する、中華の正統に合わない政権であると論じる。つまり、陳雲から見て香港の優越性は、伝統文化が共産党による破壊を免れたこと、即ち「中国以上に中国である」ことにある。また、香港は民族（nation）ではないが、ギリシャのポリスのような都市国家（city-state、「城邦」）であることは疑いなく、共産党政権は香港に依存しており、香港の維持のために「一国二制度」を提起せざるを得なかったのであるという香港優越論を説いた。

（4）雨傘運動後の本土派

雨傘運動の失敗により、本土派は従来の民主派を批判する形で台頭した。雨傘運動の「メイン・ステージ」に向けられた非難の言葉の一つが「左膠」であった。「凝り固まった左翼」の意である。ここでの左翼は、先述の通り共産党支持者という意味ではなく、「リベラル」に近い概念である。「平和裡・理性的・非暴力（和理非）」（或いは「非粗口」＝「汚い言葉を使わない」を加えた「和理非非」）を旨とし、寛容さを強調する「左翼」的な姿勢は、政府に譲歩を迫ることに失敗したことから、本土派からは生ぬるいと批判された。

もう一つの非難の言葉は「離地」であった。文字通り「地を離れている」、一般大衆の価値観からかけ離れているとの意味である。難解な概念を用いて、大所高所から偉そうに説教するエリートは、住宅難や格差に苦しみ、大陸からの大量の「爆買い」客を憎む庶民の感覚を理解できないと見なされた。大学教授や学生など、中産階級のエリートが主導し、啓蒙する価値観は、日常生活への不満から運動に参加した者たちにとって実感のないものであった。そして、「世界標準」は、裏を返せば香港の独自性を脱色する論理でもあり、まさに香港という土地を離れた「離地」の極致の価値観であった。セントラル占拠行動と雨傘運動の「メイン・ステージ」が体現する価値観は、欧米メディアの視線を釘付けにした一方で、真の意味において幅広い香港市民の心をつかむことはできなかったとも言える。

「本土派」に分類される勢力の一つである本土民主前線は、雨傘運動の際に学生指導者に批判的な立場をとった者たちが中心となって、ネットを通じて組織された。彼らが当初力を入れたのは「運び屋反対運動」であった。二〇〇九年、香港に隣接する深圳の住民を対象に、香港に複数回入れるマルチビザの発行が開始されると、従来の観光客に加え、香港で質の高い日用品を購入し、大陸に持ち帰り転売することを仕事とする買い物客が激増した。彼らによる日用品の買い占めは、特に深圳に近い香港北部のベッドタウン地域で深刻な社会問題となっていた。本土派はネット上で時間と場所を指定して、二〇一五年二月頃をピークにこれらのベッドタウン地域各地でゲリラ的なデモを展開した。デモ参加者の中からは買い物客の荷物を蹴飛ばす者も現れ、彼らは警察とも時に衝突し、ショッピングセンター内で催涙ガスが使われる事態も生じた。

こうした過激なデモは香港市民の多数派の賛同を得たとは言えない。香港中文大学の二〇一五年二月の調査では、五四％の者が大陸からの個人旅行客への反対運動に賛同しないと回答し、賛同する者一六％を大幅に上回った。しかし、同時に個人旅行は香港の受け入れ能力を上回っていると述べた者も六三％に到り、六六％が個人旅行は縮小すべきと回答した。[31] 結局、大陸から香港への出入境ビザ発給権を持つ中央政府の公安部出入境管理局は同年四月一三日、香港の要求を容れて、同日以降発行の深圳住民のマルチビザについて、香港への渡航を一週間につき一回に制限すると発表した。

陳雲の「華夏正統論」に対し、若者は香港が中華の外にあることを強調し、「香港民族」という議論を行った。香港大学学生会機関誌『學苑』は、二〇一四年二月号で「香港民族・命運自決」と題する特集を組み、それを発展させて二〇一四年九月に『香港民族論』を出版した。[32]

同書は九人の学生および学者による論文集となっている。序章において学生会幹部の梁継平（ブライアン・リョン）は、香港は"nation without state"、即ち、共同の歴史と明確な領土を持ちながら、自分の国家を持たない集団であると論じた。香港人は独特の歴史・文化・アイデンティティを持ち、特定の範囲で自治を実践したいとしている民族として尊重されるべきであると梁継平は述べる。同様に王俊杰は、「香港民族」は血族を紐帯とする人種民族主義ではなく、価値観を強調する公民民族主義であると主張し、その価値観とは「自由と民主、相互につながりたい願望」であり、香港という境界・歴史・文化と「強権政治を逃れ自由を追求する」共同の心理で作られていると述べる。

香港人意識は、「香港人でもあり、中国人でもある」というような形で、二重アイデンティティとして出現する場合が多いと論じられてきた。香港市民の圧倒的多数が「華人」であるからである。したがって、同書が「香港民族」という語を使用したことは極めて衝撃的・挑戦的であった。しかし、否定しようのない中国文化の香港に対する色濃い影響という事実を前に、いかにして香港を「民族」と主張するのか。同書が採用したのは、香港の「中華の外」としての歴史の強調という方法であった。例えば、同書の著者の一人である徐承恩は、これまでの香港史が、宋から元にかけて移住してきた「新界五大氏族」と客家という大陸エスニック・グループの歴史を語ってきた一方、海洋エスニック・グループである福佬（福建省のエスニック・グループ）や蜑家（水上生活者）などへの言及が少なかったと指摘する。徐承恩は、一八四二年の南京条約での香港島割譲から一八九八年の新界租借条約までの間は香港に含まれなかった新界の大陸エスニック・グループよりも、香港の開港当初から英国人と共生してきた海洋エスニック・グループのほうが、むしろ香港の前史にふさわしい存在であると論じる。科挙による上昇と無縁な「化外の民」ともされ、英国との商業的つながりで地位を築いていった福佬や蜑家に、徐承恩は香港市民のルーツを見るのである。この点では香港を「華夏正統」と考える陳雲とは大きく異なっている。

本土派から派生して、より直接的に香港の独立を主張する団体も現れた。客観的に見て、現在香港が主権国家として独立を実現する可能性は皆無に等しい。雨傘運動期間までは、独立の主張はあまり大きく表面化することはなかった。二〇一四年一〇月に、鄧皓文香港中文大学講師が運動参加者七五五名を対象にした調査では、七五・一%が香港独立には賛同しないと答え、賛同すると述べたのは一一・九%のみであった[33]。しかし、雨傘運動後、中央政府の運動に対する無視に加え、梁振英行政長官が『香港民族論』を「間違った主張」と名指しで非難したことなどもあり、北京とは対話不能との感覚が若者の間に広がった。二〇一六年三月二八日、正面から香港独立を主張し、香港共和国の建国を主張する香港初の政党・香港民族党が成立を宣言した。同党招集人の陳浩天（アンディ・チャン）は八月五日に香港独立を主張する集会を開催し、主催者側発表で一万人以上、警察発表で二八〇〇人が参加した。陳浩天はこれを「史上初めての大規模な香港独立派の集会」と称し、中学や大学での香港独立の宣伝活動強化などを促した。

（5）分裂の中の団結の芽

こうして雨傘運動後の香港では、自決派が出現し、本土派が発展し、独立派も派生するという形で、より急進的な新勢力が台頭した。若者が主導する新勢力はおしなべて民主派の旧勢力に対して極めて批判的であり、かつ新勢力内部でも、とりわけ自決派と本土派の間では論争が絶えなかった。民主派は若者の過激さを非難する一方、若者は民主派が議員という既得権に安住しながら若者の命がけの行動を攻撃することを嫌い、双方は対立に陥った。学連は過去数十年にわたり、学生団体の中心的存在として民主派の政治団体とともに社会運動に参加してきたが、二〇一五年六月四日に支連会が開催した毎年恒例の天安門事件追悼集会への参加を見送った。「民主的中国の建設」を主張する支連会に対しては、中国よりも香港の民主を重視すべきと考える若者の間で近年反発が強まっていた。香港大学学生会は支連会の追悼集会を欠席し、代わりに同じ時間帯に香港大学で独自の集会を開催した。一方、学連自体も雨傘運動で政府に譲歩を迫ることができなかったため、一部の学生から強く批判された。二〇一五年上半期の間に、学連のメンバーであった八大学のうち、香港大学・理工大学・浸会大学・城市大学の四大学学生会が学連から脱退した。

政府側から見れば、雨傘運動後に民主派側が路線対立し、分裂を重ねたことは好都合のように見えた。学連の分裂の動きを政治学者の蔡子強（アイヴァン・チョイ）は「一番喜んでいるのは中国共産党であろう」などと評した。[34] 実際、政府側の動きには、分裂を誘いたいとの意図も見えた。二〇一六年五月一七日から一九日にかけて、張徳江全人代委員長が香港を訪問した。張徳江は民主派の四名を含む立法会議員との会談を行い、穏健な民主派との対話の姿勢を見せた。晩餐会においては、張徳江は本土意識に言及し、香港人が自らの生活スタイルや価値観を重視することは尊重されるべきであるとしつつ、ごく一部の者が中央政府に抵抗し、公然と香港独立の旗を持ち出していると非難した。[35] 民主派はもちろん、本土派の穏健な者も味方につけ、独立派を孤立させる意思が見える。林鄭月娥行政長官も、二〇一七年の就任当初はそうした考えを持っていたと考えられる。二〇一八年三月二〇日には、林鄭月娥は高官多数とともに民主党の創立記念日パーティに参加し、三万香港ドルを民主党に寄付した。行政長官が民主党のパーティで寄付をしたのは初めてのことである。学生時代に現在の民主派の議員多数とも共に社会運動を行った経験を持つ林鄭月娥は、就任当初は民主派との関係が比較的良好であった。こうしたこともあり、就任後初めての施政方針演説に対し、慣例に基づいて立法会で審議された施政方針演説に感謝するとの議案は、民主派から三議員が賛成して、九年ぶりに賛成多数で可決された。政府本庁舎前の俗に「公民広場」と呼ばれる場所はデモのメッカであったが、二〇一四年七月から閉鎖され、そこに黄之鋒らが二〇一四年九月二六日に突入を試みて逮捕されたことが雨傘運動の導火線となった。その後も閉鎖が続いていたが、林鄭月娥は閉鎖解除の意思を示していた。二〇一七年一二月二八日に政府は同広場の閉鎖を解除し、再びデモが行えるようになった。二〇一八年四月には、民主派を含む立法会議員の広東省視察団も実現した。

しかし、こうした政府による民主派取り込み策には限界があった。結局のところ、民主化に否定的な中央政府と、民主化を求める民主派には根本的な対立があった。中央政府が民主化に対して否定的であり続けたために、民主派の穏健派・急進派・過激派から自決派・本土派に至るまで、いずれもが最終的には中央政府と対立する位置に置かれてしまう。「世界標準」の民主化や人権の保障を求めるリベラルの立場は中央政府に否定される。「世界標準」の対義語は「中国化」である。同様に、「香港優先」を求める本土派も、「国家の利益」と衝突している。北京から見れば、「真の普通選挙」も、住民投票による「民主自決」も、大陸住民を排斥することも、果ては独立を目指すことも、完全なタブーであることに変わりはない。政府はこれらの多様な勢力を一括りに「反対派」と呼ぶのである。

したがって、取り込みは民主派を分裂させる一方で、分裂した勢力は、穏健化したり政府に近づいたりせず、むしろ過激化に向かった。中国政府の伝統的な「統一戦線」工作は、「主要敵を孤立させ、他の者を味方につける」ことを目的とし、敵対陣営の分断を目指すが、雨傘運動後の反政府派は分裂しているものの、数名の個人を除き、親政府派に転じた勢力はほとんど見られなかった。そして、新しい勢力が生まれて、穏健派の弱腰を強く非難し始めると、穏健派も徐々に政府に対して厳しい姿勢を取ることをアピールせねばならなくなっていった。

結果的に、政府は敵を増やす行動もとることとなった。二〇一六年九月の立法会議員選挙への立候補手続きに際し、政府は新たに「確認書」と題する書類の提出を候補者に求めた。確認書は「香港は中国の不可分の一部」と規定する第一条など「基本法」の一部条文を列挙し、これらを含む「基本法」を擁護するとの文書に署名を求める書式であった。この書類は香港独立を主張する候補者への対策として導入されたものと推定されるが、候補者の政治的立場を事前に審査することを疑わせるとして、リベラルな民主派もこの書類に反発し、結局民主派の全候補者が申し合わせて署名を拒否した。独立派を標的とする行動が、より穏健な勢力からも反発されるのである。

このように、一見四分五裂して相互に対立している香港の新しい政治勢力は、いずれも中央政府とは敵対関係にある。抵抗運動の中においては、分裂した勢力の間にも協働の可能性が生じていたのである。

(6)「逃亡犯条例」改正反対運動——巨大な団結の出現

そうした反政府勢力の団結の最たるものが、二〇一九年の「逃亡犯条例」改正反対運動であった。二〇一四年の雨傘運動につながった行政長官普通選挙の問題と比較して、香港市民の大陸への送致に道を開く「逃亡犯条例」改正問題はより幅広い市民の関心を集め、かつ反発や恐怖が広がっていた。穏健な市民や経済界の者、国際社会も改正に懸念を表明するなかで、中央政府の強い意向を受けた香港政府は改正を強行しようとし、幅広い社会全体と対立関係に陥った。二〇一九年六月九日の「一〇三万人デモ(主催者側発表)」は、この時点で返還後最大のデモとされた。この規模の動員は、反対運動の団結を象徴するものであった。しかし、これほどの規模のデモに対しても、政府はこれを完全に無視して条例改正を進めようとした。「和理非」のデモでは政府を止められないことが明らかになると、改正案審議入りが予定されていた六月一二日には四万人とも言われる市民が立法会を包囲した。デモではなく、実力行使によって審議を止めようとしたのである。実際、立法会周辺の混乱によって同日の審議入りは不可能となったが、抗議活動参加者が立法会への突入を企て、阻止しようとした警察との衝突に発展した。「勇武抗争」が正面に出たのである。「一〇三万人デモ」との人数の比較からも分かるように、「勇武」を実践する者は決して多数派ではない。しかし、この六月一二日に「勇武抗争」が生み出した混乱が実際に条例を止めるに至ったことと、立法会外での衝突を政府・警察が「暴動」と称して市民の反感を買ったことから、「和理非」を支持する多数派の市民も、二〇一四年のような「勇武」に対する冷たい視線を送らなかった。

そこでキーワードとなっていったのは、「兄弟爬山、各自努力(同じ山を登る兄弟同士、それぞれで頑張ろう)」という言葉である。和理非と勇武の双方とも、方針こそ違えど、同じ目標を掲げた存在である。少なくとも、雨傘運動の当時のような相互対立には陥らずに、相手を見守ろうという意識である。「不割席（袂を分かたず）」も同様にしばしば使われた語であり、「核爆都不割席（核兵器で攻撃されても袂を分かたない）」なる決意を語ることもネット上で大いに流行した。「齊上齊落（一斉に現場に現れ、一斉に退却する）」も大いに流通した戦略用語である。一部の者を犠牲にすることなく、全員で行動するという意味である。政府は常に「ごく一部のリーダー」をあぶり出し、それに見せしめ的に厳罰を加え、多数派の一般市民と切り離す戦術を志向する。それは雨傘運動後に現に出現した現象であった。それに対抗するために、一斉行動を行うという主張である。

この戦術が実践されたのが二〇一九年七月一日であった。同日は「和理非」の大規模デモがあり、主催者側発表で五五万人と、恒例の七月一日デモとしては過去最多の動員となった（警察発表では一九万人）。一方、返還二二周年式典にあわせた国旗・区旗掲揚式の妨害を当初計画していた「勇武派」は、警備に阻まれて式典の妨害に失敗した後、話し合いの末、立法会に突入するという戦術をとることを決定した。同夜にガラスを破って立法会に侵入することに成功した者は、議事堂内で落書きを行い、香港特別行政区の紋章を汚損し、歴代立法会主席の肖像画を破壊するなどの行為に及んだ。この行動を実行した者の中には、死を覚悟した者も含まれていたという。約三時間後に警察が現場に向かっているとの報を受けて、大部分の者は逃走したが、最後まで残るとの主張をした者も数名いた。しかし、やがて抗議活動参加者の間で「一齊走（皆で逃げよう）」とのかけ声が強まり、最後はこれらの者を担ぎ出して撤退した。議事堂では投票を行うための装置なども破壊され、立法会はこのまま三ヵ月以上にわたり会議を行えなくなった。しかし、雨傘運動当時と異なり、民主派の主流派の者もこうした過激な行動を非難するのではなく、むしろ政府批判を強めた。政府は「民意の逆転」と呼ばれる、多数派の市民が運動を見放して、抗議活動参加者が孤立することを期待して待っていたとされるが、そうした事態は生じなかった。七月以降、運動は九龍半島や香港各地に拡散して行き、さらに全香港的な運動へと変貌していった。

抗議活動の参加者同士は「手足」とも呼び合った。自身の一部に近い、かけがえのない仲間という意味である。負傷者・逮捕者などの犠牲者には「義士」の「称号」も与えられる。平和主義者も、暴力行為を非難したり、逮捕者を冷笑したりすることはしない。つまり、異なる路線の間では、それぞれの嗜好と能力を反映して、ある種の分業体制ができているとの感覚が広がったのである。実際、運動には警察との衝突を演じる前線のほか、そこに物資や情報を提供する者、情報を記録したり、文章や画像を使ってネット上で宣伝したりする者などの様々な役目の者が出現した。勇武派が決して好まない旧来の民主派も「和理非」のデモを組織することなどの役割を演じ、果ては黄之鋒などには「被捕師」なる呼称も与えられた。国際的な注目を引きつけるために、逮捕されることの「プロフェッショナル」というニュアンスである。

こうした「仲間」の集団はかなりの規模になった。抗議活動が暴力性と平和性を持ち合わせることで、多くの者から共感を得やすい状況を作ったからである。暴力行動と平和的な行動は同時並行的に進められているが、必ずしも双方が常に行われたわけではない。抗議活動参加者たちはネット上の掲示板などでしきりに議論と分析を重ね、行動の「効果」を分析し、次の行動を考える。暴力が嫌われそうな予兆があると、「前線」は退いて、時には行き過ぎを謝罪もし、平和デモが主流となる。平和デモに応じない政府への怒りが市民に蓄積されると、政府への圧力を強めるために暴力行為が行われる。つまり、抗議活動参加者の行為は、相当程度「民意」を汲み取って構築され、実際に民意を勝ち得たのである。二〇一九年八月一六日の香港紙『明報』に掲載された調査では、抗議活動参加者の暴力が過度であるとする者は三九・五％であったのに対し、警察の暴力が過度であるとする者は六七・七％に上った。経済に悪影響が出た場合、最大の責任は香港政府にあるとする者が五六・八％、抗議活動参加者にあるとする者はわずか八・五％であった。

政府の対応方針は一貫して、暴力行為に罰を与え、一般市民をデモから遠ざけることであるが、暴力的なデモをさらに強力な警察力で鎮圧し、平和なデモを無視する対応は、両者を離間させるよりもむしろ団結させた。政府の支持率は大規模デモの開始以降も下がり続けた。そして、二〇一九年九月に入ると、ネット上で香港の「革命歌」として「願榮光歸香港（香港に栄光あれ）」が作られ、各地に集まってこれを歌う集会が多くの人を集めた。政府は「香港人」という巨大な「仲間」を敵に回してしまったのである。

おわりに

香港市民が政治に無関心と言われた状況は、香港市民・英国当局・中国政府・国際環境の多くの要因に規定されたものであった。しかし、脱植民地化と民主化、高度成長の終焉などの大きな環境の変化によってそうした条件は失われ、「脱政治化の政治」が機能しなくなり、いわゆる政治的覚醒の土壌が用意された。加えて、民主化の停滞や、制度と政策による民主派の分断工作によって、香港には期せずして非常に多様で多元的な民主派勢力が出現した。雨傘運動を経て、旧来の民主派に加えて自決派・本土派・独立派などの新勢力が登場し、反政府勢力の多様性が大いに増すと同時に、分裂と内部対立もさらに深刻化した。しかし、反対派勢力が分裂したことで、全体としてはより幅広い市民を代表する多様な勢力の併存という状態をもたらし、とりわけ急進的な勢力は若い世代の新たな受け皿となった。

政府は穏健派を取り込み、急進派を孤立させることも試みた。しかし、民主化問題をめぐる根本的な対立が存在している以上、取り込みには限界があり、反対勢力全体の弱体化は実現できなかった。民主党を弱体化させる戦略は、むしろ急進派を次々と出現させる事態を招いたのである。

こうした状況が、二〇一九年に社会運動が弾圧下の低調期と言われた条件の下で、「逃亡犯条例」改正問題をめぐる巨大な抗議活動の爆発と、反政府勢力の空前の拡大・結集を招いた。四分五裂した多様な思想は、今回は雨傘運動の教訓を踏まえ、内部対立の回避を旨とした。結果的に、抗議活動参加者は、多様性を強みとして様々な行動を分業体制で繰り出していった。拡大する抗議活動参加者を力で鎮圧しようとすることで、政府はむしろ敵を増やし続けた。抗議活動参加者はついに「香港人」として団結し、北京はここに「国家の安全」の危機に直面するに至った。この状況を沈静化させるための北京の選択肢は、二〇二〇年の「香港国家安全維持法（国安法）」の制定しかなかったのである。

第三章　「中港矛盾」の出現と激化——経済融合の効果と限界

はじめに

香港の近年の強力な反政府運動の背景に、香港市民の中央政府や大陸の住民に対する感情の悪化があることはもはや常識であろう。二〇一九年の「逃亡犯条例」改正反対デモは「反送中」とのスローガンを用いた。「中国大陸に送られること」への反発が、最大「二〇〇万人デモ」を生んだことは、対中感情悪化の深刻さを物語る。

こうした事態は、一方では香港の成り立ちから説明ができそうである。現在の香港市民は、第二次大戦後に中国共産党政権の統治を逃れて英領の香港に庇護を求めたいわば「逃亡犯」であり、自由都市において共産党政権が許さないような政治・経済・文化・社会の活動を行ってきた。彼らは一貫して共産党政権に懐疑的であった。

しかし、そうした「反共のDNA」の存在の一方で、香港には長年中国に対する「同胞」としての愛国心も存在してきた。香港にとって反中感情の爆発は決して自明のことではない。しかも、世論調査の結果を見る限り、香港市民の対中感情は、返還後一〇年ほどの間においては悪化どころか大幅に改善され、良好な状態にあった。二

○○八年の四川大地震では多くの支援が香港から寄せられ、同年の北京五輪では中国選手の活躍に香港市民も歓喜した。

香港市民の対中感情の急激な悪化はなぜ生じたのか。本章では、「中港矛盾」と称される大陸と香港の対立のいきさつを振り返り、その原因を探る。まず、「中港矛盾」の引き金となったと考えられる「中港融合」の展開を振り返り、続いてそれに伴って進んだ「香港人アイデンティティ」の強化の原因を探る。最後に、大陸に対する違和感の拡大につながったと考えられる、香港と大陸の価値観の相違を検討する。

1 「中港融合」とその副作用

(1) 返還当初の景気回復と対大陸感情の改善

まず、世論調査の結果を参考に、返還後の香港市民の中央政府に対する感情の変遷を振り返っておきたい。

図1は、香港大学民意研究プロジェクトと、その後身の香港民意研究所が行ってきた、中央政府に対する信任度の調査の結果である。この調査は一九九二年以降、多い時は毎月行われてきたが、近年は年二回程度の実施となっている。データ量が膨大であるため、各年一回目の調査結果を抽出してグラフ化した。返還前には一貫して「信任しない」とする者が多数を占めていたが、返還直後から「信任する」と「信任しない」が拮抗するようになった。二〇〇一年からは「信任する」が多数派となり、二〇〇八年から二〇〇九年頃に最良の状態となった。しかし、その後急速に悪化に向かい、二〇一二年以降は「信任しない」が上回る状況が常態化し、二〇二〇年二月に「信任する」一九・七%、「信任しない」六二・七%という、過去最悪の結果を記録した。二〇二二年二月には劇的に改善し

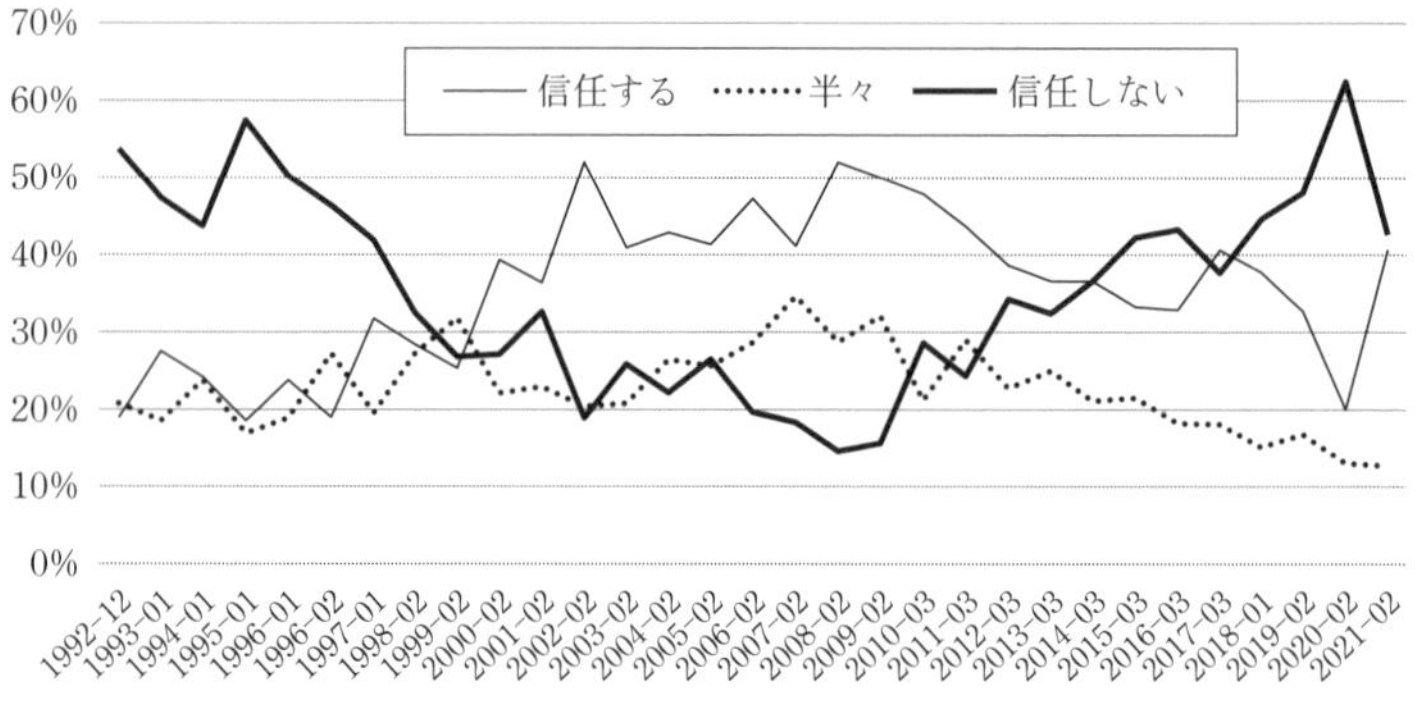

出所：「市民對北京中央政府的信任程度」、香港民意研究所（https://www.pori.hk/pop-poll/cross-strait-relations/k002.html、2021 年 5 月 26 日閲覧）。

図 1　香港市民の中央政府に対する信任度

ている（「信任」四〇・六%、「不信任」四二・六%）。コロナ対策や経済の回復、香港の抗議活動の沈静化を評価する者も少なくない一方、「香港国家安全維持法（国安法）」制定後ということもあり、このようなセンシティブな調査に市民がどこまで本音で回答したか、疑問なしとしない。

いずれにせよ、返還から一〇年ほどの間は、中港関係は蜜月期であった。その主たる要因は主に経済における「中港融合」政策の効果であると考えられる。

一九九七年以前、香港返還については、主として政治面でのリスクが議論されていた。特に天安門事件以後、一方では香港市民の中国政府に対する反発が強まり、他方で中国政府はパッテン総督の民主化案に激しく反発し、返還後には大規模な民主派の弾圧などの混乱が生じると心配されていた。しかし、実際には一九九七年の返還は平穏に行われた。返還と同時に中国政府が非民主的な「臨時立法会」を設置し、返還直前に英国が進めた人権擁護などを主眼とした法改正を否定する形での制度変更を断行し、それは二〇一九年の抗議活動以後の香港に特に影響を残したのは事実である[1]が、少なくとも返還直後には民主派が逮捕されたり、活動を禁じられたりするような事態はなく、自由が維持された。全体として中央政府が香港への不干渉を守り、自治を尊重しているとの印象が広がり、香港は安堵感に包まれた。

しかし、意外にも香港を襲ったのは経済の問題であった。返還直前には「返還バブル」とも称される好景気に沸いた香港であったが、返還直後に発生したタイ・バーツの暴落に端を発したアジア通貨危機に巻き込まれ、香港経済は不動産バブルの崩壊により、どん底の不景気に陥った。加えて、董建華初代行政長官の下の香港政府は、鳥インフルエンザの処理の失敗や新空港開港時の混乱など、大小様々な失態を演じて厳しく批判された。そこに二〇〇三年、新型肺炎SARSが大流行し、香港は不況のどん底に突き落とされた。同年七月一日に民主派が決行した反政府デモは、香港市民が返還後六年間の不満をぶつける場と化して、主催者側発表で五〇万人の参加を集めた。市民の怒りは頂点に達し、董建華の辞職要求や民主化要求が突きつけられたのである。

このデモに驚いた北京は、返還後採用してきた対香港不干渉政策を見直した。中央政府はデモの原因を分析し、主に経済の問題であると結論づけた。その上で北京は、かねてから香港財界より要請の強かった、香港と大陸の経済融合の推進へと舵を切った。中国大陸から香港への個人観光旅行を段階的に解禁し、大量の大陸観光客に香港で大いに買い物をさせたことで、香港の小売業は復活した。また、香港の金融機関に人民元業務の取り扱いを認めたことで、香港は人民元オフショア・センターとして成長し、国際金融都市の地位を高めた。民主化要求に関しては、即座に普通選挙を行うことは却下したが、二〇〇五年に不人気の董建華行政長官を事実上更迭し、アジア通貨危機への対応で市民に支持された曽蔭権（ドナルド・ツァン）を後任に据えることで、香港の民意に応えた。一連の「中港融合」政策は香港経済を救い、当初は大いに支持され、香港市民の北京に対する感情も大幅に改善された。毎年七月一日の返還記念日に香港大学民意研究プロジェクト・香港民意研究所が行っている調査で

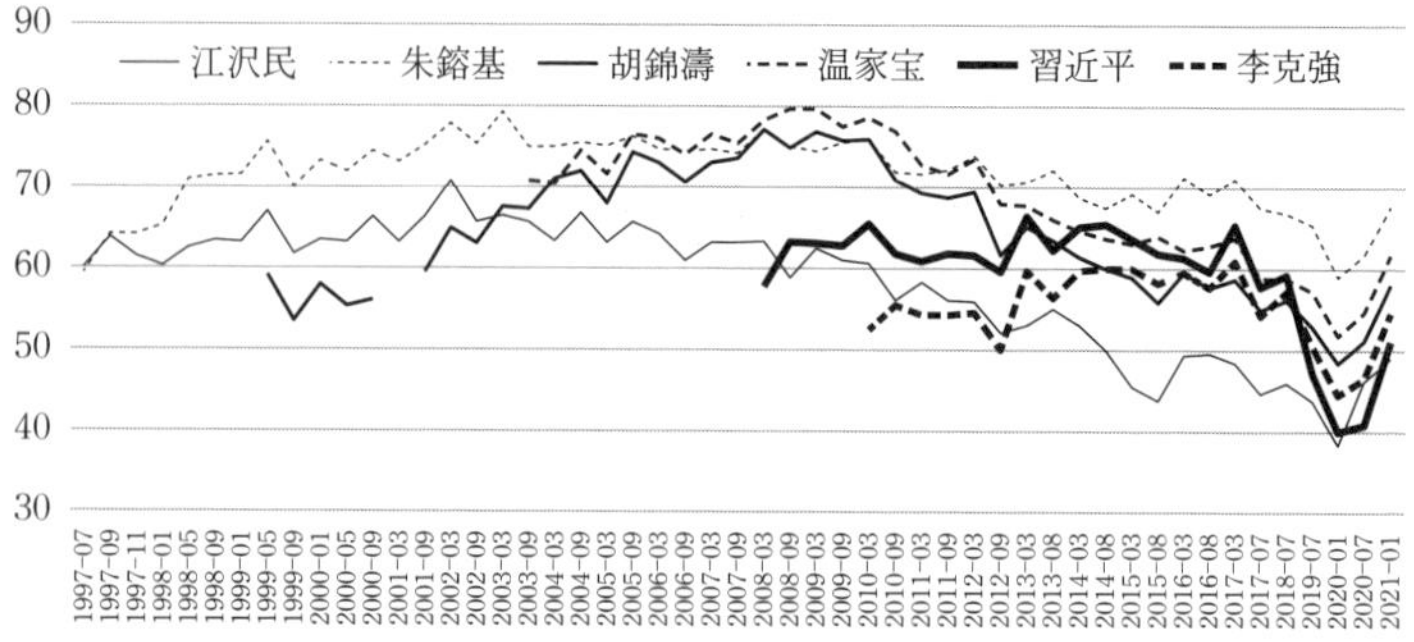

出所：「兩岸政治人物民望」香港民意研究所のデータより筆者作成（https://www.pori.hk/pop-poll/cross-strait-political-figure、2021年5月26日閲覧）。

図2　中国最高指導者に対する香港市民の評価

は、「返還以来の中央政府の対香港政策をどう評価しますか」との問いに対して、二〇〇八年には「よい」五七・三％、「悪い」八・二％と、この調査としては最良の評価が記録されている。[2]

この時期の対中感情の良好さは経済面に限られたものではなかった。政治の面では、胡錦濤・温家宝体制が成立し、ＳＡＲＳ後の情報公開などから「胡温の新政」と称されたような、開明的な政治への転換が期待されていた。「あなたは中国の前途にコンフィデンスがありますか」との問いには、返還以来圧倒的多数が「はい」と回答してきたが、二〇〇九年四月の調査では「はい」九〇・七％と、史上最高を記録している。[3] 図2は政治指導者を一〇〇点満点で評価するよう求めた調査の結果である。江沢民・胡錦濤・習近平の三総書記と、朱鎔基・温家宝・李克強の三総理に対する評価をグラフ化した。胡錦濤は二〇〇二年三月から二〇一四年四月まで、一貫して六〇点を超える評価を記録した（最高は二〇〇八年三月の七七・二点）。温家宝はさらに人気があり、二〇一七年三月まで六〇点以上を維持した（最高は二〇〇八年九月の七九・七点）。全体として最も人気が高かったのは朱鎔基と言えるかもしれない。ほとんどの時期において、七〇点近い水準を維持したからである（最高は二〇

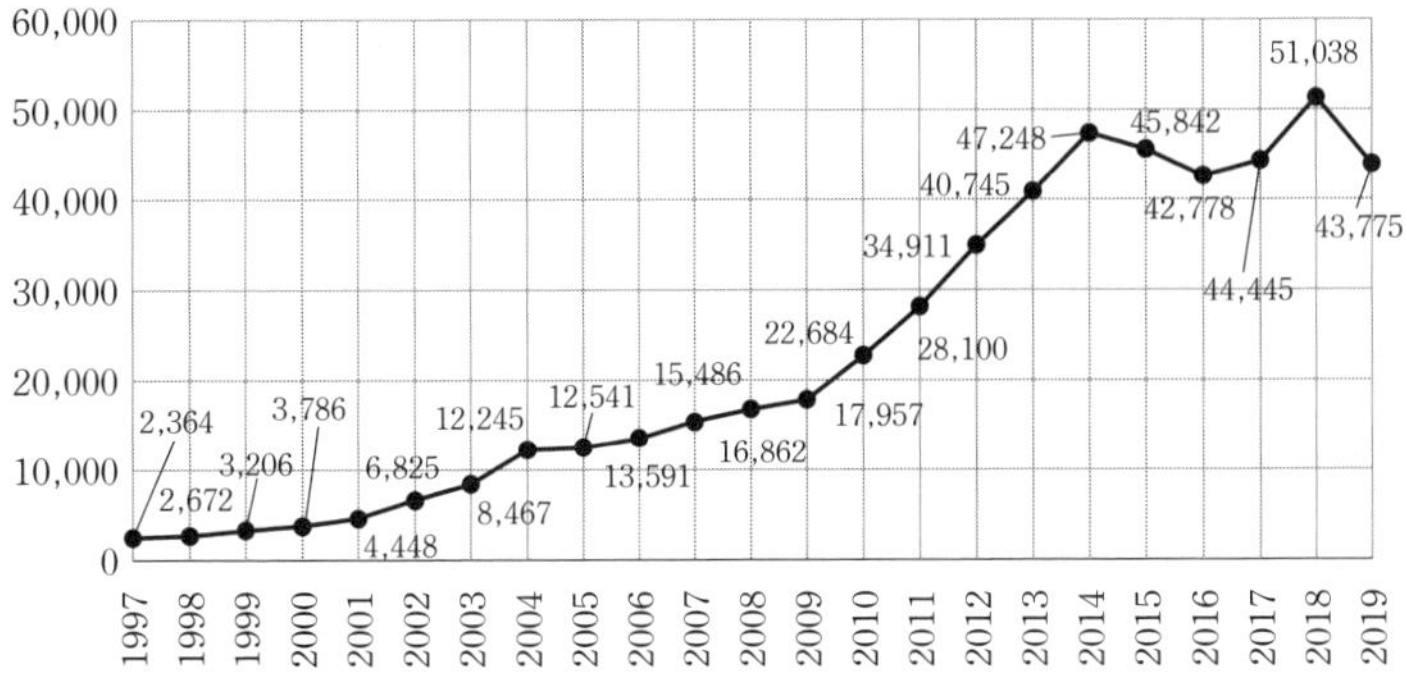

出所:『香港統計年刊』各年版より筆者作成。

図3　大陸から香港への訪問客数(単位:のべ千人)

○三年三月の七九・二点)。いずれにしても明確であるのは、江沢民・習近平と比較して、胡錦濤が在任中(二〇〇二―一二年)に最も人気があったということである。

(2) 「中港融合」の副作用――大陸住民の香港個人旅行とその影響

しかし、「中港融合」は、やがて香港社会に副作用をもたらした。一連の「中港融合」政策の中でも、香港の経済や社会に深遠な影響を与えたと考えられるのが、大陸住民の香港個人旅行の導入であった。従来、大陸住民の香港訪問は、ビジネス・親族訪問・団体旅行などが認められていた一方、個人での自由旅行は許可されていなかった。しかし、SARSによって香港の小売業や観光業が大損害を蒙ったことを受けて、中央政府は個人での香港旅行を解禁した。解禁は段階を踏んで行われ、二〇二二年現在では、広東省全域と四直轄市の全てのほか、南京・武漢・済南・瀋陽・成都などの省都クラスの都市を含む合計四九市の住民が、香港個人旅行のビザを申請することができる[4]。

この結果、大陸から香港への訪問者数は爆発的に増加した(図3)。個人旅行開始前の二〇〇二年にのべ七〇〇万人弱であった訪問客数は、その後ほぼ一本調子に増え続け、広州との高速鉄道と珠海・マカオとの海上橋が開通した二〇一八年に過去最多の五一〇三万人に達している。

個人旅行が香港にもたらした経済効果もあり、SARS後の香港では景気回復が進んだ。実質GDP成長率は二〇〇三年第2四半期にはマイナス〇・六%に落ち込んでいたが、同年第3四半期から二〇〇八年第2四半期までプラス四%以上を維持し、リーマン・ショックによる中断を経て二〇〇九年第4四半期から二〇一九年第2四半期まで、約一〇年間プラス成長を維持した。二〇〇三年四―六月の平均で、一九八一年の統計開始以来最悪の八・五%を記録した失業率(季節調整済み)は急速に改善し、二〇一〇年から一九年まで一貫して三%台で推移した。こうした回復が全て個人旅行の効果と断じることはもちろん適切ではない。小売業や飲食業が香港のGDPに占める割合は二割台にとどまるからである。しかし、町の商店に人出が急速に戻り、行き交う人々が話す普通話(標準中国語)が聞こえるようになるという体感的な効果は、恐らく経済効果自体の程度以上に、多くの市民が直接感じるところとなったであろう。大陸からの観光客は明らかに上客として扱われた。地下鉄車内のアナウンスでは二〇〇三年九月から従来の英語・広東語に加えて普通話も放送されるようになり、多くの商店等が人民元での支払い歓迎と店外に貼り出した。

結果的に、「五〇万人デモ」の重要な原因の一つと考えられる経済への不満は急速に解消していった。経済に対する満足度を問うた調査では(図4)、アジア通貨危機以来の極端に経済への不満が多かった状況は、二〇〇四年以降一旦は急速に改善している。

他方、市民生活(原語では「民生」)に対する満足度(図5)は、経済と同様に二〇〇七年頃にかけて改善したが、二〇一〇年には二〇〇三年よりも悪い状態にまで悪化し、その後も不満が非常に強い。

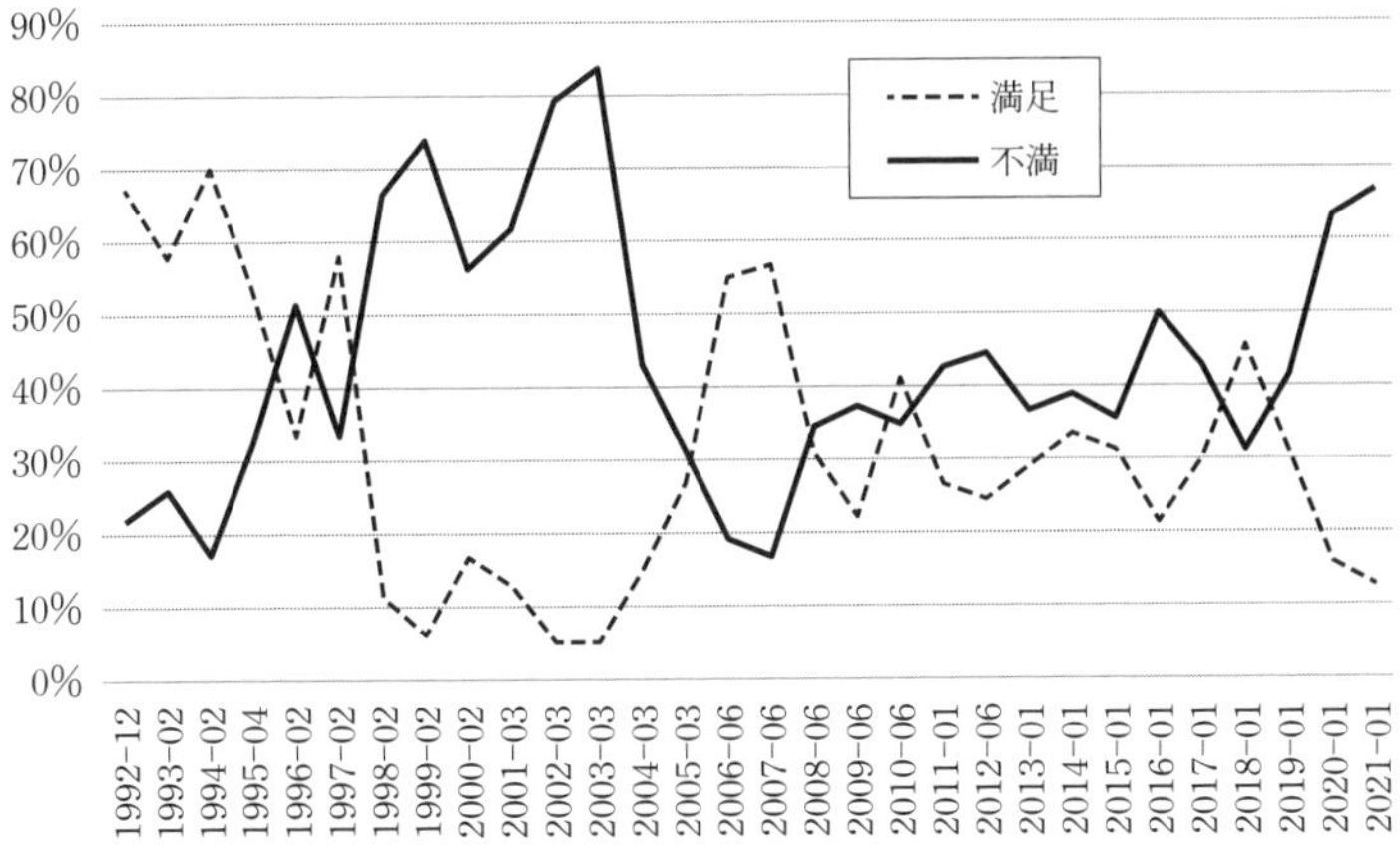

注：各年1回目の調査結果だけを抽出してグラフ化した。
出所：「市民對經濟現狀的滿意程度」、香港民意研究所（https://www.pori.hk/pop-poll/society-current-conditions/n007.html、2021年5月26日閲覧）。

図4　経済の現状への満足度

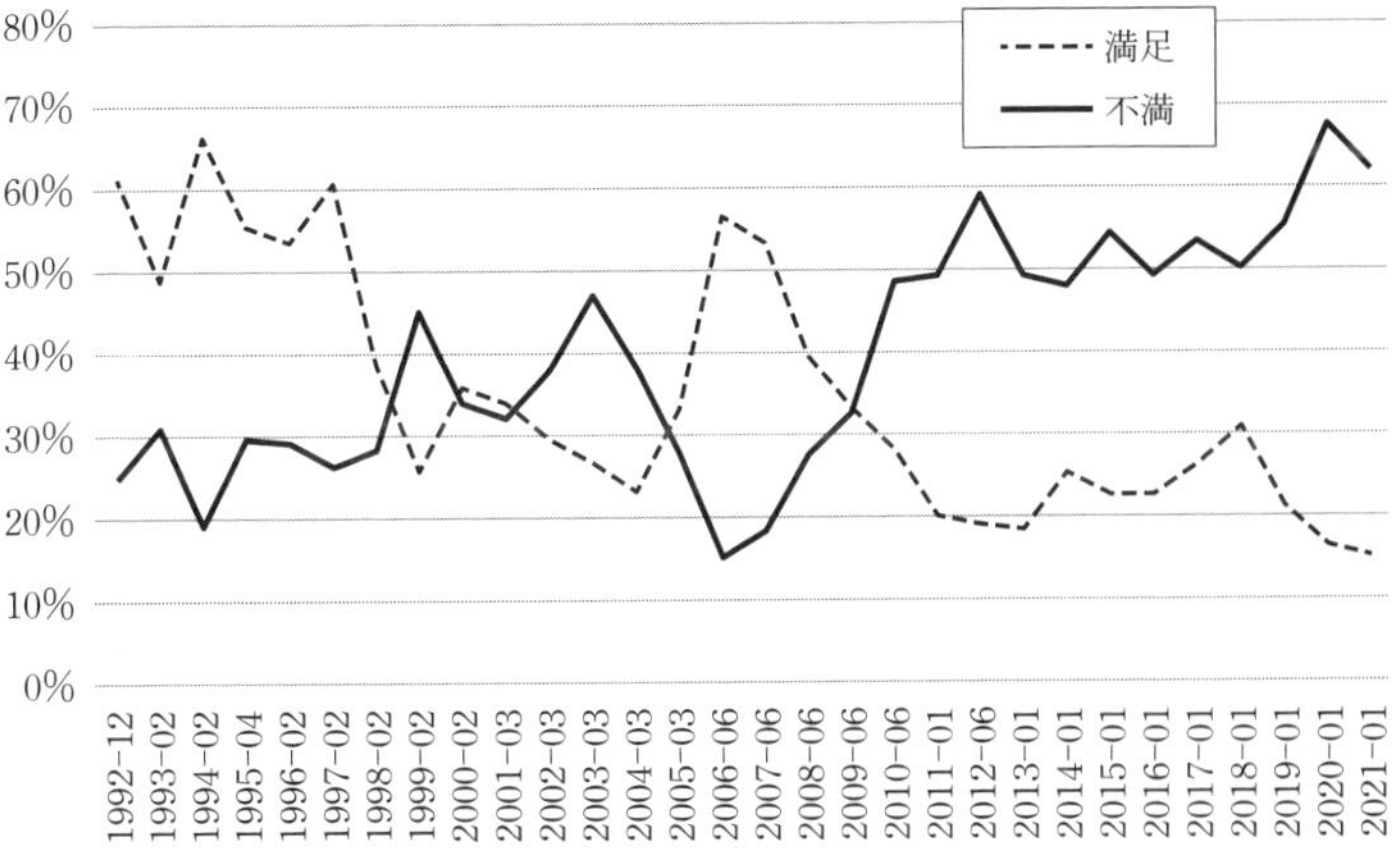

注：各年1回目の調査結果だけを抽出してグラフ化した。
出所：「市民對民生現狀的滿意程度」、香港民意研究所（https://www.pori.hk/pop-poll/society-current-conditions/n010.html、2021年5月26日閲覧）。

図5　民生の現状への満足度

こうした市民生活の問題として論じられた要素の多くが、大陸からの個人旅行を中心とした訪問者数の激増と関連していた。訪問客数がこれほどの規模になると、観光客のマナーの悪さも社会問題化し、その醜態は普及し始めた携帯カメラで記録されてはネットに公開され、香港市民の反感を買った。

それだけでなく、大陸からの訪問客による「爆買い」は、社会問題の原因とされるようになっていった。特に、二〇〇九年三月から、深圳戸籍を持つ住民に対し、一年間の有効期間中は回数無制限で、一週間以内の香港短期滞在ができるマルチビザの発給が開始されたことで、訪問客数は爆発的に増加した。表1は、訪問客の香港での消費額を、宿泊客と日帰り客に分けて推算したデータである。通常、ホテルや食事の支出が少ないトランジットなどの日帰り客の消費額は、宿泊する観光客の額を大きく下回る。実際、一九九八年の統計開始時点では、日帰り客の消費額は微々たるものであった。しかし、個人旅行の解禁後、大陸からの日帰り客の消費額はうなぎ登りとなり、二〇〇四年以降は全世界からの日帰り客の消費額合計の八割以上を占めるようになっている。二〇一三年以降は、大陸以外の全世界からの宿泊客の消費額合計を、大陸からの日帰り客の消費額合計が上回る状態となっている。もはや大陸からの訪問客を「観光客」と称するのは適切ではなく、日常の買い物客と考えるのが妥当であろう。

大陸住民が香港を訪問し、様々な物を購入していくことは、香港社会に大きな影響を及ぼした。二〇一一年頃には大陸ではインフレが社会問題となったが、食料品や生活必需品を大陸からの輸入に依存する香港にとってもこの問題は深刻であり、さらに為替レートの人民元高・香港ドル安のために、香港のインフレは悪化した。一部の物では香港のほうが安くなり、大陸客が香港に殺到し、大量に生活物資を購入するという状況が生まれた。このため、交通機関や商店の激しい混雑、商品の品切れという問題が生じた。二〇一一年の春節期間中には、香港

表1　香港訪問客の消費額（単位：100万香港ドル）

年	大陸からの宿泊客	宿泊客世界合計	大陸客シェア	大陸からの日帰り客	日帰り客世界合計	大陸客シェア
1998	11,314	39,411	28.7%	662	2,156	30.7%
1999	10,455	38,625	27.1%	737	2,001	36.8%
2000	13,235	40,794	32.4%	1,219	2,699	45.2%
2001	15,823	40,789	38.8%	1,610	3,164	50.9%
2002	26,056	51,768	50.3%	1,996	3,637	54.9%
2003	29,800	48,778	61.1%	3,578	4,748	75.4%
2004	33,941	61,142	55.5%	4,642	5,612	82.7%
2005	36,570	68,888	53.1%	5,627	6,935	81.1%
2006	39,679	75,926	52.3%	7,926	9,547	83.0%
2007	47,215	87,868	53.7%	11,712	13,615	86.0%
2008	53,243	94,206	56.5%	15,994	18,217	87.8%
2009	63,970	97,664	65.5%	19,504	22,691	86.0%
2010	87,037	135,141	64.4%	25,931	29,351	88.3%
2011	111,788	166,694	67.1%	35,360	39,358	89.8%
2012	129,416	185,841	69.6%	49,278	52,606	93.7%
2013	152,730	208,448	73.3%	64,356	68,034	94.6%
2014	166,027	221,048	75.1%	76,076	79,744	95.4%
2015	142,614	193,041	73.9%	75,058	78,482	95.6%
2016	126,321	175,226	72.1%	60,278	63,653	94.7%
2017	129,866	179,666	72.3%	59,489	62,768	94.8%
2018	139,900	193,551	72.3%	74,917	78,761	95.1%
2019	97,203	138,195	70.3%	60,404	64,215	94.1%

出所：『香港統計年刊』各年版のデータより筆者作成。

の老舗テーマパークである海洋公園の入場券が三日続けて売り切れになった[5]。

品薄問題の中でも深刻であったのは粉ミルクの不足である。中国では悪質な粉ミルクを原因とする乳児の健康被害が発生しており、中でも二〇〇八年の粉ミルクへのメラミン混入事件では三〇万人近い乳児に被害が及んだ。このため、多くの大陸からの香港訪問客が、香港で品質に優れた外国製の粉ミルクを購入するようになり、品薄を招いた。一方、こうした訪問客は商店から見れば上客であり、二〇一二年の旧正月期間中は大手ドラッグストア・萬寧（マニングス）が、粉ミルク六缶を買った上に大陸のパスポートを提示した者に一〇〇香港ドル分の現金券を配付するキャンペーンを実施し、香港人差別との非難を受けた。[6] 自身の使用のためではなく、大陸に運んで転売するために大量購入する者も多く、深圳住民の中には、マルチビザを利用して一日に香港と深圳を往復する者が現れた。このため問題は特に、深圳と隣接し、東鉄線の通勤電車で深圳との境界である羅湖から数分程度の上水など、新界・北区の比較的小さな町で特に深刻化した。ネット上では粉ミルクに「劉暁波を釈放せよ」「天安門事件の名誉回復」「天が中共を滅ぼす」などと書き込んで大陸に持ち込めなくしようと言い出す者や、[7] フェイスブックを利用して「北区運び屋監視グループ（北区水貨客関注組）」と称するグループを結成し、優秀者に粉ミルクを贈呈する「東鉄沿線運び屋撮影コンテスト」なるイベントを開催する者が現れるなど、[8] 香港市民の感情的な反発が高まった。結局香港政府は二〇一三年三月一日から、粉ミルクの持ち出しを一人あたり一日二缶までに規制した。

また、行程を自由に組める個人旅行の場合、訪問客の活動は買い物や観光には限らない。特に深刻な問題となったのは、大陸女性の香港での出産問題であった。子に香港永住権が与えられるために、香港での出産を希望する大陸の妊婦が殺到したのである。表2は政府統計による香港の新生児数と、そのうち大陸人女性が出産した者の数の推移である。両親とも非永住民（「双非」と称される）の新生児が、二〇〇三年の個人旅行解禁以後に爆発的に増加していることがわかる。

そもそも、香港政治において大陸からの「新移民」は、一貫して複雑な社会問題であり続けた。一般的な新移民の典型的イメージは、香港人男性と結婚した低学歴・低所得の大陸出身の女性やその子女であり、香港の社会福祉の負担とも見なされ、差別の対象ともされてきた。返還後、香港基本法第二四条が「香港永住民が香港以外で産んだ子」に永住権を与えるとしたため、大陸で生まれた香港人の子女が、婚外子も含めて永住権を持つ

表2　大陸女性の香港での出産の状況

年	新生児総数	うち、大陸女性が出産した新生児			
		夫は香港永住民	夫も香港永住民ではない	不明	小計
1997	59,250	—	—	—	5,830
1998	52,977	5,651	458	—	6,109
1999	51,281	6,621	559	—	7,180
2000	54,134	7,464	709	—	8,173
2001	48,219	7,190	620	—	7,810
2002	48,209	7,256	1,250	—	8,506
2003	46,965	7,962	2,070	96	10,128
2004	49,796	8,896	4,102	211	13,209
2005	57,098	9,879	9,273	386	19,538
2006	65,626	9,438	16,044	650	26,132
2007	70,875	7,989	18,816	769	27,574
2008	78,822	7,228	25,269	1,068	33,565
2009	82,095	6,213	29,766	1,274	37,253
2010	88,584	6,169	32,653	1,826	40,648
2011	95,451	6,110	35,736	2,136	43,982
2012	91,558	4,698	26,715	1,786	33,199
2013	57,084	4,670	790	37	5,497
2014	62,305	5,179	823	22	6,024
2015	59,878	4,775	775	16	5,566
2016	60,856	4,370	606	3	4,979
2017	56,548	3,826	502	6	4,334
2018	53,716	3,549	434	0	3,983
2019	52,856	3,343	393	5	3,741

出所：「内地女性在香港所生的活産嬰兒數目」、香港政府統計處（https://www.censtatd.gov.hk/hkstat/sub/sp160_tc.jsp?tableID=212&ID=0&productType=8、2020年12月21日閲覧）。

と主張し、香港にやってくる現象が発生した。一九九九年一月の終審法院の判決でこれらの子女には永住権があるとされたが、香港政府はこれによって一〇年以内に一六七万人が香港にやってくるとの試算を発表し、社会に大きな衝撃を与えた。結局、終審法院の判決が出た後であるにもかかわらず、香港政府の要請を受けて北京の全人代常務委員会が同年六月にこの件について基本法解釈を行い、出生時に両親ともに永住民でなかった者には永住権が与えられないとして判決を覆した。民主派からは北京による香港の裁判への干渉に対する不満や、人権の観点から永住権を与えるべきとの反対の声も上がったが、当時の香港社会全体では、新移民の急増を阻止する全人代常務委員会の基本法解釈に肯定的な声も強かった。

基本法解釈によって永住権の資格保持者は大いに減少したが、これとは別に基本法第二四条は「香港で生まれた中国公民」に香港永住権を付与するとも規定しているため、返還前には永住権を認められなかった、両親とも香港住民でない者が香港滞在中に産んだ子女にも永住権を与えるという判決が二〇〇一年七月に下された。これによって、誰でも香港で生みさえすれば、子に香港永住権を与えることができることが確定した。判決当時の「双非」の新生児数は年間数百人にとどまり、当時香港政府はこれが社会問題の源になるとは考えていなかった。しかし、個人旅行解禁によって、大陸から香港へのアクセスが格段に容易になると、想定を超える多数の妊婦が香港に殺到したのである。

すでに二〇〇六年頃には産科病床不足が問題化しており、同年九月には不満を持った者が行政長官弁公室に一人一通のメール攻勢で苦情を訴えようとの運動も呼びかけられるに至っていた(9)。香港政府は大陸女性の公立病院入院費用の引き上げや、妊娠後期の大陸女性には病院の予約なしには入境を許さない新たな規制の導入などの政策で対応したが、それでも来港者数を抑制することはできなかった。二〇一〇年には「双非」の新生児が三万人を超え、香港の新生児総数の三分の一を超えるに至り、二〇一一年一〇月二三日には、ネット上で呼びかけられた抗議デモに香港人の妊婦ら一〇〇〇人以上が参加した。[10] 結局、二〇一三年から香港の公立・私立病院がいずれも「双非」の女性の出産予約受付を停止し、「双非」問題はほぼ根絶された。しかし、すでに誕生した「双非」の新生児は返還後累計で二〇万人を超えており、その中の少なからぬ者が、成長した後香港永住権を持ったまま深圳に住み、香港に通学するというパターンをとったため、続いて深圳に隣接する北区を中心として学校の定員不足の問題を招いた。

そして、民生問題の中でも特に市民レベルに幅広く大きな影響を与えたのが不動産の暴騰であった。前述の通り、二〇〇三年の「五〇万人デモ」当時、問題となっていたのはバブル崩壊の後遺症としての不景気であった。とりわけ不動産の暴落は、ローン残高が資産総額を上回る「負資産」とも称され、不動産の転売による資産形成を常とする中産階級の間で非常に大きな不満を呼んでいた。金融管理局の統計では、「負資産」は二〇〇三年第2四半期には一〇万六〇〇〇件のピークに達し、[11] デモ参加者にはこうした中産階級の者が多数含まれたと論じられた。

その後不動産価格が上昇に転じたため、「負資産」問題は急速に解消した。しかし、転じて社会問題となったのは不動産価格の暴騰であった。こうした問題も個人旅行解禁から少し経った後に深刻化した。英国『エコノミスト』誌の調査では、二〇〇九年の香港の不動産価格は前年比で二七・七%上昇した。上昇幅は大陸の一〇・七%を大幅に上回り世界一であった。[12] また、曽俊華財政長官は二〇一一年の財政予算案の発表の際、同年二月の全体の不動産価格がすでに一九九七年の最高値を更新したと述べている。[13]

図6は、香港政府が発表している不動産価格指数のうち、民間住宅価格の指数の推移である。一九九九年を一

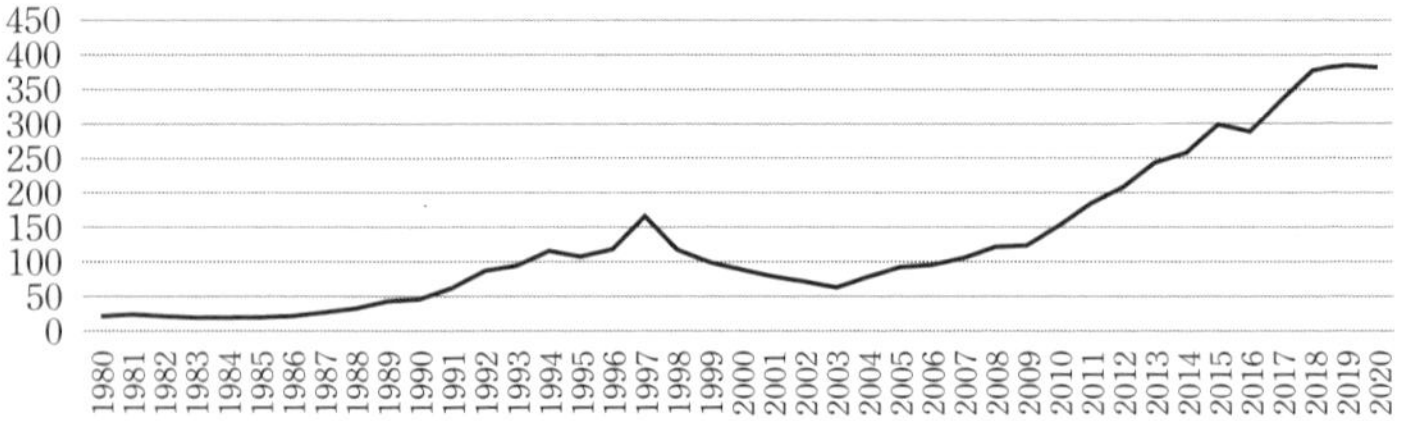

出所：「私人住宅 —— 各類單位售價指數（全港）（自 1979 年起）」、香港政府差餉物業估價署（https://www.rvd.gov.hk/mobile/tc/property_market_statistics/index.html、2021 年 5 月 26 日閲覧）。

図 6　不動産価格指数の推移

〇〇とした数字で、二〇一九年の指数は三八三であり、住宅価格が二〇年で四倍近く上昇したことを意味している。

住宅難や家賃の高騰は、特に若者や低所得者層に大きな負担となった。香港中文大学生活の質研究所の調査によれば、二〇一八年には、中程度の収入（年収三三・九七万香港ドル）の家庭が、九龍地区で三〇〇平方フィート（二七・九平米）のマンション（価格五九二万香港ドル）を購入する場合、飲まず・食わず・消費せずと仮定しても、支払いの完了には一七・四五年が必要となるとされた。調査を行った香港中文大学の荘太量准教授は「不動産は一般人が購入できるものではない」と指摘している[14]。

不動産価格の高騰の一因として、大陸富裕層の香港での不動産購入が挙げられた。成功した民間企業の経営者が不動産を購入するほか、大陸で官吏の資産報告制度が厳格化されたことに伴い、幹部が資産隠しのために香港で不動産を購入しているなどとも疑われた[15]。そうした行動に拍車をかけていると見なされたのが投資移民制度であった。二〇〇三年一〇月、香港政府は六五〇万香港ドル以上の投資を香港に行う者に香港居留権を与える「資本投資者入境プログラム」を導入した。この時期にこの制度が導入されたのはSARS後の不動産暴落への対策であった。外国人や台湾・マカオ住民などが対象で、本来大陸住民には資格がないが、二〇〇四年一一月の報道によれば、申請者の九割が「華人」である。即ち、大陸住民が、アフリカのガンビア国籍など、一旦外国籍を得てから、香港に投資移民を申請する事例が多いという。[16] 深圳市の投資移民手続き代行業者は、七〇〇名以上の者にギニアビサウの永住権を獲得させた後、香港への投資移民として入境させたと報じられた。[17] 保安局によれば、投資移民が香港で購入した不動産の価格は、二〇〇八年の三二億香港ドルから、二〇〇九年には五六億香港ドルに急増し、香港の全不動産取引額の一・一%に達した。[18]

このような情勢を受けて、香港では大陸住民の香港での不動産購入を規制することを求める声が上がった。二〇一〇年四月二八日の立法会に提出された、立法によって不動産取引を規制することを要求する議案は、不動産業界代表の立法会議員一名のみの反対で可決された。[19] 民主派と親政府派が対立する香港の立法会において、このようにほぼ全会一致で議案が採決されることは異例であり、この頃すでに不動産の暴騰が社会全体の共通の問題として強く認識されていたことを意味する。二〇一〇年一〇月一四日、香港政府は投資移民の投資対象から不動産を除外する措置をとり、投資金額も最低六五〇万香港ドルから一〇〇〇万香港ドルに引き上げた。しかし、それでも不動産価格高騰は止まらず、二〇一五年一月一五日、政府は投資移民制度を停止した。

このように、「中港融合」は、香港の民生の悪化と大きく関連していると見られた。このことは香港市民の中央政府・大陸に対する感情の悪化をもたらした。多くの香港市民が、粉ミルクや不動産を奪って行く大陸人を「イナゴ」と形容するようになり始めた。[20] 他方、こうした香港市民の側のヘイト的な情緒的反応に、大陸では香港に対する反感が広がっていった。大陸の住民から見れば、自分たちの消費が香港経済に貢献しているにもかかわらず、歓迎されないことは不愉快であった。そうした中で大きな問題になったのは二〇一二年の「香港人は犬」事件である。飲食禁止の電車内で菓子を食べていた大陸訪問客の児童を注意した香港市民に、子供の母親が食ってかかり激しい口論となった。この様子を別の乗客が動画撮影しており、ネットで公開され、香港で波紋を呼んだ。しかし、この動画を紹介する大陸のテレビ番組で、コメンテーターの孔慶東北京大学教授は逆に「偉そうに説教する」香港人を罵倒した。孔慶東は、香港は大陸からの観光収入と水や食糧によって生存している、法治は植民地の遺物であるなどと非難し、「香港人は未だに英国植民地の犬だ」と発言した。これには香港市民も大反発し、中央政府の出先機関である中央政府駐香港連絡弁公室（中連弁）前で抗議デモも発生した。

『星島日報』に掲載された斉秀峰によるコラムは、ある意味、この事態は大陸の言論が「自由になった」ことを示すと論じた。即ち、かつて当局は慎重に論争性のあるテーマの言論を処理しており、香港問題などは特にセンシティブなものとされていたが、この頃までにはかなり言論の空間が広がった。大陸でのネット上の「過激な」言論の検閲には人手が追いつかない状態となったため、きわどい言論で注目を集めようとする文化人や学者が現れたと斉秀峰は指摘した[21]。

（3）「中港融合」は香港にとってチャンスか

経済融合から香港が受益していたことは事実であろう。中でも金融においては、香港は中国の主権下にある国際金融センターという特殊な地位を利用して大いに発展した。曽根康雄は「中港融合」によって大きく変貌した香港経済について総括を行っている。即ち、返還前と現在では、香港と中国の経済を規模で見た量的な地位は逆転した。このため香港は「中国の経済発展に貢献する香港」から、「中国の経済に依存する香港」へと質的に変化している。一方、内外の資本取引が厳しく制限されている中国は、為替規制が一切なく、内外資本取引が完全に自由な香港を大いに利用している。特に二〇一〇年七月には香港で金融機関が人民元取引を行う人民元オフショア・センターが発足し、香港には人民元の「国際化」の実験地としての役割が加わった。また、二〇一四年一一月に上海と香港の間で、二〇一六年一二月には深圳と香港の間で相互株式投資制度が開始され、大陸からの個人の香港株式への投資が解禁された。中国経済もまた香港の存在から大いに受益しているのである。他方、この特殊な相互依存関係の形成の下、金融・サービス業に偏った香港経済は独自の成長エンジンを欠き、人民元オフショア市場や「一帯一路」ばかりが唱道される一方、若者のスタートアップなどでの将来の希望につながる成功モデルを欠き、「取り残された人々」が増加していると曽根康雄は指摘する(22)。

「中国化」によるマクロ経済の成長の恩恵が一部の者にとどまり、幅広い市民、特に若者に行き渡っていないことは、データで示されるとともに、香港市民の感覚としても広がっていた。社会学者の呂大楽は、大陸と香港の経済融合は企業が単位であり、個人は対象ではないと指摘する。大陸の改革・開放は香港の経営者に投資のチャンスを与えたが、大陸に工場が設立され、現地の労働者が雇用されるという状況であり、香港の労働者に大陸で全面的に働き口を与えたわけではない。香港の熟練工はかつて一部が大陸で採用されたが、すぐに大陸の者に取って代わられた。したがって、中下層の労働者は大陸に移動していない。政府統計によれば、大陸で働いている香港市民の数は、一九八八年の五万二〇〇〇人から、二〇〇四年には二四万四〇〇〇人に増えたものの、二〇一〇年には再び一七万五一〇〇人に減少した。さらに詳しく見ると、一九九二年にはそのうち六〇・八%が製造業で働いていたが、二〇〇九年には卸・小売り・貿易・飲食・ホテル業といったサービス業が四三・七%を占めるに到った。一九九二年には三割近くがブルーカラーの職業に従事していたが、二〇〇五年には一割に減少し、逆に経営者や管理職、専門職などが八割を超えた。大陸で働く者の年齢の中位数も、一九九八年の三九歳から、二〇一〇年には四九歳に上昇した。一九八〇年代末には、大陸で働く香港人の二五%近くが二〇―二九歳であったが、二〇〇九年には一〇%以下に減少した。二〇一〇年には大陸で働く香港人の四割近くが五〇歳以上となった。経験豊富な者が雇われる一方、新卒は雇われにくい。社会学者の呂大楽はこれらのデータを挙げ、大陸でのチャンスは一定の経験・経歴のある者に限られ、かつ香港企業によって派遣されるケースが九割以上と圧倒的であり、若者に仕事が与えられることはまずないとして、中国の経済成長から無限のチャンスを得よと説く政府のスローガンが若者に響かない理由を説明する。(23)

中国そのものの閉鎖性もまた、幅広い香港市民を取り込めない要因の一つである。中国はその経済成長を武器に、香港人に大陸で働くことを奨励する言論を展開するが、それには実態が伴っていない。例えば、二〇〇三年には香港の政治的安定のための経済融合の推進へと政策が転換され、「経済貿易関係緊密化取り決め(CEPA)」が締結された。香港の建築士・設計士・不動産鑑定士の資格を大陸で認可することとなり、三〇〇名のこれら専門職の者の資格が承認されたものの、当時は行政会議のメンバーであった梁振英によれば、その後一年以上の間、大陸で開業にこぎ着けた者は一人もいなかったという。部門・地方毎の政策に対する理解の相違や、官僚主義・保護主義がその原因であると梁振英は分析する。(24)ヘリテージ財団による経済の自由指数では、香港は調査開始から二〇一九年まで、二五年間連続して世界一自由な経済と評された。一方、二〇一九年の中国は一〇〇位であり、(25)政府規制などの面で香港より遥かに閉鎖的である。中国と西側の間には自由度の非対称性がある。このことは近年米国では「シャープ・パワー」と呼ばれる議論に発展している。即ち、西側諸国から中国などの権威主義諸国への情報や影響は統制されていて、侵入を拒まれるが、逆に権威主義諸国は開かれた西側諸国に、その市民社会を鋭く引き裂く力として侵入し、影響しているという議論である。(26)しかし、中港経済関係について言えば、こうした投資への障壁は大陸が自身を防衛する一方、大陸に人を引きつけることを妨げているとも言える。

むしろ、大陸からの人の流入により、香港では若者が彼らに仕事を奪われているという感覚も広がった。返還後、政府は香港の大学が香港人以外の学生を受け入れる際の人数の規制を緩和し、大陸からの留学生が急増した。二〇一八―一九年度には香港八大学の香港以外からの留学生一万八〇六〇人のうち、六八％にあたる一万二三二二人が大陸からの留学生であった[27]。大陸からの留学生の卒業後の在留や就労に関する規制も緩和された。大陸から香港に留学し、その後も香港に留まった者の組織である「在港内地畢業生連合会」主席の耿春亜は二〇一一年の香港紙のインタビューで、大陸は就職難であることや、給与待遇も香港がより勝っていること、大陸はコネ社会であり、恵まれた家庭の者でなければ条件の良い就職口を見つけにくいのに対し、香港では自身の実力で勝負できることから、卒業後も香港に残りたい者が多いと述べた。耿春亜によれば、二〇〇八年に香港政府が卒業した留学生の滞在条件を緩和し、卒業後一年間は無条件で香港に残れることになったことは非常に重要で、以前は卒業後に香港に残る者は二〇％ほどであったが、それ以後五〇％になったという[28]。

このことは香港の学生にとって、就学・就職にあたっての競争相手の出現を意味した。『信報』創刊者でコラムニストの林行止は、香港の民間企業の労働市場においても、能力主義が壊れてきていると指摘する。即ち、外資企業が最優先で雇用しようとするのは大陸の幹部子弟（「官二代」）であり、その次が富豪の子弟（「富二代」）、続いて平民出身の優秀な人材であるという。これらの大陸人を検討した後で、初めて香港の富豪子弟、次に海外名門校の優等生、最後に香港の大学生が検討対象になるとして、「香港の青年の現状に対する不満は沸点に近い」と述べている[29]。国際関係学者の沈旭暉（サイモン・シェン）は、大陸から来た大量の資金を扱う金融界のエリートが、香港に二五年住むにもかかわらず、香港のニュースを全く見ず、会社にも香港人の高級職員が一名しかいないことを誇っているという例を挙げ、「中国は香港を必要としているが、香港人を必要としているかどうかは別問題」

と述べている。[30] かつて香港の初代行政長官である董建華は、「中国好、香港更好（中国が良くなれば、香港はさらに良くなる）」と述べ、両者の運命共同体的な側面を強調した。「中港融合」も、本来は双方の経済にとって有利に働くものと想定されていた。しかし、こういった見方は、特に必ずしも香港の若者には広く受け入れられるものではない。

やがて、香港市民は「中港融合」の大規模プロジェクトに対する猜疑心を強めることとなった。二〇一六年の「一帯一路」に関する香港中文大学の調査では、「一帯一路」が自分の家庭の経済に好影響を与えるとした者は一五・四%に留まり、影響は何もないとする者が六七・〇%、むしろ悪影響と述べた者が七・三%であった。「一帯一路」の香港経済全体への影響については「よい影響がある」が四四・一%と、「悪い影響がある」の一〇・七%を上回ったものの、「一帯一路」は財界人や専門職以外の一般人には利益がないと述べた者が六〇・六%にのぼった。[31] 同じ調査で、香港政府が資金を出して「一帯一路」に参加することを支持する者は三一・〇%、不支持は三五・三%であったという。[32] 確かに、北京が主導する「一帯一路」は途上国への大規模インフラ輸出プロジェクトという色彩が強く、先進諸国や近隣諸国との金融やサービス業でのネットワークを主戦場としてきた香港企業に強みはあまりない。しかし、より直接的に香港に関連する、香港と広東省・マカオとの経済連携を図る「粤港澳大湾区」構想に対しても、香港市民の反応は冷めていた。香港中文大学の二〇二〇年一月の調査では、機会があれば深圳に住むと述べた者は一五・八%に留まり、住まないとした者が七〇・八%と圧倒的であった。機会があれば深圳に仕事に行きたいとする者もわずか一四・八%で、行かないとする者が七一・〇%に達した。香港と深圳との関係については、競争と協力では競争の側面が強いとした者が五〇・七%に対し、協力が強いとした者は三一・三%に留まった。したがって、深圳との協力深化については、不支持（三五・四%）が支持（三一・六%）を上回り、半々とする者が三三％であった。深圳との協力深化は香港の長期的発展の助けにならない、または助けが小さいと回答した者は六五・三％にのぼり、助けが大きいとした三四・七％を上回った。商業貿易・製造業・イノベーションとテクノロジー・文化とクリエイティブ産業・高等教育・医療の六つの分野ごとの質問に対しては、いずれも四割以上の者が、協力をすれば深圳と香港では深圳の方が利益を多く得ると回答した。差が最も小さかったイノベーション・テクノロジーでも、香港がより受益するとした者が二一・〇％、深圳がより受益するとした者が三八・五％と、明確に差が出た。最も差が開いたのは医療であり、深圳がより受益するとした者が五二・九％に対し、香港がより多く利益を得るとした者はわずか五・九％であった(33)。

(4)「党官商勾結」論の出現

このように、「中港融合」政策はマクロ経済を活性化させる一方で、社会問題の原因となり、明らかに市民の中にはこれに対する不満が蓄積されていったが、そうした問題に対する香港政府・中央政府の対応は遅いとしばしば批判を浴びた。その背景には、融合政策で受益している既得権益層の存在があると香港市民に疑われた。

そもそも香港の政治体制は非民主的であり、民主化の進展後も「職能別選挙」という、業界毎に利益代表を選ぶ形式の、財界を極端に偏重した選挙制度が存在してきた。この方法で二〇〇四年以降は立法会の議席の半数と、行政長官を選出する選挙委員会の全委員が選出されていた。このため、「政府と財界の癒着(官商勾結)」を疑い、非難する声は市民の間に強く存在してきた。政治学者の方志恒(ブライアン・フォン)は、この構造が返還後の香港の統治危機の背景にあることを強調する。即ち、返還前から香港では徐々に市民社会が成長し、特に「香港人による香港統治」がうたわれた返還後にはその存在感が増してきた。しかし、そうした市民社会の価値観や政策の要求に対して財界は無知であり、社会からどんどん遊離していった。しかも、立法会や選挙委員会に票を持つ財界は政府に圧力を加え、政府自身も財界の声に左右されて弱体化したという[34]。

実際、政府や財界関係者の社会問題に対する無知あるいは感覚の弱さは、しばしば彼らの「爆弾発言」によって露呈し、香港市民の間で反感を買ったり、論争を招いたりした。二〇一一年一月一五日、当時は次期行政長官の有力候補と見られていた唐英年（ヘンリー・タン）政務長官が、若者を中心とした政治フォーラムの会合で演説した。その際、当時話題となっていた若者の過激な政治活動に言及し、若者は複雑な問題を単純化して、政府と財界の関係を何でも一括りに「官商勾結」と非難する、社会運動は往々にして自らの権利を主張する一方で責任を忘れがちである、他者の自由と権利を尊重せねばならない、意見の異なる者を罵倒するのではなく、包容力を持って尊重せねばならないなどと若者の軽挙妄動を戒めた。しかし、唐英年は自身が富豪の子息として特権を享受しつくしたような人物であり、説教調で若者を批判したことは不興を買った。この後様々なスキャンダルを暴露された唐英年の支持率は急速に低下し、翌二〇一二年の行政長官選挙では落選の憂き目を見た。

政府は二〇一五年三月、大手不動産開発業者「華人置業」のトップを務めた劉鑾雄（ジョセフ・ラウ）の息子で、当時三四歳の劉鳴煒を、政府諮問機関である青年事務委員会の主席に招いた。劉鳴煒は同年五月のメディアのインタビューで、月収一万五〇〇〇香港ドル（約二〇万円強）の者も、収入を使い果たさないで、映画を見に行ったり日本旅行に行ったりする回数を減らして、貯金して不動産を購入せよと促す発言をして、大富豪の不動産暴騰問題に対する認識の甘さを露呈し、顰蹙を買った。実際「官商勾結」は事件化もした。二〇一二年には曽蔭権行政長官が財界から様々な利益供与を受けていたことがメディアによって暴露され、二〇一七年には実際に一旦は有罪判決が出て服役した（後に終審法院で逆転無罪）。

こうした状況の下で、「中港融合」政策の開始以後、特に不動産の暴騰が発生したことで、不動産開発業者が圧倒的な存在感を示す香港財界は大いに受益していた。市民の財界への敵視に「中港矛盾」の激化が加わった結果、香港市民の間で中央政府の政策を批判する発想が広がった。二〇一二年の行政長官選挙で当選した梁振英は、当選直後に中連弁に詣でたことで、親共産党の姿勢を「党人治港」と非難された。梁振英の就任当日である同年七月一日のデモでは、主催者の民間人権陣線は大会スローガンに「党官商勾結を蹴っ飛ばせ、自由を守り民主を勝ち取ろう」を掲げた。デモは主催者側発表で四〇万人、警察発表では最大六・三万人の参加を集め、二〇〇四年以来最大のデモとなった。二〇〇五年の返還記念日の「七月一日デモ」が「官商勾結反対」をスローガンとしてから七年で、ここに「党」が加えられた。「中港融合」の進展に伴い、政治・経済の両面において、中央政府や大陸要因が香港の命運を左右する状況が生じた以上、香港市民はそれまで香港政府に向けていた不満を、直接北京にぶつけざるを得なくなったのである。デモでは梁振英批判と並んで、天安門事件に関連する中央政府批判、返還一五周年式典のために香港を訪問した胡錦濤主席への非難、植民地期の旗を掲げて共産党を拒絶する自治運動など、中央政府や共産党、大陸の政治状況を批判するスローガンが現れた。ビクトリア公園で主催者が流した音楽には六月四日の天安門事件追悼集会と同じものも使われた。このように、香港政府への抗議は、それまである程度回避されてきた北京への抗議とつながりつつあった。デモの目的地は香港政府本庁舎であったが、デモ隊の一部は、新興の急進的民主派政党・人民力量の先導の下、途中で本隊から分かれて中連弁に向かい、深夜まで抗議活動を続けた。

(5)「香港らしさ」喪失の危機感

こうして、大陸からのヒト・モノ・カネの大量流入と、中央政府の政治的影響力の拡大を前に、香港市民の間には従来の「香港らしさ」が失われるとの危機感が強まっていった。

多くの若者にとって、大陸からの訪問客の問題点は、彼らが香港の町並みをも変えてしまったことである。人民元・普通話・簡体字が街にあふれ、中心部の主要な繁華街では大陸富裕層向けの高級ブランド店や宝飾品店・化粧品店が古い小商店を駆逐した。香港政府の統計では、二〇〇四年から二〇一三年の間に、化粧品・健康用品を商う商店の数は一五〇〇%も激増した[35]。圧倒的な大陸客の消費の存在感を前に香港の多様性が後退し、大陸一辺倒へと傾斜していった。例えば、二〇一四年の雨傘運動でデモ隊が占拠した九龍半島の盛り場である旺角（モンコック）は、若者向けの安い商品を扱うような小商店やレストランが建ち並ぶ庶民の町であったが、目抜き通りは宝飾店や時計店ばかりが建ち並ぶ、大陸客向けの町へと変貌してしまった。家賃の暴騰で多くの古い店が駆逐されてしまったのである。旺角では、占拠された登打士街（ダンダス・ストリート）から亜皆老街（アーガイル・ストリート）の間の彌敦道（ネイザン・ロード）にあった六三軒の店舗のうち、三九軒が貴金属や高級時計・宝飾品を商う店であったという[36]。観光客の大量流入が香港市街を「中国化」させたのである。

こうした情勢を受けて、「本土派」と呼ばれる、大陸との関係を断絶して香港の独自性を守ることを主張する集団がネット上での動員によってデモや集会を繰り返し、社会現象となった。二〇一六年二月八日、旧正月の夜に旺角で発生した騒乱事件も、「香港らしさ」を守れとの主張から発生した事件である。香港では旧正月には一般の商店のほとんどが休業する一方、路上に多数の無許可の屋台が並ぶのが恒例であった。正月に限ってそれを厳しく取り締まらないのは一種の慣例であったが、二〇一五年の旧正月には食物環境衛生署が、安全などを理由に深水埗（サムスイポウ）地区の無免許の食べ物屋台を徹底して取り締まるとして巡視を強め、これを一掃した。これには民主派の若手などが強く反発し、政府に寛容な対応を求めた。深水埗で根絶された食べ物屋台は旺角に場所を移して営業した。しかし、翌二〇一六年は、本土派が屋台を香港文化として守るよう主張して旺角に集結し、取り締まりを試みた警察と衝突した。警察官が異例の威嚇射撃を行ったことで衝突は騒乱と化し、警官らに向けたレンガの投擲や、路上のゴミへの放火などが行われ、本土派政党・本土民主前線のメンバーである梁天琦（エドワード・リョン）らは暴動罪に問われて逮捕された。旺角《モンコック》騒乱事件は、中国式の開発主義の対極にある香港の庶民文化を、保護すべき存在として若者が特に重視するようになったことを表している。

「香港喪失」の危機感はドラマや映画などの流行にも現れた。二〇一一年一一月に香港で放送された連続ドラマ『天與地』で、出演者が香港の多元性の喪失を嘆き「This city is dying（この街は死に向かっている）」と述べた台詞は市民の共感を呼び、流行語となった。また、ネット上で連載され、人気を博した小説をアレンジした二〇一四年公開の映画『那夜凌晨、我坐上了旺角開往大埔的紅VAN（あの夜、私は旺角から大埔へ向かう紅いミニバスに乗った）』は、旺角で遊んだ若者たちが、深夜バスでベッドタウンの大埔に帰る途中、九龍と新界の境である獅子山（ライオン・ロック）トンネルを抜けた途端、街から人も車も一切が消失していることに気づくというストーリーで、そのポスターには、「一夜のうちに、香港は消失した」とのキャッチコピーが大書された。雨傘運動後の二〇一五年に香港で公開されたオムニバス映画『十年』は、五人の映画監督による五本の短編からなる。これらはいずれも一〇年後の未来を舞台に、大陸の影響や圧力によって香港が変えられて行き、歴史的文物・広東語・小商店といった、香港らしい事物が失われたり、禁じられたりしてゆく状況を描いた。同映画は大陸の『環球時報』紙では「反共映画」として強く批判された。二〇一六年の香港アカデミー賞に『十年』がノミネートされると、中央電視台は例

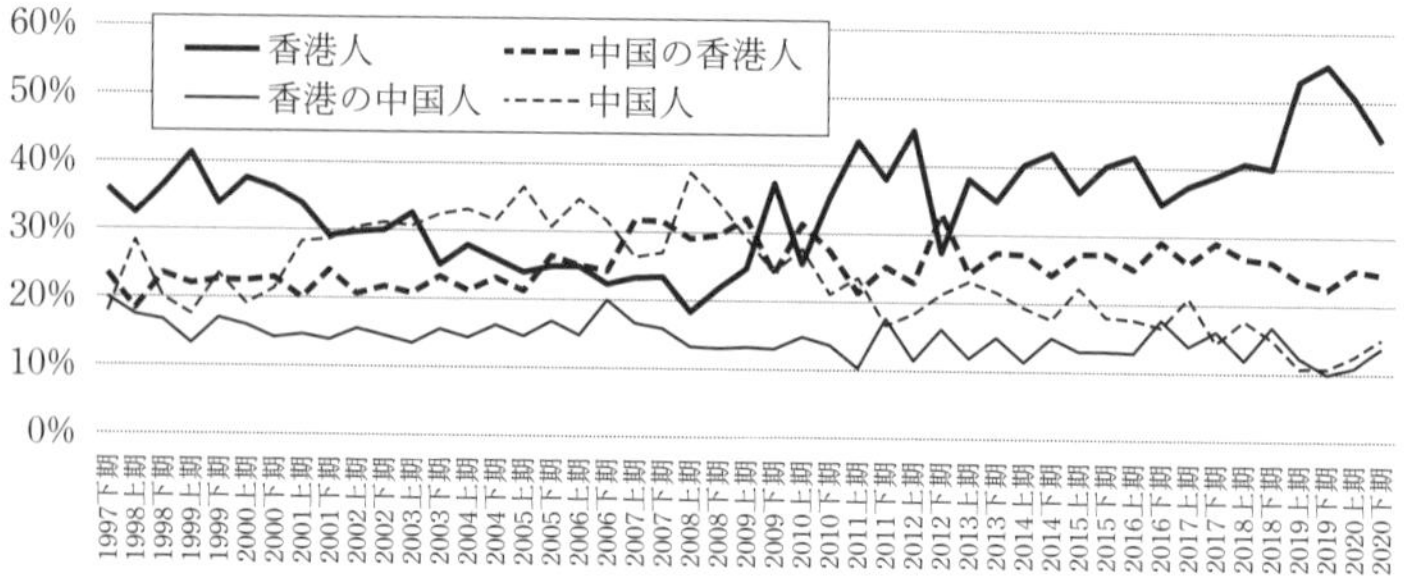

注：半年以内に複数回の調査が行われた時期については、それらの平均値で示している。
出所：「身分類別認同」、香港民意研究所ウェブサイト（https://www.pori.hk/pop-poll/ethnic-identity/q001.html、2021年5月26日閲覧）。

図7　香港人アイデンティティの推移

年行ってきた授賞式の生中継を中止した。しかし結局、『十年』は最優秀賞を受賞した。

2　香港人意識の強化

(1) アイデンティティの推移

こうした「中港矛盾」の激化は、香港市民の間で香港人としてのアイデンティティの意識を刺激した。図7は香港市民のアイデンティティの調査結果の推移を示している。同調査では調査対象者に自分を何人と呼ぶかと問い、選択肢として「香港人」・「中国人」・「香港の中国人」・「中国の香港人」の四つを用意している。返還直後には、「一国二制度」が守られたとの感覚からか、「香港人」を選ぶ者が増えたが、「中港融合」の開始後、「中国人」が一時「香港人」を上回った。しかし、「中港矛盾」の浮上に伴って「香港人」意識が刺激され、二〇一〇年代には一貫して「香港人」が優勢となった。二〇一九年の抗議活動では「香港人がんばれ」がスローガンとされ、その刺激によって香港人意識は爆発的に高揚した。しかし、二〇二〇年の「国安法」の制定以後、香港人意識は多少後退したように見える。この

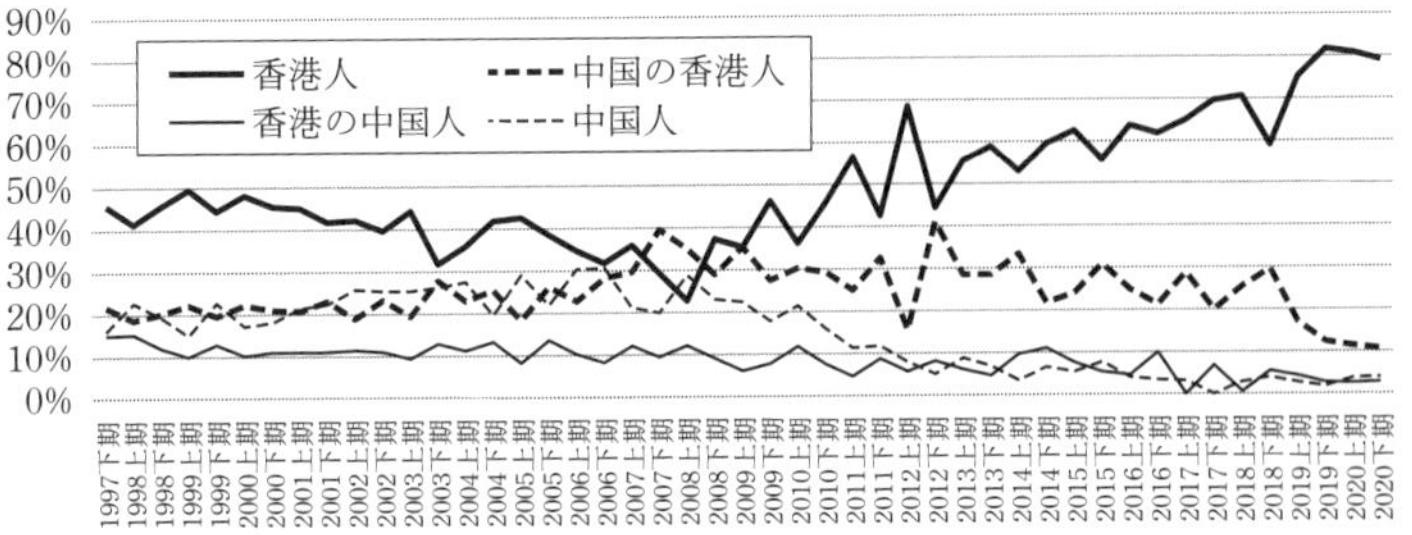

注：図6に同じ。

出所：「市民身分認同」、香港民意研究所のデータより筆者作成（https://www.pori.hk/pop-poll/ethnic-identity.html、2021年5月26日閲覧）。

図8　香港人アイデンティティの推移（18–29歳の者）

調査では、「香港人」と「中国の香港人」を「広義の香港人」、「中国人」と「香港の中国人」を「広義の中国人」としている（「香港の中国人」は、新移民を連想させるとも言われる）。それで見れば、二〇一〇年代はほぼ一貫して「広義の香港人」が六割台、「広義の中国人」が三割台で推移していた。一方、「香港の中国人」と「中国の香港人」という、両地の名前をいずれも含む「混合アイデンティティ」は、ほぼ常に三割台から四割台の間で推移している。香港人アイデンティティの強化の傾向と同時に、両地双方に対する帰属感の併存も続いている。

他方、同じ調査の結果を一八歳から二九歳の若者に限って見ると（図8）、かなり異なる状況が出現する。若者の「香港人」意識は一貫して上の世代より強く、「中国人」が「香港人」を上回ったのは二〇〇八年上期（四川大地震の発生時期）のみである。また、その後も全世代平均の「香港人」意識が上昇・下降を繰り返すのと比べ、若者は一部の時期を除けば比較的安定して、一貫して右肩上がりのラインを描いている。一方「中国人」意識は二〇〇六年が最高期であり、約三割が「中国人」と回答しているが、二〇一二年には一〇％を割り込むところまで低下し、二〇一七年以降は「香港の中国人」と合わせても一割に届かないほどに減退した。そして、二〇一九年の抗議活動を経て「香港人」は八割を突破し、「国安法」制定後の減退も軽微である。全体としての「香港人」意識の高揚は、若者世代の「香港人」意識の高揚と、世代交代によって出現した現象という側面が強いことが分かる。

(2) 「愛国教育」の反作用?

こうした香港人アイデンティティの高揚を招いた要因は何か。それを考える上で重要な背景は、特に二〇一〇年代の香港人アイデンティティの強化、あるいは中国人アイデンティティの減退が、香港の独自性の高揚ではなく、むしろ「中港融合」の進展する時期に進んだという点であろう。

そもそも、血統的に中国系である香港人の間で、「中国と異なる香港人」としてのアイデンティティが生じたのは、香港の独自性が強まったことによると言われてきた。広く論じられてきたのは一九七〇年代、大陸と分断された状態が長期化する中で、広東語の映画やテレビなどのポップ・カルチャーが普及したことが重要であったとの見方である[37]。近年は、大陸との往来が自由であった第二次世界大戦前においても、香港の上流階級の華人商人の間には、大陸の中国人とは異なるアイデンティティが存在していたとの議論もされている。ジョン・キャロルの研究によれば、一九二五年から二六年にかけての広東省と香港での反英ストライキである「省港大スト」の際には、羅旭龢《ロバート・コートウォール》や周壽臣などの商人はむしろ英国植民地当局を支援して、愛国的な運動とは一線を画した[38]。彼らの西洋化・近代化された生活様式は、大陸のいわゆる「中国人」のそれとは大きく異なったのである。

一方、「中港融合」の時期は、大陸と香港の接触はむしろ増加する一方であったし、加えてかつて「裕福で都会的な香港人」と、「貧しい田舎者の大陸人」を区別する重要な要素とされてきた経済格差も縮小しつつあった。にもかかわらず、香港人意識はどんどん高揚していった。その要因を中国政府や、親中派の者たちは愛国教育の不足に求める傾向が強い。香港からの大陸に対する否定的感情に対し、中央政府側は香港の理解不足や誤解をしばしば指摘した。例えば、中連弁宣伝文体部長の郝鉄川は、大陸と香港の間には「心のつながりに隔膜がある」と指摘し、主権・経済・文化・風土などについては問題ないが、政治面での中国との間に距離があると述べる。そして、その原因の一つには理解の不足が存在すると指摘し、真の「政治中国」を「善良だが大陸に対してあまり理解がない」香港の友人に紹介したいと述べる。(39)

しかし、社会学者の趙永佳(スティーヴン・チウ)は逆に、愛国教育がむしろ問題悪化の原因ではないかと考えている。図8の通り、若者の香港人アイデンティティは二〇〇八年以降に顕著に強化されている。香港人アイデンティティ強化の要因として後日よく語られた、学校教育で社会問題を論じる「通識教育科」の導入は二〇〇九年であり、その効果が出る以前からすでに香港人アイデンティティが上昇していること、また、ネットメディアの発達も二〇〇八年にはまだ見られなかったこと、個人旅行に伴う大陸からの訪問客殺到の問題が深刻化したのももう少し後の時期であったことから、趙永佳はこれらが原因とは言えないとした。その上で、趙永佳が指摘するのは返還後の国民教育の強化であった。即ち、返還後に学校では様々な科目の課程で各種の国民教育が行われ、社会では愛国意識も宣伝され、香港人の中で「中国」は従来よりも存在感を増した。その効果もあって返還後一〇年間は中国人アイデンティティが強化された。しかし、中国の明るい面ばかりが強調される論調の一方で、若者には中国の異なる面を知り、理解し、受け入れる枠組みが提供されなかった。大陸とは異なり、情報が自由で多元的な香港において、ネット情報や報道を通じて、教育内容とは対照的な中国の暗い面が若者に知られるようになるにつけ、彼らにはだまされたとの感覚が強まったと趙永佳は見ている。(40)

それでも大陸側では「愛国教育」の不足を問題視し続ける。確かに、二〇一二年の「反国民教育運動」で、「徳育および国民教育科」の必修化は阻止された。しかし、それだけを理由に香港では「愛国教育」が不足しているとは断言できない。メディアや政府の宣伝や、歴史や中文などの科目のカリキュラムなど、「国民教育」は様々な側面で総合的に効果を発揮するものだからである。香港市民の自覚においては、国家に対する理解は進展していると認識されている。公民教育委員会が二〇一〇年七月から九月にかけて実施した調査では、五年前と比較して国家に対する認識と理解は増えたと述べる者が六四・五％に上った。中でも一五歳から二四歳の若者においてはこの比率は七三・一％に達している。[41]かつて異なる「国家」によって統治された大陸と香港は、返還によって「一国」となり、返還後は「中港融合」によって一体化しつつある。これによって、香港市民は大陸の政治・経済・社会情勢に対して皆が関心を抱かざるを得なくなって来ている。このような情勢は香港映画の変遷にも現れていると馬傑偉は指摘する。一九七〇—八〇年代の香港映画は大陸の状況について曖昧模糊であり、香港の苛酷な競争社会と対比される素朴な農村としてロマンチックに描いていたが、返還前後からは香港と大陸の人脈関係を描くものを中心に大陸の都市が香港映画に登場し、香港人にとって大陸は抽象的なものから具体的なものへと変化したという。[42]その過程で、大陸の正の側面だけでなく、負の側面も香港人に知られるようになった。馬傑偉は、植民地時代には憂国の感情を持つ香港人は少数であったが、現在は大部分の香港人が発展の希望と社会の矛盾への憤怒という、複雑な大陸の集団の感情に巻き込まれていると指摘する。[43]

一方、「愛国教育」が若者の中国人としてのアイデンティティを強化した痕跡は見られない。例えば、学生の修学旅行での大陸訪問は、中央政府と香港政府の奨励によって大きく増えている。教育局の説明によれば、二〇一七—一八年度以降、政府は毎年一〇万人程度の大陸訪問の予算を確保しており、これは全香港の学生が小・中学の段階に最低一度は大陸を訪問できるのに十分な規模であるという[44]。しかし、趙永佳は、確かに大陸訪問によって大陸に対する印象が好転する者もいるが、そういった者が中国人としてのアイデンティティを強めることにはならず、むしろ香港人アイデンティティが強化される場合もあるとも指摘する。即ち、彼らは実際の接触によって自身と大陸との差をむしろはっきりと認識し、自身は外地の人間であると再確認することになるのだという[45]。

(3) 人権弾圧への違和感

そうした香港市民の大陸に対する違和感の表明は、二〇〇八年以降の時期に、大陸での人権弾圧事件に対する反発という形で多発した。二〇〇九年六月、「零八憲章」を発表したことに関連して劉暁波が国家政権転覆罪の容疑で逮捕された。香港では二〇〇八年一〇月二三日に『明報』紙が劉暁波へのインタビュー記事を掲載するなど(インタビュー後、記者は警察に身分証番号を登録するよう求められたという)、劉暁波については知られていた。本件について中連弁などでの抗議活動が散発的に繰り返され、二〇〇九年一二月二七日には、深圳との境界がある羅湖の橋の上で行われた二〇人規模の抗議活動を取材していた『明報』の記者が、大陸側から越境してきた公安の者によって拘束される事件も起きた。二〇一〇年の民主派による恒例の「元旦大デモ」は、普通選挙の要求と劉暁波の釈放をテーマとして行われ、「元旦大デモ」としては初めて、香港政府本庁舎ではなく中連弁を最終目的地とした。このデモには主催者側発表三万人、警察発表で九〇〇〇人が参加した。

二〇〇八年に発覚した粉ミルクへのメラミン混入事件で自身の子も被害を受けた弁護士の趙連海は、被害者救済のために団体を結成して責任追及の訴訟などを行うことを目指したが、二〇〇九年に「騒ぎを起こすことを挑発した罪」で逮捕され、二〇一〇年一一月一〇日に懲役二年半の判決を受けた。被害者を罪に問う判決の不条理に香港の世論は大いに反発し、民主派のみならず、全人代代表や全国政治協商会議（政協）のメンバーなどといった親北京派の者も直ちに多数が異議を唱えた。全人代代表の葉国謙は、最高刑三年の罪で、二年半という重い判決は理解できないと述べ、最高人民法院に書簡を送り、全人代でも議論したいと述べている[46]。全国政協メンバーの劉夢熊は、複数の新聞にこれを冤罪とする全面意見広告を掲載し、自身も『東方日報』紙の連続コラムで趙連海を支援する発言を繰り返した。結局、香港唯一の全人代常務委員である范徐麗泰（リタ・ファン）を含め、香港選出の全人代代表三六名のうち二七名が、判決に不満を表明し趙連海の減刑を求める連署に参加した[47]。こうした香港からの圧力を受けてか、結局趙連海は「病気治療のため」との名目で、異例の対応で海外に渡航できることとなった。しかし、この件をめぐって北京の趙連海宅を取材に訪れた香港の記者多数が、「居民委員会」の腕章を着けた者から暴行される事件が一二月一〇日に発生した。北京市大興区政府の報道官は、香港の記者の取材の自由を尊重するが、中国の法律や取材される側の意向などを尊重せねばならないと述べた[48]。

二〇一二年六月には、天安門事件後に二二年間投獄され、前年に釈放されたばかりの活動家・李旺陽が、五月二二日に密かに香港の有線テレビのインタビューを受けた。それが六月二日に放送され、公安が再び監視を強めた中で、李旺陽は六月六日に謎の死を遂げた。首つり自殺とされたが遺書はなく、首にひもが掛かった状態で妹に発見されたが、その時ひもは窓枠から伸びており、李旺陽の両足は膝を少し曲げた状態で地に着き、手は窓枠にかかっていた。当局はいち早く自殺と断定して遺体を荼毘に付した。この不可解な事件は本来存在し得ない「被自殺（受け身の表現で、直訳すれば「自殺される」の意）」という語で、疑惑として香港で語られた。六月一〇日に民主派団体が発動した抗議デモには主催者側発表二一・五万人、警察発表五四〇〇人が参加した。七月一日には胡錦濤国家主席が返還一五周年の式典参加のため香港を訪問することが予定されており、そのために事態の沈静

表3　香港の中高生が選んだ2010年の「中国十大ニュース」

1	劉暁波、ノーベル平和賞受賞
2	青海省玉樹での大地震
3	上海万博
4	釣魚島問題での中日の対立
5	四川大地震の手抜き工事調査を求めた譚作人に懲役5年の判決
6	冨士康（フォックスコン）社で13人の従業員が立て続けに飛び降り自殺、農民工の悲哀を物語る
7	毒粉ミルクで結石を患った児童の父・趙連海が原告から被告にされて懲役刑を受ける
8	性的に早熟を引き起こす粉ミルクの問題が浮上し、大陸の保護者にパニックが広がる
9	陳水扁に懲役11年
10	甘粛省の土石流で死者

香港小童群益會（The Boys' and Girls' Clubs Association of Hong Kong）調べ。
出所：『明報』、2010年12月27日。

化を狙ってか、湖南省公安庁も事件の再調査を行うなどした。就任直前の梁振英次期行政長官は、これを当局が香港人の世論に反応した結果と述べた[49]。しかし、六月二九日に李旺陽を追悼すべく湖南省を訪れた香港人青年四人は一二時間にわたって拘束された後、国務院香港マカオ弁公室の者によって深圳まで送り届けられた。四人は公安から「打ち首にする」と脅されたと証言している[50]。

これらの事件はいずれも大陸の事件であるが、香港メディアの関係者が関与する問題がいずれにおいても発生しており、それゆえに、当然ながら香港では非常に大きく報じられ、大陸当局の暴力性が社会で注目を集めた。こうした不条理な弾圧の事件は、香港の若者に大陸に対する負の印象を植え付ける有力な要因として作用したと考えられる。表3は、香港の団体が香港の中高生を対象として実施した、二〇一〇年の「中国十大ニュース」の一覧である。中国大陸で発生した、人権に関わる多くのニュースが、中高生に深い印象を与えていたことが表れている。

3　価値観の相違

(1) 大陸からの香港論——民族主義と経済発展の強調

こうしてみると、大陸と香港の間には大きな価値観の相違が生じており、それが両者間の関係性の変化によって生じた摩擦を、さらに解決困難にしているように見える。北京は香港に対して、愛国心と経済的利益を求心力として統合を試みたが、それらの香港への訴求力には限界があった。

そうした民族主義と経済発展を強調する中央政府に近い人物からの香港論として、強世功北京大学教授による『中国香港』が挙げられる。[51] 強世功は法学者であり、二〇〇四年から二〇〇七年まで中連弁に出向して香港で働いた。同書は一〇の独立した章からなるが、全体を貫くのは、中華帝国対大英帝国、あるいは海洋勢力対大陸勢力というような構図で、香港を地政学的な角度から論じる視角である。強世功は、「中国の香港」という概念が、香港での香港論には滅多に登場しないと指摘する。香港の主流は西側から見た香港、または香港から見た香港であり、仮に中国の存在があったとしても、それは歴史的な香港を描く際に登場するに過ぎず、現在または未来の香港像ではない、しかし、自分は香港を、中国の近代化過程における中国と西洋の駆け引きという、中国の中心的問題として見ると強世功は主張する。

しかし、香港が中国にとって「中心的問題」という議論は、香港が中国の中心であるという意味ではない。強世功は「一国二制度」を、中国の辺境統治の歴史のなかに位置づける。即ち、「一国二制度」は、鄧小平の発明であるという点が強調されすぎたため、特殊な政治体制と今も見なされ続け、普遍的なものとされないが、実際には毛沢東はチベットと香港・マカオ・台湾問題を同列に論じたとして、中国共産党の深層の思考は儒家の伝統である天下の概念であると論じる。強世功は、中央政府が一七条協議でチベット問題を解決したことも、「一国二制度」の基本枠組みであるとする。これらはいずれも「王者は化外の民を治めず」の論理であり、周辺地域の現状維持を認める内容であると強世功は述べる。

このような、チベットと香港を同様に周辺と見る議論の一方、周辺に対する中心の優越性の論拠は、チベットに対するものと香港に対するものではねじれている。チベットに対しては、社会主義体制の下での近代化の成功が共産党政権の優越性の根拠とされる。鄧小平が「一国二制度」の「五十年不変」を約束したのに対し、毛沢東はなぜチベットの農奴制度をすぐに廃したのか。強世功は、香港の社会主義と資本主義の衝突の問題は、いずれも近代化の道をめぐる論争であり、冷戦さえなければ共存できたと考えられる一方、チベットの政教合一と社会主義は古典と現代の間の生死をかけた闘争であり、その結果チベットの貧民を中央政府が解放したと主張する。強世功の論理では、共産党政権はチベットに対しては、前近代の陋習を打破した啓蒙者として位置づけられるのである。

ところが、強世功は共産党政権の香港統治の正統性については、むしろ伝統の継承者としての民族主義によって論じる。強世功は、香港を英国に統治させたことは、共産党が植民主義と資本主義を支持したことになり、マルクス主義と民族主義に反する部分であるが、ここからこそ、中国共産党の最も核心的な要素が「階級」でも「民族」でもなく、「国家」と「天下」であり、ここでいう「国家」は西側の概念に基づく国民国家ではなく、伝統的な儒家の家－国－天下という序列の構造であることが示されていると述べる。(52) 共産党の共産主義性を否定することで、共産党政権が儒教的な伝統を引き継ぐ正統であることを論じるという、アクロバティックな論法である。

こうしたアプローチは、結局のところ、香港にとっては北京が近代化の象徴とはなり得ないという現実を受けてのものであろう。強世功は同書のあとがきで、「植民地の歴史的背景のゆえに、多くの香港人が直接中国の現代化の建設には巻き込まれていないか、間接的な方式や果ては人を感傷的にさせるような（「令人傷感」）方式で現代化建設に参加したために、……現代の新中国と社会主義の伝統に対して大いに留保がある」、「畢竟、香港は一波、また一波と（押し寄せる）大陸の現代化建設の被害者に生存空間を提供してきたのである」[53]と、戦後の大陸の混乱を逃れて流入した人々が主である香港人の反共心理に一定の理解を示す。しかし、この曖昧な言葉遣いからも分かるように、強世功にはこうした「現代化建設の被害」を生んだ問題を糺す議論は見られない。例えば、一九六七年に文化大革命の影響を受けて拡大し、死者五一名を出すなどして、香港市民の反左派感情を決定的なものにした香港暴動についても、強世功は「政庁が一九六七年に反英国植民地統治の抗議運動を残酷に鎮圧」したと論じ、「この反英抗議運動は第二次大戦後の世界的な反帝国主義、反植民地主義の運動の重要な構成部分であった」[54]と肯定する。植民地＝悪、共産党＝中国＝正義という、民族主義を大前提とした論理展開と言える。

(2) 香港市民——非物質的価値の強調

香港のマクロ経済が大陸の経済発展から受益し、大陸への依存を深めているのは事実であろう。二〇〇八年には、香港国際空港でインタビューを受けた大陸からの訪問客とされる者が、「中央政府が面倒を見なくなれば香港はおしまいだ」と答えた内容が香港のニュース番組で放送されて物議を醸した。

しかし、大陸側の経済的貢献を強調する議論は、前節の愛国教育の反作用と同様に、むしろ香港市民の間に大陸との価値観の相違への違和感を強く感じさせることになったかもしれない。香港市民の価値観は多様化が進

表4　香港人による香港人と大陸人の価値観に対する評価の差

	香港人①	大陸中国人②	差（①－②）
言論の自由を重視	4.51	2.80	1.71
報道の自由を重視	4.51	2.74	1.77
自由を尊ぶ	4.47	3.38	1.09
機会平等を重視	4.31	2.69	1.62
プライバシーを重視	4.28	2.82	1.46
環境に適応しやすい	4.20	3.49	0.71
現実的	4.17	3.64	0.53
思想が開放的	4.04	3.16	0.88
西洋化されている	4.01	2.40	1.61
果敢に発言する	4.00	2.61	1.39
賢い	3.99	3.41	0.58
人へのシンパシーがある	3.98	2.61	1.37
向上心がある	3.90	3.60	0.30
自律的	3.88	2.24	1.64
文化的	3.84	2.78	1.06
独立思考	3.80	2.92	0.88
道徳がある	3.76	2.44	1.32
時事に関心	3.71	3.04	0.67
友好的	3.69	2.79	0.90
社会に関心	3.67	2.83	0.84
我慢強い	3.52	3.08	0.44
楽観的	3.36	3.23	0.13
愛国的	3.22	3.87	－0.65
謙虚	3.19	2.57	0.62

出所：『明報』、2010年11月1日。

み、自由や法治などを「核心的価値」とするような意識や、文物や環境の保護を重視する意識が、返還後に特に強まっていたからである。

中文大学伝播研究中心は二〇一〇年、大陸人と香港人の文化イメージ差異、即ち香港人から大陸人の文化的特徴がどのように見えているかを調査した（表4）。香港人・大陸中国人のそれぞれの特徴として、非常に同意する場合は五点、非常に同意しない場合は一点として五点満点で評価し、平均値をとったものである。香港人のイメージの中で、向上心や環境への適応能力など、資本市場的な価値について大陸人との差はあまり感じられていないのに対し、言論の自由などの民主・自由についての価値観は明確な差があると、調査した馬傑偉・馮応謙は指摘する。(55)

こうした価値観の相違の感覚は、前節で述べたような人権問題についての論争が要因となっていると考えられるが、同時に、そういった大きな問題に留まらず、普段の接触や情報のやりとりに現れる、比較的小さな日常的体験の積み重ねも重要ではないかと思われる。

例えば、かつて民政事務局長も務めた何志平(パトリック・ホー)が香港紙に寄せたコラムで紹介されていた出来事も興味深い。広州である男が人質をとる事件を起こしたが、男は女性警察官に隙を突かれ、銃で撃たれて倒れた。警官は倒れた男にさらに三発撃ち込んで射殺した。その警官が笑ってインタビューを受ける様子がネットで公開されると、香港のネットユーザーは、すでに倒れた犯人にさらに発砲した警官を軽率と批判した。一方、大陸のネットユーザーは、犯人が長時間の説得に応じなかったこと、人質がすでに負傷していたことを理由に、警官の行動を支持した。何志平は、「結局、これは両地のイデオロギーの違いである。大陸人は公正な法執行と善悪の区別を求め、香港人は生命を非常に尊重するのである」と評している。(56)

生命の尊重という点では、大陸と香港の間では動物保護をめぐっても論争が起きる。二〇一四年八月二〇日には、広州と香港を結ぶ九広鉄路の粉嶺駅の線路に野良犬が迷い込み、駅員が追い払おうとしたものの犬が線路を離れなかったため、列車にひき殺される事故が起きた。香港では数分間列車を止めたものの、犬を救えないまま運転を再開させた香港鉄路に非難が集まった。八月二三日には一〇〇名ほどの者が香港鉄路に抗議に行き、一〇〇〇人近くの者が駅で犬の葬儀を行い、ネット上で八万人以上が真相究明を求める署名を行った。間の悪いことに、犬をひき殺した列車は数分おきに走る香港域内の通勤列車ではなく、一日十数本程度の大陸と香港を結ぶ直通特急列車であった。一方、大陸のネット上ではこれに対して香港人の騒動を嘲笑する者が多数現れたという。また、二〇一七年一〇月にはある香港の薬局の看板ネコが子供を咬んだとして母親が政府に通報し、政府は狂犬病の検査のためにこのネコを隔離すると店に通告した。すると、この母親は「大陸出身」の女性であったこと、店を離れて数時間後にわざわざ店に戻って訴え出たこと、子供の傷が小さかったこと、防犯カメラにはネコが子を負傷させた映像がないことなどから、ネコに同情が集まり、民主派の立法会議員がネコの捕獲撤回を求める署名運動も起こし、フェイスブック上で一日に六万人以上の署名を集めた。これに親北京派の論客である屈穎妍が法治を尊重せよと反論し、論争も発生した。香港のネットユーザーには、動物愛護を軽視する「野蛮」な大陸と、「文明」的な香港の対比という意識も存在したという(57)。

香港には、マクロ経済の力量では大陸に及ばなくとも、価値観の面においては大陸に優越しているという感覚を持つ者も多かった。近年の本土派による議論には、共産党政権に対する批判的な姿勢に留まらず、大陸の人々に対しても劣った存在と見なして冷たい態度をとるものもある。例えば陳雲の『香港城邦論』は、大陸の人々の動物虐待や交通事故被害者への冷酷な態度などを列挙して、大陸人は善良な同胞などではないと述べ、大陸人を蔑視する姿勢を隠さない(58)。『香港民族論』の王俊杰も、大陸人はかつての素朴さを失い、「特権貴族の資本主義」に毒されて、権力と金だけを追っているなどと論じている(59)。二〇〇八年、四川大地震への救援活動や、北京オリンピックへの応援で示されたような「中国ナショナリズム」の求心力が、急速に減退したことがここに表れている。

このため、香港の若者は経済力に基づく物質的価値を前面に押し出す大陸との付き合いに躊躇を示す。香港政府中央政策組の二〇一五年の調査では、高校二年生の三三・七%が大陸で就学することを希望すると回答した。しかし、このうち大陸出身の生徒は五二・三%が希望するとした一方、香港出身の生徒に限れば二八・一%に留

表5　香港の若者の大陸就学・就職意欲を左右する要素

			大陸で就業を希望	大陸で進学を希望
実用的要素	香港の就職状況の先行き見通し	悪い	25.43%	26.51%
		良い	27.80%	30.78%
	香港の進学状況の先行き見通し	悪い	25.45%	26.19%
		良い	27.79%	31.37%
	香港経済の発展に	不満	25.05%	27.54%
		満足	27.07%	28.26%
非実用的要素	中華文化に興味が	ない	17.14%	17.94%
		ある	36.15%	38.96%
	中華人民共和国に帰属感が	ない	20.86%	21.64%
		ある	41.63%	46.22%
	香港政治の発展に	不満	23.40%	24.90%
		満足	35.87%	38.57%

出所：『明報』、2019年4月29日。

まった。同様に、大陸で就職することを希望するとした者も、全体では三三・五％であったが、大陸出身の生徒の五三％が希望する一方、香港出身の生徒では二六・三％であった。同じ調査対象者に行った別の質問に対する回答ごとに、大陸で就学または進学したいと述べた者の割合を示したのが表5である。香港の就職・進学・経済全般の先行き見通しの良し悪しの判断といった実用的要素は、大陸での就学・就職を希望するか否かの判断に大きな影響を与えていない。むしろ、差は小さいものの、香港の先行きに楽観的な者のほうが、大陸で就学・就職したいとする傾向がある。つまり、香港経済に失望するから大陸に出たいという傾向は見られない。他方、中華文化への興味・中華人民共和国への帰属感・香港の政治の発展（主に民主化を指す）への評価といった非実用的要素は、大陸への就学・就職意欲とより顕著に関連している。香港の政治状況に不満の強い者のほうが大陸に行きたがらないのは、中央政府が民主化の進展を許さない体制の下で、大陸こそ問題の元凶と見なせるからであろう。経済的な「中国のチャンス」によって香港の若者を惹きつけることは、中国に魅力を感じていない層に対して有力な方法ではない。

経済力によっても、ナショナリズムによっても香港を引きつけられないとなれば、北京には力を行使する以外には香港をつなぎ止める手段がない。『中国香港』の強世功は、二〇一四年六月一〇日に国務院が発表した初めての香港に関する白書である「一国二制度の香港における実践」白書の執筆者の一人となった[60]。同白書は、返還への経緯や返還後の「一国二制度」の実践について、政策の順調な実施を自賛した上で、香港は中央人民政府が直轄する地方行政区域であり、中央政府は香港に対する全面的統治権を有する、未だに香港の一部の者は「一国二制度」と「基本法」に対して曖昧または一方的な認識しかないが、行政長官の普通選挙では必ず愛国者が選出されねばならないといった論調を並べ、北京の決定権の優越を強調し、当時議論の最中であった行政長官普通選挙問題を牽制する意思を明確にした。しかし、この白書の強硬な論調は民主派の激しい反発を招き、当時実施されていた「民間住民投票」へと多くの人々が向かうきっかけとなり、事実上、雨傘運動の一つの原動力となった。

おわりに

「中港融合」は、当初香港経済の回復に寄与し、香港市民からも大いに歓迎された。しかし、融合の深化に伴い、マナーなどをめぐる些細な摩擦から、香港市民の生活を脅かす様々な深刻な社会問題まで、恐らく世界で最も早く「中国観光客の爆買い」を体験した香港では、幅広い問題が生じた。同時に、「中港融合」の利益は特権層に偏ってもたらされているとの感覚が香港市民に広がり、大陸に対する反感が政治運動にもつながった。また、香港の急激な変化に対する危機感が社会に蔓延し、香港人としてのアイデンティティが刺激された。

こうして離心傾向を強める香港をつなぎ止める手段として、中央政府は民族主義と経済力を強調した。しかし、中央政府は愛国教育による求心力の強化を試みたが、香港市民は中国大陸を知れば知るほど、人権などの意識の大陸との相違をむしろ確認し、「若者の中国離れ」が悪化した。また、経済発展という物質的価値を強調する中国に、高度成長を終えて非物質的価値を追求する香港市民は魅力を感じなかった。経済・社会摩擦に端を発した「中港矛盾」は、民主化をめぐる政治対立の火に油を注ぐこととなった。

こうした香港の経験は、中国と密に接する他の地域においても類似のものが存在すると言えよう。台湾の呉介民らの研究グループは、「中国要因」が主に台湾と香港に与えている影響を分析した[61]。彼らが論文集のタイトルに採用した「シャンデリアの中の大蛇（The Anaconda in the Chandelier）」は、二〇〇二年に米国の中国研究者であるペリー・リンクが使った比喩であり[62]、中国共産党は虎や龍のように激しく襲いかからずとも、大蛇のようにとぐろを巻いて静かに存在しているだけで、それに相対する者が恐怖から自己検閲を行うということを意味している。

同書は「中国要因」を、「中国政府が資本またはその他の関係する手段を用い、他国または境外地区に対して経済投資・吸収と整合を行い、経済的に中国に依存させ、政治目的の実現を容易にする」ものであると定義する。同書が注目するのは、経済的利益によって中国が取り込んだ「在地協力者」の存在である。彼らが中国の政治的代理人として行動することで、市民社会に影響を及ぼすとされる。

ただ、同時に、同書は中国要因の「反作用」、即ち、民衆の不平・不満を高め、市民社会の抵抗が生じる構造も指摘する。中国要因が顕著になるにつれ、社会に中国要因「認知グループ」が、知識人・メディア・社会運動家によって形成され、警鐘を鳴らす。例えばキリスト教会の場合、台湾の信者には無神論の共産党政権に対する不信感が強く、大陸の教会との協力や交流を行う牧師らに対しては信者が警戒するため、取り込み工作はむしろ逆効果となりうるという。

周辺の反発の部分により強く注目したのが、ジェフリー・リーブスの研究である。国際政治経済学者のスーザン・ストレンジは、世界経済において行使される権力を「構造的権力」と「関係的権力」に分類した。このうち「構造的権力」とは、「世界の政治経済構造を形づくり、決定するような力」、即ち、どのように物事が行われるべきかを決める権力、国家・国家相互または国家と人民・国家と企業等の関係を決める枠組みを形づくる権力とされる。安全・生産手段・金融・知識が構造的権力の源泉とされ、これらを持つ者は、他人に直接圧力をかけずとも、他人の選択の範囲を変えることができる。[63] 例えば、構造的権力を保持する超大国が、取引などに関するルールを設定した場合、他国は好むと好まざるとに関わらずそれに適応し、その枠内で取引などの行動をせざるを得ないのである。リーブスはこの「構造的権力」の概念を応用し、中国より人口・経済力・軍事力などでずっと小さな周辺の国々が、中国の「構造的権力」を前に翻弄されることが、むしろ中国の安全保障上の問題にもなり得ると論じた。[64]

リーブスは、中国国内の安全保障に関する議論をいくつかに分類した。第一の視角は覇権交代論(Power Transition)であり、米国が中国の成長を警戒し、妨害しているとの見方である。第二の視角は大国浸透論(great power penetration)であり、米国が直接中国に干渉するというよりも、自身の安全を確保するために中国の近隣地域に浸透してくることを重視する見方である。これら第一・第二の視角は、いずれも米国が中国やアジア諸国を変える能力があると過大評価しているし、中国を一方的に受動的な被害者と見なす論調であるという弱点があるとリーブスは見る。これに対し、第三の視角は「或いは中国のせい(maybe China contributes)」論、即ち中国自身の態度が周辺の小国に不安を与えている可能性を考える議論である。リーブスはこの第三の視角から、カンボジア・ネパール・モンゴルを具体例として、「中国ファクター」によって発生する小国の内政問題が、翻って中国の安全保障の問題となるメカニズムを分析した。

圧倒的な経済力を持つ中国は、その行使を意図するとせざるとに関わらず、周辺諸国の内政を変えてしまう構造的権力を持つ。これら周辺国では、程度の差はあれ、まず中国企業が大いに進出してくる。中国企業は大規模インフラや鉱山の開発などでその国の経済の命脈を握り、政界にも影響力を持つようになる。結果、中国からの資金を得る政界指導者の政策決定が偏ったり、腐敗が蔓延したりする。環境問題も発生し、社会はそれらに対する不満を募らせ、中国のソフトパワーが減退する。すると、それらの国は対中強硬姿勢に転じたり、バランスを求めてインドや米国などの他国への依存を強めたりする。こうして、小国の不安定化は中国自身の安全保障の問題となって跳ね返るとリーブスは解説する。近年の東アジア情勢を見れば、南シナ海でのフィリピン・ベトナムとの中国の対立、ミャンマーの民主化問題、台湾の「ひまわり学生運動」、日本の対中感情の悪化など、リーブスの議論が当てはまるように見える事例は少なくない。

それでは、香港にはリーブスの議論は適用できるであろうか。まず、リーブスの議論の前半部分、即ち、中国の構造的権力の増大により、周辺が変貌を迫られ、内政面で不安定化しているという部分については、香港でもそのような現象が生じていると論じられそうである。中国系企業の乱開発が問題化している周辺小国の事例と同様に、中国の構造的権力が、香港を変えてしまうという意図せざる副作用をもたらしたのである。

他方、香港の場合、自身も中国の一部であるという点に複雑さがある。当初「中港融合」は効果を発揮し、香港市民から歓迎された。香港市民は自身が「中国人」であるという感覚を持つことで、当初は中国の発展を好感していた。しかし、急速な「中港融合」がもたらした社会問題の悪化や、接触の増大・拡大の過程での大陸との価値観の相違を感じることになった香港市民は、大陸との運命共同体意識を減退させ、他者として大陸を認識して反感を強めるようになったのである。

林泉忠は「中国台頭症候群」と称する中国と周辺の対立・摩擦・衝突が、中国本土から香港・台湾・周辺国・その他の国へと、同心円的に拡大することを示唆したが[65]、実際、こうした周辺における中国に対する反発の拡大は、トランプ政権期に米国にまで到達した。世界が中国との向き合い方を思考することを迫られる中で、その最前線に位置する香港は、中国の台頭の時代の国際関係のあり方に示唆を与え続けるであろう。

第四章　民主化問題の展開——制度設計の意図と誤算

はじめに

民主化問題は、一九八〇年代以降の香港政治の焦点であり続けたと言ってよいであろう。三〇年以上の間、中央政府・香港政府と香港市民の間には様々な社会・経済等の問題が出現したが、市民の運動は常に、そうした問題の解決には何らかの民主化の進展が必要であるとの立場をとり続けた。政府がそれを拒絶したり、要求に妥協したりすることで、香港政治は様々な展開を見せてきた。

返還後の民主化運動の一つのピークは、民主化を求める学生や市民が道路を占拠した二〇一四年の雨傘運動であった。この運動は九月二八日の開始から、一二月一五日の占拠の完全終結まで、七九日間にわたって続いた。長期の道路占拠にもかかわらず、中央政府・香港政府は一切妥協しなかった。運動の原因となった、二〇一七年の行政長官普通選挙において立候補者を中央政府寄りの指名委員会で選別し、民主派の出馬を事実上出馬不可能にする仕組みを撤廃し、「真の普通選挙」を実現するという運動参加者の要求は受け入れられなかった。

この状況をどう評価すべきであろうか。一方ではこの運動は失敗に終わった民主化運動として論じられるが、同時に特筆すべきは、極めて長期にわたってこの運動が続いたという点である。運動の長期継続は、中央政府・香港政府と運動参加者の双方が対峙したまま膠着状態に入ったためであるが、このことは、今や時に「超大国」とも称されるに到った中国と、香港の市民運動の現在の力量の比較では説明困難である。同様に、二〇一九年の巨大抗議活動も、途中から民主化要求に発展した。事態は暴力的な衝突にまで発展したが、突然のコロナ禍の来襲まで、半年以上にわたって政府は沈静化を実現できなかった。なぜ、中央政府・香港政府はこうした市民運動にこれほど手を焼いたのか。その背景には、解決困難な政治問題をもたらしてしまうような制度の問題が存在したと筆者は考える。

本章では主に選挙制度変更の歴史を中心として、香港の民主化問題を検討する。まず、世界各国の民主化の事例と比較した場合の、香港の民主化問題の特有の特徴について考察する。続いて、そういった特徴ゆえにもたらされた制度設計の複雑性と、その運用における設計意図との齟齬について考える。その上で、そうした制度の問題が原因となって発生した返還後の様々な「想定外」の抵抗運動に、中央政府・香港政府が制度の修正で対応を繰り返した歴史を検討する。そうした事態の延長線上に、二〇二一年の、民主化の終結ともいうべき、中央政府による一方的な制度変更が発生したのである。

1　香港民主化問題の特徴

(1) 漸進的で長期にわたる民主化過程

一九七〇年代からいわゆる民主化の「第三の波」が世界に広がり、冷戦後にかけて多くの国々が民主化を経験した。こうした多数の事例の中に香港もある程度位置づけられるが、香港の民主化には、他の国々とは大きく異なる特徴も存在した。

その一つは、民主化に非常に長期の時間を要しているということである。香港の民主化は英国統治時代の一九八〇年代初頭に開始された。しかし、議会である立法会と、政府の長である行政長官をいずれも普通選挙で選出するという明確な目標がありながら、四〇年の歴史を経た現在もそこに至っていない。このため、民主化問題は、その間の長く曲折に満ちた香港や中国、世界の歴史の要因から、様々な形で影響を受けている。

米国の政治学者であるポール・ピアソンは著書『ポリティクス・イン・タイム』において、政治学が扱う様々な変数の時間的要因について検討している。ピアソンは、政治に関わる事象の原因と結果の双方について、速く進むものと、緩慢に進むものが存在し、したがって、分析の時間的射程も、速く進むものについては短い時間を捉えれば済むが、緩慢に進むものについては長期的な視点をとった分析が必要となると説く。自然現象に例えれば、「竜巻」は短期的な原因によって発生し、結果としての事象も短期に収束する。「隕石」は短期的な原因によって地球に衝突するが、それがもたらす気候変動・大量絶滅などの影響は長期に及ぶ。一方、「地震」は、長期にわたるエネルギーの蓄積によって発生するが、事象自体は短時間で終結する。「地球温暖化」は、長期的な要因の蓄積で発生し、結果の影響も長期に及ぶ。ピアソンによれば、政治学はこれまであまりにも「竜巻」型の事象の分析に集中し、「隕石」・「地震」・「温暖化」の分析を疎かにしてきたという。(1)

それでは、香港民主化問題についての「隕石」・「地震」・「温暖化」とは何か。まず、「隕石」のように、瞬間的に発生し、後々にまで多大な影響を与えた出来事が、一九八四年一二月一九日の香港返還に関する「中英共同声明」の調印と、一九九七年七月一日の実際の返還であろう。勿論、この両者はいずれも突発事件ではなく、長期の交渉の末に定められた日付ではあるが、この日を境に香港政治に関する環境が大きく変化したという意味で、極めて長期的な変化の発端となった瞬間ということはできよう。この二つの日付を境に、香港はそれぞれ英国統治期・返還過渡期・返還後と時代区分されるのである。そして、より「隕石」的な突発事件としては、一九八九年六月四日の北京の天安門事件が挙げられよう。この事件は中国政治においては、政治・社会問題の蓄積の上に発生した一種の「地震」型の出来事と捉えることもできる。しかし、事件の発端になった北京の学生運動の発生や、運動の主張の内容は基本的に英領香港には無関係の事柄であり、香港から見たこの事件は隕石のように「降ってきた」存在である。しかし、事件は中央政府と香港民主派の決裂という、その後三〇年以上にわたって続く政治構造を生み出した。

一方、「地震」のように蓄積した要因によって発生した事象としては、返還後の大規模な市民運動を挙げることができよう。とりわけ、二〇〇三年七月一日の「五〇万人デモ」、二〇一二年九月の反国民教育運動、二〇一四年九―一二月の雨傘運動は大規模なものであった。さらに、二〇一九年六月以降の「逃亡犯条例」改正問題に端を発する抗議活動は、それら全てを規模と深刻さにおいて明らかに上回った。デモや集会といった街頭政治は、通常短期間で収束する。二〇一九年の抗議活動は半年以上、雨傘運動は七九日間継続したが、それでも現代史のなかでこの運動を語る場合には、あくまで一時的な出来事と表現せざるを得ない。反国民教育運動も、大規模集会が繰り返されたのは一週間程度、「五〇万人デモ」に到っては数時間で収束した出来事である。しかし、これらの運動が大規模化するのは、そこに到るまでの長期にわたる市民の不満の蓄積があるからである。「五〇万人デモ」は返還後六年間の不満の総決算と位置づけられたし、反国民教育運動・雨傘運動・二〇一九年抗議活動の背景にある中央政府への不信感も、少なくとも数年間にわたってガスが蓄積され、ある種の条件が整って発火・爆発したものと考えるべきである。

もっとも、ピアソンは地震の結果を短期的なものと考えるが、これはあくまで自然現象としての地震の特徴であり、我々地震国の住民が一般的にイメージする自然災害としての地震は、前兆なく瞬時に発生して、非常に長きにわたるダメージを残す。これらのデモや集会も、「隕石」のように発生した後、社会に大きな影響を残したと言うこともできる。実際、後述するように、大規模な社会運動は、多くの場合制度の修正につながり、後々まで影響を残している。

一方「温暖化」としては、香港の民主化の開始以降、ほぼ一本調子に進んできた中国経済の成長と、それに伴う各方面での中国の影響力の拡大が最大のものであろう。図1は、香港と中国の経済規模の比較である。香港の民主化が始まった一九八〇年代には、香港経済の規模は常に中国経済の一〇%以上を占め、ピーク時の一九九三年には二割を超えたが、その後は中国経済が香港を上回る速度で成長を続けたことで低下の一途をたどり、二〇一四年には三%を切っている。この変化は民主化問題においての中央政府の香港に対する見方、香港の交渉カードに大きな影響を与えたと見られる。

もう一つの長期的な変化として、香港の人々の世代交代による価値観の変化も考慮に入れる必要があるであろ

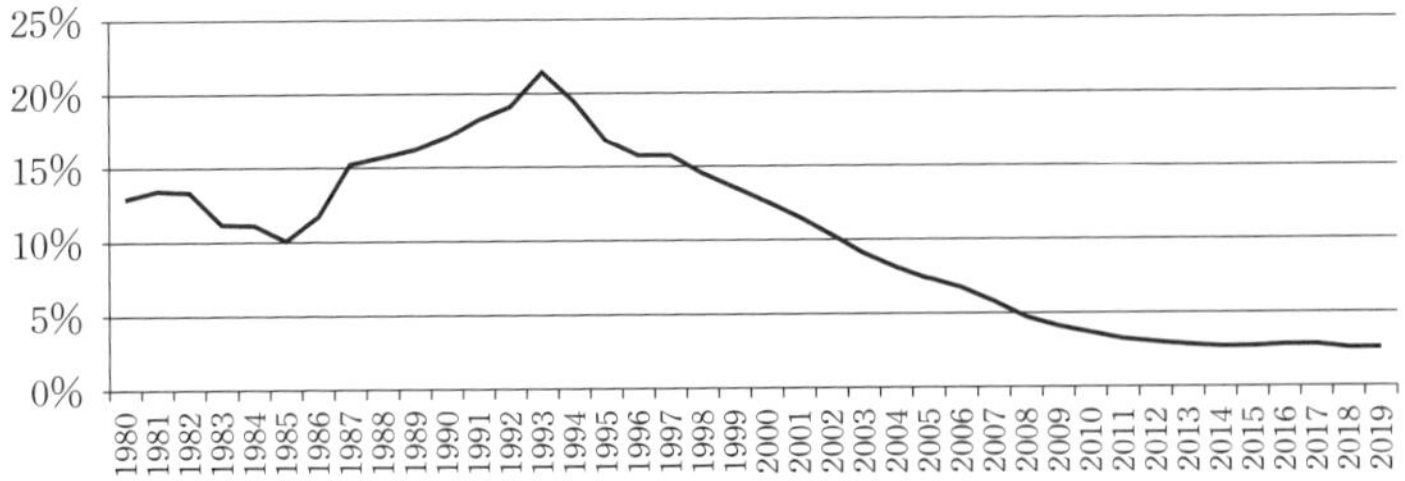

出所：世界銀行 World Development Indicators のデータより筆者作成（http://api.worldbank.org/v2/en/indicator/ny.gnp.mktp.cd?downloadformat=excel、2021年1月3日閲覧）。

図1　香港のGNIが中国のGNIに占める比率

う。中国の経済発展も劇的なスピードで進んだが、香港の戦後の高度成長も負けず劣らずの大きな変化であった。現在の香港では、大陸から着のみ着のままで難民として香港にやってきて、その日暮らしを強いられた世代も健在である一方、アジア有数の裕福な都市で、物質的には不自由なく生まれ育った世代も育ってきている。前述の通り、香港はその間にも多数の「隕石」や「地震」を経験しているから、どのような状況にいつ置かれたかによって、人々の価値観は世代ごとに大きく違うのがむしろ自然である。雨傘運動は圧倒的に若者による運動であり、運動への賛否などのデータは世代によって全く違っている。また、第三章で述べたように、香港人としてのアイデンティティは若い世代ほど強い。このため、香港の人々にも、時間とともに緩やかな変化が蓄積されている。全体としての社会の価値観は、一定の時間を経ると知らず知らずのうちに大きく変わるのである。

(2) 主権の交代——中英の意図が交錯する制度設計

香港民主化問題の独自性として次に指摘できるのは、民主化の途中において主権が英国から中国に交代したという点である。一九八〇年代に始まった香港の民主化は、様々な法制度・選挙制度を不断に、部分的に策定し続ける過程であったが、策定の主体は途中で英国から中国へと移った。このよ

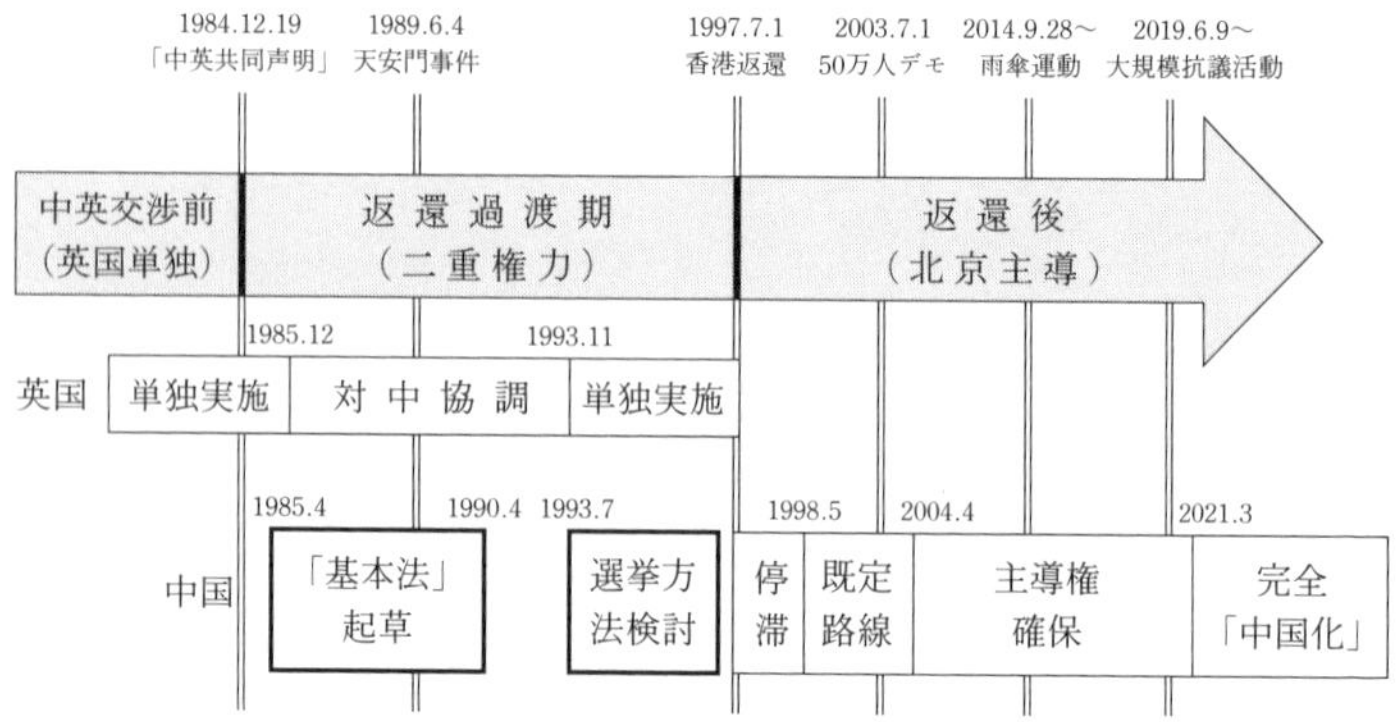

出所：筆者作成。

図2　香港民主化の時間的経過

うな過程を経た民主化は、恐らく世界的に見ても極めて異例のものであろう。しかも、議会制民主主義の祖国ともいうべき英国と、共産党一党支配の体制を堅持する中国では、民主主義に対する考え方も一八〇度異なると言っても過言ではない。それでも、香港の民主化は返還をまたいで英国から中国に引き継がれた。

図2は、香港の民主化に関する様々な制度の策定の過程を、時間軸に沿って示したものである。この図を参照しながら、香港民主化の重要局面がどのようなタイミングで発生してきたかを見てみたい。

香港の民主化を、制度を策定する主体に注目して時期区分すれば、初期における英国の単独決定、返還過渡期の二重権力の時代、返還後の北京主導の時代に分けることができる。

①民主化の発動——英国の単独決定

まず注目すべきは、民主化が中英交渉の直前に開始されたことである。一九八一年、香港政庁は、地区行政に助言を与える「区議会」の設置を開始し、一九八二年三月四日、その一部議員の選出のために、香港史上初めて普通選挙が実施された。マーガレット・サッチャー首相が訪中し、返還交渉が正式に開始される半年あまり前のことであった。この時期に民主化が始動したことは、当然返還問題と大きく関連していると考えられる。当時英国は、中国が一九九七年に香港を回収する意志を持っている可能性を察知していた。返還交渉に先立って、一九七九年にはすでにマレー・マクルホース総督が北京を訪問しており、鄧小平はその際、一九九七年以降の英国の香港統治の継続を明確に受け入れることはせず、香港の回収をほのめかした。(2) 香港政庁高官から公共政策学者に転じたジョン・ウォールデンは、マクルホース総督は北京から帰るとすぐに区議会の設置準備に入ったと証言しており、中国が香港を回収するかも知れないため、民主化をする必要があったと述べている。(3)

英国は第二次大戦直後にも一度民主化を試みて断念しているが、その理由の一つが中国の反発への憂慮であった。実際、一九五八年には周恩来総理が英国政府に対し、少しでも香港の自治を拡大する動きは極めて非友好的な行為、或いは陰謀と見なすと警告したという記録がある。(4) しかし、返還問題の浮上により、中国要因はむしろ民主化を促進する要素ともなった。英国はすでに一九七〇年代には、中国大陸と比べて良い政治が香港で行われていることを示すために、社会福祉の大幅な拡大を実行しており、香港の返還を拒む理由として民意の支持を利用しようとも考えていた。逆に、返還を決める際には、民主化を行うことで、英国政府が香港返還について議会の了承を得やすくなるという要因もあった。(5)

「中英共同声明」は返還後の香港の政治体制について、行政長官は現地で選挙または話し合いによって選出される、香港の立法機関は選挙で選出されるとの二点以外、詳細な規定を行わなかった。当時のデイヴィッド・ウィルソン総督は共同声明について、「私たちはブリタニカ百科事典のような詳しい協議を目指したが、中国側が求めたのはA4で二―三枚の文書だった」と述べている。(6) しかし、いずれにせよ立法機関は選挙で構成されると明記されたことは重要であった。一九八七年五月、返還前に事実上中国政府の香港出先機関の役割を果たした新華社香港分社の李儲文副社長は、行政評議会メンバーの鍾士元に対し、総督による議員の委任制度を高く評価した上で、一九九七年以降もこれを残したいとの意思を示した。しかし、鍾士元は共同声明の規定を理由に、委任は返還後続けられないと述べたという(7)。中英交渉担当のパーシー・クラドック中国大使によれば、この一文はジェフリー・ハウ外相から呉学謙外相に宛てた書簡で実現を迫ったものであり、英国が「中国からしぼりとった最後の譲歩」であった(8)。英国はその後、一九八五年一一月に中国政府が香港の民主化を公に批判するまで、基本的には自身の主導によって、漸進的な民主化を進めることとなった。

つまり、英国は中国の香港回収の意図を察知した時点で民主化を素早く開始し、返還後にわたって民主化を続けることを中国に約束させることに成功したのである。他方、中国政府は香港を回収することについては決定していた一方、その後の統治の方法についての構想はまだ曖昧であったと指摘される。その後ほぼ一貫して中国政府が香港の民主化に対して懐疑的であることに鑑みれば、このタイミングで英国が民主化に着手しなければ、中国政府が返還後の香港での民主化に前向きに姿勢をとったかどうかは疑わしい。

②「基本法」の制定――中英の対立と協調

一方、香港に完全な民主主義を導入するためには、この民主化開始のタイミングは遅すぎたとの見方もできる。英国は一九八五年九月二六日、それまで全議席が総督の委任した者と官僚によって占められてきた立法評議会の一部議席について初めて選挙を実施したが、その直後の一一月二一日、許家屯新華社香港分社長が記者会見し、一部の者が「中英共同声明」から逸脱しているとして英国政府を批判した。すなわち、声明が謳った香港の「現状維持」の約束がありながら、英国は一九九七年までの過渡期一三年間を利用して、「現状」を徹底的に改変しようとしていると、許家屯は警戒を示したのである。

中国も英国に並行して、返還後に向けた制度構築に動いた。「中英共同声明」の調印後間もなく、中国は返還後のミニ憲法である「香港特別行政区基本法」の起草を開始した。中国は英国に対し、一九九七年返還時点での香港の立法評議会の構成を「基本法」の規定に合わせるよう要求した。このため両者は交渉を重ねた。中国は、英国が行う改革が急進的すぎると感じると繰り返し牽制し、英国は当初予定していた一九八八年の立法評議会の一部議席での普通選挙の導入を一九九一年に遅らせるなど、対中協調により民主化のペースを調節することを強いられた。

その間、一九八九年六月に天安門事件が発生したことは、一般的に香港民主化の一つの大きな転機になったと見なされる。香港市民は数十万人規模のデモを繰り返し、北京の学生運動を支援した。最後はこの運動が絶望に終わったことにより、「民主抗共（民主化によって共産党に抵抗する）」の路線をとる民主派に支持が集中した。政党や、選挙で選ばれる著名な議員など、香港には従来存在しなかった「政治家」が誕生した。このことは間違いなく香港の政治情勢に後々にまで続く大きな影響を与えた。基本法起草委員会には当初李柱銘（マーティン・リー）・司徒華という二名の民主派の大物が参加していた。しかし彼らは学生運動を支援したことで、天安門事件後に委員会を除名された。つまり、起草の過程から民主派は途中で排除されたことになる。

しかし、民主化をめぐる選挙制度の問題においては、事件直後には情勢に際立った変化がもたらされたとも言いがたい。西側諸国は対中制裁を行ったが、香港の民主化についての中英間の協調・交渉は続けられた。中国は、学生デモを大いに支持した香港市民の姿勢や、西洋型の民主主義自体に対して強い不信感を持った。しかし、事件を跨いで起草された「基本法」において、民主化を否定するような政策転換は行わなかった。事件前の一九八九年二月に発表された「基本法」の第一次草案では、行政長官と立法会を将来普通選挙化するとの目標が明記されていたが、その規定は事件後の一九九〇年二月の第二次草案、そして一九九〇年四月に制定された「基本法」においても残された。「基本法」第四五条は、「行政長官の選出方法は、香港特別行政区の実情及び順序を追って漸進するという原則に基づいて規定され、最終的には広汎な代表性のある指名委員会が民主的な手続きによって指名した後、普通選挙で選出するという目標に到る」と規定している。また、「基本法」第六八条は、「立法会の選出方法は、香港特別行政区の実情及び順序を追って漸進するという原則に基づいて規定し、最終的には全議員が普通選挙によって選出されるという目標に達する」としている。この二つの「目標」の実現が、民主化の最終的なゴールとして明確に定められたのである。

むしろ天安門事件後、英国は香港の動揺を収束させるために民主化が必要であると中国政府を説得し、返還時点での立法会の普通選挙議席数を、当初の一五議席から二〇議席へと増加させることに成功した。表1は、中英合意に基づく返還前の立法評議会と、返還後の立法会の選挙制度の変遷である。返還前については英国が実際に採用した制度、返還後は「基本法」付属文書二に当初規定された選挙制度である。

一九九七年時点での構成は、一九九五年の英国統治下で最後の選挙の構成と同一と想定されていた。中国政府は「基本法」と同時に採択した「香港特別行政区政府と立法会の選出方法に関する決定」で、「香港の最後の立法評議会の構成が本決定と香港特別行政区基本法の関連規定に符合し、その議員が中華人民共和国香港特別行政区基本法を守り、中華人民共和国香港特別行政区に忠誠を尽くすことを願い、香港特別行政区基本法の規定に合う者であれば、香港特別行政区準備委員会の確認を経て、香港特別行政区第一期立法会議員となることが

表1　中英合意に基づく立法評議会と立法会の選挙制度

名称		立法評議会（返還前）					立法会（返還後）			
選出年		84	85	88	91	95	97	99	03	07以降
総督＋高官＋委任		47	33	31	21	−	−	−	−	規定なし（全面普通選挙可能？）
間接選挙	推選委員会	−	−	−	−	−	−	−	−	
	選挙委員会	−	−	−	−	10	10	6	−	
	職能別選挙	−	12	14	21	30	30	30	30	
	選挙団選出	−	12	12	−	−	−	−	−	
普通選挙		−	−	−	18	20	20	24	30	
合計		47	57	57	60	60	60	60	60	

出所：筆者作成。

できる[9]」と規定した。これによって、一九九五年選出の立法評議会議員が返還をまたいでそのまま第一期立法会議員となれるという「直通列車方式」の実現可能性が開かれた。返還後については、二〇〇三年に予定されていた返還後第三期の立法会議員選挙で、普通選挙と職能別選挙の人数を同数とすることまでが決められていたが、その先については未定とされた。このため、最速で二〇〇七年に立法会の全面普通選挙が実現すると広く見られていた。

行政長官の選挙についても、初代行政長官については、事実上全国人民代表大会（全人代）によって選ばれた四〇〇人の「推選委員会[10]」により選出された。返還後は、二〇〇二年の第二期行政長官については職能別選挙で選出された八〇〇人の選挙委員会が選出するとされたが、二〇〇七年以降の選挙方法についても規定がなかった。これについても立法会と同様に、二〇〇七年以降の普通選挙実現が可能と見られた。

このように、紆余曲折の中でも、英国は対中協調の民主化路線をとり続け、中国は「基本法」の起草を続けた。既定の時限である一九九七年七月一日を視野に入れて、双方が現実的な決着を目指したと言える。

しかし、英国政府が対中協調の姿勢をとり続けることは、英国と香港の世論からも批判された。結局、一九九二年に着任した「最後の総督」クリス・パッテンが急進的な民主化案を実行したことにより、中英は激しい対立に陥った(後述)。

③返還後——北京主導

こうした時期を経て、返還後は北京が主権を獲得した。「中英共同声明」の規定に基づき、返還に付随する問題を話し合うために一九八五年に設立された「中英合同連絡小組」は、二〇〇一年一月一日をもって解散された。その後、英国が香港内政について直接に影響を与えうる制度は存在しない。英国はその後も半年ごとに香港問題についての報告書を発表しているが、そこで中国政府に批判的な内容が掲載されても、北京は「中国の内政への干渉」と非難して無視するのが通例である。

二〇一七年以降は、中国政府は「中英共同声明」がすでに効力を失っているとの見方を示している。返還二〇周年を前に、ボリス・ジョンソン外相は同年六月二九日、英国は香港がさらに民主的になることを望む、香港返還を決めた一九八四年の「中英共同声明」での香港に対する約束は返還前と同様にしっかりと守ってゆく、高度の自治・法の支配・司法の独立・自由は香港の成功の重点であるなどとする声明を発表した。これに対し、中国外務省の陸慷報道官は三〇日、香港問題は中国の内政である、「中英共同声明」は中国の主権行使の回復等についての規定であり、二〇年を経て声明はすでに歴史となっており、何ら現実的な意味を有さない、中央政府の香港に対する管理に対して声明は一切拘束力を持たない、英国は返還後の香港に対して主権・統治権・監督権を持たないと認識すべきであると反論した。

このように、香港の選挙制度構築は、英国が開始し、漸進的な民主化を主導した時代から、現在の中国中央政府が主導権を掌握し、民主化を限定しようとした時代へと、時を追って変遷してきた。その間、長期にわたる制度構築の過程において、中国は天安門事件という重大な突発事件や、世界第二の経済大国への成長という巨大な変化を経験し、特に返還後は香港の民主化に対して厳しい姿勢をとる傾向が強まった。香港の選挙制度の構築史からは、英国が導入しようとした「デモクラシー(democracy)」が、中国式「民主(minzhu)」へと換骨奪胎される過程が見て取れる。

しかし、英国統治期の制度を「現状維持」する「一国二制度」のアレンジのために、香港には、英国が北京と全く異なる意図・発想から構築してきた制度も残された。結果として、現行制度は全体としては、誰の意図をも直接には反映しないものとなっている。ピアソンは、誰かが何らかの機能に寄与するために制度を構築するというよりも、制度自体が権力闘争の結果として作られている可能性が高いと述べているが[11]、香港の政治体制や民主化に関係する制度は、まさに中英および香港社会の様々な勢力の駆け引きの結果であると言える。

そしてピアソンは、そうして構築された制度が設計者の意図通りには機能しない場合が多いことを指摘している。制度の設計者または何らかの社会の要請に対して役立つとの期待に基づいて設計された制度が、期待通りの効果を生まないことの原因について、ピアソンは制度が思わぬ副次的効果を生む可能性、制度の効率性の問題、制度の長期的効果を設計者が計算しないこと、制度の予想外の展開、環境の変化、設計者が交替するといった要因をあげる[12]。

香港民主化の長期の過程の間には、制度選択の重要局面がいくつか存在したが、それぞれの時期において、制度の選択に役割を果たした英国政府・中国中央政府・香港社会の力関係は大きく違っていた。制度の策定には、それぞれの時期における三者間の駆け引きが反映されているが、異なる時期に作られた制度は、「一国二制度」が「五十年不変」とされる硬直的な制度設計の下でそれぞれ残存し、結果として政治問題の複雑化を避けがたいものとするような香港の政治制度を構成した。つまり、中央政府と香港民主化運動の膠着状態は、過去の力関係に基づく制度の多重的な蓄積によってもたらされたのである。

（3）地方の民主化

もう一つの香港独自の特徴は、国家ではなく地方における、地方の民主化を求める運動であるということである。

英国の植民地であった香港は一九九七年に中国に返還されたが、このこと自体「独立なき脱植民地化」として、世界的に見て比較的まれな事例とされる。政治社会学者の劉兆佳は、それゆえに制度・時間的制約や、英国や中国による外からの制限が加わり、香港で地元の政治指導者が育たなかったと論じている(13)。実際、香港の制度、とりわけ政治体制のあり方については、香港人が自ら決定することはほぼ不可能であった。返還交渉においても、英国は中国と英国の代表に加え、エドワード・ユード総督を香港代表として加える「三脚の椅子」論を主張したが、中国はこれに強く反対し、ユードは英国代表団の一員という主張を堅持した。英国側が香港で住民投票を行って民意を問うという構想については、交渉全体が無に帰することになっても反対するという姿勢を貫いたという(14)。

現在の「一国二制度」の香港は、確かに一方では国家にも似たような、少なくとも単なる一地方とは言いがたい特別な条件を保持している。まず、香港は領域としての独自性を維持している。かつて中英国境は自由往来が認められており、大陸の住民は無制限で香港に入ることができた。しかし、中華人民共和国成立後の一九五〇年五月、香港政庁は国境を封鎖した。冷戦下で香港は「東方のベルリン」とも称され、中英国境はベルリンの壁や板門店のように、緊張した冷戦の最前線の一つとして存在したのである。それ以来、入管制度は様々な変遷を経たが、返還後も往来は自由にはなっていない。香港は中国広東省深圳市と陸上で接しているが、境界線上には数ヵ所にチェックポイントがあり、そのいずれかで出入境手続きを行わないと往来が許されない。日本人などの外国人であればパスポートの提示を求められ、香港市民の大陸訪問・大陸住民の香港訪問であれば、いずれもそれぞれの「通行証」を求められる。このチェックポイントを越えることは、通常の国境を越える手続きとほぼ変わるところがない。

このため、この「擬似国境」上において、様々なヒト・モノ・カネ・情報の流れが分断されている。ヒトで言えば、統治組織の分断が挙げられる。中国共産党の政治体制では、地方政府のトップは上級の政府に任命されているため、上海市・広東省の長など省クラスの高官は中央政府または他の地方から派遣されてくる。しかし、香港は「香港人による香港統治」が原則である。モノについては、この擬似国境を越える際には通関手続きが必要であり、対外貿易として扱われる。また、カネに関しては、資本の移動が外資の投資として扱われるほか、香港の政府財政は独立しており、国税は課せられず、中央政府に上納しない。情報については、多くの規制を課している中国大陸では、擬似国境上で香港の書籍・新聞・雑誌等の多くを持ち込み禁止とするほか、インターネットも香港メディアなどの一部サイトが大陸で閲覧できず、メディアも香港は基本的に大陸とは異なる独自の繁体字・広東語のメディアが普及している。

他方、香港は一部の分野では明確に中国の一地方として扱われる。香港の軍事と外交は中央政府の管轄であるほか、人事においては政府トップである行政長官、ナンバー2～4にあたる政務・財政・司法の三長官、政策決定にあたる各局の局長、汚職取り締まり署の長、会計検査署長、警務処長、入境事務処長、税関長については、中央政府が任命権を持っている。地方政府のある程度の幹部まではリストを作成し、中央政府が任命するという仕組みは、大陸で実施されている党による幹部の管理（ノーメンクラツーラ）制度に類似している。このうち行政長官については香港で選挙が行われるため、選挙権と任命権のいずれがより優先されるべきかが論争点となる。中央政府はこの任命権は形式ではなく、実質的なものであると強調しており、実態としても、行政長官の人選には中央政府が積極的に関わり、その意向が反映される。これらの点では香港の位置づけは中国の地方政府ということになる。

地方の民主化であるがゆえに、香港が香港の政治体制を自由に決定することはできない。中国の政治学者の厳家其は一九八五年の論文で、「一国二制度」とは、「一つの国家が憲法・法律の規定に基づき、その国家の一部の地区でその他の地区と異なる政治・経済及び社会制度を実施するが、これらの地区の政府は一国家の地方行政単位または地方政府であり、国家の主権を行使できない」制度であると定義している。[15] このため、民主化については、主権国家である英国または中国の意向が非常に重要となった。香港市民にとっての民主化要求は、常に中央政府との何らかの交渉の側面を持つのである。

（４）移行期における政治の安定

このように、香港の民主化は、複数の大いに性質の異なる主体が関わる中で、時間をかけて漸進的にしか進むことができず、また、地方の民主化であるため、ロンドンと北京の双方の本国の権力の安定性には直接に影響するものではなかった。このため、少なくとも二〇一〇年代までの間、移行期の香港の政治には混乱が少なく、安定した秩序が維持された状態で移行が進められた。

谷垣真理子は、香港の民主化は「管理された民主化」であると論じている。即ち、「基本法」によって民主化の進展が管理されていることが香港の民主化問題の特徴であるとの見方である。[16]

「管理された民主化」である香港の体制移行は、その最終目標が明確にされていた。一般的に、体制移行の最終到達点がどこであるかは、その過程にあっては不明瞭である。シュミッター・オドンネルは、体制移行を「既存の権威主義体制から、未だ正体の判然としない『他の何ものか』への移行」であるとする。「何ものか」は政治的民主主義の樹立の場合もあれば、新しい（おそらくはより過酷な）権威主義支配の再現でないとも限らず、結果として全くの混乱に終わったり、暴力的対決に発展したりする可能性もある。[17] これに対し、香港の民主化については、「基本法」第四五条が行政長官選挙について「最終的には広汎な代表性のある指名委員会が民主的な手続きによって指名した後、普通選挙で選出するという目標に到る」とし、同六八条は立法会議員選挙について「最終的には全議員が普通選挙によって選出されるという目標に達する」と明記している。即ち、民主化の到達点は政府首長たる行政長官と、議会である立法会の普通選挙化であり、これ以上でも、これ以下でもない。「基本法」を改正したり、政権を打倒したりして、行政長官や立法会に代わる政府機関を打ち立てることは民主化のアジェンダとして想定されていない一方、[18] 逆に現在制限選挙が採用されている行政長官・立法会の選挙方法をいずれ何らかの形の「普通選挙」に変えることに対し、あくまで抵抗して異議を申し立てることができる政治アクターもいない。

したがって、移行初期の香港政治は概ね安定していた。シュミッター・オドンネルは「移行の特色は、その最中においては、政治ゲームのルールが決まっていない点にある」[19] と述べる。政治体制という「ルール」を確定するために、アクター達が闘争を繰り広げるのが移行であるというのである。しかし、香港の移行期においては、一九九七年までの英国の植民地統治と、一九九七年以降の中国の香港特別行政区政府の統治が脅威にさらされるよう

表2　実際の返還後の立法会選挙制度

名称		臨時立法会	立法会						
選出年		97	98	00	04	08	12	16	21
間接選挙	推選委員会	60	－	－	－	－	－	－	－
	選挙委員会	－	10	6	－	－	－	－	40
	職能別選挙	－	30	30	30	30	35	35	30
普通選挙		－	20	24	30	30	35	35	20
合計		60	60	60	60	60	70	70	90

出所：筆者作成。

な事態は生ぜず、法の支配や治安は保たれていた。「ルール」は「基本法」の管理下にあったのである。

2　「基本法」の枠組み――北京の意図

(1) 返還後の選挙制度の変遷

こうして、主権の交代や英中両国の意図の相違などがありながらも、長時間をかけて、両国が交渉・協調しながら安定して進めてきた香港の民主化は、本来は返還後も相当程度計画的に進むことが想定されていたものであった。しかし、実際の展開は返還直後から「基本法」の規定を逸脱し、目標である普通選挙に到達できずに現在に至っている。表2は、返還後の立法会議員の実際の選挙方法の変遷である。表1と比較すると、「基本法」の規定との相違が分かる。返還直後には「基本法」に規定のない「臨時立法会」が出現した。二〇〇八年以降については、普通選挙と職能別選挙が各半数を占める状態で普通選挙の目標は未だに実現せず、二〇二〇年にはコロナ禍を口実として、選挙自体が延期される事態となり、二〇二一年には北京が一方的に民主化を大きく後退させる決定を下した。

行政長官の選挙についても、民主化は停滞している（表3）。選挙委員の人数

表３　行政長官選挙制度

選挙年	制度
1996（第一期）	400名の推選委員会
2002（第二期）	800名の選挙委員会
2005（第二期補選）	800名の選挙委員会
2007（第三期）	800名の選挙委員会
2012（第四期）	1,200名の選挙委員会
2017（第五期）	1,200名の選挙委員会
2021（第六期）	1,500名の選挙委員会

出所：筆者作成。

が増えていることを中央政府は民主化の進展として強調するが、選挙委員を選出する選挙の方法は非民主的な職能別選挙であり、委員の人数自体に実質的な意味は薄い。二〇〇七年にも可能と考えられていた普通選挙の実施時期は、現在全くの白紙である。しかも、二〇二一年の北京の決定により、選挙委員会の構成は大きく変更され、選挙委員会の選出方法は大幅に非民主的なものへと逆行した。

（2）北京の制度設計思想——「行政主導」

こうして見ると、返還後の民主化の進展は、明らかに当初「基本法」が意図した形では進んでいない。その原因は、反政府感情の高まりや社会運動の発生などの想定外の事態にも求められるが、特に制度の側面に注目すると、中央政府が意図した設計図通りに政治体制全体が機能しなかったという、構造的な問題が浮上する。

北京が香港の政治体制の特徴として繰り返し強調してきたのが「行政主導」という表現である。なぜ中国政府は「行政主導」を強く志向したのか。まず、返還前の英国植民地統治期において、香港の政治システムが「行政主導」であり続けたことが挙げられる。一九世紀の植民地統治の開始当初から一九八〇年代の民主化開始までの香港政庁では、本国から派遣される総督が一身に権限を独占し、総督自身が議長を務め、高官と、総督が任命した親英派の地元有力者で構成される「立法評議会」がゴム・スタンプのように法案を唯々諾々と可決する仕組みが一貫して維持された。「行政主導（Executive-led）」とは、元々植民地期のそういった香港政庁の統治を表現した語句であり、非民主的な独裁体制と官僚統治の結合体の行政効率の良さを強調する文脈で、しばしば肯定的に用いられる語句であった。「一国二制度」が、そうした香港の効率の良い行政の下での高度の経済発展を維持することを志向したアレンジである以上、総督の権限を行政長官が引き継ぐ形で「行政主導」を維持するのは当然であった。銭其琛外相は回顧録において、中国が「基本法」を起草する際に英国の意見を聴取したところ、英国が中国に対して香港の「行政主導」の体制を強く推薦してきて、中国側もこの体制が香港の現実の状況に合い、効率の高い行政管理や香港の安定と繁栄の維持に有利であると考えたと述べている。[20]

しかし、それだけではなく、「行政主導」が中央政府にとって好都合であったことも重要である。「行政主導」は、即ち立法よりも行政が優位に立つことを意味する。行政のトップである行政長官は、香港で間接選挙は行われるものの、北京の意向が人選に強く及ぶ仕組みであり、しかも北京によって任命される。一方、立法会は非民主的な職能別選挙もあるとはいえ、全議席が香港での選挙で選ばれており、北京の任免権はなく、民主派も多数選出されてきた。中央政府が香港に統制を利かせるためには、明らかに「行政主導」が好適であった。銭其琛は、英国が「代議政治制度改革」と題して導入した民主化の目標を、「行政主導を立法主導に変え、立法機関の権力と地位を高めることによって行政機関を制約し、最終的に中国返還後の香港を『独立の実体』に変え、祖国と引き離し、それをもって長期にわたり英国の香港での政治・経済的利益を守る」ことであったと評している。[21] 実際、英国統治下での一九八〇年代以降の民主化は集中的に立法機関でのみ進んだ。行政については、総督が最後までロンドンの一方的委任で選ばれていたことはもちろん、総督が委任したメンバーが構成し、閣議に擬せられる行政評議会においても、何ら改革は実行されなかった。このため、民主派勢力は立法評議会でのみ勢力を拡大し、「パッテン改革」後の一九九五年の立法評議会選挙で過半数を民主派が掌握しても、彼らが行政の実権を得ることはなかった。立法会に勢力を持つ民主派の影響力が行政に及ぶことを回避するのも「行政主導」の一つの目的であったと考えられる。

「行政主導」は、中央政府・香港政府によって「三権分立」と対置される語としても使われてきた。二〇二〇年に「香港国家安全維持法（国安法）」が制定された後、林鄭月娥行政長官が九月一日、香港の政治体制は三権分立ではなく、行政長官を核心とする「行政主導」であると述べたことは日本でも大きく報じられた。しかし、中央政府は返還前から一貫して、香港は三権分立ではないという姿勢をとってきた。「基本法」の起草段階では、香港の政治体制を三権分立とする案も存在したという。例えば中国国務院香港マカオ弁公室（港澳弁）副主任の李後は、一九八六年の時点では「香港特別行政区の政治体制の基本モデルを決定する際には、原則として三権分立を採用すべきである」と述べている。[22] 基本法起草委員を務めた李柱銘によると、一九八七年のある会議の時点では、起草委員会は香港の政治体制を三権分立とすることでほぼ同意ができていた。しかし、翌日鄧小平が起草委員に対し、「三権分立は香港では行ってはならない。三権分立は三つの政府を作ってしまう」と述べたのを機に、その後はどの委員も三権分立を提唱しなくなったという。[23]

政治学者のマイケル・デゴルヤーは、香港に適用される「行政主導」が、中国の考えでは、幹部（党）の人民に対する指導と非常に似たものを意味していると指摘する。[24] 中国の政治体制は共産党の一党支配が前提であり、議会である全人代は政策立案の主導権を持たない。「民主集中制」の体制は上意下達的な色彩が濃厚である。[25] 西洋型民主主義に懐疑的な中国政府は、権力の分立をもタブー視する。例えば、呉邦国全人代委員長は二〇〇九年三月の全人代常務委員会活動報告で、中国の人民代表大会制度と西側の資本主義国家の政治体制には本質的な違いがあり、絶対に西側の複数政党による政権交代・三権分立・二院制などをやらない旨述べている[26]。香港でも同様のトップ・ダウンの政治体制があれば、中央政府は行政長官を自らの制御下に置くことで、香港特別行政区全体に対する統制力を維持できるのである。「一国二制度」が認められる香港であっても、政治体制に全体として中国の体制との親和性が求められたとも考えられる。

(3)「行政主導」を確保するための仕組み

①立法機関の権力の制限

それでは、「基本法」が定める香港の政治体制では、「行政主導」をどのような仕組みで確保しようとしているのか。その方法は、まず、議会の権力を大きく制約することであった。

「基本法」は、立法会を香港特別行政区の立法機関と定めている(第六六条)。立法会は、法律の制定と改廃、財政予算の審査と採択、徴税と公共支出の承認、行政長官の施政報告の聴取と討議、政府の活動に対する質疑、裁判官の任免などの権限を持つ(第七三条)。これらの権限は、世界各国の立法機関に多く賦与されているものである。しかしながら、「国権の最高機関」と位置づけられる日本の国会などと比較して、香港の立法会の職権には、様々な制約が課されている。まず、議員立法はほぼ全面的に禁止されている。「基本法」第七四条は、公共支出・政治体制・政府の管理運営に関わる法案を立法会議員が提出することを禁じ、さらに政府の政策に関わる法案は、提出前に行政長官の書面による同意が必要と規定している。重要な政策はそのほとんどが一定の公共支出を

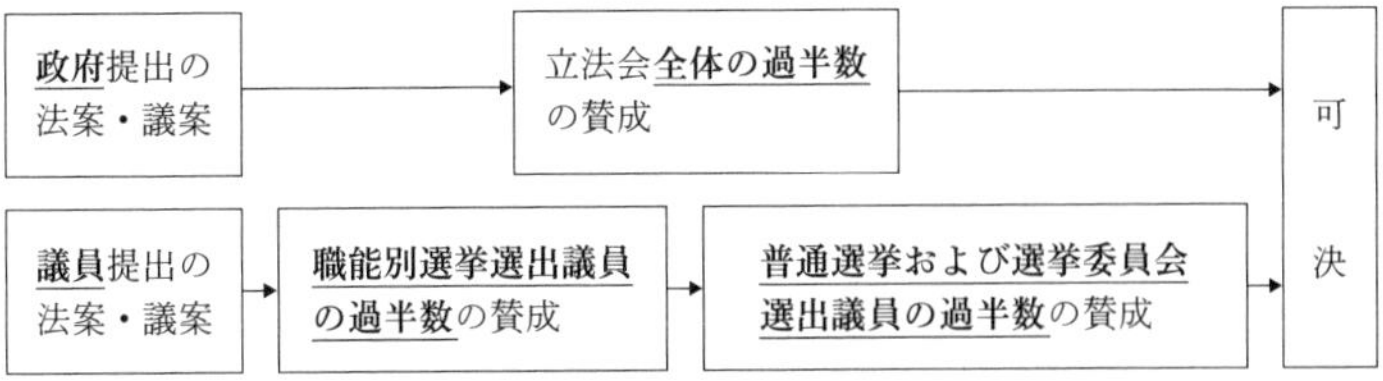

出所：筆者作成。

図3　選出枠別票数計算の仕組み

伴うのは言うまでもなく、政府の政策と無関係の法案も極めて限られる。したがって、議員が政府に好まれないような重要な法案を提出することは不可能である。

また、「基本法」付属文書二は、「選出枠別票数計算」という仕組みを導入している（図3参照）。選出枠別票数計算は、議員提出の議案・法案・政府法案への修正案に限り、可決のためには立法会の職能別選挙選出議員、普通選挙および選挙委員会選出議員の二つの枠の双方において、出席議員の過半数の賛成を必要とするという制度である。

二〇二一年一二月以降の定数九〇の立法会においては、「選出枠別票数計算」が適用されない政府法案・議案は、立法会の単純過半数である四六票の賛成があれば確実に可決されるが、議員立法案・議案は、仮に普通選挙と選挙委員会の全議員六〇名が賛成しても、職能別選挙の枠で賛成一五名、反対一五名であれば否決されることとなり、最大の場合七五票を集めても可決されない可能性がある。かつ、二〇〇四年から二〇二一年の選挙制度改変までの間、普通選挙枠と職能別選挙枠がそれぞれ立法会の半数を占めてきたが、職能別選挙枠は財界寄りの親政府派が多数、普通選挙枠は政府と対立する民主派が多数を占めていた。このため、この制度は事実上、与野党「ねじれ国会」で両院の多数を得ることを要求するような、高いハードルとなっていた。

さらに、「基本法」第七九条によれば、立法会議員は公務員や高官などの公職に就くことを禁じられており、「行政長官選挙条例」によれば、行政長官は当選後、立法会議員であれば議員を辞職せねばならない。これによって、行政と立法は厳格に分離されている。このため、香港の政治体制はどちらかと言えば大統領制に近いとも論じられた。

これらの制度的特徴が全体で「行政主導」と称される。即ち、行政府が政策立案の権限をほぼ独占し、立法府は行政府の提出する法案・予算案に対し、受動的に諾否を表明する権限のみを認められるシステムである。中央政府は、行政長官の人選への強い影響力によって香港への影響力を確保し、さらに「行政主導」体制によって立法会の影響力を削ぐことで、行政長官を通じて強力に香港を指導する体制の実現を目指したのである。

②政党の影響の制限

それに加えて、行政に対しては、立法機関だけでなく政党の影響が及ぶことも回避する仕組みが作られている。「行政長官選挙条例」は、行政長官がもし政党員であれば離党して、任期中は政党に所属してはならないとしている。

この点では、大統領自らが政党に所属し、議会に与党が構成される米国などの大統領制とも異なる。つまり、香港政府高官の構成はかなり厳格な「超然内閣」ということができ、政策立案における政党や立法会の影響力排除が強く志向されている。実際、二〇一五年九月一日の「基本法」公布二五周年記念シンポジウムにおいて、張暁明中央政府駐香港連絡弁公室(中連弁)主任は、行政長官は行政・立法・司法の上に超然とする特殊な法的地位を持つという発言を行った。この「行政長官超然論」は香港で大いに物議を醸したが、つまり、中央政府が任命する行政長官が、香港の自治を司る各統治機関からの「雑音」をカットして行動できるという、北京の理想を語ったものといえるであろう。そして、行政長官が政党に所属できないことは、共産党以外の政党が香港で政権を取ることを許さないことも意味する。香港では、香港の外部の政治組織の社団登録を禁ずる「社団条例」の規定に基づき、中国共産党が合法組織となっていない。しかし、香港における「行政主導」は、ローカルの政治勢力の横槍から超然とした行政機関が、縦の人事関係で中央政府と接続されることで、事実上中国共産党の香港政治における主導権を確保する仕組みとも言えた。

③民主派の掣肘——職能別選挙

天安門事件後の中央政府と香港市民の相互不信が尾を引いて、立法会の普通選挙枠では常に北京と対立的な民主派がほぼ全体の六割近くの票を安定して得ており、親政府派は四割程度の票にとどまっていた（「六四黄金比」とも言われる）。この条件下で民主派が立法会の過半数を得ることを防ぐために、政府が必要としたのが普通選挙と職能別選挙の混合選挙というシステムであった。

普通選挙枠では、一八歳以上の永住民のうち、選挙民登録を済ませた者全員に投票権が与えられる。一九九八年以後、二〇二一年の選挙制度改変までは、全香港を香港島・九龍西・九龍東・新界西・新界東の五つの選挙区に分け、それぞれ人口に比例して三から九名の議員を選出してきた。二〇二〇年時点では、香港の総人口約七五〇万人に対し、四四六万六九四四名が選挙民として登録されていた。[27] これは国際的基準に照らして民主的な選挙といえるものであった。

一方、職能別選挙は、「教育界」、「法律界」など、有権者の職業によって選挙枠を分けるという選挙制度である。表4は、選挙枠の名称と、一九九八年から二〇一六年までの選挙年における枠毎の有権者資格および有権者数の

表4　職能別選挙の有権者資格・有権者数

枠名	有権者資格	選挙時有権者数					
		1998	2000	2004	2008	2012	2016
市政評議会（※1）	市政評議会議員	50	—	—	—	—	—
区域市政評議会（※1）	区域市政評議会議員	50	—	—	—	—	—
郷議局	各地郷議局（新界の自治組織）の主席・副主席など	132	148	149	157	147	147
漁業・農業界	香港各地の指定された漁業・農業団体	165	167	162	159	159	154
保険業界	政府に登録されている保険業者	196	181	161	144	135	134
運輸・交通業界	指定された運輸・交通関係業者	137	153	182	178	204	195
教育界	各種学校の教師	**61,290**	**71,390**	**77,696**	**90,693**	**92,957**	**88,185**
法律界	香港律師会・香港大律師公会の弁護士や裁判官など	**3,567**	**4,181**	**5,073**	**6,111**	**6,482**	**6,773**
会計界	政府に登録されている会計士	9,902	12,785	**17,500**	22,276	**25,174**	**26,008**
医学界	政府に登録されている医師・歯科医	6,789	7,724	**9,356**	10,606	10,888	**11,191**
衛生サービス業界	看護士、薬剤師、医療技師など	**27,487**	**31,661**	**35,442**	**36,968**	**37,556**	**37,423**
エンジニア界	政府に登録されているエンジニア、ならびにエンジニア協会員	5,353	6,035	7,252	8,323	9,172	9,406
建築・測量・都市計画・園芸界（※5）	政府に登録されている建築士・設計士・測量士など	3,218	3,832	5,116	6,147	6,781	**7,371**
労働界	政府に登録されている労組	409	455	519	596	646	668
社会福祉業界	政府に登録されているソーシャル・ワーカー	**3,398**	**7,897**	**10,405**	**12,519**	**14,093**	**13,824**
不動産・建設業界	不動産・建設関係各種団体のメンバー	410	695	757	751	767	714
観光業界	観光・航空・ホテルなどの業界団体の所属団体	838	909	964	1,261	1,319	1,426

商業界（第一）	香港総商会所属団体	1,353	1,325	1,077	1,040	927	1,086
商業界（第二）	中華香港総商会所属団体・個人	1,798	1,831	1,835	1,882	1,749	1,491
工業界（第一）	香港工業総会所属団体・個人	730	822	804	715	603	544
工業界（第二）	香港中華廠商連合会所属団体	553	624	499	790	829	769
金融業界	政府に登録されている銀行	207	182	154	140	128	125
金融サービス業界	証券業者、ならびに貴金属取引団体に所属する者	532	548	644	580	596	622
スポーツ・芸能・文化・出版業界	スポーツ・芸能・文化・出版に関する各種団体、ならびにその所属者	1,136	1,282	1,631	2,208	2,586	2,920
輸出入業界	輸出入業者、ならびに関連諸団体の所属メンバー	1,182	1,445	1,385	1,507	1,472	1,400
紡織・衣類製造業界	紡織・衣類製造業界の各種団体のメンバー	2,739	4,697	3,894	3,710	3,200	2,332
卸・小売業界	卸・小売業界各種団体のメンバー	2,216	3,375	4,063	6,074	7,242	6,727
IT 業界	コンピュータ関連各種団体所属メンバー	**3,147**	**3,861**	**4,571**	5,749	**6,716**	**12,115**
飲食業界（※2）	飲食業免許保持者、ならびに指定された飲食業団体	—	6,968	7,786	8,149	7,797	5,543
区議会（第一）（※3）	区議会議員	—	433	462	428	410	431
合計		**138,984**	**175,606**	**199,539**	**229,861**	**240,735**	**239,724**
区議会（第二）（※4）	上記のいずれの枠にも登録していない18歳以上有権者	—	—	—	—	3,225,466	3,473,792

網掛け・太字は民主派が議席獲得

※1　1999年の市政評議会・区域市政評議会廃止を受け、2000年選挙以降廃止　※2　2000年選挙以降新設

※3　2000年選挙以降新設、2008年までは「区議会」　※4　2012年選挙以降新設　※5　2016年選挙以降「園芸業界」追加

出所：各枠の有権者資格は、香港政府選擧事務處ウェブサイト（https://www.reo.gov.hk/ch/voter/register.htm、2021年5月28日閲覧）、各年度の有権者数は各回選挙の報告書（https://www.eac.hk/ch/legco/lce.htm、2021年5月28日閲覧）に基づき筆者作成。

一覧である。

各枠の有権者資格は、納税額等の一定の基準ではなく、職業資格の保持の有無や職業団体への所属、政府への登録の有無など、枠毎に個別に詳細に設定されている。有権者資格は、選挙法案を作成する政府が恣意的に設定することが可能である。政府は各界からの「バランスの良い参与」を確保していると主張するが、実態としては、選挙の前に、政府が有権者を選んでいると言える。

なお、「区議会（第二）」は、民主派との妥協によって選挙制度の改革が実現し、二〇一二年に新設された枠であるが、この枠はそれ以外の全ての枠のいずれにも登録する資格がない、または登録しない者が登録することになっているため、三〇〇万人を超える極端に多くの有権者を持つ。職業資格による選別を経ないで登録できる枠であるため、それ以外の「伝統職能別選挙枠」とは性質が大きく異なる。「伝統職能別選挙枠」の有権者数の合計は二〇万人あまりに留まり、普通選挙枠の一〇分の一にも届かず、総人口の三％ほどにしか投票権がない厳しい制限選挙である。

また、職能別選挙の内部にも巨大な「一票の格差」が存在する。「伝統職能別選挙」二八枠のうち、労働界は三議員を、他の枠は一議員ずつを選出するので、二〇一六年の立法会議員選挙の場合、教育界は八万八一八五名の有権者が一議員を選出した計算となるが、保険業界は一三四者（団体投票であり、保険会社が企業単位で一票を投じるが、実際には経営者が代表して投票を決定する）が一議員を選出したこととなる。単純計算で、両枠の間には六八五倍の「一票の格差」がある。「区議会（第二）」枠は三〇〇万人あまりに五議席しか配分されていないので、格差はさらに大きい。

全体として明白なのは、財界に対する圧倒的な傾斜である。元々香港において、財界は香港政庁から立法評議会議員に任命されるなど、親英的な立場をとり、英国の香港政庁との同盟を形成していた。財界は当初中国への返還を恐れ、英国の統治の継続を希望する者が多かったが、中国政府の努力や中国の経済的な魅力により、香港財界は次第におおよそ親中的な勢力に転じた。「伝統職能別選挙枠」で民主派が議席を獲得した枠は、教育界・法律界・社会福祉業界・衛生サービス業界など、いずれも中産階級が主となる枠であり、財界枠関連の枠では民主派は一議席もとれていない。つまり、返還後一貫して財界は親政府派の議員を選び続けてきたのである。

財界利益を重点的に代表する職能別選挙の有権者は、立法会議員の半数を選出するのに加え、行政長官を選出する選挙委員会の選出もほぼこの職能別選挙の有権者が行っている。表5は、二〇一六年一二月一一日に実施された行政長官選挙委員選挙の制度と結果の一覧である。こちらも、財界の枠では民主派が一人の委員も得ることができていない。区議会などには少数派ながら民主派も存在するが、民主派は区議会の枠（定数計一一七）から一人の委員も得ていない。逆に、教育界や法律界などには親政府派も存在するが、民主派が全委員を独占している。これは、これらの枠で「全票制」が採用されているからである。「全票制」とは、有権者が投票する際、その枠の定数を上限として、複数の候補者を選ぶことができる制度であり、たとえば、教育界の一人の有権者が、最大で同枠の定数である三〇人に投票することが可能となるのである。この仕組みでは、ある枠で多数派を占める陣営が十分に有権者を動員すれば、当該枠内の全委員を独占することが可能となる。結果的に第二カテゴリーでは民主派が大部分の議席を占めたのである。しかし、委員会全体では民主派有利の枠は少なく、民主派は少数派に留まり、選挙委員会の多数派は親政府派である。このため最終的には「中央政府が支持する候補者」が確実に当選する制度になっているといえる。

行政長官と、立法会議員の半数を財界の強い影響力の下で選ばせることで、中央政府は香港政府への統制を

表5　2016年行政長官選挙委員選挙

	選挙枠名	選挙委員数	有権者数	民主派獲得数	民主派獲得率	備考
第一カテゴリー（財界）	飲食業界	17	5,530	0	0.0%	無投票
	商業界（第一）	18	1,045	0	0.0%	
	商業界（第二）	18	1,460	0	0.0%	無投票
	香港雇用主連合会	16	139	0	0.0%	無投票
	金融業界	18	122	0	0.0%	無投票
	金融サービス界	18	622	0	0.0%	
	香港中国企業協会	16	308	0	0.0%	無投票
	ホテル業界	17	120	0	0.0%	
	輸出入業界	18	1,379	0	0.0%	無投票
	工業界（第一）	18	542	0	0.0%	無投票
	工業界（第二）	18	764	0	0.0%	無投票
	保険業界	18	131	0	0.0%	
	不動産・建設業界	18	706	0	0.0%	無投票
	紡績・衣類製造業界	18	2,330	0	0.0%	無投票
	観光業界	18	1,298	0	0.0%	
	運輸・交通業界	18	195	0	0.0%	
	卸・小売業界	18	6,706	0	0.0%	
	第一枠合計	*300*	*23,397*	*0*	*0.0%*	
第二カテゴリー（専門職）	会計業界	30	26,001	26	86.7%	
	建築・測量・都市計画・園芸業界	30	7,370	25	83.3%	
	漢方医業界	30	6,143	3	10.0%	
	教育界	30	80,643	30	100.0%	
	エンジニア界	30	9,405	15	50.0%	
	衛生サービス界	30	37,387	30	100.0%	
	高等教育界	30	7,497	30	100.0%	
	IT 業界	30	12,109	30	100.0%	
	法律界	30	6,769	30	100.0%	
	医学界	30	11,189	19	63.3%	
	第二枠合計	*300*	*204,513*	*238*	*79.3%*	
第三カテゴリー（文化等）	漁業・農業界	60	154	0	0.0%	無投票
	労働界	60	668	0	0.0%	
	宗教界	60	－	0	0.0%	話し合い等
	社会福祉界	60	14,130	60	100.0%	
	スポーツ・芸能・文化・出版業界	60	2,909	0	0.0%	無投票
	第三枠合計	*300*	*17,861*	*60*	*20.0%*	
第四カテゴリー（政界）	全人代	36	－	0	0.0%	全代表
	立法会	70	－	27	38.6%	全議員
	全国政協	51	91	0	0.0%	
	郷議局	26	147	0	0.0%	
	香港島・九龍区議会	57	208	0	0.0%	
	新界区議会	60	223	0	0.0%	
	第四枠合計	*300*	*669*	*27*	*9.0%*	
総計		*1,200*	*246,440*	*325*	*27.1%*	

出所：民主派獲得数は『明報』、2016年12月13日、有権者数は香港政府選舉事務處ウェブサイト（https://www.voterregistration.gov.hk/chi/statistic20164.html、2021年1月9日閲覧）。

間接的に確保できたのである。ただし、立法会・行政長官ともいずれ普通選挙を実現するという規定が存在する以上、職能別選挙で親政府派が多数派となるように導くことは、あくまで過渡的な方法であることも見逃してはならない。全面普通選挙化が実施された場合、中央政府の統制がどうなるかという問題、言い換えれば、普通選挙を実施すれば民主派が行政長官に選出されたり、立法会の過半数を占めたりする可能性もあると考えられるが、その場合北京はどうするのかという問題については、「基本法」の規定からは対応が一切見えない状態であった。これについては、返還後も長期にわたって結論が先送りされてきたということになる。

3　返還後の制度変更――誤算と対策

(1)実現しなかった「行政主導」

このように、「基本法」が定める政治体制の下では、行政機関は北京が統制しやすいシステムの下で管理されると同時に、強大な権限を付与された。民主化が進むにつれて、民主派や香港市民の民意の直接的影響力が増大することも予想されたが、そうした民主化の影響は立法機関の内部に留められた。立法会は主体的な権限を付与されないことに加え、大政党を作らせないことを意図する選挙制度の下で分散化し、普通選挙が実現しない中で親政府派が過半数を占める状態が維持された。北京の意図通りに制度が機能すれば、返還後の香港政治は「行政主導」を特徴とするものになるはずであった。

しかし、実際にこの制度が運用された返還後の香港政治は「行政主導」からはほど遠いものであった。シンクタンク・新力量網絡の調査では、返還から一六年間(二〇一三年七月まで)の法案成立率は五五・六%に留まった。中でも梁振英行政長官の初年度である二〇一二―一三年度は四五・八三%と、半分以上の法案が廃案または棚上げとされている[28]。日本の民主党政権末期にあたり、「ねじれ国会」による「決められない政治」が批判されていた二〇一二年通常国会の法案成立率が五七%であるので[29]、香港では返還後一貫してそれに近い状況が続いていたと言える。「行政主導」の強い政府というより、むしろ政府の弱体化が問題となったのである。

これは明らかに北京にとっては誤算というべき状況であった。しかし、この状況もまた、これまで述べてきたような制度の直接の産物であるとも言える。「行政主導」の体制の下で、政策立案の権限を与えられない立法会の役割は、政府法案や政策に対する諾否を表明することに留まる。しかし、権限が限られているからむしろ、立法会は政府を監視する役割を十全に発揮しようとした。「超然内閣」は政府に対する政党の影響を排除したが、それは裏を返せば立法会が「オール野党」となることを意味した。この制度下で、財界の保守派や、共産党支持の左派が、優遇された選挙制度を背景に、親政府派として政府与党的な役割を果たすことが期待された。しかし、立法会議員が政府高官を兼職できない制度である以上、親政府派も制度上は野党ということになる。しかも、親政府派には、イデオロギー的には返還前には親英派であった保守的な資本主義者の財界人から反英派で共産党寄りであった左派の学校関係者や労組メンバーまで、社会階層的にはセントラルの金融街のエリートから新界の伝統的農村のグループまで、背景や政策の志向性において民主派以上に多様な者が含まれる。このため、政策によっては親政府派の内部対立や、一部の勢力が政府と対立する事態が生じた。特に不人気の政策においては、親政府派も政府支持という汚れ役を演じることを嫌った。自身の選挙区や業界団体の有権者へのアピールのために、議員たちは政府に批判を浴びせ、法案に抵抗したり、修正を求めたりする場面が日常的に見られた。イアン・スコットは、このような行政が立法の協力を得られない政治体制を「脱臼した（disarticulated）政治体制」、即ち機関と機関を結ぶ関節が外れた体制であると評している。(30)「行政主導」体制の下、行政機関は立法会に対して相対的に大きな権力を制度上与えられているが、立法会を政策過程から排除する制度と、政党を行政機関から排除する制度の結果、逆に政府が立法会を制御する手段もないのである。

(2) パッテン改革と臨時立法会による制度変更

返還後の香港政治には、こうした中央政府が制定当時に想定しなかったような制度の機能不全に加え、それを一因とした突発的な政治問題がしばしば発生した。中央政府は政治危機が発生するごとにそれを理由として介入し、「基本法」の枠内あるいは枠外で強力なルールや制度を新たに定め、香港の民主化問題の方向性に大きな影響を与えてきた。そうした介入が最初に行われたのは、返還直前のいわゆる「パッテン改革」への対応であった。

前述の通り、天安門事件の直後、英国政府は北京と普通選挙の議席数を増やす交渉を行うなど、中国との協調を大前提として対応した。しかし、この状態が返還まで続いたわけではなかった。前述のような姿勢は対中弱腰との非難が英本国や香港で高まり、ウィルソン総督は更迭され、一九九二年に「最後の総督」としてクリス・パッテンが就任した。パッテンは就任後間もなく一九九五年の立法評議会議員選挙の方法を改革し、普通選挙に近い方法で選出される議席を大幅に増やす提案を行った。具体的には、職能別選挙枠は前回一九九一年の二一議席から三〇議席に増員されることとなっていたため、新設の九議席については対象業界の一般職員にまで投票権を与え、有権者数を飛躍的に増加させた。選挙委員会の選出枠(一〇議席)については、普通選挙で選出された区議会議員が互選する制度とした。普通選挙枠(二〇議席)は小選挙区制を採用した。こうして、立法評議会の大部分の議席が、幅広い民意を反映する方法で選出されることになったのである。

しかし、中国政府はこの改革が「中英共同声明」・「基本法」・中英間の合意に違反しているとして、パッテンを激しく非難した。中国政府は対抗手段として一九九三年七月、香港特別行政区準備委員会予備工作委員会を設置し、一方的に返還後の選挙方法や政治体制についての検討を開始した。ここに到って中英協調は終結した。予備工作委員会が設けられたことによって二重権力状態が生じ、パッテンは早期からレームダック化することとなった。

パッテン改革により、香港の民主化は一時的に大幅に前進した。改革の実行後の一九九五年に行われた立法評議会議員選挙では民主派が過半数の議席を獲得した。しかし、長期的に見れば、パッテン改革は返還後の民主化にとってはマイナスとなった可能性もある。中国政府はパッテンの違反を理由に、一九九五年選出の立法評議会を返還後の第一期立法会として受け入れるという「直通列車方式」を放棄し、返還と同時に立法評議会を解散したからである。

このことは結果的に、返還後の選挙制度の細部について具体的に決定する際、中央政府に大きなフリーハンドを与えることとなった。「中英共同声明」と「基本法」の制定によって、政治体制の大きな枠組みはすでに定められていたが、具体的な選挙方法や選挙区の区割りなど、細部の規定は未定であった。仮に「直通列車方式」が実現していれば、返還後も一九九五年時点の制度がそのまま採用されるか、少なくとも議論の土台となったはずであると想定できる。例えば、マカオでは「直通列車方式」が採用され、一九九六年選出の立法会議員が二〇〇一年まで議員を務めた。マカオの民主化の歴史は香港より少し古く、一九七四年のポルトガル革命の影響で誕生した政権の影響の下、一九七六年から直接選挙・間接選挙・総督委任の三枠によって議員が選出されている。マカオでは返還後の立法会でもこの三枠の構成が維持されているだけでなく、直接選挙枠の選挙制度も、一九九一年に導入された比例代表の改良ドント式が返還後もそのまま使用されている。[31] つまり、マカオの場合、選挙制度の細部までがポルトガルの遺産である。これに対し香港の場合、一九九四年一一月に中国政府は予備工作委員会に選挙事務研究小組を設け、新たに返還後の選挙制度の検討に入った。

予備工作委員会は大陸側メンバーと香港側メンバーの混成であったが、香港側メンバーは北京との関係が近い財界人等の親北京派で構成され、民主派は除外されていた。選挙事務研究小組の招集人を務めた政治学者の劉兆佳は、一九九八年の第一期立法会議員選挙の選挙制度は主に中国の「お手製」であり、中国の政治的立場を忠実に反映していると述べる。劉兆佳に拠れば、共産党政権は自律的な政治団体を恐れており、行政機関を妨害するような強大な政党が香港に登場することを許さなかった。このため、普通選挙や民主化に対して疑念を持っており、一九九一年・一九九五年の立法評議会選挙で生じたような民主派の地滑り的勝利は受け入れがたい結果であった。委員会は選挙制度の検討に入るや、パッテンが採用した小選挙区制を早々に選択肢から排除した。立法会の選挙方法としては比例代表制が採用され、当落を決定する計算方法については、「最大剰余方式」という、小政党に最も有利な選挙方法が採用された。[32] このことで、大規模な政党が誕生することが妨げられた。当時の情勢から見て、大規模政党の排除とは、民主派、とりわけ民主党の掣肘を意味した。

一方劉兆佳は、香港側メンバーは中国政府の態度が明確な問題についてはそれに従っていたものの、そうでない場合は論争が存在したと述べており、立法会の普通選挙枠の選挙方法についてはかなりの論争があったと指摘する。委員会の大多数は香港を定数四－五の選挙区に分ける中選挙区制を支持していたが、準備委員会の最終報告は、劉兆佳が驚いたことに、中選挙区制と比例代表制を併記した。比例代表制が国際的にもより普及しており、中国と香港の国際イメージを心配した中国政府の高官が、最終局面で干渉してきたのではないかと劉兆佳は推測する。ただし、中選挙区制の支持者に配慮して、香港全体を五つの選挙区（香港島・九龍西・九龍東・新界西・新界東）に分け、比例代表制ながら、個人でも一人だけが登載された名簿によって出馬できるようにした。[33] この選挙制度の採用は、後の返還後の香港政治に、中央政府も想定しなかったような副作用をもたらすことになる。

職能別選挙についても、中国政府はパッテンの提案は、職能団体が議員を選出することを想定した「基本法」の立法原意に合わないと非難した。九つの枠の一部は存続し、一部は改変され、一部は廃止されることとなったが、いずれも有権者数一〇六万人以上を抱えた新設九枠について、予備工作委員会は返還後の改変を明言した。有権者資格を厳しく限定する方式が採用され、九枠の有権者数は合計一万人足らずまで減らされることとなった。[34]

一九九七年七月一日、返還と同時に立法評議会は解散され、すでに返還前から深圳で活動を開始していた、「基本法」に規定のない「臨時立法会」が議会として機能することとなった。臨時立法会のメンバーは全員、初代行政長官を選出した推選委員会によって選出され、普通選挙はもちろん、間接選挙も一切行われなかった。それまで進められてきた香港の民主化は返還と同時に一時停止し、大幅に後退した。民主党などの民主派の主要政党は臨時立法会が非民主的であることを理由に抗議してボイコットしており、臨時立法会はボイコットに同調しなかった少数の非主流民主派を除き、九割以上の議席が親政府派で構成されることとなった。事実上ゴム・スタンプ化した臨時立法会は、前述の立法会の新しい選挙制度を一九九七年九月に採択した。臨時立法会は一九九八年四月に解散され、五月に立法会議員選挙が行われ、当初予定より一年遅れて第一期立法会が成立した。ここでは普通選挙も行われ、民主派も議席を獲得した。しかし、選挙制度の大幅な変更により、民主派の勢力伸長は表6の通り、抑制された。

普通選挙枠の比例代表制・最大剰余方式や、職能別選挙の有権者数の厳しい制限は、その後の選挙でも維持

表6　パッテン改革前後の選挙制度

		普通選挙枠	職能別選挙枠	選挙委員会選出枠	その他	合計
1991 選出立法評議会	選挙制度	2議席2票制（定数2の選挙区を9区、有権者は2票まで投票可能）	21の職業別の枠、特定の職業資格などを持つ者だけに投票権	（存在せず）	総督1、長官3、総督委任17	
	民主派議席数／定数	17/18	6/21	−	0/21	23/60
1995 選出立法評議会（パッテン改革）	選挙制度	小選挙区制（20の選挙区）	9の職能別選挙枠が新設され、新設9枠では業界の一般職員にまで有権者資格を賦与、9枠の有権者数合計1,064,757人	普通選挙で選出された区議会議員による互選	（存在せず）	
	民主派議席数／定数	17/20	10/30	4/10	−	31/60
1998 選出第1期立法会	選挙制度	中選挙区制（5選挙区、各区定数3～5、比例代表最大剰余方式）	新設9枠の有権者資格を厳しく限定、有権者数合計9,782人に縮小	800人の行政長官選挙委員会メンバーが投票	（存在せず）	
	民主派議席数／定数	15/20	5/30	0/10	−	20/60

出所：職能別選挙有権者数のデータは馬嶽『港式法團主義：功能界別25年』、香港城市大學出版社、2013年、20ページより、筆者作成。

された。「中英共同声明」によって規定された「現状維持」即ち英国が残した制度の温存と、「五十年不変」即ち返還後五〇年間は制度を変更しないことを旨とする枠組みの拘束は、過去の制度を踏襲する経路依存を導きやすい構造であると考えられるが、中国は少なくとも返還後の立法会の選挙制度の構築にあたっては、返還前の制度に縛られることなく、一から作り直すことが可能となったのである。

また、臨時立法会はその活動期間中、天安門事件後の香港で行われた各種の人権保護の法整備の効果を打ち消すような法改正を行った。特に、天安門事件後に「公安条例」が改正され、デモ・集会が届け出制に変更されていたものを、臨時立法会が再び許可制に戻したことは、後の社会運動の激化の時期において「無許可集会」の名目で多くの者を検挙するための根拠を与えた。この改正は、警察からの「不反対通知書」なしにデモを行った者に対して、最高五年の刑を科すと定めた。二〇一九年まではこの罪状での判決は罰金刑、保護観察、執行猶予つき懲役刑などであったが、二〇一九年の抗議活動以後は、全ての無許可集会罪に懲役刑が科されている。(35)

(3)「五〇万人デモ」と全人代常務委員会の「基本法」解釈

一九九八年の返還後初の立法会議員選挙の後は、「基本法」が第二期行政長官選挙(二〇〇二年)と第三期立法会議員選挙(二〇〇四年)までの選挙制度をすでに定めていたため、既定路線に沿って選挙が行われた。立法会の普通選挙議席数は、第一期の二〇から、第二期に二四、第三期に三〇と順に増加し、民主化も再度始動した。しかし、新しく成立した香港特別行政区政府は、返還直後こそ順調な返還を成し遂げて安定した支持を得たが、アジア通貨危機のあおりを受けた不景気や様々な失政によって急速に支持を失った。二〇〇〇年頃には、董建華行政長官の辞職を求める集会やデモも発生する状況となった。これは、ロンドンから総督が派遣されていた時代には決して考えられなかった展開であった。

民主派は「基本法」を修正し、普通選挙を早期に実現するよう求めていたが、政府はこれを無視していた。しかし、二〇〇七年以降の選挙制度については、「基本法」には「順を追って漸進し、最終的に普通選挙に到る」との規定があるのみで、行政長官選挙委員会の人数や構成、立法会の議席数や選挙方法など、具体的な選挙方法は毎回の選挙の際に決定する必要があった。「基本法」の既定路線にしたがって粛々と選挙制度を定めて行けばよかった返還後最初の一〇年が終わり、香港の選挙制度は未知の時代に入って行こうとしていたのである。

そうした二〇〇七年以降の選挙制度の議論に入ることを前にした二〇〇三年、香港では巨大な政治問題が出現した。董建華行政長官への不満が蓄積された状態で、香港政府は中央政府の意を受けて、「基本法」第二三条の定めによって香港に義務づけられている治安立法「国家安全条例」の制定手続きを開始した。言論弾圧や思想統制を恐れる民主派や市民の間で、この「二三条立法」に対する反対や懸念の声が日増しに高まる中で、政府はむしろ急ぎ条例の制定を目指した。しかし、折悪しく二〇〇三年春に新型肺炎SARSが流行し、香港は世界各国・地域で最多の三〇〇人の死者を出した。経済も大打撃を受けたが、政府は疫禍を顧みずに条例の立法作業を加速し、同年七月九日の立法会で採決し、成立させることを目指した。これに市民の怒りが爆発し、七月一日に民主派が発動した「二三条立法」反対デモは、主催者側発表五〇万人規模にまで膨れ上がった。それでも政府は条例に一部修正を加えた上で立法を実現しようとしたが、巨大デモを前に、八議席を擁する親政府派の自由党が審議延期を主張するに至った。これによって民主派と合わせて過半数の議員が立法反対となり、審議入りは不可能になった。「国家安全条例」は最終的に廃案に至り、立法は長期にわたり先延ばしされたままとなった。親政府派の自由党の「裏切り」も、香港の政治体制の特性によってもたらされた、政府の想定を超えた事態であったと言えるであろう。提出される法案の起草に直接関与できない立法会議員には、政府法案を支持する制度的な拘束力や義務は極めて弱いからである。

巨大デモによって「国家安全条例」の審議を食い止めることに成功した民主派は勢いづき、余勢を駆って二〇〇七年以降の民主化の議論を展開した。民主派は二〇〇七年の行政長官普通選挙、二〇〇八年の立法会全面普通選挙を求める運動を開始したのである。

ここに至って中央政府が介入した。二〇〇三年一二月以降、中央政府関係者は香港の選挙制度の決定には北京が最初から主体的に関与すると強調し始め、「愛国者による香港統治」の必要性を強調する論陣を張って民主化論議をかき回した。そして二〇〇四年四月六日、全人代常務委員会は「基本法」解釈という方法で、選挙制度改革についての手続きを事実上根本的に変更する手続きを行った。

「基本法」は選挙方法の改正手続きとして、改正の必要がある場合には、改正案を①香港の立法会の三分の二で可決し、②行政長官がこれに同意し、③全人代常務委員会が批准（行政長官選挙の場合）または記録に留める（立法会選挙の場合）という三段階の手続きを明記していた。このため、「基本法」解釈以前には、香港の親政府派・民主派ともこの文言を踏まえ、まず香港で案を作成し、中央政府が最終判断を下すという手続きを想定していた。しかし、全人代常務委員会は「改正の必要がある場合には」との語句を解釈し、「まず改正の必要の有無を全人代常務委員会が判断する」との手続きを定めた。解釈によって、改正の是非をまず香港行政長官が北京に打診し、続いて全人代常務委員会が改正を可とするとの決定を下さない限り、前述の①から③の香港内部の手続きに進めないことが、制度として定められた。(36)

これによって、中央政府は香港の民主化のペースについて、常に主導権を握れる地位を確保した。そればかりか、主導権を握った中央政府はこの枠組みを用い、選挙制度の内容を自ら定めるようになった。「基本法」解釈が発表された直後の四月二五・二六日の全人代常務委員会において、香港の二〇〇七年・二〇〇八年普通選挙問題が審議された。全人代常務委員会は条件が整っていないとして普通選挙を不可とする決定をしたのみならず、二〇〇八年の立法会議員選挙においては、普通選挙と職能別選挙がそれぞれ半数ずつという比率を変更しないことと、「選出枠別票数計算」制度を変更しないことを決定した。民主化を実質的に進展させることは禁じられた。

全人代常務委員会による決定手続きは、これ以後制度として定着した。この枠組みに基づいた香港の選挙制度の改革に関する全人代常務委員会の決定は合計三回（二〇〇四年、二〇一〇年、二〇一四年）行われたが、いずれも全人代常務委員会が改革の「必要性の判断」の時点で、普通選挙の可否や選挙委員会の構成、普通選挙議席が全体に占める割合などの、選挙制度の比較的細部にまで、事前に決定を下している。振り返ってみると、中央政府の主導権獲得にあたり、二〇〇四年は決定的に重要であった。全人代常務委員会の「基本法」解釈と決定により、これ以降の選挙制度決定を中央政府が主導する仕組みが一気にできあがったためである。そのインパクトは「中国式解釈改憲」とも言うべきものであった。

その引き金となったのはもちろん「五〇万人デモ」であったが、同時に重要な要因であった可能性があるのが台湾との関係である。「一国二制度」は、そもそも中国政府が台湾を平和統一するために考案された方式であり、香港での適用を成功させて、台湾に対するモデル効果を発揮することが想定された。返還直後に香港の「高度の自治」が比較的尊重された要因として、国際社会および台湾に対するモデル効果を中央政府が期待したためという説明がしばしばなされる。しかし、台湾では「一国二制度」はほぼ全く魅力的に映らなかった。返還直後の一九九七年八月一日に台湾の行政院大陸委員会が実施した民意調査では、「香港と似た方式で台湾を統治することは受け入れられますか」との問いに対し、八六・八％が「受け入れない」と回答した。[37] その後も「一国二制度」が台湾にとって有力な統一のモデルと見られることはほぼなく、特に民進党は国民党に対するネガティブ・キャンペーンの方法として香港の事例を引き、香港の「一国二制度」は、台湾からはむしろ避けるべき未来像と見なされるに到ってしまったのである。

香港が台湾にとってモデルと見られなくなった根本的な理由として、香港の民主化の遅れがある。米国のNGOフリーダム・ハウスは、毎年世界の自由調査を行っている。この調査では、各国・地域の政治状況を様々な項目から評価し、最終的に選挙権や被選挙権などの参政権に関する「政治的権利（PR: Political Rights）」と、報道や結社などの自由に関する「市民的自由（CL: Civil Liberty）」の二大カテゴリーについて、それぞれ一点（最良）から七点（最悪）までの七段階評価を行っている。調査開始時点からの香港と台湾の毎年のPRとCLの平均値が図4である。

台湾は一九八〇年代半ばまで国民党の独裁政治が続き、多数の死者を出すような弾圧も珍しくなく、フリーダム・ハウスの評価も極めて低かったが、漸進的民主化で年々評価を上げた。一九九六年に総統の直接選挙が実現すると、その後はほぼ安定して完全な民主主義体制との評価を受け続けている。一方の香港は、一九八〇年代半ばまで台湾よりも高く評価されていた。前述の通り、一九八〇年代初頭までは香港では普通選挙が一切行われていなかったので、当時の香港への評価、特にPRが高評価をされていることについて筆者には違和感もあるが、香港がすでに当時から高度の言論の自由と多様性がある土地であったことは事実であり、民主化「第三の波」以前の時代の評価基準では、相対的に容認されうる状況と見られたのかもしれない。しかし、その後の香港の民主化は遅々たる歩みであり、一九九〇年には初めて台湾に抜かれ、九〇年代半ば以降の二〇年以上にわたり、台湾の

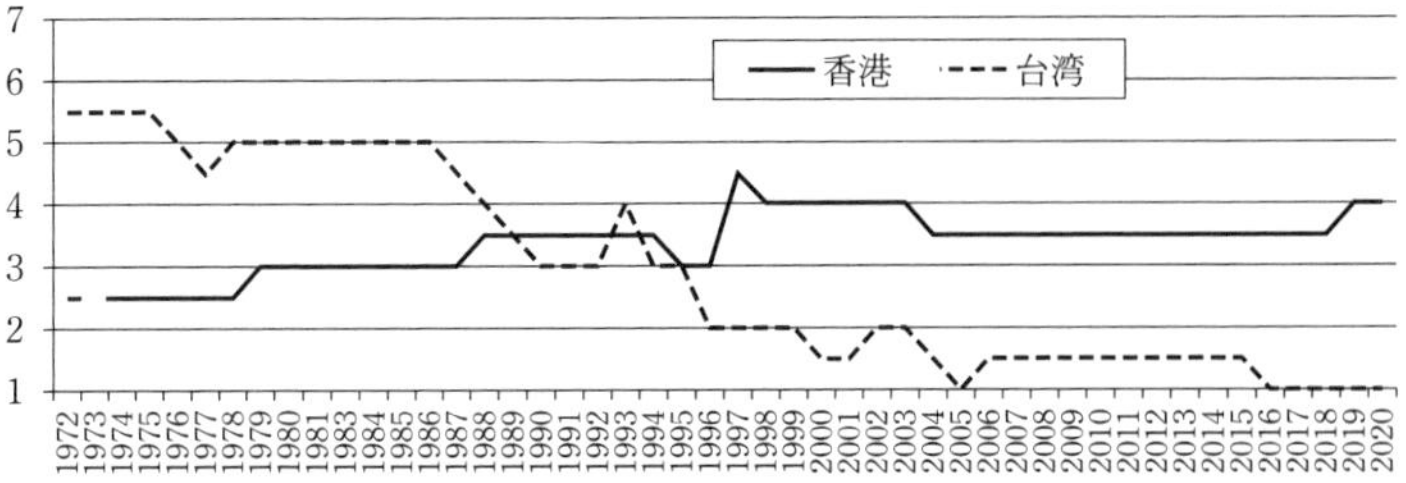

注 1　一部の調査では、例えば 1981 年 1 月～ 1982 年 8 月と、1982 年 8 月～ 1983 年 11 月と、調査対象期間が 2 つの年にまたがっているが、その場合この図ではより長い期間が属する年を表示した。このため 1982 年は図上では表示されていない。

注 2　1973 年の香港は調査対象外。

出所：'Freedom in the World', Freedom House より筆者作成（https://freedomhouse.org/sites/default/files/2021-02/Country_and_Territory_Ratings_and_Statuses_FIW1973-2021.xlsx、2021 年 5 月 28 日閲覧）。

図 4　香港と台湾の自由度の比較

ほうが高く評価される状態になっている。返還の時点ではすでに台湾との比較で見て、明らかに香港の民主は見劣りする状態になってしまった。二〇一九年には、「逃亡犯条例」改正反対運動の弾圧を受けて香港の自由度の評価が引き下げられ、両地の差はさらに拡大した。一九八四年の中英交渉妥結当時、即ち香港への「一国二制度」の適用決定時点では、中国政府もこのことを予見できなかったかもしれない。

そうした中で、二〇〇〇年には台湾で独立派の民進党政権が誕生し、中国政府の対台湾政策は、統一の実現から後退した独立の阻止へと目標を定めねばならなかった。香港の普通選挙問題をめぐり、北京が具体的に動いたタイミングは台湾の選挙の直後であった。二〇〇四年三月二〇日に陳水扁総統が再選されると、三月二六日、全人代常務委員会は突如「基本法」の解釈を実施すると予告し、四月六日に解釈の内容を発表した。陳水扁の再選が、中央政府が香港の台湾へのモデル効果をある程度断念し、香港の政治問題の処理を優先する方向に転換したことを象徴するタイミングとなったとも見える。

（4）中港蜜月期における北京と民主派の妥協

前述の通り、二〇〇四年四月に全人代常務委員会は、二〇〇七年・二〇〇八年の普通選挙を認めないが、選挙方法の微修正は可能との決定を下した。香港政府はこれに基づき、行政長官選挙においては現行八〇〇名の選挙委員会を一六〇〇名に拡大すること、立法会議員選挙では、現行の普通選挙三〇議席＋職能別選挙三〇議席の合計六〇議席から、それぞれ三五＋三五の七〇議席に増加することが提案された。その際、一六〇〇名の選挙委員会には五二九名の区議会議員を全員入れる、新設される五つの職能別選挙枠で選出される立法会議員は全員区議会議員の互選で選出するとされた。政府は、普通選挙で選出されている区議会議員が大きな役割を果たすようになることで政治体制の民主的要素が増えると主張し、民主派の説得を試みた。しかし、民主派は第一に、普通選挙をいつ実現するかが明言されていないこと、第二に、五二九名の区議会議員のうち、行政長官の委任など、普通選挙で選ばれていない一二九名の議員が存在することを理由に、政府案反対を表明した。結局一二月二一日の立法会で、政府案は民主派から一票の支持も得られず、そのため可決に必要な三分の二の賛成を得られず、廃案となった。

他方、二〇〇五年以降、政治情勢は好転していた。不人気の董建華行政長官は同年三月に事実上更迭され、経済の「中港融合」政策導入に伴い、景気も回復していた。中港蜜月期の二〇〇七年に行われた行政長官選挙は、政府・民主派・市民の和解を象徴する結果となった。返還後の二〇〇二年には行政長官選挙、二〇〇五年には董建華の辞職に伴う行政長官補欠選挙が行われたが、この二回はいずれも親政府派候補の無投票当選となった。行政長官選挙に出馬するためには選挙委員会で八分の一以上の指名を集めることが必要とされていたが、八〇〇名の委員のうち二〇〇二年は北京が支持する董建華が七六二名から、二〇〇五年は曽蔭権（ドナルド・ツァン）が七一四名から指名を受けたため、他の候補は出馬する余地もなく、無投票当選となっていた。民主派は当初、行政長官の選挙制度の非民主性を非難し、選挙をボイコットしていたが、その後、民主派は無投票当選を阻止するために選挙委員会選挙に積極的に参加する方針に転じ、二〇〇六年の選挙委員会選挙で一〇〇名を超える当選者を確保した上で、二〇〇七年の行政長官選挙では初めての民主派候補として、公民党の梁家傑（アラン・リョン）立法会議員を擁立した。

こうして二〇〇七年の行政長官選挙は、返還後初めての「競争ある選挙」となった。その展開と結果は中央政府にとって理想的と言えるものであった。一般市民には投票権がないにもかかわらず、テレビ討論会やポスター掲示などの選挙戦が展開され、民主的な選挙の雰囲気が醸成された。選挙委員会は親政府派が大多数を占めるため、現職の曽蔭権が圧勝したのは当然であったとしても、経済政策に強い元高官という肩書きが好感されていた曽蔭権は、世論調査においても梁家傑を上回る支持を得ていた。香港大学民意研究プロジェクトが選挙直前のテレビ討論会直後に行った、仮に明日あなたが投票するとすればと問う電話調査では、曽蔭権に投ずるとした者が六四・八％に達したのに対し、梁家傑に投ずると述べた者は二一・九％に留まった[38]。中央政府は、自身が支持する候補が確実に当選する制度の下で、香港の民意を満足させ、国際社会にも民主化の進展を印象づけることに成功したのである。

この結果が示すとおり、当時の政治状況では、仮に普通選挙を実施しても、香港市民は中央政府との関係を重視して現実的な選択をし、民主派を行政長官に選出することはないであろうとも言われた。このため、中央政府の態度は軟化した。二〇〇七年一二月二九日、全人代常務委員会は二〇一二年の行政長官・立法会議員選挙について、行政長官は普通選挙をしない、立法会は普通選挙と職能別選挙がそれぞれ半数ずつの議席を占めるという比率を変えないという前提の下でのみ改革を行えるとの決定を下した。ただし、同決定は同時に二〇一七年に行政長官普通選挙、それ以後に立法会全面普通選挙を行うことを可とするとも付け加えた[39]。これは、中央政府が「基本法」の「最終目標」である普通選挙の実現時期を初めて明言した、画期的な出来事である。これによって、二〇一二年の選挙は、普通選挙に到る中間地点と位置づけられることとなった。

この全人代常務委員会の決定に対して、民主派の内部にはジレンマが生じた。二〇一二年の選挙について全人代常務委員会が下した決定は保守的なものであり、かつて二〇〇七年・二〇〇八年の選挙制度改革を否決した民主派にとって、容易に受け入れられるものではない。しかし、二〇一七年の普通選挙への過渡期とも言うべき二〇一二年の選挙制度の改革を否決すれば、中央政府は二〇一七年の普通選挙も方針転換して取りやめにする可能性があった。二〇〇四年の中央政府による主導権の確立以来、香港の民主化においては中央政府に対して強硬な態度をとるべきか、穏健な態度をとるべきか、確実な正解のない条件下で、民主派には常に論争が生じていたのである。

こうした民主派の内部対立は、選挙制度によっても助長されていた。前述の通り、返還後の立法会議員選挙の普通選挙枠では、五つの中選挙区の比例代表制が採用されていた。定数が合計わずか二〇から三五に過ぎない普通選挙枠を五区に分割するので、各選挙区の定数は最小で三(一九九八年の九龍西および九龍東選挙区)、最大でも九(二〇一二年・二〇一六年の新界西および新界東選挙区)と、比例代表制としては非常に小さく、名簿順位下位の者には当選の可能性が低い。加えて、当選者の決定に採用されている最大剰余方式は、名簿下位の者の当選確率をさらに低くする計算方式であった。かつ、名簿は政党別ではなく、番号のみで特定される。通常の比例代表制のように各政党が各選挙区に一枚ずつの名簿で選挙に出るという方法だけでなく、①単一の政党が複数の名簿に候補者を分けて擁立するか、②友好的な複数の政党が名簿を統一するという、二つの方法をとることもできた。

各政党がこの制度に習熟し、適切な戦略を立てるようになるまでには、数回の選挙を要した。この制度の下では、①の場合、うまく票を配分すれば効率よく議席を増やせるが、失敗すれば共倒れを招く危険性があった。また、同じ親政府派・民主派同士はおろか、同一政党内でも同じ選挙区で複数の候補が競い合うことになるため、陣営・政党内での内紛を惹起する構造であった。他方、②の場合、親政府派と民主派の二陣営に明確に支持が分かれている香港においては、有権者の票と陣営内各政党の力を団結させ、内紛や共倒れを防げる一方、名簿下位ほど不利に計算される最大剰余方式の下では、多数の議席を得るには不利であった。返還初期の選挙においてはそれぞれに利弊のある二つの戦略がいずれも試行されたが、次第に①のほうがより合理的であることが常識となっていった。②の失敗例として、二〇〇四年立法会議員選挙の新界東選挙区における民主派の合同名簿がある。同選挙では、民主派は「五〇万人デモ」の余勢を駆って過半数の獲得を目標としていた。多数の政治勢力を包含する民主派の内部では、政党間協力による民主派全体の議席数の増加が課題であった。新界東では、二〇〇二年に成立したNGOである民主発展網絡の朱耀明主席が仲介し、民主党・前線・基本法四五条関注組など、当時の主要な民主派政党・団体の者が全て同一の名簿に名を連ねる「ダイヤモンド名簿」が結成された。目標は同区の七議席のうち四から五議席の獲得であった。しかし、結局同名簿は三名の当選にとどまり、名簿順位四位の民主党の現職議員が落選した。同じ二〇〇四年選挙では①の成功例も現れた。新界東から出馬した、民主派主流よりも過激な社会運動家として知られた梁国雄は「ダイヤモンド名簿」に加わらず、独自の名簿で出馬・当選した。新界西選挙区では民主党が二枚の名簿に分けて候補を擁立し、いずれの名簿も首尾良く一名ずつ当選した。

こうした経験もあり、やがて各政党は名簿を細かく分割する戦術を多用するようになっていった。その結果、二〇〇八年の選挙で民主派から一名、親政府派から二名の名簿順位二位の候補が当選したのを最後に、以後二回の選挙では、普通選挙枠三五名の当選者は全員それぞれの名簿順位一位の者となった。つまり、有権者が政党を選び、政党の得票に比例して議席を配分するという比例代表制の特徴は失われ、事実上、かつての日本の衆院選で採用された中選挙区制に近い制度による選挙に転じたといえる。こうした制度は多数の小政党の乱立をもたらした。大政党の団結のメリットが少ない一方で、小政党にも下位当選のチャンスが開かれていたし、そもそも過半数の議席を得ても政権獲得ができない制度において、政党・政治勢力は妥協して大同団結する多数派工作の動機を欠いたのである。

このように、民主派内部で中央政府・香港政府との距離の取り方をめぐる穏健派と強硬派の対立が絶えなかったこと、さらに、選挙制度が小政党に有利であることから、民主派は徐々にカラーの異なる小政党の乱立状態に陥っていった。返還前には、小政党も存在したものの、天安門事件への抗議活動を背景とする民主党が最大政党として大きな力を持った。しかし、返還後は民主派内部で新興勢力が次々と誕生し、多極化が進んだ。二〇〇三年の「二三条立法」反対運動から弁護士などを核とする二三条立法関注組（監視グループ）が誕生し、これが行政長官普通選挙を規定した「基本法」四五条にちなむ基本法四五条関注組を経て、二〇〇六年に公民党へと発展し、民主党に匹敵する勢力を持つに至った。

一方、議場で大声を出したり、物を投げたり、政府案に膨大な数の修正案を提出したり、延々と発言したりして議事進行を妨害するような急進勢力も出現した。二〇〇六年結成の社会民主連線（社民連）や、二〇一一年結成の人民力量がその代表格である。過激行為は決して香港の多数派の支持を集めているとは言えず、政党支持率を見れば、民主派の過激勢力は相対的に低い評価が続いた。しかし、小政党を過度に優遇する選挙制度の下、条件次第では有権者全体の一割以下の支持でも一議席を獲得できてしまうため、少数の者から熱狂的に支持されるような極端な政策を志向する政党が出現したのである。こうして、返還後は民主派内部の多様化が進み、二〇〇四年頃からメディアは「泛民主派（広義の民主派）」という呼称を、民主派全体を指して使用するようになった。

このような状況の中で、二〇一二年の選挙制度が議論されることとなった。政府は二〇〇九年一一月一八日、市民に対する選挙制度についての諮問を開始すると同時に、この時点での政府案を市民に示した[40]。行政長官選挙については、従来の①財界、②専門職、③労組・社会福祉・宗教など、④政界の四つのカテゴリーから各二〇〇名、合計八〇〇名の選挙委員会について、政府は各枠一〇〇名ずつ、計四〇〇名増員し、委員会を一二〇〇名に拡大することを提案した。立法会については、普通選挙と職能別選挙の議席数を同数に保つとの全人代常務委員会の決定に基づき、現行の普通選挙三〇議席、職能別選挙三〇議席の合計六〇議席を、それぞれ五議席ずつ増員して三五＋三五の七〇議席とすること、このうち職能別選挙枠については、増員分の五議席と、従来の区議会枠一議席の合計六議席について、民選の区議会議員の互選とすることを主な内容とする提案を行った。民選の区議会議員がより多くの立法会議員の選出に関わることで、職能別選挙枠の拡大でありながら、実際には間接的に民主的要素を増やすことになるというのが政府の論理であった。二〇〇五年に民主派が廃案に追い込んだ政府案と比較すると、委任枠の区議会議員が排除されているが、大枠では非常に類似した提案であった。

このため、二〇〇七年の全人代常務委員会の決定に対する民主派の受け止め方は複雑であった。当初民主派は、求めてきた次回二〇一二年選挙の普通選挙化を却下されたことを不服とし、二〇〇八年一月にかけてハンガーストライキを発動して中央政府に抗議した。しかし、民主派はやがて二つの立場に分かれていった。このうち社民連は、普通選挙の実施について住民投票によって決すべきとの意見を持っていたが、政府は「基本法」に住民投票について規定されていないことなどを理由に、この提案を拒絶した。(41)そこで社民連が考案したのが「擬似住民投票」という方法であった。立法会普通選挙枠の全五選挙区について各一名ずつ民主派立法会議員が辞職すれば、一議席を争う補欠選挙が全香港で実施される。この補選での民主派の勝敗を事実上の住民投票の結果と見なすという案であった。この案は五議席を擁する民主派第二党である公民党の同調を得た。社民連・公民党の五議員は二〇一〇年一月二六日に辞職願を提出し、その後実施される補欠選挙は「できるだけ早く真の普通選挙を実現し、職能別選挙を廃止する」ことへの可否を問う擬似住民投票となると宣言した。

社民連・公民党の当初の計算では、親政府派がこの補欠選挙に候補者を送り、民主派と親政府派の一騎打ちが全香港五選挙区で展開され、実際に住民投票に類似した構図が描かれると想定されていた。しかし、親政府派はこの補欠選挙をボイコットした。親政府派が議席を増やすチャンスである補選を自ら放棄した原因は中央政府の圧力であった。中央政府は、住民投票は独立を目指す行為と見なして大いに警戒した。台湾の将来を台湾の意思で自決すべしとの主張に基づき、台湾独立派の民進党政権がかつて台湾で住民投票を実施したという経緯があるためである。新華社は一月一五日、住民投票は「基本法」違反であり、香港社会の政治的安定や経済発展に悪影響を与えるなどとする港澳弁と中連弁のコメントを報じ、社民連・公民党を強く非難した。(42)ボイコットの決め手となったのは、社民連・公民党が一月二二日、「全民起義」をこの運動のスローガンとすると発表したことであった。「起義」は歴史的に武装蜂起の意で使われてきた言葉である。公民党の余若薇（オードリー・ユー）議員は、「全民起義」(43)は不公平な制度に対して立ち上がるとの意味であり、香港独立を意図するものでは決してないと釈明したものの、中央政府はこの運動が政権を武力で打倒することを画策していると疑って激怒し、親政府派に補選のボイコットを求めたと報じられた。(44)この後、親政府派は相次いで補選に候補者を擁立しないことを決定した。結果として五月一六日の補選は、辞職した五議員が再選を目指して立候補したほかには泡沫候補しか出馬せず、五議員が当選して議席を回復したのみという無味乾燥な結果に終わった。親政府派候補の退場によって、補選は意見表明の場としての意義を半減させることとなり、「擬似住民投票」の意味合いは大いに薄められ、投票率も一七・一九％に留まった。

いずれにせよ、急進派は「擬似住民投票」をめぐって中央政府・香港政府と徹底的に対立した。彼らは二〇一二年選挙の政府案においてはこれに反対し、否決に追い込むという路線を必然的に選択することとなった。

一方、穏健民主派は、抗議の辞職や擬似住民投票という方法から距離を置いた。社民連が擬似住民投票を提案した後、民主党はこの運動への不参加を決定した。何俊仁（アルバート・ホー）民主党主席は「今日の香港は中国共産党の解放軍に包囲された無力な状態にあり、民主派の抗争は環境の限界を考慮せねばならない、つまり、一時の過激でロマンチックな盲目的冒険により一か八かの勝負に出るべきではなく、根気や意志を欠いて軽々しく諦めて集団辞職するべきでもない」と述べ、集団辞職と擬似住民投票の運動を批判した(45)。穏健民主派は終極普選連盟（普選連）を結成し、二〇一七年の行政長官普通選挙の指名のハードルを高くしないこと、二〇二〇年立法会全面普通選挙の際には職能別選挙を全廃すること、二〇一二年・二〇一六年の選挙では民主的な要素を拡大することを中央政府・香港政府に求める「政治体制改革宣言」を発表した(46)。

普選連のこの宣言は、「基本法」や二〇〇七年の全人代常務委員会の決定と矛盾せず、中央政府にとっても受容可能なものであった。また、穏健民主派が擬似住民投票に参加しなかったことは、中央政府に肯定的に受け止められた。ここに、中央政府と穏健民主派の対話の余地が生じた。穏健民主派の賛成があれば、急進民主派が反対票を投じても、二〇一二年選挙方法についての政府案は親政府派と合わせて立法会の三分の二を優に上回り、可決が可能であった。このため、中央政府は穏健民主派との交渉に乗り出した。

何俊仁は中連弁の李剛副主任との会談で、二〇一二年の立法会議員選挙の方法に関して政府案の修正を提案した。前述の通り、政府案では立法会の区議会枠六議席について、民選区議会議員の互選とするとした。これに対し民主党は、既存の一議席は引き続き区議会議員による互選とする一方、新設の五議席については民選区議会議員が候補者を指名し、その後従来の職能別選挙で投票権を持たない市民による選挙で議員を選出することを提案した。これまでの職能別選挙三〇議席は、合計二〇万人余りの有権者によって選出されていた。三〇〇万人を超えるそれ以外の一八歳以上の有権者は投票資格がなかったのである。この改革が実現すれば、この三〇〇万人超の人々が五議席を選ぶ投票権を得る。巨大な一票の格差は残るものの、これによって全香港の有権者が職能別選挙で投票を行うことが可能となり、普通選挙化への一歩となると民主党は主張したのである。

その後の交渉の末、中央政府は民主党案を受け入れることを発表し、香港政府は民主党案に従って政府案を修正した。修正された政府案は六月二六日、穏健民主派から一三票の賛成を得て立法会で可決された。天安門事件以来二〇年余りの対立関係を乗り越え、中央政府と民主派が直接交渉を行い、相互の譲歩の末妥協に到った歴史的な瞬間であった。

これが香港史上唯一の、「基本法」の枠組みに基づいて、親政府派・民主派を含む立法会の多数派が賛成する形で成立した選挙制度の改革の事例である。民主派の議席数は返還後一貫して立法会の三分の一をわずかに上回っており、改革の成立には民主派の一部の賛成が絶対に必要であったが、この時は民主派が分裂していたことが幸いし、政府案は穏健民主派を取り込んで成立に至った。北京と穏健民主派の双方がある程度妥協したことには、経済融合の奏功により、中港関係が改善していた時代背景も重要であった。

しかし、この件は民主派内に禍根を残した。穏健派が中央政府と交渉し、妥協したことを、急進派の一部は裏切りと見なして強く非難した。二〇一一年、急進派の新政党・人民力量が結成された。その目的の一つは民主党などの「制裁」であり、同年の区議会議員選挙では、穏健民主派の候補者を落選させるため、主要な穏健派幹部の選挙区に「刺客」候補を送るという行動にも出た。「刺客」に票を奪われたことが直接の原因で穏健派が落選したと見られる(即ち、穏健派と刺客の票の合計が親政府派の対立候補を上回りながら、穏健派が落選した)選挙区は四二区のうち四にとどまったが、[47]全体として民主派はこの選挙に大敗した。

(5) セントラル占拠行動と全人代常務委員会の「八三一決定」

いずれにしても、二〇一二年の選挙制度の改革が実現した以上、次に問題になるのは、政府がどのような「普通選挙」の方法を提案してくるかであった。

「基本法」第四五条は、行政長官の普通選挙は、指名委員会が指名した候補を普通選挙にかける形式になると規定している。指名委員会の構成を現状のような親政府派中心とし、指名のハードルを高くすれば、民主派候補は指名を受けられず、普通選挙の段階では候補者が親政府派ばかりになる可能性もある。立法会に関しては、職能別選挙の投票権を現行の制限選挙から全市民に拡大することで普通選挙を実現するという「職能別普通選挙」案が浮上してきた。しかし、現在の職能別選挙は、金融界・保険界などの枠では一〇〇名余りの関係企業経営者のみが投票して、一人の議員を選出できる制度である。単純に有権者を全市民に拡大しても、仮に数十万人が一人を選ぶ枠を新設して従来の職能別選挙に加えるだけでは、巨大な一票の格差故に、普通選挙は形式的な物に終わってしまう。[48]つまり、「基本法」は、一人一票の投票権を保障しても、被選挙権や一票の価値の平等は必ずしも保障していないのである。このような普通選挙が「最終目標」として固定化されれば、香港の民主化は数十年の時間をかけた挙げ句、形式的な「普通選挙」に留まるという不完全燃焼で終わることになる。

すでに二〇〇七年の全人代常務委員会の決定には、指名委員会は現行の行政長官選挙委員会の規定に基づいて構成できるとの一言があったため、民主派には「ニセ普通選挙」に対する警戒は早くから存在していた。二〇〇八年一月一三日に民主派が発動したデモは「二〇一七年ニセ民主はいらない」をスローガンとした。民主派は対抗して「世界標準」の論理を提起した。国際人権B規約第二五条には、「すべての市民はいかなる差別もなく、不合理な制限なしに、普通かつ平等の選挙権に基づき行われる真正な定期的選挙において、投票し及び選挙される権利及び機会を有する」とあり、投票権が平等な普通選挙であることだけでなく、被選挙権も平等であるべきとの主張が掲げられている。二〇〇九年一二月二日、立法会では「真の普通選挙」を実現するよう政府に求める議案が審議された。議案を提出した公民党の梁家傑立法会議員は、選挙の定義は国際人権B規約にすでになされていると述べ、「普通選挙の定義は国際規約ではなく中央政府が行う」とする中央政府寄りの人物の発言を批判している。(49)

二〇一七年行政長官普通選挙をめぐる議論は二〇一三年頃から本格化したが、その展開は、中央政府と民主派が妥協した二〇一二年選挙をめぐる二〇一〇年の議論とは全く異なるものとなった。民主派の側では、北京と交渉するよりも圧力をかけることに主眼を置いた、強硬な態度が提唱された。「真の普通選挙」の実現を目指して香港大学の戴耀廷(ベニー・タイ)准教授は二〇一三年一月一六日の『信報』紙において、初めて「セントラル占拠行動」の構想を語った。戴耀廷は、中央政府が「真の普通選挙」を望まない意思はあまりに強く、従来の大規模デモ・擬似住民投票・ハンストといった戦略では不足かもしれないとした。そして、香港人の「真の普通選挙」の夢が徹底的に破れたときには、非暴力の「市民的不服従」の方式で、長期にわたりセントラル地区の主要道路を違法に占拠し、香港の政治・経済を麻痺させ、北京が立場を改めるよう迫ることを提唱した。同年三月二七日、戴耀廷は構想に賛同する陳健民香港中文大学准教授と朱耀明牧師とともに会見し、セントラル占拠行動のマニフェストを発表した。

一方の中央政府もセントラル占拠行動に対して強硬に反応した。香港政府が選挙方法案についての諮問も開始していない二〇一三年三月二四日の段階で、全人代法律委員会主任委員の喬暁陽は深圳に親政府派の立法会議員を集め、二〇一七年普通選挙の際の指名委員会の構成方法と職能を述べた。喬暁陽は、指名は委員会による指名だけであり、民主派が提唱する、一定数の市民の連署による指名は「基本法」に反すると主張した。また、委員会の職責は候補者が「愛国愛港」で、中央政府と対抗しない人物と判断できる場合に指名することであると述べた。喬暁陽は、中央政府と対抗する者が行政長官になることは受け入れられず、これは妥協の余地のないボトムラインであるとも述べ、行政長官普通選挙からは民主派を排除する意志を強く示した。(50)

この状況を前に、二〇一〇年には政府案に妥協した穏健派も、今回は強硬な対応に傾いた。民主派の全立法会議員二七名は二〇一三年三月二一日に真普選連盟を設立し、普通選挙の方法案の議論を開始した。議論の過程では主に民主党と人民力量の間に激しい対立も生じたが、最終的には二〇一四年一月八日、連盟は、①有権者の一%の指名(市民による指名)、②直近の立法会議員選挙の普通選挙枠で有効投票総数の五%以上を獲得した政党による指名、③指名委員会による指名のいずれかがあれば立候補できるという選挙方法を採用した。①と②は明らかに、指名委員会によって民主派が排除されることに対する対抗手段として提案されたものであった。

セントラル占拠行動は二〇一四年六月二〇日から二九日にかけて、選挙方法案を選ぶ「住民投票」を実施した。

民主派の強硬化を前に、中央政府も強硬化の度を強め、六月一〇日には中央政府が香港に対する「全面的統治権」を有するとする「一国二制度白書」を発表し、香港の世論は騒然となった。住民投票が開始されると、その電子投票ウェブサイトに対し、当時史上最大規模とも称された大規模なハッカー攻撃が行われた。しかし、こうした北京の動きはむしろ民主派の動員を助けたとも見られる。住民投票には七九万人もの市民が参加し、最多の三三万人以上の支持を集めた真普選連盟案が、セントラル占拠行動が支持する選挙方法案として採用された。一方、セントラル占拠行動に反対する運動の動員も盛んに行われた。親政府派が発動した八月一七日のデモには主催者側発表で一九・三万人が参加した。六月以降、香港社会は急速に政治化し、緊張が高まった。

二〇一〇年当時と異なり、民主派内部には分裂・対立が比較的少なく、かつ急進的な方法案が民主派の主流ほぼ全団体によって採用された。それには様々な条件の相違があった。第一に、普通選挙への中間地点であった二〇一二年選挙と異なり、二〇一七年は香港民主化三〇年の歴史の最終到達点と考えられており、民主派にとって妥協は難しかった。第二に、前述の通り、民主派は二〇一〇年に分裂を生じた結果、選挙での敗北など勢いを落としており、妥協は政治的に不利と穏健民主派が考えるようになっていた。第三に、「中港矛盾」と称される、香港市民の対大陸感情の急速な悪化がこの時期には顕著であり、二〇一〇年に「密室での取引」とも非難されたような北京との非公開の交渉は難しくなっていた。第四に、二〇一二年に若者が「反国民教育運動」を起こすなど、政治的に活発化かつ強硬化していた。第五に、北京で習近平国家主席、香港で梁振英行政長官という、いずれも強硬派と目される指導者が二〇一二年に地位に就き、民主派との関係が緊張していた。

民主派の強硬姿勢は当然中央政府の警戒につながったと言えるが、同時に北京に警戒感を与えたと考えられるのが、親政府派の内部対立であった。二〇一二年の行政長官選挙では、初めて親政府派から唐英年（ヘンリー・

タン）政務長官と、梁振英行政会議招集人の二名の候補者が出馬した。中央政府が自らの支持する候補者を選挙直前まで明確にしなかったため、両陣営による白熱した選挙戦が展開された。当初優位と見られていたのは、大手不動産開発業者など、香港財界の主流から大いに支持される唐英年であったが、唐英年は失言や個人的スキャンダルが相次ぎ、各種民意調査で支持率の下落が続いた。最終的には中央政府は選挙戦終盤で梁振英を支持する意向を固めたと見られ、選挙結果は梁振英が六八九票を獲得して当選し、唐英年は二八六票に留まった。

唐英年が財界人であったのに対し、梁振英は隠れ共産党員とも噂される左派であった。梁振英はかつて一九九七年の返還直後の時期に董建華初代行政長官のブレーンとして不動産政策に携わった際、アジア通貨危機の状況下にもかかわらず住宅を市場に大量供給する政策を立案して不動産バブルを崩壊させ、香港経済を長期低迷に追いやったとしばしば批判された人物であった。このため、香港財界には梁振英への強いアレルギーがあった。香港一の富豪であった李嘉誠は唐英年支持を明言した。親政府派が両陣営に分断され、投票日直前に北京から劉延東国務委員が秘密裏に深圳に南下し、行政長官選挙委員多数と直接会談して梁振英を支持するよう説得することを迫られるほど、情勢は不安定であった。梁振英は逆転勝利を収めたものの、票数は半数をわずかに超えたのみであり、獲得票数「六八九」は梁振英の不人気を嘲笑するあだ名となった。

親政府派が内部対立を起こした背景には、香港経済が中国大陸との融合を強め、一九七〇年代以降の香港経済界の主流であった李嘉誠らの伝統的な香港財閥に、より親中的な新興財閥が挑戦するようになっていた情勢があるとも言われる。即ち、財界内部の利益関係が複雑化し、財界＝親北京という単純な構図では、香港の政治を語りきれなくなってきたのである。この選挙以後、中央政府には行政長官選挙について新たな懸念が生じた。即ち、親政府派が分裂して複数の候補が出馬した場合、民主派が漁夫の利を得て当選する可能性や、親政府派の両勢力が拮抗した場合に民主派の票で選挙結果が左右され、民主派が事実上キング・メーカーとなる可能性である。かつて「中国の選挙の特徴はやる前から結果が分かっていること」などと揶揄されたが、極めて安定した選挙戦であった二〇〇七年と異なり、二〇一二年の行政長官選挙は、北京にとって選挙という存在の予測不可能性を痛感させるものとなったと考えられる。

このように、民主派・北京とも強硬化する中で展開された二〇一七年普通選挙をめぐる議論であったが、民主派の内部に穏健な提案がなかったわけではない。民主派と北京の妥協が成立しなければ、政府案が否決され、その結果として二〇一七年の普通選挙が実現せずに終わるという結末が想定された。それを回避するために、主に学者などから穏健な改革案も提起されていた。例えば、二〇一四年四月二日に一八名の研究者が提案した「一八学者方案」は、候補者がまず有権者の二〜三%に相当する七〜八万人の署名（「市民による推薦」）を集めた後、現行の選挙委員会に準ずる一二〇〇人の指名委員会の八分の一の支持を得れば出馬できるという、二段階の手続きを提案した。この方法であれば、市民が直接候補者を指名できるという、北京が嫌う「市民による指名」を回避すると同時に、選挙委員会の八分の一の指名で出馬できるとされていた現行の規定を最大限維持することで、全人代常務委員会の決定や「基本法」に矛盾しないようにも工夫されていた。同時に「一八学者方案」は、民主派が求める市民の支持を受けての出馬を制度化すると同時に、この方法であれば、当時指名委員会で八分の一を上回る勢力を持っていた民主派も一名の候補を擁立することが可能と考えられた。また、四月二九日には一三名の経済学者が、より保守的な「一三学者方案」を提案した。これは現行の一二〇〇名の選挙委員会に、市民の推薦を受けた委員を最大一二〇〇名増補した上で、増員された新委員会の五分の一以上の指名を受ければ出馬できるという方法案であった。民主派にとって出馬のハードルは低くないが、現状よりも民主的と評価された。

しかし、最終的に北京が下した決定は、あらゆる穏健民主派の案よりもはるかに保守的なものであった。八月三一日、全人代常務委員会は二〇一七年行政長官選挙についての決定を下した(「八三一決定」)。決定では、二〇一七年に行政長官選挙を普通選挙化してもよいとした一方、普通選挙に出馬するためには、これまでの行政長官選挙委員会と同様の一二〇〇人で構成される指名委員会の過半数の指名を受けることが必要とされ、出馬できる候補者の数も二〜三人に限るとした。この決定の内容は、諮問の段階で様々な立場の者から提案された各種の選挙方法案の中でも最も厳しく候補者を絞り込む内容であり、民主派の立候補の道はほぼ完全に閉ざされた。翌九月一日この決定を説明するために香港を訪れた李飛全人代常務委員会副秘書長は、「中央政府と対抗する立場を堅持する者は過去・現在・未来にわたり行政長官になれない」とも発言し、この決定が規定する立候補の条件が、二〇一七年のみならず、それ以降の選挙においても恒久的に適用され続けることを強く示唆した。

中央政府が事実上、候補者を政治的理由で選別する普通選挙が「最終目標」として固定されれば、民主派が出馬できる「真の普通選挙」は香港に永久にやってこないことになる。ここにおいて、香港の民主化運動は決定的な挫折を味わった。

(6) 雨傘運動——民主化の長期停滞の確定

「八三一決定」に、三〇年以上にわたり民主化を求め続けてきた民主派は大いに失望し、激しく反発した。セントラル占拠行動発起人の戴耀廷らは、予告通り占拠を決行に移すと宣言した。道路占拠は違法行為であり、実行の具体的な日時・場所を宣伝した場合は罪に問われる可能性があったため、戴耀廷らは「一〇月一日に結婚披露宴の飲み会をやる」という暗号めいた情報を流し、中国の建国記念日である国慶節に合わせて占拠を決行する可能性を強く示唆していた。一方、学生も同様に「八三一決定」への抗議活動を計画しており、九月二二日からは大学生の一週間の授業ボイコットが発動され、九月二六日には、二〇一二年の「反国民教育運動」で成果をあげた、黄之鋒（ジョシュア・ウォン）などの中高生を中心とする団体・学民思潮も一日限りの授業ボイコットを行い、金鐘（アドミラルティ）の政府庁舎前で集会を開催した。政府庁舎前広場の集会が大規模化した二八日未明に、戴耀廷は計画を変更してそのままセントラル占拠行動を開始すると突如宣言した。九月二八日午後には、集会の現場に向かう学生や市民の数が数万人規模に達し、金鐘周辺の車道にあふれ出した。警察はこれを排除すべく催涙弾を撃ったが、これが却って市民の怒りを増幅させ、さらに大規模な市民の動員に繋がった。混乱の中で学生・市民は香港島第一の繁華街の銅鑼湾（コーズウェイベイ）や、九龍の盛り場の旺角（モンコック）などでも車道を占拠し、警察は排除を断念することとなった。ここに、長期に及ぶ占拠行動が開始されたのである。

こうして、当初のセントラル占拠行動とは異なる形で発生した運動は、後に雨傘運動と命名されたが、セントラル占拠行動と雨傘運動は、場所や形式が異なっても運動の要求は同じく「八三一決定」の撤回であった。しかし、長期化した大規模な抗議活動にもかかわらず、「八三一決定」は微動だにしなかった。大学自治会の連合組織である香港専上学生連会（学連）の代表団は、一〇月二一日に香港政府の林鄭月娥（キャリー・ラム）政務長官らと交渉の場を持った。学連は香港政府に対し、全人代常務委員会に「八三一決定」を変更するよう求めること、「真の普通選挙」へのロードマップと実現のタイムテーブルを定めることを要求したが、香港政府は中央政府の決定を変更できないとして、これらを一切拒んだ。政府と抗議活動参加者の対話はこれが最初で最後であった。その後政府は、長期にわたって道路を占拠している人々を事実上無視した。中央政府は「妥協せず、流血せず」と言われる、要求に応じることも、大規模な強制排除もしないまま放置するという戦略をとったと報じられた。香港政府を介した交渉は不可能と判断した学連は、中央政府指導者との直接対話を目指し、一一月一五日には北京訪問を試みたが、大陸への通行証を無効とされ、香港空港を発つ便に搭乗することすらできずに終わった。道路占拠は一二月一五日に完全に解消し、「八三一決定」はそのまま残った。制度配置は一旦行われれば改変が困難である。北京が民主化を主導するという制度が二〇〇四年時点でできあがっている香港において、中央政府の既決事項とされた「八三一決定」の枠組みを、学生・市民の運動が覆すことはできなかった。

一方、運動の長期的な持続は、民主派と、それを支える市民社会の強さ、そして司法の独立や自由権の保障といった「制度」の力も示している。選挙制度の民主化が完成する以前から、香港にはすでに高度に発達した市民社会と、独立した司法による法治が確立していた。また、中国大陸とは異なり、香港には野党勢力としての民主派や、政府に批判的なメディアが存在し、インターネットも自由であり、市民団体が頻繁に反政府デモを繰り返した。大陸の経済力の拡大は香港メディアの論調に影響を与えていると言われるが、教育界や法曹、若者などにはその影響が少なく、そういった層の中央政府に対する信任度はむしろ返還後に低下していた。運動の取り締まりには限度もあった。

また、雨傘運動の挫折によって、北京が意のままに政治制度を策定できるようになったわけではない。立法会で三分の一を超える議席を持つ民主派の賛成が選挙制度改正には必須条件であり、改革の実施の是非については、民主派がキャスティング・ボートを握っていたのである。雨傘運動が強く抵抗した、「八三一決定」に基づく行政長官普通選挙案は、二〇一五年六月一八日、民主派の反対により立法会で否決された。

この展開は、「基本法」の枠組みの下での民主化が、長期停滞を避けられない状況に至ったことを示した。民主化の「終着点」を定める「八三一決定」が、返還後一五年を経たタイミングでようやく行われたという点は重要である。返還と同時に、香港の政治制度の構築から英国が完全に撤退し、その先の民主化は中国政府に託すという形となっていた。つまり、英国は民主化を完成することはできなかった。その結果、北京が主導する民主化の過程で「八三一決定」が下され、これによって香港の行政長官選挙に、共産党による候補者の選別が行われる大陸の人民代表選挙に近い方式が採用され、民主化そのものが「中国化」したのである。仮に返還前に英国によって、または中英両国の交渉によって、民主化の最終形が明確に作られていれば、より西洋型デモクラシーに近い政治体制が香港に誕生していたかもしれない。しかし、すでに中央政府の主導権が確立されてしまった現在、中国政治に劇的な変化が生じない限り、その可能性は最早ほぼない。他方、民主派が一定の勢力を維持して存在する以上、北京が思い通りに香港の選挙制度を変えることもできない仕組みになっていた。民主派が強硬化すると、中央政府の行動は制約された。

こうして、一方では中央政府が制度の決定権をほぼ独占し、他方では市民社会に強固な支持層をすでに固めている民主派が拒否権を掌握した状況で、両者の力関係は構造的に膠着状態に陥った。この状況では改革の実現は極めて難しい。香港大学の法学者である陳弘毅（アルバート・チェン）は二〇一五年の民主化案の挫折後、現状の政治体制が「一国二制度」での最終形となることも覚悟せねばならないと述べた。[51] このような膠着状態に陥ったことは、二〇二一年に中央政府が選挙制度を一方的に改定し、従来の改革の手続きを全て廃することを正当化する論拠とされた。

（7）「独立派」の台頭と資格取り消し（DQ）の出現――民主化後退期の開始

「八三一決定」と、雨傘運動の挫折を経て、中央政府との交渉によって民主化を勝ち取るという穏健民主派の戦略は完全に行き詰まった。それを受けて、若者は従来の民主派とは異なる目標を掲げた新興勢力を形成するに至った。黄之鋒らは、中央政府が約束した「一国二制度」の「五十年不変」の期限にあたる二〇四七年以降の香港について、住民投票で前途を民主的に自己決定するとの主張を展開し、「自決派」と呼ばれた。一方、民主化よりも反中感情を前面に押し出したのが「本土派」であった。彼らは、大陸からの影響や大陸人を排斥し、香港優先の政策を実現することを主張した。また、中国からの独立を目指す「独立派」も現れた。

二〇一六年にはこれらの勢力が特に活発に活動した。本土派の本土民主前線は、同年二月二八日投開票の立法会の補選に梁天琦（エドワード・リョン）を候補者として擁立した。無名だった梁天琦は、同月八日の旺角騒乱の際に暴動罪で逮捕されたことで若者の間でカリスマ的人気を得て、補選で六万票を得て三位に食い込んだ。三月二八日には「香港初の香港独立を主張する政党」と称して香港民族党が成立を宣言した。四月一〇日には、学民思潮が発展解消する形で新政党・香港衆志が結成された。

これらの新勢力は、同年九月四日に行われる雨傘運動後初めての立法会議員選挙に、いずれも候補者を擁立した。しかし、中央政府と香港政府の高官が「独立派」を激しく非難する中で、この選挙では新しい「制度」として、立候補者の事前政治審査が導入された。

七月一六日、立候補受付が開始されたが、選挙管理委員会は候補者に対し、立候補の書類として従来の選挙には存在しなかった「確認書」の提出を求めた。その内容は、「香港特別行政区は中華人民共和国の不可分の一部である」などの「基本法」の条文を列挙し、それを「理解している」と声明するものであった[52]。確認書の導入は候補者を事前に政治審査するものと、民主派・本土派・自決派の候補者に疑念を抱かせた。民主派は馮巍選挙管理委員会主席と面会し、確認書は単なる行政上のアレンジであり、法的根拠はないとの言質を馮巍から得た上で[53]、確認書の署名を全員一斉に拒否した。[54] しかし結局、民主派は最終的に全員が出馬を認められた。

他方、通常の立候補手続きを済ませた六名の候補者が、一部は確認書に署名もしたものの、政府から香港独立派と見なされ、それを理由に出馬手続きを無効とされ、選挙に出ることができなかった。香港民族党の陳浩天(アンディ・チャン)は、確認書に署名をしたにもかかわらず、七月三〇日、選挙管理委員会から出馬資格無効の通知を受け取った。通知には、香港民族党が過去に表明してきた、香港独立を支持したり、「基本法」の廃止を主張したりする内容の言論が多数引用され、陳浩天は確認書に署名はしているものの、香港民族党はネット上で明確に香港独立や「基本法」の廃止を主張してきたと、担当の公務員である選挙主任が分析した理由書が付されていた。[55] そして梁天琦にも八月二日、同様に過去の言動を根拠として、選挙主任から出馬資格無効の通知がなされた。[56]

確認書の署名を求めつつも、署名の有無にかかわらず出馬の有効・無効が判断されていること、二月に出馬できた梁天琦が、九月には出馬できなくなったことなど、判断の基準は非常に不明瞭である。形式上は選挙主任という一公務員が判断を下したとされているが、従来は出馬の書類の形式要件を審査するだけであった公務員が、突如これほど高度な政治的判断を行うようになったことの背景も不明である。返還をまたいで政府ナンバー2の政務長官を務めた陳方安生(アンソン・チャン)は、これが選挙主任の個人的決定だとは「一〇〇%信じない」と述べている。[57] 張暁明中連弁主任は七月二〇日、「香港独立分子が正々堂々と立法会に入るのを許すことは、一国二制度・『基本法』・法治の原則に合っているか?」などと発言していた。[58] 香港独立の主張には中央政府も強く反発しており、その意向が何らかの形で反映されたとも疑われる。

それでも選挙では、梁天琦が自ら「身代わり」と指名した本土派団体「青年新政」の梁頌恒(シクスタス・リョン)

や、立候補可能な年齢に達していなかった黄之鋒らが支援した香港衆志の羅冠聡（ネイサン・ロー）など、本土派三名・自決派三名の六名が当選し、新勢力が立法会に議席を得た。若者が多数投票したことがその要因とされる。香港中文大学の蔡子強講師の分析に拠れば、前回二〇一二年の立法会議員選挙と比較して、四一歳から六〇歳の投票率は五六・一四%から五九・五三%へ、六一歳以上は五三・六四%から五七・〇九%へという微増に留まったのに対し、一八歳から四〇歳の投票率は前回四八・五二%が今回は五七・七二%と大きく上昇していた(59)。民主派・自決派・本土派・中間派の「非親政府派」の勢力は三〇議席と、返還後で最大となった。

しかし、彼らの多くは順調に議員として活動することはできなかった。初登院時の就任宣誓において、梁頌恒・羅冠聡を含む六議員が、文言を正しく述べなかったり、規定外の言葉を付け加えたりしたとの理由で、行政長官から相次いで宣誓は無効と司法審査に訴えられたのである。過去の立法会でも、民主派議員が就任宣誓に文言を加えるなどのパフォーマンスを行うことはみられたが、そうした行為がとがめられることはなかった。行政長官が裁判で議員の資格を剥奪しようとしたことも異例の措置であった。民主的な選挙で選ばれた議員の資格を、行政が司法に訴えて剥奪する行為には、民主主義の観点から様々な疑問が呈されたが、北京の全人代常務委員会は一一月七日、宣誓を荘厳に行わない場合は無効とされ失職するなどとする「基本法」解釈を採択して、議員資格剥奪を援護射撃した。結局、二〇一八年七月までに、六議員中五名の失職が確定した（一名は係争中）。

出馬資格取り消しや議員資格無効は総称して「DQ（Dissqualification、即ち失格の略）」と呼ばれる。DQの出現は、曖昧な政治的基準によって参政権を制限するという意味で、明らかに民主化の後退である。しかもDQの適用範囲はその後拡大された。失職した羅冠聡の議席についての二〇一八年三月の補欠選挙では、同じく香港衆志から立候補した周庭（アグネス・チョウ）が、選挙主任によって出馬資格無効を言い渡された。同年一一月の補欠選挙では、議席を剥奪された劉小麗が自ら出馬して議席を回復しようと試みたが、選挙主任から出馬資格無効を言い渡された。二〇一九年一月の村代表選挙には、上位の議会である立法会の現職議員であった自決派の朱凱廸（エディ・チュー）が出馬資格無効とされた。二〇一六年には問題なく出馬が認められていた自決派が、二〇一八年以降はＤＱの対象とされたのである。

一方、二〇一九年一一月、「逃亡犯条例」改正反対運動の最中に実施された区議会議員選挙では、民主派・本土派・自決派合わせて四〇〇人を超える者が立候補したが、ＤＱされたのは香港衆志の黄之鋒ただ一人であり、朱凱廸も出馬を認められ、当選した。しかし、二〇二〇年六月三〇日、全人代常務委員会が「国安法」を制定・施行し、同日香港に適用されると、ＤＱはさらに拡大された。同法第六条は選挙への出馬時の候補者の宣誓を義務づけ、三五条は同法で有罪とされた者は出馬資格や在任資格を失うと規定する。二〇二〇年九月に予定されていた立法会議員選挙では、出馬手続きを行った民主派の現職議員四名が、外国に対中制裁を求めたことや、当選後には政府法案を否決して政府を麻痺させることを主張したことなどを理由として出馬資格無効とされた。

その後、新型コロナウイルスの流行を理由に選挙自体が一年延期された。八月一一日、全人代常務委員会は、選挙延期に合わせて全現職議員が一年留任できるとの決定を下した。民主派の間では、「基本法」が「任期四年」と定める立法会議員を、全人代常務委員会の一存で留任させることの法的問題に対する疑義なども提起され、留任の是非が大いに議論されたが、結局大部分の議員は議員職にとどまる決定をした。しかし、一一月一一日、全人代常務委員会は八月の決定を覆す形で、先に次期選挙の出馬資格を無効とされた民主派四議員は議員資格を失うとの決定を下し、彼らを失職させた。これに民主派は激しく反発し、ほぼ全議員が集団で辞職する決定を行い、一二月までに立法会を去った。これによって、立法会からは民主派議員がほぼ消滅した。

このように、DQは二〇一六年に導入されるや、香港の選挙のあり方を一変させた。候補者の出馬を認めるか、認めないかは政府の恣意的な判断次第である。これ以来民主派は、出馬してみないとDQされるかどうか明確には分からないという状況で選挙に出ねばならなくなった。それどころか、「国安法」の施行後は、議員活動の過程で政府批判を強めれば、それを口実として失職させられる可能性も生じた。結果的に民主派は立法会を去る決断をし、出現したのは返還直後の臨時立法会を思わせるような、民主派がほぼ存在しない議会であった。終章で論じるように、中央政府はこの翼賛議会と化した立法会や、全人代常務委員会の決定といった方法を通じて、二〇二一年三月から五月にかけてさらに立法会議員選挙や行政長官選挙委員会選挙の方法を変更し、民主派にさらなる打撃を与え、中央政府の望み通りの立法会と行政長官が確実に出現するような制度を構築した。香港の漸進的な民主化は一旦終わりを告げた。

おわりに

香港の選挙制度の形成史は、中国と英国の駆け引きの中で作られた、いずれの意志も完全には反映していない制度が、北京の意図通りには機能しないという事態が次々と発生する中で、突発的な事件やイベントを機に、北京が新たな制度を少しずつ構築してきた過程であったといえる。「五十年不変」と約束された「一国二制度」であったが、少なくとも選挙制度に関しては、返還当初は曖昧であったり、未定であったりした部分が、徐々に明確化されていった「変化」を見て取れる。

選挙制度の形成史は、民主化であったと同時に、中国から見て「行き過ぎた民主化」を是正する制度を構築する反民主化でもあった。全体の流れは、英国によるデモクラシーの移植から、中国式民主の実践へと変容した。「八三一決定」は、北京が描いていた中国式民主の一種の完成形を具体的に示したものであった。一方、民主派にとってこの過程は、当初の民主化の期待への裏切りの繰り返しであった。その結果、大規模な抗議活動が発生した。雨傘運動は長期化し、最終的に民主派が「真の普通選挙」を実現できなかっただけでなく、中央政府が「中国式」の普通選挙を香港に行わせることもできず、双方とも意図する成果をあげられなかった。そうした事態が発生したのは、北京の制度決定の権力と、香港市民社会の自律性や抵抗力が均衡し、両者が膠着状態に陥っていたからであった。

香港の民主化は、世界的に見ても異例の長い時間を経て行われた民主化であり、しかもその間に英国から中国へと主権者が交代し、天安門事件や巨大デモなどの国内外の数度の歴史的な大事件・大転換点を経験し、さらに中国の国力の増大と香港市民の政治化という、漸進的ながら極めて重要な変化に晒され続けた。選挙制度の構築過程には、突発事件への北京の対応と並んで、緩慢な変化も確実に影響を与えていたと考えられる。まず、中国と香港の相対的な経済力の格差が変化した。返還後の香港経済はアジア金融危機の苦境に陥った後、中央政府の支援や中国経済の成長からの恩恵を必要とする構造に変化した。中央政府の対香港政策も、香港の経済的繁栄・政治的安定とともに、或いはそれ以上に、国家の安全という問題が重視されるようになった。他方で、香港市民の価値観においても、大陸に対する反感や、民主主義への渇望の傾向が世代交代とともに徐々に強まり、少し前の時代には考えにくかったようなスタイルの抵抗運動が次々と生まれては、北京を悩ませ、苦しめた。

二〇一六年のＤＱ導入を機に、香港の民主化は後退期に入った。そして、二〇二〇年の「国安法」制定以後は、政治活動の自由が大きく規制され、民主派は大きな打撃を受けている。強国化に自信をつけ、対外強硬姿勢をとる中国は、国際社会の非難を無視して民主派の弾圧を開始した。二〇二一年にはついに北京は一方的に選挙制度を大幅に変更した。中央政府と香港の市民社会の力の均衡は崩れ、膠着状態が完全に打破された。この先の香港に待っているのは、恐らく「革命的な変化」である。

第五章　自由への脅威——多元的市民社会と一党支配の相克

はじめに

返還後の香港ではデモや集会などの反政府活動が多発した。香港社会に従来存在した自由が奪われつつあり、それが激しい抵抗運動を生んでいるとの議論はよくなされるし、それは事実でもあろう。

他方、こうした抵抗運動の多発は、香港が一定の政治的自由を享受していることの証左でもあった。民主派の政治活動の自由、ネットを使った発信の自由と世界の情報の流通の自由、学術や出版の自由、報道の自由、集会・デモの自由などが存在しなければ、抵抗運動は発生し得ない。少なくとも、これらの自由はいずれも大陸には存在しない。

そもそも香港には、どの程度の政治的自由が存在していたのか。そして、英国の植民地から、共産党政権下の中国の特別行政区という歴史をたどり、民主的な政治体制が存立したことのない香港で、なぜ一定の政治的自由のある体制が出現し得たのか。さらに、「国家の安全」をますます強調するようになっている中国共産党政権は、そうした自由な、反政権的な活動に対して、どのように対抗しようとしてきたのか。そして、そうした政権の努力はどの程度効果を発揮した、あるいは発揮できなかったのか。

多元的な市民社会に対し、一元的な強力な国家体制を持つ権威主義国家が外から影響力行使を試みることについての近年の議論に「シャープ・パワー」論がある。

ジョセフ・ナイの「ソフト・パワー」論は、軍事力・経済力による脅しを主とするハード・パワーと異なる、文化・政治理念・政策などの魅力を「ソフト・パワー」と称し、その国際政治への影響力を論じた。[1] 中国もソフト・パワーの拡大を国策としており、メディアの国際展開や孔子学院の設立など、「二〇〇七年以後、国際世論と国際イメージ向上のために、何百億ドルもかけた」[2]とされる。しかし、シャープ・パワー論は、こうした中国やロシアの動きを「ソフト・パワー」の枠組みで論じることに異論を呈する。即ち、権威主義体制は、直接的な強制力であるハード・パワーとも、魅力で人心を買うソフト・パワーとも異なり、情報を操作し（manipulation）、注意を逸らす（distraction）ことに重点を置いているとする。例えば、自国の体制を称賛する代わりに、他国の民主主義を魅力的に見えなくするような情報を流す、自国の政策意図を隠匿し、国外の共産党批判の国際世論をできるだけ抑制しようとする、SNSでの偽装書き込みを大規模に行い、論争的な問題の議論を停めるといった具合である。つまり、通常のソフト・パワーのように、人心を勝ち取ることを必ずしも求めるのではなく、情報操作と汚染（poisoning）によって、情報を管理することが目的となっているというのである。

シャープ・パワーとの呼称は、各地の政治・情報環境に影響を持つメディア・学術界・文化界・シンクタンク等を「刺し、浸透し、穿つ（Pierce, Penetrate, Perforate）」という特徴の比喩である。それによって、既存の対立を煽り、増幅させ、社会という「織物」を切り裂くと彼らは論じている。なぜ、権威主義国家はそのように民主主義社会に切り込むことが可能なのか。その理由として、彼らは「巨大な非対称」の存在を指摘する。即ち、通常権威主義国家は、海外の政治・文化的影響を防ぐ壁に守られている。例えば中国に、「グレート・ファイヤーウォール」と呼ばれる、外部のネットを遮断する仕組みが存在することは周知の通りである。これに対し、外国の民主的体制は開放的であり、その差を利用して浸透するというのである。独自の自由な市民社会を持つ香港が、中国共産党政権の影響を日増しに受けている現象についても、この概念を以て理解することができるであろうか。

本章ではこれらの問題に対する回答を試みる。まず、英国植民地期に香港の政治的自由が一定程度認められた原因を、歴史的な香港政治の特徴を振り返って検討する。続いて、中国共産党がそうした香港社会に対してどうアプローチしようとしてきたのかを考える。最後に、抵抗運動の多発に対する近年の政府の対応により、社会の自由に脅威がもたらされていることを論じる。

1　自由な社会とその起源

（1）「民主はないが、自由はある」

返還前から長期にわたり、香港の政治体制の最も顕著な特徴は、「民主はないが、自由はある体制」という点にあった。

米国「フリーダム・ハウス」の「世界の自由調査」では、ほぼ網羅的に全世界の国と地域の政治体制を分析して、「自由（Free）」、「部分的自由（Partly Free）」、「自由でない（Not Free）」の三段階に評価している。「自由」に属するのは、西欧・北米諸国の大半と、日本・韓国・台湾などであり、「自由でない」は中国やロシアなどに対する評価である。

香港の評価は一九八〇年以来一貫して「部分的自由」であるが、さらに細かく見てみると香港には際だった特徴が存在する。この調査では、指標を大きく分けて「政治的権利（Political Rights）」と「市民的自由（Civil Liberties）」の二つのカテゴリーに分類する。「政治的権利」に属するのは、選挙の手続き・政治的多様性と参加・政府の機能という、主として参政権（あるいは狭義の「民主」）に関連する内容であり、「市民的自由」は表現と信念の自由・集会と結社の権利・法の支配・個人の自律と個人の権利といった内容である。調査ではそれぞれについて一点が最良、七点が最悪という点数評価を行っているが、香港はこのうち「政治的権利」で五点と低い評価であったのに対し、「市民的自由」は二点のほぼ先進民主主義国水準と評価される状態が、二〇〇四年から二〇一八年まで続いた(3)。

香港の民主化は遅れ、停滞し、政治体制は閉鎖的である。二〇一七年の行政長官選挙は一二〇〇名の選挙委員会による選出であり、この一二〇〇名の委員の選挙権も、香港の総人口の三%以下に過ぎない二三万人ほどにしか与えられなかった。二〇二一年の選挙制度の変更により、選挙委員会選挙の有権者数はさらに縮小する。他方、社会には幅広い自由が認められてきた。中国大陸では発刊できない禁書や新聞・雑誌は幅広く流通し、法輪功や民主派も街頭で堂々と合法的に活動してきた。政党や団体の結成も自由であり、インターネットにも制限が少なく、フェイスブックやツイッターをはじめ、大陸で接続不能の多くのサイトを問題なく閲覧できる。香港の政治体制は「半民主」体制とも称されることがあるが、単に「部分的自由」というよりも、政治参加を大きく制限する一方、社会は自由という、非常にアンバランスな体制と理解するのがより正確である。

「フリーダム・ハウス」の調査で、「政治的権利」と「市民的自由」の間に三点の差が開く国は世界中にほとんど見られない。クーデタ発生直後のタイ（二〇〇六年、政治的権利七、市民的自由四）など、突発的事態によって一時的に「政治的権利」と「市民的自由」が乖離する事態は散見されるが、長期にわたって安定的に三点もの差を維持した事例は皆無である。つまり、香港のような体制は通常であれば長続きしない。民主的な政府であれば社会の自由は保障するし、独裁的な政府は自由を容認できない（さもなければ政権が打倒される）のが当然である。なぜ香港はこのような風変わりな体制を維持したのか。

(2) 自由の起源・植民地期の体制

このような政治体制は返還以前の植民地期からの特徴である。香港中文大学の政治学者の関信基は、民主化以前の香港は、ロバート・ダールが挙げた民主主義に不可欠の八つの条件、即ち、①組織を形成し、参加する自由、②表現の自由、③投票の権利、④公職への被選挙権、⑤政治指導者が、民衆の支持求めて競争する権利、⑥多様な情報源、⑦自由かつ公正な選挙、⑧政府の政策を、投票あるいはその他の要求の表現にもとづかせる諸制度(4)のうち、①②⑥を備えていたと指摘する。(5)植民地型の独裁で、参政権を厳しく限定する体制の下でも、情報や言論、集会・結社の自由は幅広く存在したのである。勿論、反英活動や親共活動にはかなり苛酷な弾圧も加えられていたので、植民地期の自由を完全なものととらえることはできないが、第二次大戦後の東アジアの環境に鑑みれば、香港は毛沢東時代の中国大陸や、蔣介石時代の台湾よりも自由であったことは疑いない。

なぜ香港社会は植民地統治下においても一定の自由を維持できたのか。その要因は、第一に、為政者の権力が事実上縛られていたことである。

植民地期の香港では、総督が英国の主権を象徴して君臨し、三軍の最高司令官を兼ね、全公務員・判事の任免権、政令の発布権、法令の拒否権、立法評議会の解散権などを、ほぼ無制限に与えられていた。総督はこれらを駆使すれば独裁者として君臨することが可能である。[6] 実際に一八七七年から八二年まで在任したジョン・ヘネシー総督は、その訃報記事に「彼はほとんどの官吏・有力な住民と喧嘩し、元々気候的に暑い土地をかつてないほど熱くした」と記載されたほど強権を発動したとされる。[7] しかし通常は、独裁化には様々な歯止めがかかっていた。総督は遠隔地から派遣されてきた外国人であり、ロンドンの監視と統制を受けた。かつ数年で香港を去るという立場の限界から、地元の官吏や有力者の抵抗も受けた。

他方、遠隔地ロンドンの植民地省と外務省も、香港をよく理解していなかった。そもそもロンドンは、大英帝国史を通して、危機の際を除けば植民地の内部の問題には大きな関心を持たなかったとされる。戦後英国は多くの植民地から撤退し、植民地省自体が英連邦省に統合されて一九六六年に消滅し、香港に対する干渉の能力が低下した。香港の側も、かつてはシンガポールとマラヤの政策をよく参照していたが、自身がアジア最後の植民地となった後は、ロンドンとアジアからいずれも離れた存在となった。[8] このため、ギャヴィン・ユーアは、歴代香港総督は、総督が委任した香港の民間人議員と同盟して、ロンドンの知識のなさに対抗したと指摘する。[9] 例えば、一九七〇年に就任した外務・英連邦大臣のアレック・ダグラス＝ヒュームは、当時のデイヴィッド・トレンチ総督に対し、無料義務教育・公共住宅・オンブズマン制度の導入を求めた。これに対しトレンチは激怒し、ロンドンの干渉や事実理解の間違いを激しく非難したという。[10]

一九七一年から八二年までと史上最長の在任期間を誇ったマレー・マクルホース総督の、ロンドンとのやりとりを追った社会学者の呂大楽の研究は、在任中に社会福祉を大いに拡充させ、開明的な名総督と市民から称えられた「マクルホース神話」を覆す。マクルホースが公共住宅建設や福祉の拡大を図ったのは、中国からの新界地区租借期限が一九九七年に迫る中で、中国よりもあらゆる面で優れた統治を行い、中国との交渉を有利にするためという、英国の外交政策の目的の達成のためであった。したがって、この政策を総督の個性や能力のみから説明することは妥当でない。一方、英本国の労働党政権が、香港の製造業の低賃金が英国の製造業に打撃を与えていることを問題視し、労働条件の改善を香港に求めた際は、マクルホースは頑強に抵抗した。(11)

即ち、香港総督の権力が縛られていた一方、ロンドンにも対香港政策を自由に操る能力がなかったのである。そして、後述するように、潜在的な主権者として外から香港を監視していた北京の存在も、植民地当局の政策実行の幅を限定した。香港に対する英国の権力への拘束は、独裁的権力が社会を一元的に管理統制する体制が構築された中国大陸とは全く異なる。

第二に、植民地当局の社会に対する放任の政策である。植民地期の香港は圧倒的多数の華人を外来政権が支配する体制であった。当局は自らの機能を制限し、華人社会への干渉を避け、華人社会の政治化を避けることで、その地位を保とうとした。劉兆佳はこれを「最小限に融合された社会 - 政治システム」と称する。(12)作家の邱永漢はこのような政治・社会の関係を、英国人が香港で「自国の風俗習慣を持ち込んで被統治者に強制するようなやり方はしな」かった一方、香港の中国人は「英国人に現に統治されていても自分ら独自の社会を築いて統治者とは隔絶した生活圏を形成してい」て、「英国人となるべくかかわりあうことを避け、その存在を無視した」と分かりやすく述べる。(13)異民族支配のゆえに、逆説的ながら、香港の華人社会は自由な状況に置かれたのである。

第三に、国際関係、とりわけ冷戦という要因である。英国は西側陣営に属し、主に共産主義を脅威視してそれへの対抗策を整えた。しかし、特に香港問題をめぐって、英国が一方的に西側陣営に属したと論じることは適切ではない。第二次大戦後の香港は、アヘン戦争当時とは異なり、英国が軍事的に中国に対して劣勢に置かれる条件下にあった。中国共産党政権は「長期打算、充分利用（長期的に計算して、充分に利用する）」を方針とし、深圳から香港に進軍することはせずに、植民地香港を永らえさせた。しかし、圧倒的な軍事的脅威の前に生きることを強いられた英国は、政策の面で中国に常に配慮することを強いられた。英国外務省は一九四八年一二月、共産党が内戦に勝利した場合、香港はあたかも「火山の縁で生きる」ような状況になると警告していた。[14] 一九四七年から五七年まで香港総督を務めたアレクサンダー・グランサムは、「中国当局の香港に対する態度は、消極的な敵視と、時々発生する積極的な非友好的活動の組み合わせであった。香港は、かまどの上の鍋のようなものである。通常、鍋はかまどの後ろでゆっくり煮られているが、調理師である中国政府が、時々鍋を火の前に移し、中の物をぐらぐらと沸騰させ、しばらくするとまた後ろに移す。鍋がいつ動かされるかについては、我々は知るよしもない」[15]と表現している。北京の機嫌を損ね、火山を噴火させたり、鍋の火を強めたりされないようにすることは、香港の生存にとって極めて重要ととらえられた。

一九五〇年の朝鮮戦争勃発により、香港は「渋々参加した冷戦の戦士」となった。[16] 英国は米国に対して、自身が忠実で頼れる盟友であることを示したいと考えた。しかし、中国を怒らせないためには、控えめに行動する必要もあった。英国は中米両国がインドシナ半島・朝鮮半島・台湾で敵対的な行動を過熱化させていった場合、香港に害が及ぶ可能性を憂慮した。米国は中国を封じ込めるための盟友を必要としており、香港は情報収集、プロパガンダの散布、対中秘密行動の画策を行うためには理想的な場所であった。しかし英国は、米国とあまり密に協力し、香港を米国の思いのままにすると、中国を怒らせ、中国が香港でことを起こすこととなるかもしれず、また、もし中国が米国と開戦した場合は、香港を攻撃さえするかもしれないと心配した。英国はこれを「米国の脅威」と称した。[17]

したがって、英国にとっての理想は、米国・中国・国民党・共産党といった、政治化した強大な外部勢力の影響を排除することにあった。英国が中国共産党政権の成立を見越して一九四九年に制定した「社団条例」が、外部の政治組織との連携を禁止する条項によって、共産党のみならず国民党をも同時に非合法化したことは、そういった意識の明瞭な表れであった。また、こうした意識は民主化の遅れの原因ないし口実ともなった。戦後すぐにマーク・ヤング総督が計画した、選挙を導入する民主化案が挫折した理由の一つは、香港の議会が民選議員によって共産党と国民党の「代理戦争」の場とされることを避けるためであった。

このように、植民地期の香港社会は、香港政庁・英本国政府・北京・台湾という巨大な権力に影響されつつも、それらの政府が相互に牽制し合う中、いずれの政府とも物理的にも文化的にも一定の距離を保った状態に置かれたのである。

(3) 市民社会の発達

こうして、権力の均衡の下で「放置」されたような香港社会において、市民はそれぞれ家族の互助や宗教・慈善団体の福祉など、自律性も備えた市民社会を構築していった。

政府の社会への無関心あるいは敬遠の態度の結果としての自由は、個人の権利の尊重というよりも、むしろ冷血と表裏一体のものである。先述の邱永漢は、直木賞受賞作『香港』で、登場人物に「我々に与えられた自由は、それは滅亡する自由、餓死する自由、自殺する自由」[18]との台詞を吐かせている。

そうした中で、香港の統治においては各種の市民社会の組織が重要な役割を果たした。レッセ・フェールを旨とし、小さな政府を志向する香港政庁の下で、社会福祉は一貫して民間団体を介した間接的なサービス供与が主であった。香港政庁が住民の自治組織に統治を依存するという特徴は植民地期の早期から存在している。華人のエリートたちは、植民地の政府機構からは排除されていたものの、同郷組織や慈善組織の大規模なネットワークを発展させ、地位と権力を確立しようと試みた。こうした組織は世界各地の華人コミュニティにも存在するが、政庁ができる限り低コストで植民地を経営しようとし、華人社会に関心を持たない香港の政治条件から、香港では華人は特に自身の要求・利益を主張するためのリーダーシップを自力で打ち立てる必要があった。また、香港には科挙がなかったため、華人実業家は権威による紛争解決などの郷紳のような役割を果たすことで、富と名声を高める必要があった。こうした華人の慈善組織で最も早期にできたのが、一八四七年に香港島・上環に創建された文武廟であった。文武廟は文帝・武帝を祀る廟という宗教建築であるが、やがて出身地や業界に関係なく幅広く華人の紛争を解決する機能を備えた、華人社会の中心地となっていった[19]。

香港史研究の大家である洗玉儀（エリザベス・シン）は、一八七〇年に設立された、「広東省の華人の病院」を意味する名を持つ「東華医院」の歴史が、香港社会の発展と深く関係していると述べる。英国にとって香港の価値は貿易にあった。このため、統治の関心事は貿易を可能とする法と行政の確立であり、華人社会の統治という問題は重要でなかった。香港政庁は小さく原始的な組織で、政策は総督個人次第といった様相であった。植民地官僚は中国文化に精通しておらず、秩序と税収さえ保てるならば、統治は華人自身の組織に任せて放置するのが便利であった。しかし、経済発展により人口が増加し、社会が複雑化すると、華人社会の管理はより重要になった。人口過密都市では衛生問題も深刻であり、華人の病院の建設は人種隔離政策の一環でもあった。公衆衛生は社会において政庁が直接統治に乗り出す最初の範疇となった。しかし、そうした改革が華人社会にも受け入れられたのは、貿易や商業を通じて富と名声を確立した新たな華人エリートが誕生していたからでもあった。華人は英国統治開始後も、香港に中国の社会組織とそのリーダーシップの仕組みを持ち込んでいた。東華医院はそうした華人社会で最も裕福で影響力のある者によって作られた。その経営層は華人社会の代表にふさわしい集団であり、政庁も彼らをエリートと認識した。東華医院が関わったのは医療のみならず、紛争解決、慈善事業、教育、道徳規律の称揚、社会と政府の橋渡し役といった、政庁ができない、あるいはやりたくないが、必要な仕事であった。東華医院は慈善組織でもあり、権力も持ったのである。[20]

一貫して当局が小さな政府を志向するなかで、香港では宗教団体や慈善団体などの中間組織が福祉や教育などにおいて大きな役割を果たしてきた。第二次大戦後の難民の大量流入に対しては、香港政庁は当初、中国の情勢が安定すれば難民は帰るだろうと考え、支援に注力しなかった。あまりにも多くの社会福祉を提供すると、さらに多くの大陸の難民を香港に呼び込むとの懸念も政庁では強かったという。自分で香港にやってきた香港人は自力で生きるべきであるという政庁の冷淡さの下で、難民の生活環境は非常に劣悪であった。[21]大量の難民流入が生んだ住居・雇用・教育の提供という問題は当局の手に余るものであった。このため、従来の宗教団体・慈善団体に加え、中国革命で大陸から撤退した国際NGOが大いに活動することとなった。

一九七〇年代のマクルホース総督の時代には福祉の「ビッグ・バン」が発生したが、その背景には頻発した暴動への反省、宗教団体や国際NGOへの海外からの義援金の重点がインドシナなどの途上国に移り、香港向けが縮小したこと、経済成長に伴う香港政庁の財政収入の拡大、英国労働党政権が福祉国家政策を採用していたことなどが挙げられる。政庁は民間団体に依存したが、民間団体は要求を抗議集会・デモ・座り込みなどの形で突きつけることも多く、それを懐柔するために、政庁はボランティア団体への補助金を大幅に拡充した。[22]

しかし、返還前の時期の香港の政策決定において、圧倒的に存在感があったのは財界であった。総督が任命する行政評議会・立法評議会のメンバーは、高官が兼職するほか、香港上海銀行、ジャーディン・マセソン商会、スワイヤーなどの英国資本の大企業の経営層と、弁護士・医師・大学学長などの社会のエリートから選出された。民間企業を主体とする経済界は、政治的影響力も大いに発揮したのである。

このように、香港は国家と社会の関係において、相対的に社会が強い土地であり続けた。こうした社会の相対的自由は、共産党のイデオロギーとの対抗上も有効であった。例えば、戦後初期、政府は急速に拡大する教育を、キリスト教会などの宗教団体の経営する学校に依存した。これには、左派の「愛国学校」の影響を和らげる意味合いもあったという。[23] 政治活動は植民地当局の「悪法」によって厳しく取り締まられたり、禁止されたりしていた。しかし、一九七〇年代になると自由化が進展し、圧力団体による「社会運動産業」も誕生した。こうした団体は、反植民地主義・民族主義・草の根寄りという傾向があった。

一方、一九九七年以降は、かつては植民地政府から排除されていた左派系の親中団体が大量に設立された。政府に対して友好的な組織は政府が取り込みの対象とした一方、政府に対して真に批判的な団体は周縁化された。こうして、様々な社会団体において、リベラルと親政府派の「並行構造」が形成され、その結果として市民運動の分裂と弱体化が惹起された。例えば労働運動は、左派系の香港工会連合会（工連会）と、右派系の港九労工社団連会（労連）に分裂した。両者とも会員獲得のための福利の提供には熱心であったが、真の労働運動を怠った。そういった中で、一九七〇年代には独立労組が誕生し、後に民主派寄りの香港職工会連盟（職工盟）に糾合された。このうち親政府派の組織は政府の同盟者として働き、政府はこれらの団体から意見聴取することで、民意に配慮したことを社会にアピールした。[24]

このような歴史をたどってきた香港の政治的自由の特徴を、呂大楽は「並存しつつも共に融合しあわない倫理秩序」と評している。戦後の香港では、共産党と国民党のイデオロギーが並存することが許されたが、これは香港人が政治的態度において開放的であったことを意味しない。並存は単にいずれのイデオロギーも支配的となれなかったことの表れであった。権威主義国家であれば政権が言論を統制する。民主主義国家であれば政権交代を前提とし、選挙での敗者は勝者を受け入れるしかない。しかし植民地の独裁政権が政治を放置した香港では、様々なイデオロギーを信奉する勢力がそれぞれ勝手に言いたいことを言い、敵方とは議論も、交流も、思想的な闘争もしなかった。それを生んだのは冷戦の地政学であった。両陣営の政治的緊張が存在していたために、香港社会ではマルクス主義の書籍も、三民主義の書籍も、対抗する側を排除することができない一方、自由に流通してきたのである。(25)

(4) 法的保障

このように、政治の無作為は歴史的に香港の自由が維持された重要な理由であったが、返還過渡期以降においては自由権の積極的な法的保障もまた重要となった。

英国の植民地であった香港には、英国が批准することで、国連の諸人権条約の効力が及んできた。「ジェノサイド禁止条約」、「女性の政治的権利条約」、「無国籍者地位条約」、「奴隷・奴隷貿易および奴隷に類似する制度および慣行の廃止に関する追加的条約」、「無国籍者削除に関する条約」、「結婚に関する同意、結婚の最低年齢、および結婚の登記に関する条約」、「あらゆる形式の人種差別の撤廃に関する国際条約」、「自由権規約(国際人権B規約)」、「社会権規約(国際人権A規約)」およびいくつかのILO条約が、一九六〇から七〇年代に香港について発効した(ただし、「国際人権規約」については、香港の非民主的な体制が示すように、様々な留保がつけられていた)。その後

「人権法」の制定が一九八七年以降香港で議論されていたが、一九八九年の天安門事件の発生によりその議論は一気に加速し、返還後の人権侵害に備えるための同法は一九九一年に成立した。「人権法」は既存の法律が同法に合致しない場合は修正または廃止することを規定しており、同法成立後に多くの法律が改正された。(26)

中国は「人権法」に反発し、返還後は臨時立法会で、「人権法」によって改正された多くの法律を以前の状態に戻す改訂を行った。しかし、「基本法」第三九条では、「国際人権A・B規約」とILO条約の一部は引き続き香港に適用するとしている。また、返還後も香港では英国のコモン・ローに基づく独立した司法が実施されている。「基本法」によって、香港には終審権が認められている。廣江倫子の研究によれば、最高裁である終審法院には多数の英国の高名な外国籍裁判官が在籍しており、その圧倒的多数は英国で教育を受けている。返還前に中国は英国による「人権法」導入に大いに反対したが、他方で返還以降、香港の裁判所は具体的な訴訟の解決にあたり、国際人権法・比較法に依拠して判断を下す傾向が強くなっているという。(27)

世界銀行の世界ガバナンス指標（Worldwide Governance Indicators）において、香港の法の支配指数は二〇一九年にプラス一・六〇点と評価された。(28) これは日本（プラス一・五四）・米国（プラス一・四六）を上回る。中国はマイナス〇・二七点であった。「ダボス会議」の開催で知られる世界経済フォーラムの二〇一九年版「世界競争力報告」において、香港の司法の独立は世界一四一ヵ国・地域中第八位と評価された。米国は二五位、中国は四七位である。(29)世界正義プロジェクトによる二〇一九年の法の支配指数（一二六ヵ国・地域対象）では、香港は第一六位とされた。中国は八二位、日本は一五位、英国が一二位、米国は二〇位である。(30)

民主主義のない植民地香港に、なぜ西側民主主義国並みとも言える高水準の法治が定着したのか。これについて、李家翹と蔡俊威は「政治の法律化」という議論を展開している。(31) 以下に彼らの議論を要約する。

しばしば香港の法治の起源とされたのは一九世紀の事件である。英国人や西洋人と華人の間での紛争が人種差別なく平等に裁かれた事例が、法の下の平等を体現するものと論じられてきた。例えば、徐亜保事件（一八四九年）では、女性を襲った英国軍人二名を殺害した徐亜保が死刑にならず、毒パン事件（一八五七年）では、多数が砒素入りパンで中毒症状を起こしたが、華人のパン製造者は無罪とされた。しかし、こうした戦前の事例はあくまで例外的であった。実際、華人同士の終審法院裁判は、植民地化初期には一切なかったとされる。[32]

李家翹と蔡俊威によれば、法治が確立された重要な時期はむしろ第二次大戦後であり、その原因は、冷戦期の統治者と被治者の相互連動にあったという。即ち、冷戦期の香港は、共産党・国民党・英国・米国と直接対峙する特殊な地位に置かれ、政治勢力が相互に競争していた。香港政庁はこれらのどの勢力と比べても弱い立場にあり、さらには被治者についても国民党・共産党系双方の住民が存在し、その背後には強大な勢力がいるという、通常の植民地とは異なる状況であった。香港政庁はこれらのうちどの勢力に加担しても、その敵対者から強い批判を受ける圧力に晒される。この状況下で、香港政庁は法治を確立することにより、法律を基準に統治することができ、中立を守れた。センシティブな決定を裁判所に委ねて、香港政庁は政治から逃げたのである。

実際、第二次大戦後に香港の法治は、一九四八―四九年と一九五一―五三年の二回の法制改革を経て、明確な検察機関、独立した司法系統を備え、全ての人に普遍的に法律の適用がなされ、司法の独立と正当な司法手続きを強調する精神が確立するなど、大いに進歩した。しかし、この二回の改革は、それぞれ大きく異なる精神で進められた。

一九四八―四九年の「徹底的・大規模な改革」は、効率を重視するものであった。即ち、中国の内戦の帰趨が明らかになる中で、共産党への対策として、法による統治、即ち rule by law を定着させ、「法は全ての者に適用される」との論理で、法律で政治問題を管理しようとしたのである。例えば、一九四九年の「社団条例」の改正により、あらゆる団体に政庁への登録を義務づけた。

これに対し、一九五一年、政庁は突如検察と司法の相互独立を強調する、即ち rule of law の改革を行った。この方向性への転換点となったのは、一九四九年「両航事件」であった。香港の国民党系航空会社である中国航空公司と中央航空公司の二社が北京に寝返り、一二機が香港から北京に飛び去った一方、香港に七四機が残った。この飛行機に対し、国民党が財産権を主張した。その間米国人が国民党からこの資産を購入したため、これらの飛行機の帰属をめぐって、国共両党と米中が争う展開となった。巨大な圧力に直面した香港政庁の戦略は、「司法の独立」を掲げ中立を保つことであった。政府が司法に関与しないことにより、難しい政治判断を法廷の判決に委ね、政庁は「撤退」したのである。

興味深いことに、こうした法治の確立は、香港政庁にとって自縄自縛的なものとなった。前述の通り、政庁は冷戦下においてあらゆるものごとが政治化することを回避せねばならないという地政学的必要性から法治を確立したのであるが、その有効性を維持するためには司法の権威を確立し、全ての者をその下におくことが必要となる。政庁の宣伝もあり、「香港は法治社会である」、「法律は至高のものであり、あらゆる者および政府はこれを超えることができない」といった語がメディアで大いに喧伝され、法治は香港の核心的価値に祀りあげられた。一九五〇年代以降の香港政庁の文書では、「中立性」や「公平性」といった理念が香港全体の統治の方針となっていった。同時に、香港市民の間でも法を守るということが次第に生活文化に浸透していった。後に一九五〇年代から一九六七年の香港暴動までの社会の不安定に直面し、香港政庁は市民の政治に対する不満の存在に気づいたが、その際、一般市民が生活の問題を法的ルートで解決する能力を持たないことも暴動多発の原因と気づき、法律支援や市民生活に関わる法制度の整備を進めた。また、返還過渡期においては法治によって統治の正当性を維持しようとした。これらを李家翹・蔡俊威は「法治をもって統治に替える」と表現している。社会の圧力は政治において爆発するのではなく、法的な解決に導かれるというわけである。しかし、こうなると政庁が正統性を維持するためには、法に基づいて統治を行わざるを得なくなる。そうなると市民も問題を法廷に持ち込むようになるから、政庁も法律に拘束されることになる。香港政庁はその可能性を覚悟しており、かつての公文書には政庁がいずれ「色々なことに直面して、それが日常的に解決されないようになった場合、政府は常に法廷に出ることを準備せねばならない」との記述もあったという。

こうしてみると、香港の法治の定着の理由は、従来論じられてきた、植民者が植民地に文明をもたらすとの「文明の使命」論や、強権統治の為政者を法で守る「法律帝国主義」論のいずれとも異なる形で解釈できる。即ち、香港政庁は弱者であるが故に、複雑な政治から逃げる手段としての法治を必要としたのである。

つまり、香港政庁をはじめ、多くの国家権力・政治勢力が香港の頭上に君臨したが、それらのいずれも弱さを抱え、互いに掣肘しあっていたことが、香港社会の自由の基礎であった。

2　中国共産党政権と香港市民社会

(1) 左派系組織

こうした「自由な」香港社会に対し、中国共産党政権はどうアプローチしてきたのか。植民地期においては、共産党は政庁の監視対象であった。しかし、共産党関連の左派組織は、同党の成立後早い段階から香港に存在してきた。

江関生によると、一九二四年一月の共青団香港地区委員会の団員調査表に名前がある七名が、最初の共産党員であると考えられる。一九二〇年代、共産党は大陸での都市暴動に失敗し、指導者は香港に次々と逃げ込んだ。中共広東省委員会も香港で活動しており、「中共十大元帥」のうち、陳毅・劉伯承・賀龍・徐向前・葉剣英・聶栄臻の六名は一時香港に滞在した経験を持つ。(33)

戦後、香港の共産党組織は段階的に発展してきた。国共内戦期間中の一九四七年一月一六日には中共中央香港分局が設立され、上海中央局の統轄下に置かれた。建国後の一九五五年、中央政府は外交特派員弁事局を香港に設立することを求めたが、英国はこれを拒否したため、北京は新華社香港分社を設立し、以来新華社が香港における事実上の北京の代表とされた。香港の党の本部は広州に設立された港澳工作委員会であり、香港新華社内部にその工作組が派遣された。北京の対香港政策は、五〇年代から六〇年代にかけて、中共中央外事領導小組が策定していた。同小組は周恩来が指揮し、陳毅外交部長もメンバーであった。その決定は国務院外事弁公室、さらに国務院僑務委員会と広東省委員会から、港澳工作委員会へと伝えられた。一九五六年一〇月一〇日の「双十節」に、香港・九龍で国民党が主導した暴動が発生し、共産党は香港が国民党の基地にされていると警戒を強めた。一九五七年、港澳工作委員会は香港新華社内に移り、外事弁公室は直接港澳工作委員会に指示するようになった。香港の党は左派組織の団結・調整・党の政策の香港での実行という統一制御を開始した。改革・開放への政策転換や、返還問題の交渉を視野に入れた一九七七年以後、共産党は再び香港政策の組織を変更した。国務院香港マカオ弁公室（港澳弁）の設立である。一九八二年には、新華社内の港澳工作委員会を省レベルに格上げした。ただし、直接統治している他の地方の省党委員会と比較すれば、港澳工作委員会は地元で資源動員できないため、遥かに小さな権限しか持たなかった。[34]

香港の党組織の規模は不明である。それは香港において、中国共産党が返還前も、返還後も、「社団条例」で登録されない「非合法組織」であり、事実上「地下政党」であることとも関連している。香港では「中国共産党」との看板で共産党が活動することはない。しかし、共産党系の様々な組織が、香港社会の至る所に存在してきた。江関生によれば、すでに一九二〇年代、共産党は各地のソビエト区を結ぶ「紅色交通線」を設置しており、文具店・百貨店・薬屋・電気屋・旅館・ホテルなどに隠れた支援機関がこれを結んでいたという。[35]

有力な左派組織が存在した分野の一つが教育機関である。「香港達徳学院」は、国共内戦期間中に、中国共産党広東区委員会と支持者が共同で開設した全日制の文科大学であり、一九四六年一〇月に開学し、一九四九年二月に資格を取り消されるまで、二年余り活動した。[36]一九四〇―五〇年代には、香島中学・旺角労工子弟学校・培僑中学など、数十校の親共「愛国学校」が存在していた。これらの学校では植民地統治下でも中国語（広東語）で教育を行い、人口急増に伴う学校不足の中、公立より安い学費が好まれ成長した。しかしその教育方針は、大学への進学を当局による奴隷化教育の一環と見なして奨励しなかったり、大陸の教材を使ったりと独特のものであった。一九六七年と六八年の培僑中学卒業写真では、生徒らが毛沢東語録を掲げているという。返還が決定した後、愛国学校は反社会活動を停止し、共産主義教育もとりやめた。[37]

メディアも左派系の重要な活動分野である。その歴史も古い。一九四一年一月から五月ごろ、大陸で国民党の抗日の消極性を批判していた文化人多数が香港に避難してきた。彼らが共産党の秘密の指導・支持の下で新聞『華商報』・『光明報』を発行し、多数の書籍も出版したのが左派系メディアの原点である。[38]左派系メディアは人事と財政において中国共産党のコントロール下にある。新華社香港分社の宣伝部門は、香港の書籍出版市場の八割を

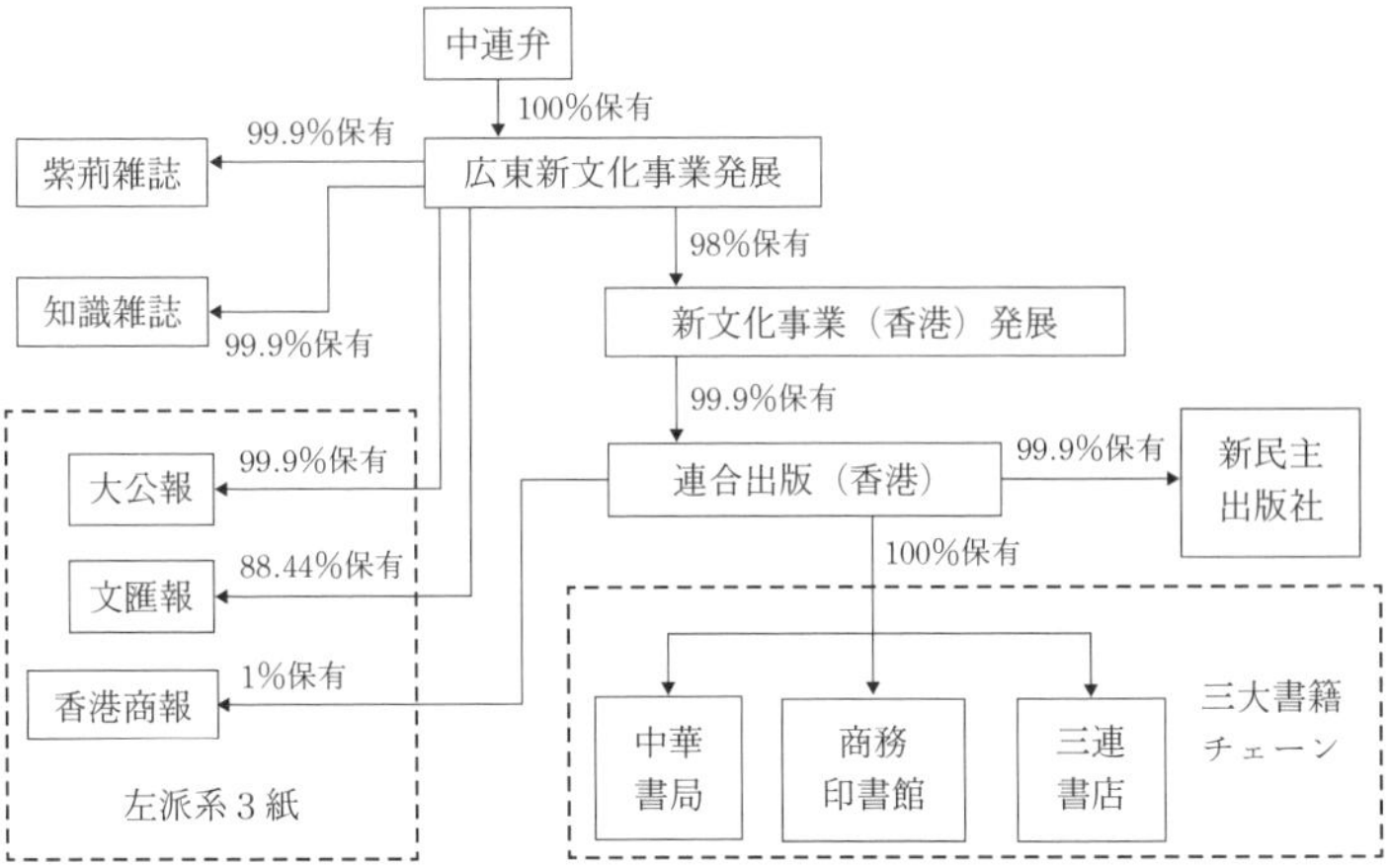

出所：『蘋果日報』、2015年4月9日の図をもとに筆者作成。

図1　中連弁による香港メディアと出版業の株式保有関係

占めると推計される出版大手・連合出版集団の人事・財政部門の長を任命する。また、港澳工作委員会は『文匯報』に対して経済的コントロールを利かせている。[39] 連合出版集団に属する三連書店・中華書局・商務印書館（「三中商」）は、香港の大手書籍チェーンであるが、連合出版集団自体は中央人民政府駐香港連絡弁公室（中連弁）が広東省に登録した企業の傘下にある（図1）。二〇一四年の雨傘運動以後、これらの書店は運動を支持した書籍の販売を減らしたと言われており[40]、中央政府は香港の出版の自由に大きな影響を及ぼすことが可能である。

　このほか、映画会社や、中国製品を売る「国貨デパート」などがよく知られる。スポーツ団体も存在した。「愉園体育会」は、一九五〇年成立の左派体育団体であり、一九六五年には、当時国際サッカー連盟に未加盟であった中国の広州・上海・北京を訪問して試合を行い、問題になった。大陸の文化大革命の影響を受けて一九六七年に左派が発動した「香港暴動」の際は、香港サッカー協会が警察による暴動鎮圧を支持したことに抗議して、リーグ戦を脱退している。[41]

香港の中国共産党はどの程度の勢力を持っているのか。その組織について公開されていることは極めて限られる。政治学者の盧兆興（ソニー・ロー）は二〇〇八年に出版された書籍で、一九八三年には香港の地下党員は二〇〇〇から三〇〇〇人と推定されたが、今はその一〇から二〇倍に達しているのではないかと推測している。[42]一方、かつて左派系紙『文匯報』の副編集長を務めた程翔は、その規模を四〇万人と推定している。香港は現在、中国大陸から毎日一五〇名の合法移民を受け入れている。名目上合法移民は香港人の大陸在住配偶者やその子女など、家族の同居のための移住とされているが、実際には香港に来るには官吏に多額の金を積むことが必要であり、現実には党員を香港に住まわせるためにこの枠が使われていると程翔は分析する。毎日一〇〇人の党員が合法移民として香港に定住していると仮定すると、年間で三万六〇〇〇人、一九八七年から九七年の間に三六万人が送り込まれたであろうと程翔は推定する。[43]ただ、これには事実誤認が含まれる。合法移民の数は、一九八二年に一日あたり七五人と設定され、一九九三年に一〇五人、一九九五年から一五〇人に改定されているからである。[44]

いずれにせよ、一九九七年の返還後、香港の党組織は力を増している。二〇〇〇年一月、新華社は「中央人民政府駐香港連絡弁公室（中連弁）」に改称された。「一国二制度」の「高度の自治」のアレンジの下では、中央政府・地方政府とも、香港が自ら管理する問題に干渉してはならないと「香港基本法」第二二条に規定されているが、二〇〇八年一月、中連弁研究部長の曹二宝は、香港には二つの「統治隊伍」があり、その一つは行政長官や高官などからなる地元の隊伍で、これが「香港人による香港統治」を体現する一方、もう一つの中央政府の香港政策に関わる官吏という統治隊伍も、重要な統治の力として「一国」を体現していると論じた。[45]二つの権力センターの存在を露骨に正当化する議論として、当時香港では大いに物議を醸した。二〇一八年一月には、王志民中連弁主任が

「中環（セントラル、香港政府の所在地）と西環（中連弁の所在地）がともに進むのがよい」[46]と似たような趣旨の議論をしており、二重権力は徐々に公然の秘密となっていった。

こういった左派系組織の中で、最も直接的に政治に関与するのは政党である。一九九二年、香港の民主化の進展と、民主派の成長に対応するため、初の左派系政党・民主建港連盟（のち民主建港協進連盟、民建連）が設立された。同党は立法会の最大勢力に成長し、二〇二二年四月現在党員四万六四七三人を抱える香港最大の政党である[47]。

民建連については黄鶴回（スタン・ウォン）による詳細な研究がある[48]。親政府派は香港社会において民主派の優位を崩すことができなかったが、「一国二制度」のため、中国政府が直接干渉することは避けねばならないというなかで、鄧小平の指示もあり、草の根の市民の取り込み工作が行われた。その特徴は豊富な資金である。二〇一三年の民建連への寄付は九七〇〇万香港ドルに達した[49]。民主派への寄付は、二大政党の民主党と公民党を併せてもこの五分の一以下である。財界は北京を怒らせることを懸念し、民主党への寄付を躊躇する。党員数でも、民建連は民主党の七〇〇人を圧倒する。

民建連は特に、香港の地方議会である区議会で勢力を拡大した。区議会議員の給与は安定した活動資金となるほか、議員は政府からのレクリエーション予算の用途を決める権限を持つため、選挙区に利益をもたらすことが事実上可能である。

民建連はいかにして区議会議員選挙で勝利できる草の根の支持を獲得するか。その方法の一つは、福祉とレクリエーション活動の提供である。低所得者層の住む公共アパートなどで、議員は日用品の配布や格安旅行ツアーなどを行う。また、選挙や議員活動には親中派社会団体や、近年は香港の中国国有企業からも応援のため動員される。民建連の支持基盤となる、労組の工連会、地域の各種団体の連合体である新界社団連会・九龍社団連会・香港島各界連合会・広東社団連会は、近年急速に勢力を拡大しているという。財界人から新界社団連会に配布用の米が寄付されるなどの支援もある。

左派系・親政府派政党の強みは、まず、中選挙区制の香港立法会議員選挙で不可欠な、自陣営内部での候補者調整能力である。複数政党で出馬を目指す選挙区が重なりそうになった場合、各党の指導者同士の個人的つながりに加え、中連弁が候補者を調整して共倒れを防ぐ。次に、コミュニティでの活動能力である。上述のような各種社会団体が、住民と候補者をつなぐ。そして、人件費を支出できる財力である。通常、区議会議員は薄給で、かつ立法会議員に「昇進」するのは容易でなく、定期的に選挙に勝利せねばならないという不安定さから、区議会議員選挙の際、政党は立候補する意志のある者を探すのに苦労する。しかし、民建連はフルタイムの職員を雇用できる財力を持ち、民建連の区議会議員には党への給与の上納の義務もない。落選しても、党職員に戻ることも可能であるし、政府との太いパイプを生かして政府内で仕事を得ることもできる。これらの点で、左派系政党は明らかに民主派よりも強力である。

(2) 統一戦線工作

こうした組織的な行動のほか、個人を取り込む「統一戦線工作」も活発である。統一戦線工作とは、主要敵を孤立させるために、中間のできるだけ多くの者を味方につけるという工作のことであり、中国共産党が伝統的に得意としてきた。

香港における統一戦線工作の主眼点は、初期においては国民党との対抗にあった。香港の親英華人大富豪で、戦時中は親日的態度でも知られた周壽臣を味方につけるため、一九四九年の建国五ヵ月前に毛沢東が書簡を送り、友好的交流を求めている。周恩来は経済学者の許滌新を香港に派遣し、統一戦線と党の宣伝工作をさせた。(50) 中国共産党が建国後も存続を認めた八つの小政党「民主党派」のうち、五つは香港で成立または再建されたものである。(51) 周恩来は香港の党機関に、外国人も含めてできるだけ幅広く交遊せよとの指示を送っていた。統一戦線の主たるターゲットには、財界の大富豪のほか、労働者階級も含まれた。新華社はスラム街で支援活動を行っていたし、左派系労組・工連会も活動した。また、共産党は香港の教師に対し、大躍進運動やその他の問題について、学生に対して正確な誘導を行うこと、思想の路線を明確にすること、保護者や非共産主義学校の教師とも友好を保つことなどを指示していたという。(52)

一九八四年の「中英共同声明」調印により、一九九七年返還が決定されると、一九八五年には新華社香港分社長に前江蘇省委員会書記の許家屯が就任し、統一戦線工作を展開した。許家屯自身の回顧録によれば、鄧小平は、香港での統一戦線工作には、大陸本土で求められるような「愛国、社会主義の擁護、共産党指導の擁護」は求めてはならず、「より広範な香港マカオ統一戦線」で求められるのは「愛国・愛香港」ということだけであると指示したという。(53) このため、許家屯は左派系の労組に対し、右派や中間派労組への統一戦線工作を展開するよう指示するなど、(54) 統一戦線工作は拡大した。

統一戦線工作の拡大・変容の目的は、返還後の「香港人による香港統治」を支えるための人材の確保であった。一九八〇年代以来の統一戦線工作の変遷について、黄偉国（ベンソン・ウォン）の研究に依拠して整理すれば、(55)「中英共同声明」以後、中国は順調な返還を実現するために、香港で政治的基地の構築を目指した。人民代表・政治協商会議メンバー・香港事務顧問・香港地区事務顧問・香港特別行政区準備委員会・香港特別行政区準備委員会予備工作委員会・臨時立法会などの組織を立ち上げ、香港各界の者を積極的に取り込んだ。こうした取り込みの究極目標は「一国二制度」による香港・マカオ・台湾の統一実現であった。一九八〇年代からの統一戦線工作の新しい特徴は経済・社会的エリートの取り込みにあった。鄧小平による近代化政策の実現のため、資本家・工業家・金融専門家・起業家・海外華人投資家といった、富裕層を取り込む新しいビジョンが提示され、統一戦線の対象は大衆からエリートへ移行した。

こうした取り込み工作の対象には、中央政府と対立する民主派も含まれた。民主党は二〇〇六年、共産党による党内への浸透の疑いがあるとして調査を行った。その報告書によれば、調査対象となった三五名の党員のうち、二八名が中国政府側の者の接触を経験していた。こうした接触は一九九四年の民主党成立以来続いていたが、二〇〇三年七月一日に「五〇万人デモ」を民主派が主催した後、さらに拡大したという。政府指導者・政府関係者・学術機関・中国資本の企業などからの接触があり、民主党に関する情報を聞き出そうとしたり、中央政府の政策を支持するよう説得を試みられたりしたほか、大量の金銭や贈り物の提供の申し出もあったという。こうした動きを警戒した民主党は二〇〇四年一二月、中央政府関係者との交流について報告制度を導入した。[56]

統一戦線工作の代表的な対象としてしばしば挙げられるのがメディア関係者であり、そのことが香港の言論環境に影響しているとよく論じられる。多くのメディアは、中国大陸でのビジネスのみならず、年々存在感が増す中国系企業からの広告収入に配慮して、中国政府批判を控える「自己検閲」を行う傾向があるとされる。左派系以外のメディアに対する北京の影響については、李金銓が政治経済学的な研究を行っている。[57] 即ち、香港では経済紙『信報』や、信頼性の高い中立紙とされる『明報』など、多くのメディアが当初は文化人・言論人によって創業されたが、財界人がメディアを買収し、多様性が減退する中、中央政府の影響により、香港メディアが政治の報道を回避し、経済的利益を追求する傾向や、自己検閲が発生していると李金銓は指摘する。

一九八四年の「中英共同声明」以前の香港では、現に統治を行っている英国の香港政庁が優位にある中、共産党寄りの左派系メディアと、国民党寄りの右派系メディアは相互に批判しあい、そこに「報道の自由」が生じた。しかし、その時代には香港政庁批判は稀であった。例えば香港暴動の際は、左派系以外の大方のメディアは政庁支持の論調であった。返還決定後、中国は香港におけるイメージ改善に努力し、英国は香港からの光栄ある撤退を目指すという状況が生じ、両者は競争関係となった。中国はメディアの取り込みをはかり、メディアの論調も混乱した。返還後北京は香港政庁批判から特区政府支持に転じ、メディアにも不干渉の態度をとり、メディアはひとまず安心したが、北京の圧力に対する懸念は残存したため、自己検閲を行い、政府情報のリークは減少した。また、国民党系メディアは急速に転向した。例えば『星島日報』は本来親台湾の右派系紙であった。同紙は万能薬「タイガー・バーム」で富をなした胡文虎によって一九三八年に創刊され、一九九二年まで中華民国暦で日付を記していた。しかし、一九九八年に発生した「胡仙事件」が同紙の大きな転機となった。同紙の発行部数を誇張して広告主を騙したとして、社員三名が廉政公署（汚職取り締まり署）に逮捕された。当時の経営者で胡文虎の娘である胡仙（サリー・アウ）も共謀者とされたが、当時の梁愛詩（エルシー・リョン）司法長官が、本件の立件が『星島日報』の二〇〇〇人の職員を失業させる」ことなどの「公共の利益」を一つの理由として、不起訴処分とした。それ以来同紙の論調は共産党寄りに転じた。現在同紙は全国政協委員の富豪・何柱国（チャールズ・ホー）に売却され、親共色を増している。

自己検閲の構造的要因の一つは、メディアを所有する財界人と北京との、経済的利益で結ばれる関係である。一九九二年、『星島日報』の胡仙、中立紙『成報』の何文法、大衆紙『東方日報』の馬澄坤の、大手新聞社オーナー三名が相次ぎ北京を訪問した。一九九三年から『サウス・チャイナ・モーニング・ポスト』を所有し、最大手テレビ局「無線電視(TVB)」も三三%所有する郭鶴年(ロバート・クオック)は、北京から香港事務顧問に任命されており、テレビ局「亜州電視(ATV)」の劉長楽は人民解放軍との関係が良好であった。

メディアは中国と融和的でありたい一方、メディアとしての公平性に対する読者・視聴者等の信用も維持する必要がある。この狭間で自己検閲が生じる。例えば、新華社が左派系以外の新聞にもペンネームなどで書かれた文章を送る。これを受け取った編集側は、異なる意見と両論併記する形でこれを掲載する。このように、各種の意見を並列したり、批判を指導者個人ではなく、政府に向けるようにしたりすることで、政治色を薄めるのである。香港の報道の自由は、政治経済的影響力と、報道機関や記者のプロ意識の矛盾の狭間にあると李金銓は結論づけている。

今や香港の主流メディアの大部分を、大陸と商業上その他の関係ある財界人が所有している。[58] 二〇一五年一二月一一日、創刊一〇〇年を超える香港の老舗英字紙『サウス・チャイナ・モーニング・ポスト』は、同紙を中国大陸のIT大手・アリババグループに売却すると発表した。中国一の富豪である馬雲(ジャック・マー)が所有するアリババへの同紙の売却後、独立した編集方針が維持されるかどうかが注目された。アリババの蔡崇信執行副主席はインタビューに対し、同紙の取材・編集の独立を維持すると約束したものの、「現在の中国に対する報道は不健全だ。なぜなら、全てのこれらの報道は西側メディアが中国を見ているからだ。私が思うにこれは一つの角度に過ぎず、私たちはもう一つの角度から、もっと客観的な角度から中国を見たいと考えている」とも述べており、[59] 同紙の中国報道が変わる可能性も示唆された。香港記者協会は二〇一六年版の『香港言論自由年報』において、「香港の二六の主要ニュースメディアのうち、八社は中国政府または大陸資本の商人によって直接制御されているか、株式

表1　言論の自由調査（香港記者協会、2019年）

	市民	メディア従業員
メディアが香港政府批判を躊躇する	4.3	4.7
メディアが中央政府批判を躊躇する	3.8	3.4
メディアが大財閥批判を躊躇する	4.4	4.5
メディアが自己検閲	4.3	3.0
メディアの経営者・管理職が職員に圧力をかけ、編集・取材の自由に影響する	3.3	3.0
記者が取材の際脅迫される	3.3	2.6
メディアが報道に必要な情報を得るのに困難が生じる	3.5	3.1

出所：香港民意研究所香港民意研究計劃『2019年度新聞自由指數調查　調查報告』、2020年5月、4-5ページ（https://www.pori.hk/wp-content/uploads/2021/01/HKJA_freq_report_2019_final.pdf、2021年5月29日閲覧）。

が所有されている」と指摘している。八社とは、『サウス・チャイナ・モーニング・ポスト』のほか、地上波テレビ局・TVBと、衛星放送・鳳凰衛視のテレビ局二局、左派系三紙と言われる『大公報』・『文匯報』・『香港商報』、そして英字紙『チャイナ・デイリー（香港版）』と、老舗紙『成報』である。[60]

大陸資本が香港メディアを購入することは「染紅（紅く染める）」と称され、言論の自由に対する脅威と見なされてきた。政治学者の馬嶽によれば、港澳弁はメディアを、①中国資本、②友好、③中立、④敵対に分類して対応している。メディアへの直接的な迫害はなくとも、編集方針の転換と自己検閲が疑われており、特に「二つの中国」・「台湾独立」・「チベット」などがタブー化した。[61]

表1は香港記者協会が香港民意研究所と行った二〇一九年版の「報道の自由調査」の結果の一部である。各項目について、そのような事態が「全く生じていない」と考える者は一〇点、「極めて普遍的である」と考える者は〇点という基準で点数評価をするよう求め、回答者が与えた点数の平均点が表示されている。調査対象は市民とメディア従業員であるが、実際にメディアで働いている者のほうが、全体的により厳しく現状を評価している。

（3）社会へのアプローチの限界

しかし、こうした左派組織や統一戦線工作を利用した香港社会に対する影響力の行使は、二〇一〇年代に激しい反政府運動が多発したことからも明らかであるように、香港の世論を親政府的なものに変えることはできていない。統一戦線工作は限界にも直面していた。

本来「一国二制度」は、香港の繁栄と安定を維持するために、社会主義国家の中に資本主義経済を温存することを意図した。このため、初代行政長官として選ばれたのが経済人の董建華であったことが示すように、財界が統治の主体となることが想定されていた。それは先述の通り、英国香港政庁が行ってきた、財界人を取り込んで統治を行う方式の延長線上にある構想でもあった。

しかし、香港経済の発展と変容により、財界の主要な勢力を統治層に取り込む統治方式は、返還前においてすでに困難に直面していたと呂大楽・趙永佳は指摘している。香港政庁は「コンセンサスの政治」と称して非民主的な政治を正当化していたが、実際政治の世界で役割を与えられていたのはほとんど財界人であった。しかし、一九八〇年代までは英国資本の大商社が重要であった香港経済の構造は、華人資本家の台頭で変容していった。香港上海銀行やジャーディン・マセソン商会などが圧倒的影響力を持った時代から、次第に多元化が進んだのである。さらに、通信業界などに代表されるように、グローバル化の中で規制緩和が進み、新しいビジネスチャンスが生じると同時に、経済界内部の競争も激化した。政府は常にひいきされない集団からの批判に晒されるようになったのである。[62]

したがって、状況によっては政府が取り込んだ財界人の忠誠心にも問題が生じた。盧兆興は、中港関係を「修正パトロン－クライアント関係」として分析する。[63]香港は多元的環境であるため、パトロンである政府はクライアントである財界の支持を確実に得られるわけではない。そして、政府とクライアントの関係をもたない者は強硬な反対派となる。盧兆興は、財界人が中心の政党・自由党の指導者であり、アパレル業界の財界人でもある田北俊（ジェームズ・ティエン）の例を挙げる。(64) 二〇〇三年七月一日の「五〇万人デモ」の直後、田北俊は中央政府に反旗を翻し、審議中の「国家安全条例」案に反対に転じて、同条例案を廃案に追い込んだ。二〇一四年の雨傘運動当時には、田北俊は梁振英行政長官を批判し、全国政協委員を解任された。

そもそも、香港の財界人の多くは、かつて共産党政権の迫害を逃れるために香港に移住した経歴を持つ、反共的な存在でもあった。田北俊は香港紙『明報』のインタビューに対し、財界人が共産党に資産を食い尽くされることの恐れから政党を結成したと述懐している。田北俊が率いた自由党は民建連、民主党と香港三大政党の一角をなしたが、後に内紛で勢力を弱めた。田北俊はそれが、政府に寄るべきと考えた林健鋒（ジェフリー・ラム）らと、市民に寄るべきと考えた劉健儀（ミリウム・ラウ）らの対立であったと表現している（林健鋒は離党して新党である経民連を設立している）。(65) そういった財界内部の利益をめぐる確執は、返還後に経済の「中国化」が進み、大陸資本が香港に進出を強化する過程で、より複雑にならざるを得ない。田北俊は別のインタビューでもそれを語っている。即ち、植民地期はジャーディン・マセソン商会、スワイヤー、チャータードなどがいずれも香港に投資しており、「英国はいくつかの大企業を通じて雇用を生み、商売を生み、金儲けさせることが市民生活へのケアとなっていた」。しかし、一九九七年以後に香港資本が少なからず英国資本の資産を購入し、さらに中国資本も積極的に香港資本の資産を購入している。したがって香港人は団結すべきであり、何かと香港資本を既得権益者と攻撃しないで欲しいと田北俊は述べる。さもなければ、香港資本が一旦資産を売り、中国資本が香港経済の命脈を握ってしまえば、市民生活を完全に制御下に置き、香港に「一国二制度」があるかないかなどをかまう必要もなくなると田北俊は警告している。(66) これらの田北俊の発言から窺えるように、「一国二制度」による香港の独自性を利用し、中国と世界を結ぶビジネスを行う香港財界が必ずしも親中的な存在であるとは限らない。彼らは共産党政権に対して一定の警戒心を持っており、中国の国家の経済力および論理と、西洋化された香港のネットワークや価値観の間でいずれに寄り添うかという板挟みのジレンマのもとにあった。

親政府派の候補が二名出馬し、分裂選挙となった二〇一二年の行政長官選挙は、そうした財界内部の利益関係の複雑さを浮き彫りにした。李嘉誠の長江実業などの四大不動産業者や主要な財界勢力は前政務長官の唐英年（ヘンリー・タン）候補の支持に回った。行政会議招集人を務めていた梁振英候補は左派系の支持を受けていた一方、財界からの支持は薄かったが、恒隆集団の陳啓宗（ロニー・チャン）ら一部の財閥は梁振英を支持した。唐英年がスキャンダルや失言で市民の支持を失ったこともあり、中央政府は最終的に梁振英支持を明確化し、梁振英が当選した。すると、左派の長老である香港選出の全人代代表・呉康民は二〇一三年四月二二日の『明報』に寄稿し、行政長官選挙で梁振英を支持せず白票を投じた者は英国が返還前に植え付けた植民地の残党の本性を顕わした者だと非難する文章を掲載し、同日それが自由党を指した非難であるとも明かした。その後の立法会議員選挙などで、自由党は中連弁から十分な支援を受けていないとも報じられ、党勢は衰えた。また、陳啓宗は梁振英行政長官の就任後、財界と関係の深かった曽俊華（ジョン・ツァン）財政長官の経済政策を公に批判し続けた。結局、梁振英が再選を断念し、事実上の後継者として林鄭月娥（キャリー・ラム）が出馬した二〇一七年の行政長官選挙では、曽俊華が対抗馬として出馬した。曽俊華は落選したものの、民意調査では林鄭月娥以上の支持率を記録していた。候補者討論会では、曽俊華は林鄭月娥が当選すれば、梁振英時代のような社会の分裂が続くと林鄭月娥を批判した。

こうした経緯を見ると、香港の統治は一般的に「親中派の財界人」が支えていると議論されがちであるが、その内情はより複雑かつ流動的であり、財界と北京との関係は必ずしも安定した統治に直結するものではない。

ましてや、共産党政権との利益関係が薄い一般市民、とりわけ、先述の左派政党による生活に関する利益の供与などに浴する機会の少ない中産階級は民主派支持の傾向が強く、しかもそうした傾向は返還後に強化された。立法会議員選挙の職能別選挙枠や、行政長官選挙委員会選挙の結果を見ると、教育界・法律界・社会福祉関連などのリベラル志向の強い中産階級の枠だけでなく、近年は医学界・会計界・IT業界などの枠も、民主派が以前よりも多く議席や委員を獲得する傾向が出ていた(第四章参照)。

統一戦線工作は個人的なコネクションに依拠した利益分配であり、財界人などの強固な保守派の取り込みには成功しても、女性・リベラル中産階級・公務員・高等教育機関の学生と教師からは支持を得られないと黄偉国は指摘する。中央政府とのコミュニケーションの対象が親中派エリートに限定されているため、そうしたエリートは香港社会において「中共の口舌」と疑われてしまうという[67]。

したがって、社会の幅広い層に対してはメディアを通じた世論工作が重要であった。しかし問題は、市場において左派系メディアが大いに苦戦しているという現実である。二〇一二年の調査では、紙の新聞・ネット版・モバイル版を合わせて、左派系紙を読むと述べた者は、『文匯報』が全体の〇・四%、『大公報』は〇・二%、『香港商報』は〇・一%と、左派系三紙にはいずれにもほぼ市場シェアがない[68]。

左派メディアの没落を決定的にした事件の一つが一九六七年の香港暴動であった。一九六〇年代前半まで、左派系メディアのイデオロギー性は希薄であった。夕刊紙『新晩報』は「左派系文学の砦」とも称され、金庸の武侠小説の掲載などの文学や娯楽を提供し、三─五割のシェアを誇るなど、「中間落後階層」に根付いたとされる[69]。左派系紙の一つ『文匯報』の編集長を務めた金尭如によれば、暴動前は『文匯報』・『大公報』・『新晩報』を合わせて一〇万部、『商報』・『晶報』・『正午報』がそれぞれ二一―三万部で合計三八万部ほど、六紙で合計四八万部前後と、当時の全香港の新聞発行量の半分以上を左派系紙が占めていた。暴動当初は左派系紙がよく売れ、民間資本の愛国紙と位置づけられた『香港夜報』・『新午報』・『田豊日報』を合わせると一〇〇万部に迫った。しかし、爆弾テロが相次ぐようになった一九六七年下半期から、香港市民は左派に反感を持ち始め、『大公報』・『文匯報』は一万部ほど、『新晩報』は二万部ほど、『商報』・『晶報』・『正午報』はいずれも一〇万部ほどを失い三―四万部に後退した。本来『商報』・『晶報』・『新午報』は、共産党中央外事弁公室において「側面紙」と規定され、中間的で独立したイメージながら中華民族を愛する論調の新聞とされた。しかし、暴動期間中、新華社がこれら三紙を他の左派系紙並みに左傾化させた。新華社は競馬・ドッグレースの記事の掲載を、資本主義の腐敗した生活方式として止めさせた。『東方日報』の編集長は、後に「『東方日報』が成功したのは、『新晩報』・『商報』・『晶報』が競馬とドッグレースの記事をやめたおかげ」と話したという(70)。

前述の、香港記者協会によって中国資本が直接制御していると指摘されたメディア八社のうち、香港内部の世論状況に大きな影響を持つのは、香港最大の地上波テレビ局であるTVBのみであろう。英字紙や、北京語で放送される衛星放送局・鳳凰衛視は香港の広東語社会には浸透できていない。『成報』は経営難を大陸資本に救われたが復調せず、二〇一六年八月には経営者が大陸での経済犯罪に関連するスキャンダルに巻き込まれる中、突如激しい中央政府・香港政府批判の論調に転じるなど迷走した。TVBのライバル局であったATVは、TVB以上に大陸寄りの報道姿勢で知られたが、それも一因となって香港で支持を失い、経営難の末二〇一六年四月に放送停止に追い込まれた。親中メディアは香港では商業的に成功できないのである。

したがって、世論工作においては、左派系以外の中立系のメディアに影響を与えることが必要となる。先述のような統一戦線工作は、確かに多くのメディアに自己検閲や論調の変化をもたらしたと考えられる。一方、鋭い政府批判を売り物にするメディアは存在し続けた。その代表例が日刊紙『蘋果日報』と週刊誌『壹週刊』である。両者ともアパレルメーカー「ジョルダーノ」で財をなした黎智英（ジミー・ライ）が経営し、中国政府系企業や大財閥は広告を掲載しないが、主要メディアとして民主派寄りの多くの読者をつかんだ。

『蘋果日報』は同時に、反政府的な筆者・論考の受け皿ともなった。二〇一六年四月二〇日、『明報』紙で一七年間勤務した執行編集長の安裕が、深夜の電話で突如解雇通知を受けた。同紙経営陣は人件費削減が解雇の理由と説明したが、同日の同紙は一面トップでパナマ文書について大々的に報じ、李嘉誠などの財界人、唐英年元政務長官などの政界人、映画スターの成龍（ジャッキー・チェン）など、香港社会の著名人や有力者のタックス・ヘイブンの利用状況を暴露した矢先であったため、政治・経済的な圧力が疑われた。『明報』労組や香港記者協会は激しく反発し、同紙の多くのコラムニストが抗議のためにコラムを空欄とした。しかし、その後安裕は『蘋果日報』に移籍し、コラムを掲載している。同様に、『信報』の看板コラムを執筆し、「香港一の健筆」とも称された評論家の練乙錚（ジョセフ・リエン）も七月に連載打ち切りに遭ったが、『蘋果日報』に移籍した。「国境なき記者団」が毎年発表している世界の報道の自由ランキングでは、二〇〇二年に世界一三九ヵ国・地域中第一八位とされた香港の評価が、二〇二一年版では一八〇ヵ国・地域中第八〇位にまで後退した。しかし同調査では日本も第六七位であり、「良好」「満足」「問題あり」「困難」「深刻」の五段階評価では同じ三番目の「問題あり」に分類される[71]。少なくとも、民間のメディアを一切認めない第一七七位の中国大陸とは状況が大きく異なる。

また、言論空間としてはインターネットの存在も重要である。中国大陸ではフェイスブックの使用は禁止されているが、香港にはそのような規制がないだけでなく、世界でも有数のフェイスブックの普及度を誇る。二〇一三年八月、フェイスブックは同年第二四半期、毎月フェイスブックを使うユーザーが四三〇万人であったと初めて発表した。ユーザーの割合は香港の総人口の六〇・一%に達しており、六〇%の台湾、五六・八%の米国、二二%の韓国、一六・六%の日本を上回り世界一であった。そのうち二九〇万人は毎日活発に使用していた。[72]

雨傘運動期間中の二〇一四年一一月に中文大学の研究者が実施した調査では、時事や社会問題についての情報源として、運動に反対する者はテレビ（四六・八二%）、新聞・雑誌（三三・九八%）、ネットおよびソーシャルメディア（一一・六七%）をよく利用すると回答したのに対し、運動を支持する者はネットおよびソーシャルメディア（四〇・七二%）、新聞・雑誌（三二・五一%）、テレビ（一九・一六%）の順に使用していた。新聞については、運動に反対する者は『東方日報』を三八・〇三%がよく読むと回答し最多であったが、運動を支持する者の間では『蘋果日報』が五九・〇八%と多くの支持を集めていた。同研究では若者・高学歴者・中程度以上の収入の者がネットを多用していることも明らかになっている。[73] メディアの「中国化」が進むとされる一方で、それとは異なる言論空間が存在し、中央政府や香港政府と対立する人々はそれを利用し続けたのである。

根本的には、中国政府が香港市民の支持を得る方法としては、中国人としてのナショナリズムの動員が重要な手段である。しかし、これにも限界がある。香港市民にも歴史問題や領土問題で反日デモを起こすなどの愛国心はある。二〇〇五年には大陸のデモに呼応した大規模な「反日デモ」が発生し、二〇一二年には、尖閣諸島の中国による領有を主張する「保釣運動」の香港の活動家が島に上陸した。しかし、彼らにとってそれは共産党政権を支持することとは異なる概念である。呂大楽は、党国体制がしかれた中国大陸や、民主化以前の台湾と異なり、香港の人々の生活では国家と政権が切り離された存在となっていると指摘する。香港市民が中国にアイデンティティを持つことは、共産党ないし国民党といったいずれかの政権にアイデンティティを持つことを必ずしも意味せず、双方に対していずれも留保をつけることもあり得たのである。したがって、保釣運動のような場面で香港人が愛国心を発露しても、それは北京或いは台北の政権に対するアイデンティティとは無関係なのである。むしろ、香港人の多数派は様々な理由で大陸を離れた移民であるから、彼らが共産党政権に対して大いに不満であることは当然であり、一九八〇年代から九〇年代に至るまで香港市民の反共の心理は続いたと呂大楽は指摘する。(74)このため、中国政府はしばしば反政府的な行動を起こす香港市民に対してより強い愛国心を求めるが、香港人は自身は愛国者であると主張して、多くの議論は平行線をたどり、結論に至らない。(75)「中国は愛するが、共産党は愛さない」という態度は、香港では主流とも言える心理であるが、大陸ではほぼ理解されないのである。

一九八九年の天安門事件の衝撃も大きい。民主党主席を務めた黄碧雲は、北京の民主化運動が香港市民の間に、共産党への嫌悪にもかかわらず、むしろ中国人としての誇りを初めて喚起したと論じる。香港市民は民主化運動を支持することで、抑圧されたナショナルアイデンティティを解放した。しかし、血の弾圧以後、運動は急速に減退する。親中派は運動から撤退し、北京は一時学生支援や政府批判に傾いた親中派への支配を回復して、この運動の中で誕生した民主派の連合組織・香港市民支援愛国民主運動連合会(支連会)を攻撃した。運動の中心となった李柱銘(マーティン・リー)などの民主派の人物も、大陸の民主運動からは距離を置き、香港の民主化運動に集中するようになった。香港社会の雰囲気も一変し、民主化に悲観的になった。中国の民主化はあまりに遠い目標と知った香港人たちは、移民・外国パスポート取得・香港防衛へと向かうこととなった。(76)

こうして、多くの香港人が大陸で体験した苦難と、香港から見た祖国の姿への失望が重なり、「反共」が香港のアイデンティティの一部であるともなっていると論じられる。香港の社会運動の核心には、自由・法治・共産党の否定という「核心の価値」があるという。[77] エドワード・ヴィッカーズと簡麗芳（フローラ・カン）は、香港人のアイデンティティにおける政治的側面の重要性を指摘する。香港の中産階級は自由民主主義的価値観に染まっており、共産主義の拒否とともに、それは香港人らしさの重要な特徴になっているという。[78]

3　抵抗と弾圧

(1)「自衛する市民社会」

このように、香港には民主的政治体制は出現したことがないものの、植民地期の国際環境がもたらした統治者の事情により、社会の自由が保たれた。また、低コストの統治を志向する香港政庁が社会団体に行政サービスの分担を求めたことで市民社会も発達し、返還直前の時期以降は法的な自由の保障も強められた。

こうした自由・市民社会・法治は、非民主的体制において権力を独占するはずの政府に対して、下からの抵抗のインフラとして大いに利用された。その結果が、デモなどの社会運動の多発であった。

返還後の香港のデモ・集会は届け出制であるが、細かい行進ルートなどをめぐる警察と主催者側の意見の相違は時に発生するものの、集会やデモ自体の開催が不許可になる事態は二〇一九年までは稀であった。例えば二〇一六年八月五日、香港独立を主張する組織・香港民族党は、「民主を守り香港を独立させる」と題する集会を開催した。香港民族党はこの集会を「香港史上初の独立に関する大規模集会」と称し、一万人以上が参加したと発表した。この集会も、警察に対して所定の手続きで申請を行っており、合法の集会であった。警察発表では集会参加者は二八〇〇人であった。[79]

表2　デモ・集会の回数

年	2011	2012	2013	2014	2015	2016	2017	2018	2019	2020
市民の集会	5,363	5,599	4,987	5,715	4,887	11,854	10,608	10,783	10,342	9,498
市民のデモ	1,515	1,930	1,179	1,103	1,142	1,304	1,203	1,097	1,094	252
合計	6,878	7,529	6,166	6,818	6,029	13,158	11,811	11,880	11,436	9,750

出所：「公衆活動統計數字」、香港政府警務處（http://www.police.gov.hk/ppp_tc/09_statistics/poes.html、2021年5月29日閲覧）。

表2は二〇一一年以降の集会・デモの回数の統計である。時に「デモの都」とも称される香港では、この間もデモの回数は増加傾向にあり、「街頭政治」は市民の間で定着している。

しかも、デモはしばしば政府に譲歩を強いてきた。香港には政権転覆や反乱等を禁ずる条例の法制化を義務づける「基本法」第二三条が存在し、この規程に基づいて二〇〇三年に「国家安全条例」の立法化が図られた。しかし、同年七月一日の民主派の「五〇万人デモ」の結果、同条例の審議は停止に追い込まれ、最終的には廃案に追い込まれた。このデモにおいては、「一紙一誌二本のマイク（一報一刊兩支咪）」と称される、『蘋果日報』、『壹週刊』と、人気司会者鄭経翰（アルバート・チェン）と黄毓民（レイモンド・ウォン）のリスナー参加型ラジオ番組が、市民のデモへの参加を大いに促したとされる。(80)

同時に、このデモではネットの影響力も話題となった。現在はネットが動員の主役と言っても良いであろう。「五〇万人デモ」以降、中央政府は香港市民の「愛国心」を特に問題視した。主権は返還されたものの、「人心の祖国復帰」が進んでいないとの問題意識から、中央政府は二〇〇四年の「愛国者論争」において、「香港を統治する者は愛国者でなければならない」との主張を繰り返し伝えた。二〇〇七年の返還一〇周年式典のために香港を訪問した胡錦濤国家主席は、香港政府に愛国教育の強化を求め、これを受けて香港政府は二〇一二年秋から「徳育および国民教育科」を必修科目として導入することを目指した。しかし、これに対して香港の中高生は「洗脳教育」との批判を強め、学民思潮という団体を結成し、ハンストや座り込みの大規模集会を続け、二〇一二年九月八日に香港政府を同科目の導入撤回に追い込んだ。この「反国民教育運動」でも大いにネットが動員に利用された。

このように、国家の安全を守る法律と、愛国心を育てる教育の双方を、香港市民は大規模な反対運動で挫折させてしまったのである。政治学者・馬嶽は「自衛する市民社会（Civil Society in Self-Defense）」という概念で香港社会の政治的な能力を形容している。返還後も香港では集会や表現の自由が維持されたため、抗議活動は頻繁に起こされた。香港の自由の侵害を懸念させるような政府の動きに対しては、様々な社会団体は瞬く間に連合体を結成し、大規模な運動を展開して強く抵抗した。しかし、これによって政府に譲歩させることに成功すると、常勤の職員も制度化された組織も持たない連合体は団結を失い、さらに進んで政府に民主化の推進を求めるための十分な力は備えられない。香港社会は自由の侵害への自己防衛には成功するが、改革を前進させる団結力はないのである。(81) 例えば二〇〇三年七月一日デモでは民間人権陣線という民主派の連合体が結成され、条例を廃案に追い込んだが、それに続く民主化要求の運動は成果を収められなかった。二〇一二年に国民教育科を撤回に追い込んだ中高生の組織・学民思潮が二〇一四年に雨傘運動の重要な一翼を担ったものの、候補者の事前の篩い分けのない「真の普通選挙」の実現を中央政府に迫ることには成功しなかった。

当事者たちは雨傘運動をどう評価したか。セントラル占拠行動発起人の一人である陳健民香港中文大学教授は、運動は制度の変更を求めるという側面では〇点であるが、市民を啓蒙し、市民社会を強固にするという点では二〇〇点をつけられると語っている。(82) 香港人と日本人のハーフである伯川星矢がインタビューした参加者たちは、代償を払っても何も進まなかったので未来が怖いと述べる者、香港市民の公民意識の覚醒にある程度成功した「段階的勝利」と評する者、社会を新しいステージに昇華させたと将来を楽観視する者と、多様な評価を下している。[83]いずれにせよ、振り返れば雨傘運動は二〇一九年の巨大抗議活動にとって、反面教師であれ、教訓であれ、或いは経験であれ、知識であれ、その伏線となるものを残したことは間違いない。

（2）言論の自由への脅威

こうした市民社会の抵抗は、中央政府にとっては対香港政策の実施を妨げるのみならず、共産党政権の安全を意味する「国家の安全」に対する脅威であった。抵抗運動が強まるにつれて、北京はより露骨な手段を使って香港社会への干渉を強め、翻ってそれによって香港の自由が脅かされ、香港で北京がさらに脅威視されるという悪循環がエスカレートした。

まず、香港の言論の自由の状況は悪化した。雨傘運動の終結から一ヵ月後の二〇一五年一月一四日、梁振英行政長官は毎年恒例の施政方針演説を行った。その冒頭部分で、梁振英は二冊の書物に言及した。一冊が「香港民族、命運自決」と題する特集を組んだ雑誌『學苑』、もう一冊はその特集の内容を増補してまとめられた書籍である『香港民族論』である。『學苑』は雨傘運動で大きな役割を果たした香港大学学生会が刊行する評論誌であり、梁振英は、これらの書物は香港が自立・自決の活路を探すべきだと主張しているが、学生たちの「間違った主張に対して我々は警戒せずにいられない、我々は学生運動指導者と密接な関係にある政界人が彼らを止めるよう求める」と述べ[84]、これらの書物の主張を強く非難したのである。政府の長である行政長官が、年に一度の施政方針演説で、わざわざ学生が書いた書籍を名指しで批判したのは、もちろん極めて異例の出来事であった。

『香港民族論』は、その名が示すとおり、香港人は一つの民族であるとの主張を展開する。香港人は独特の歴史・文化・アイデンティティを持ち、自治の実践を希望する一つの民族として尊重されるべきであると同書は主張する。香港市民の九割以上はいわゆる「華人」であり、大陸にルーツを持ち、中国系の血統を持つ。中国から見て、「黄色い肌に黒い瞳」の香港市民は中国人であり、漢民族や中華民族に属することは疑いようのないこととされるが、『香港民族論』はそのような血統による民族主義を、人種差別撤廃の世界の潮流の中にあって極めて遅れた概念であるとして否定する。「人種民族主義」に代わって彼らが主張するのは「公民民族主義」であり、自由と民主という共通の価値観を基盤として、強権政治を逃れ自由を追求する共同の心理を共有する者が「香港人」であるとする。現在の米国人やオーストラリア人が英国人でないように、香港人も中国人ではないという主張である。

これは、人的交流の緊密化に伴う摩擦の深刻化や、民主化をめぐる価値観の大きな違いなどから、近年大陸に対する反感を強め、自分たちは中国人ではない香港人であるとの意識を高めている香港の若者の心理を反映する論理であるが、「多元的ながら一体の中華民族」が中国を構成していると主張する北京にとって、香港人が一つの民族であるという、民族問題化や「国家分裂」につながるこの論理は、到底受け入れられるものではない。雨傘運動期間中から、香港の大型書籍チェーン店である三連書店・中華書局・商務印書館は、『香港民族論』の仕入を取りやめていた。「ビジネス上の決定」によるとされていたが、先述の通り、これらの書店は事実上中連弁が所有しており、政治的背景が疑われる。

中国政府が香港の大型書店の経営権を利用して書籍販売に影響を与えるようになったのは、主に雨傘運動後のことであると見られる。『明報』に掲載された、ある連合出版集団の管理層の者の証言によれば、天安門事件後十数年は経済至上主義であり、「法輪功」のものも含め、どんな本も書店に置けたという。趙紫陽の口述筆記である『改革歴程』、天安門事件の背景を語る呉仁華『六四事件中的戒厳部隊』、高文謙の『晩年周恩来』など、まれに政治的な理由から販売できない「禁書」も現れたが、店員はレジの後ろにこれらを積んでおき、客が求めたらこれを売るなどした。しかし、それも年々難しくなってきた。「禁書」とされるものがどんどん増えており、大陸から来た職員も書店に増えているからである。(85)

香港の最大手の書籍チェーン三社が揃って販売拒否したとなると、当然ながら『香港民族論』の売り上げには痛手ではあるが、これは同書が香港から消えたことを意味するわけではない。香港には天地図書など連合出版グループに属さない書店グループや、台湾の誠品書店の大型店も出店しており、これらの書店には大陸からの政治的影響は少ない。それ以上に香港らしい書店の文化として、いわゆる「二階書店」が存在する。大手書店が表通り沿いに大型の店舗を構えるのに対し、家賃負担に耐えられない個人経営の小型書店は、裏通りの雑居ビルの、それも二階以上に店を設けることが多く、この呼び名がついた。近年の家賃高騰で「二階書店」も経営を圧迫されており、さらに上の階へと移動する傾向にあるが、それらの書店の中には政治や社会科学などの独特の書籍の品揃えや、サロンの開催などで根強いファンを抱えている店も多い。梁振英がわざわざ批判をしたことで、『香港民族論』は大いに注目され、一時期各「二階書店」で飛ぶように売れた。

しかし、そんな「二階書店」の一つが、世界的なニュースの現場になってしまった。香港一の繁華街・銅鑼湾の中心にある「そごう百貨店」の裏の雑居ビル二階に入居している銅鑼湾書店である。同書店は、伝統的ないわゆる「香港情報」の書籍の品揃えで知られた。情報の確度は疑問視されるものの、通常決して表沙汰にならないような中国政治の内幕や、指導者のスキャンダルを生き生きと描写する書籍の数々は、中国大陸では決して発刊を許されない「禁書」であるが、近年激増した中国大陸からの観光客には珍しがられ、大いに売れていた。同書店は「禁書」を手がける巨流出版社を親会社としていたが、二〇一五年秋から年末にかけて、巨流と銅鑼湾書店の関係者五名が相次いで失踪した。中でも、二〇一五年一二月三〇日に失踪した書店経営者の一人である李波は、妻に香港の自宅から会社の倉庫に行くと言い残したまま失踪し、数時間後に深圳から自宅に「しばらく帰れない」と電話をかけてきた。香港から大陸に入る際に必要な「回郷証」という、パスポートに類似した書類を自宅に残したままであったことから、李波が通常のルートで深圳に入ったとは考えられず、中国当局者が香港に潜入して、李波を大陸へと拉致したとの疑惑が浮上した。

失踪した五人は二〇一六年一月一七日に中国中央電視台、二月二八日に鳳凰衛視、三月一日に香港紙『星島日報』のインタビューを受ける形で姿を現し、大陸で当局に拘束されていることが正式に判明した。インタビューに対し同店株主の桂民海は、二〇〇三年に起こした飲酒ひき逃げ事故について大陸に自首してきたと自ら告白し、謝罪した。ほかの銅鑼湾書店関係者は、「禁書」を大陸の顧客に郵送して通信販売した「違法経営罪」などを自白した。李波は、それ以前に失踪した四人の件を密かに解決するために「自分で大陸に密入境した」と証言した。しかし、これらの「自白」にはあまりに不自然な点が多く、多くの香港市民の間で疑惑は晴れなかった。

五人のうち「主犯」の桂民海を除く四人はそれぞれ香港に戻ってきたが、多くを語ることはなかった。そんな中、六月一六日、二日前に香港に戻っていた銅鑼湾書店の林栄基店長が突如記者会見を開き、自身の失踪の真相について内外のメディアの前で証言した。それによれば林栄基は二〇一五年一〇月、香港から深圳に入ったところで拘束され、目隠しされて十数時間列車に乗せられて寧波に連行され、狭い部屋に五ヵ月間監禁されて取り調べを受けたという。取り調べ官は特殊事案の捜査のために設けられる「中央専案組」の者だと名乗り、特に銅鑼湾書店が扱った習近平国家主席に関する書籍について集中的に尋問されたという。五ヵ月後、林栄基は広東省韶関の図書館に移されたが、香港から書店の顧客リストを持ってくることを条件に、香港に一時帰還することを許された。林栄基は帰還後、逡巡の末、大陸に戻らず、香港で会見して真相を語ることを選んだという。この証言が事実であるとすれば、習近平のスキャンダル情報を流した者や、その情報を購入した者が誰なのかを調べるために、中央政府のかなり上層部の者が直接動いたことになる。当然ながら中国公安部は七月五日、本件をめぐり香港政府から派遣された代表団に対し、林栄基の発言内容を否定した。

中央政府は、大陸の法を犯した者が大陸の深圳で逮捕されたことは「一国二制度」の侵害とは無関係との立場であり、むしろ香港から大陸の政治について論ずる書籍を大陸に送りつける行為が「一国二制度」を侵害する大陸への干渉と主張する。しかし、香港で姿を消した李波については、仮に李波が香港から大陸の公安関係者によって拉致されたのが事実であるならば、「一国二制度」の侵害にあたるのは明白であった。李波は英国籍を持つため、英国政府は李波が拉致されたと断定して中国政府を非難した。

この事件は香港の出版業界を萎縮させた。李卓人支連会主席によれば、銅鑼湾書店の出版部門は習近平国家主席の若い頃の女性問題について出版を計画していたとされる。[86] 米国在住の作家・余杰が執筆した『習近平の悪夢』と題する書籍は、これまで「禁書」を多数発刊してきた開放出版社に出版を拒否された。編集長の金鐘は、家族から身の安全を案じて反対されたと述べている。[87] 馬嶽は、二〇一〇年以降、香港の自由に対する香港人の信頼が減退しており、言論の自由に対する衝撃としては銅鑼湾書店事件が最も象徴的なものであったと分析している。[88]

(3) 学術への干渉

政治的干渉は学術界にも及んでいる。二〇一五年一月、左派系の『大公報』・『文匯報』は、民主派に近い政治的立場の陳文敏（ジョハネス・チャン）前法学院長が、香港大学の学内委員会によって副学長に推薦されると報じた。左派系紙は陳文敏が法学院長在任当時、セントラル占拠行動を発動した戴耀廷（ベニー・タイ）法学院准教授から大学宛ての匿名の寄付を受け取ったことや、政治活動に没頭して学術を疎かにしたことなどを列挙し、陳文敏を批判する記事をその後連日掲載した。

二月二二日には『蘋果日報』紙が、公民党の郭栄鏗（デニス・クォック）立法会議員らが大学関係者から聞いた話として、梁振英行政長官や行政会議のメンバーが副学長人事の決定権を持つ校務委員会に対して、陳文敏の副学長就任を否決するよう求めていると報じた。行政長官弁公室は直ちに報道を否定したが、校務委員会は寄付金問題の未解決などを理由に、副学長人事の決定を長期にわたり先延ばしした。陳文敏自身も、副学長就任を辞退するよう求める圧力をかけられたことを証言し、自分の政治的な立場を理由に人事が遅れていると述べた。七月二八日の校務委員会では、空位となっている首席副学長が着任するまで本件の決定を先送りにするという前例のない決定がなされ、これに怒った学生が会議室に闖入し、もみ合いとなり校務委員が軽傷を負う事態を招いた。

香港大学内では、教師や学生が次々と陳文敏を支持する署名などの運動を展開した。九月一日には香港大学卒業生組織が緊急会合を開き、陳文敏の副学長就任を早期に実現するよう求める動議を可決したが、結局九月二九日の校務委員会は陳文敏の副学長就任を否決した。

一一月には校務委員会の主席も任期満了となるが、梁振英行政長官に近い行政会議メンバーの李国章（アーサー・リー）が主席候補として有力との情報が流れると、学内で大きな反発が起きた。一〇月二五日には、卒業生団体と教職員組合が共同記者会見し、李国章がかつて教育局長を務めた際、各大学の自主性を尊重しない強硬な態度をとったことなどを理由に、李国章の校務委員会主席就任に強く反対すると表明した。卒業生組織や学生団体も相次いでアンケートを行い、李国章に反対の意見が圧倒的多数であったが、香港政府は一二月三一日、李国章を校務委員会主席に任命した。

二〇一六年の新学年初日の九月四日、香港中文大学のキャンパス内各所に、「香港独立」の四文字を大書した横断幕や、関連するポスターが掲示された。この動きは他の大学にも伝播し、香港独立をめぐる論争が再燃した。大陸出身の留学生がこれらの掲示物を破るなどすると、大陸メディアはこれを正義の行いと称賛した。親政府派立法会議員は教育局に対して、大学が独立を主張する掲示物を取り締まるよう求める連署状を提出し、一五日には一〇大学の学長が共同で、香港独立を支持しないとする声明文を発表した。一九日、林鄭月娥行政長官も、掲示物撤去を支持すると表明した。これらについては、言論や学術の自由に対する圧力として批判する声もあがったが、結局、二二日に中文大学学生会が自主的に掲示物を撤去し、事態は沈静化した。

二〇一八年三月には、台湾で開かれた会合に出席した戴耀廷が、中国の現体制が崩壊したときには香港は独立を考えてもよいと述べた。これに対しては、香港政府が「特区政府はある大学教員が、香港が独立国家を成立させることを考えてもよいとの発言を発表したことに衝撃をおぼえ、これを強く譴責する」との異例の声明を発表した[89]。港澳弁・中連弁も「香港政府が法によって香港独立分子が外部の分裂勢力と結託する活動を阻止することを断固支持する」と、香港政府の対応に賛同した[90]。学者の発言であっても、「独立」に関するものは言論の自由の範囲を超えるという論理が採用された。

(4)「厳罰化」

そして、雨傘運動以後は、政治活動を実質的に制限する政府および司法の行動が見られた。その一つが「厳罰化」の動きである。大きな影響を残した事例が、二〇一四年九月二六日の政府前広場への突入事件に関する裁判である。同日、行政長官普通選挙に民主派が出馬することを事実上不可能にする全人代常務委の「八三一決定」に抗議し、「真の普通選挙」を求める中高生の集会が、政府庁舎前で開かれていた。主催した学民思潮の黄之鋒（ジョシュア・ウォン）らは、従来デモや集会などのために開放されていた政府庁舎前広場（二〇一二年の反国民教育運動で使用され、運動参加者は「公民広場」と称していた）が封鎖されていたことに抗議し、集会終了直後に突然柵を乗り越えて広場に座り込んだ。この際、黄之鋒は人生で初めて逮捕された。このことは市民の怒りを呼び、現場に多くの者が殺到した。二八日には人が車道にまであふれ出て、雨傘運動の発端となった。

二〇一六年八月一五日、この公民広場突入事件に関し、学民思潮の招集人であった黄之鋒、香港専上学生連会（学連）の幹部であった周永康（アレックス・チョウ）・羅冠聡（ネイサン・ロー）の三人に違法集会罪・違法集会扇動罪などで一審の判決が下った。判決文は、「法廷は三人の被告がいずれも真に自らの政治理念或いは社会の現状への関心から、自らの意見および訴えを表明したものと信じる。彼らの目的と動機は単に自らの利益或いは他人を傷つけることではない」、「若者と学生は或いは時局への不満から勇気を持って意見を言うことがあるかもしれず、その行為が法律に反していなければ、それ自体に誤りはなく、法廷は絶対的に言論と集会の自由を尊重する。若者の考え方の貴いところは、彼らは往々にして純真であり、現実の利益を顧みる必要がないが、そのため比較的衝動的で過激になりがちであり、後にどういう結果を招くかをあまり考えない」、「いずれにせよ、勇気を持って意見を表明する若者に対する刑罰を処理する際には、彼らが意見表明のために法を犯したとしても、個人の利益や人を傷つけることだけが出発点でないならば、法廷は彼らの行為およびその結果だけでなく、比較的寛容および理解ある態度をとって、彼らの違法行為の背後の動機を理解しようと試みるべきであると考える」として、周永康に懲役三週間・執行猶予一ヵ月、羅冠聡に社会奉仕一二〇時間、黄之鋒に同八〇時間という、比較的軽い刑が科せられた。(91) 周永康は英国に留学が可能となり、羅冠聡は翌月の立法会議員選挙への出馬資格を失わずに済んだ。

しかし、政府が控訴して二〇一七年八月一七日に出された二審判決では、黄之鋒に六ヵ月、周永康に七ヵ月、羅冠聡に八ヵ月の懲役刑が言い渡された。判決で楊振権裁判長は、「香港社会には近年歪んだ空気が蔓延しており、自身の心の中の理想の実現或いは法律が賦与した権力を自由に行使するとの口実で、ほしいままに違法行為を行っている者がいる」、「こうした傲慢で自分勝手な考え方が、不幸にして若者に影響を与えており、彼らが集会・デモ或いは示威行動を行う際に、公共の秩序や公衆の安寧を意のままに破壊する行為につながっている」、「本件はこうした歪んだ空気のもっともよい例である」と非難し、一審判決が犯罪の抑止を考慮していないことは誤りであったと指摘して刑を加えた。(92) 同じ事件に対して、二審で一審より大幅に厳しい判決が出たことで、社会では様々な議論がなされた。法律界は、通常民主派に近い立場の法廷弁護士の団体である大律師公会と、親政府派の事務弁護士の団体である香港律師会がいずれも、これらの判決は法理に基づいたものであり、政治的な要素の影響は見られないと、異例の共同声明を行って判決を擁護した。他方、米紙『ウォールストリート・ジャーナル』は社説において、中国は香港の民主活動家を投獄することを香港の裁判官に強要したと非難した。八月二〇日、民主派はこれらの活動家を支援する「政治的迫害抗議デモ」を開催し、警察発表で二万二〇〇〇人の参加を集めた。

結局三名は服役したが、三審の終審法院は二月六日、二〇一六年に出された一審判決の社会奉仕刑を支持して減刑した。しかし、判決は「香港の現在の状況下では、抑止と懲罰が暴力および大規模な違法集会事件に対しては必要である」とし、違法集会には懲役刑で社会に警告を与えるべきであるとの、二審判決で示された新しいガイドラインを支持した。減刑の理由は、このガイドラインがその制定以前の事件に遡及適用されるべきでないとのものに過ぎなかった(93)。これは即ち、今後もし同様の事件があれば厳しい判決を出すことを強く示唆した判決であり、このガイドラインの出現により、民主派はこの判決が社会運動に対する圧力になると憂慮した。実際、二〇二〇年一二月二日、前年六月二一日の無許可集会扇動罪に問われた黄之鋒・周庭（アグネス・チョウ）・林朗彦（アイバン・ラム）の三名の香港衆志元メンバーに対しては、本件が暴力的な「違法集会」ではない「無許可集会」であったにもかかわらず、裁判所は二〇一八年の判決を引いて三名に懲役七ヵ月から一三ヵ月半の実刑判決を言い渡した(94)。香港大学法律学院首席講師の張達明（エリック・チョン）は、返還初期は基本的に無許可集会罪で司法当局は裁判には訴えず、近年になってこの件の起訴が増え始めたが、皆罰金刑で済んでいた、しかし周庭の件は重い判決であり、下級裁判所の厳罰化傾向が始まったと指摘する(95)。

一方、二〇一六年二月の旺角での騒乱は、当時一九六七年の香港暴動以来最大の騒乱と表現され、警察は香港暴動後に新たに設けられた暴動罪を適用した。同罪は過去には一九九〇年代のベトナム難民キャンプでの騒乱と、二〇〇〇年の麻薬更生施設での騒乱で適用された二例しかなく(96)、市内での行動に適用されたのは初めてであった。被告の本土派政治団体・本土民主前線の梁天琦（エドワード・リョン）に対し、高等法院は二〇一八年六月一一日、数の面で劣勢な、十分に武装していない警察官に対して、群衆とともに暴行を加えたことには同情の余地なしとして、懲役六年の判決を言い渡した。

二〇一八年九月二四日には香港民族党が非合法化された。同党は暴力団などと同様に、その名義で活動することや、活動に場所や資金を提供することなどが犯罪とされた。

こうした動きを純粋に厳罰化と称するのが適切か否かは議論の余地があろう。無許可集会・違法集会・暴動などを取り締まる「公安条例」は一九四八年に制定され、修正が繰り返されてきたものである。二〇二〇年の「香港国家安全維持法（国安法）」制定まで、近年のデモや集会を標的にした新法が作られたわけではなかった。デモや集会の行動が近年エスカレートしていることも事実であろう。二〇〇三年七月一日の「ゴミ箱一つ倒されなかった」とも称された「五〇万人デモ」と比較すれば、二〇一三年に初めて提起されたセントラル占拠行動は当初から違法な道路占拠を行うと宣言していたし、二〇一四年の雨傘運動では衝突も発生し、二〇一六年の旺角騒乱では警官隊にレンガが投げつけられた。返還以前から存在したものの使われてこなかった、しばしば植民地的な取り締まりの法律が、抗議活動の激化によって適用されるようになったと考えることもできる。左派勢力を取り締まることを目的として香港政庁が導入した各種の「悪法」が、現在共産党政権によって利用されているのは皮肉な状況である。

しかし、いずれにせよ、こうした取り締まり法が現実に使われていること自体が、政治活動の自由に対する圧力になっている。二〇一七年五月二七日の香港基本法実施二〇周年記念シンポジウムにおいて、当時中央政府の対香港政策の統括責任者である中央港澳工作協調小組長を務めていた張徳江全人代委員長は、「強大な法律の武器と、勇敢に開拓するイノベーションの精神によって、直面する各種の問題を解決する」と発言した(97)。以来、中央政府関係者や大陸の学者からは、法律の武器を整えるべきとの議論が相次いだ。北京は、使うべき取り締まりの法規をこれまでは十全に使用せず、その結果として反対勢力が恣に横行してきたという認識なのである。他方、民主派の弁護士でもある余若薇（オードリー・ユー）立法会議員は、法律は武器ではないと反論している。[98] 法の支配（rule of law）を意味する法治から、法に基づいた統治即ち「依法治国（rule by law）」を意味する中国式の「法治」へと香港は転じつつあるとの法学者による議論も出てきている。[99] 本章冒頭で挙げた「フリーダム・ハウス」の二〇一九年版世界の自由指数は、香港の市民的自由を二点から三点に引き下げた。香港の世界で最も「民主はないが自由はある」と称された体制は、大きな転機に直面している。

おわりに

以上見てきたように、香港が長く享受してきた政治的自由は、英国の植民地統治にその起源がある。しかし、それは高尚な理念によって保護・保障されてきたものというよりも、統治のコストと地政学的バランスの観点から、統治者が社会を放置してきた結果生じたものであった。しかし、そうした状態が長く続いた香港では市民社会が成長したし、香港返還を前にした時期には自由の法的保障も強められた。

そうした香港社会に対し、中国共産党は創立当初から影響力の行使を試みてきた。左派系の企業や社会団体は、香港の市民社会の枠組みの中で、様々な分野において設立されて活動してきた。加えて、特に香港の財界を対象とした統一戦線工作が行われ、返還後には財界に政治的特権を賦与して間接統治を試みた。メディアの経営者も重要な取り込みの対象であり、自己検閲が誘導された。しかし、財界内部にも複雑な利害対立が存在することに加え、中産階級などの多数派の市民は共産党政権に常に懐疑的であり、共産党のイデオロギー色の強い政策に対しては、市民社会が自衛のために団結し、強い抵抗運動を繰り返した。

この経緯を見ると、極めて一元的なピラミッド構造の体制をもつ上に、近年独裁の色を強めるとともに、社会の制圧に奔走している中国共産党政権の一党支配体制が、香港の多元的な市民社会に対して発揮できる影響力の限界も見て取れよう。利益誘導や宣伝といったソフトな手段では、共産党政権は香港市民の多数派の人心を得ることができなかったのである。主権の回帰に続く「人心の回帰」が未完であるとの認識は共産党政権に強いが、それは実現されていない。

この状況は、香港の事例に限らず、中国が台頭するにつれて世界的に影響力を拡大した場合、それが民主主義諸国の社会にどう影響するかという問題にとっても、大きな示唆になるのではないかと筆者は考える。香港における中国共産党政権の影響力行使はシャープ・パワーの一例と考えられるように見える。様々な形でのシャープ・パワーは、香港ですでに戦後一貫して行使され続けた。そうした間接的影響の発揮は、通常は外国に対して行われるものであるが、香港の場合、返還後も「一国二制度」の下で、大陸とは隔離された独自の社会が維持されており、シャープ・パワー的な、政治力・経済力を背景にした協力者の育成や世論工作という現象が観察される。ジョン・バーンズは、香港の共産党は敵対的な環境の中で、多くは市場原理に基づいて活動してきたと述べる。(100)

しかし、中国のシャープ・パワーは、香港では様々な限界に直面した。返還前には香港政庁による強硬な弾圧が存在したし、返還前後一貫して香港の市民社会には強い中国不信があり、左派の影響力拡大は阻まれた。シャープ・パワー論の提唱者たちは、中国の投資に期待する途上国、民主主義の根が浅い国（ラテンアメリカ・中欧など）、そして、中国を理解する専門家が少なく、中国の政治体制や、外交戦略の情報が少ない国をシャープ・パワーの影響を受けやすい国として列挙した。彼らが事例研究の対象としたのはアルゼンチン・ペルー・ポーランド・スロバキアといった国々であった。他方、安定した民主主義国では、近年中国のイメージ改善はない。即ち、シャープ・パワーの直接の害はないと、彼らは論じている。香港は勿論民主主義国家ではないものの、民主主義国家に匹敵する強固な市民社会を有し、かつ中国についての理解の程度は世界で最も高い場所と言っても過言でない。中国政府寄りの情報を反射的にプロパガンダと見なして警戒する者が多数存在する香港では、シャープ・パワーは容易には浸透できない。

そのため、結果的に、近年政府は言論や学術に圧力を加えたり、厳罰を適用したりといった、実力行使に依存しているように見える。雨傘運動後、特に香港独立の議論が白熱化した二〇一六年以降、中央政府は以前よりも強力な手段を用いて香港の市民社会に圧力を加えているが、その手法は間接的なシャープ・パワーというよりも、法律や強制力といった国家主権を直接的に用いるハード・パワーの行使である。

香港でもシャープ・パワーの概念を使って現状を分析する試みがなされている。二〇一八年九月、戴耀廷ら共産党政権に強く反発する学者たちによる論文集『香港における中国のシャープ・パワー』[101]が発表された。同論文集は、法治・市民社会・選挙・メディア・学術の自由と教育・宗教・経済という分野での近年の共産党政権による影響を記している。しかし、同論文集で「法治」・「選挙」は法による候補者の排除、「市民社会」はデモ参加者への厳罰、「メディア」は関係者への暴力などを事例として扱っている。これらはハード・パワーとみるべきものであろう。

一方、同論文集が「シャープ・パワーのツールは、世界の他の場所で使用される前に、香港で試されている。香港は中国のシャープ・パワーの実験場である」[102]と指摘しているのは興味深い。恐らく中国のシャープ・パワーに世界で最も長期的に晒されてきた香港での事例と同様の状況は、今後、世界的にも観察されるようになるかもしれない。第二次大戦以前から存在した、共産党による香港を利用した工作は、中国が自由な社会の世論に影響を及ぼそうとするシャープ・パワーの先駆事例である。

しかし少なくとも、香港のような共産党への警戒心の強い場所では、シャープ・パワーには限界があった。本来であれば共産党政権には、香港でソフト・パワーを巧みに使うという選択肢もあったはずである。現に、中国の発展は香港にもソフト・パワー的影響をもたらしてもいた。二〇一七年から二〇一八年にかけて行われた、香港の高校一―二年生を対象にした調査では、中国のSNS・微信を使うまたはアカウントを持つ者が六八・九%、好きな大陸の芸能人がいると述べる者が四五・〇%に達した。テレビドラマについては、日本のドラマが好きと述べた者が一八・八%に留まった一方、大陸のテレビドラマが好きとする者は二一・〇%に達した(103)。

しかし、香港に対する全面的統治権の確立を急いだ中央政府は、結局強硬な手段への傾斜を強めた。二〇一九年に「逃亡犯条例」改正反対問題から始まる巨大な政治危機を体験した北京が選んだのは、二〇二〇年の「国安法」の制定による、ハード・パワーを駆使した香港の改造であった。

第六章　加速する香港問題の「新冷戦化」——巻き込み、巻き込まれる国際社会と香港

はじめに

元来、いわゆる「香港問題」と称されたものは、基本的に国際関係の問題であった。アヘン戦争以後香港を獲得した英国と中国が、新界の租借期限にあたる一九九七年に香港をどう扱うかという問題が、一般に香港問題と称されたのである。そして、この問題の決着のため一九七〇年代後半以降に中英間の交渉が行われ、一九八四年の「中英共同声明」の調印によって、一九九七年の英国による香港全土の一括返還、同時に中国が香港特別行政区を設置して「一国二制度」方式の統治を開始することで決着した。その過程に香港の民意や、香港の内政状況が影響を与えることは極めて少なかった。香港の運命は、基本的に香港市民の頭越しに、北京とロンドンの交渉と、その結果を国際条約として是認する国際社会によって決定されたのである。

そうした「香港問題」は、一九九七年の返還と、「一国二制度」の順調なスタートによってほぼ「解決した」と見なされた。国際社会の香港に対する関心は明らかに低下した。しかし、近年はそうした状況に変化が生じ始めた。

二〇一四年の雨傘運動は、一九九七年の返還以降で香港が最も世界の注目を集めた事件であった。「雨傘革命(Umbrella Revolution)」という呼称自体、当初は欧米メディアが使い始めたものが香港に逆輸入されたものであり、後に香港では雨傘運動が主流となったという経緯がある。運動をめぐってはバラク・オバマ米大統領やデイヴィッド・キャメロン英首相も次々と発言し、抗議活動をリードする大学生・黄之鋒(ジョシュア・ウォン)の写真は『タイム』の表紙を飾った。人口七〇〇万人あまり、面積は東京都の半分ほどの香港は、にわかに国際政治の焦点へと浮上したのである。

そして、二〇一九年の香港危機は、雨傘運動をはるかに上回る国際的関心を集めた。巨大かつ暴力を伴う抗議活動に対し、中国による軍事的手段の行使も懸念された。米国のドナルド・トランプ大統領をはじめ、国際社会が北京を批判した一方、北京は国際社会が陰で香港に干渉していると疑い、論戦が生じた。そして、米国議会は政策を変更し、香港を対象とした新しい法律を制定して、香港に対する監視を強めた。危機を受けて北京は二〇二〇年「香港国家安全維持法(国安法)」を制定し、欧米諸国から激しく批判された。欧米諸国は香港からの移民・難民の受け入れや、香港に対する制裁の発動といった手段にまで出ることになった。

二〇一四年以降の事態は、返還をめぐる古い「香港問題」と異なり、香港の内政問題がきっかけとなって、中国と世界の大国が激しい対立に陥ったという状況であった。返還問題に容喙することを許されなかった香港市民は、二〇一九年には逆に世界を巻き込み、超大国を翻弄してしまったのである。「弾丸の地」とも称される小さな都市・香港の内政問題という「些細なこと」をめぐる、非武装の学生や無名市民の動きが、なぜこれほどまでに世界を震撼させるのか。それは、近年の国際政治の変質も受けて、「一国二制度」の前提となる国際環境に大きな変動が生じた結果、香港の民主化問題が決して香港の内政に留まらない、中国政治ひいては国際政治上の重大な意義のある問題と見なされるようになったからである。

本章では香港危機が米中「新冷戦」の焦点とされるに至った経緯を、特に近年の香港をめぐる米中関係の変化に注目して論じる。まず、「一国二制度」の枠組の下で、香港がどのような国際環境の下におかれ、どのような地位と能力を発揮してきたかを概説する。次に、香港を取り巻く外部環境が、近年の国際政治の変動を受けて変容してきたことを論じる。それを踏まえて、二〇一九年の香港危機と二〇二〇年の「国安法」制定の動きにおいて、香港が国際社会をどう動かし、国際社会がどう応じてきたかを考える。

1 香港「一国二制度」の外部環境

(1) 擬似国境による大陸との隔離と格差

香港は言うまでもなく中国の一地方である。中華人民共和国香港特別行政区という正式名称は、その地位を明確に体現している。しかし、香港の対外関係は、香港を単に「中国の一部」と措定しては正確に理解することができない。香港は、自国内における北京の中央政府や大陸の他の地方との関係においても、或いは外国との関係においても、通常の地方政府とは大きく異なる、二国間関係にも類似した状況を生じる場合がある。

まず、中国大陸との関係においては、両者の地理的境界には、かつての中英国境が現在も、パスポート・チェックを伴う「擬似国境」として存在している。ヒト・モノ・カネ・情報の伝達はここで大きく遮られている。香港と、隣接する深圳市の間を日常的に通勤・通学で往来する者も多い一方、大陸から香港への個人旅行として訪問できるのは、広東省および中国主要都市の住民に限られる。

言い換えれば、中国の貧しい地域の者が香港に旅行することは厳しく制限されているし、移住にはさらに厳しい条件があり、ある意味では大陸人の香港への移住は外国人よりも難しい。例えば、香港人の日本人配偶者は香港に居住するビザをすぐに得られるが、大陸出身者には毎日一五〇人の合法移民枠の制限があり、長期間待つことを余儀なくされ、その間夫婦は別居を強いられる。また、香港の中産階級家庭では住み込みの外国人メイドを雇用しているケースが多く、フィリピン・インドネシア・タイなどの東南アジア人女性がその主力となっているが、ベトナム人と大陸住民はこのビザを取得することができない。ベトナムは一九七〇年代以降の難民の大量流入の歴史に由来する規制であるが、大陸についても当然、移民の大量流入の回避が意図されている。

これらの規制の大部分は英国統治時代から継承されているものである。従来大陸と香港の間は自由に往来できたが、一九五〇年に中英国境が閉鎖された。しかし、その後も合法移民と密入境者により香港の人口は激増を続け、一九七四年、香港政庁は密入境者が九龍や香港島の市街地に到達すれば入境を認めるが、その前に新界で発見された場合は強制送還する政策（市街地という塁に到達すればセーフという野球のルールに喩えて「タッチベース・ポリシー（抵塁政策）」と称される）を導入した。その後も人口増加は止まらず、一九八〇年には密入境者を全て強制送還する政策に転換した。これほどまでに大陸住民が香港を目指した主たる要因は圧倒的な経済格差である。香港は労働力としての移民をある程度必要としつつも、大陸からの人口圧は脅威となっていたのである。

他方、香港から大陸に入ることは相対的に容易であるが、制限は存在する。一九五一年以降、中国政府は香港から大陸に入境する者に通行証の取得を義務づけた。現在でも通行証は「回郷証」あるいは「回郷カード」との俗称で呼ばれ、香港市民の大陸入境に必須である。しかし、民主派の著名な活動家にはこれが発行されていない者が多数いる。また、香港の多くの新聞・雑誌・書籍等が大陸に持ち込みを禁止されており、税関でしばしば没収される。放送は遮断されているし、香港では自由に閲覧できる多くのインターネットのサイトに、大陸ではアクセスできない。即ち、悪名高い「グレート・ファイヤーウォール（ネット版「万里の長城」）」は、大陸と香港の間の境界に存在するのである。大陸にとっては、香港の政治情報が脅威とされているといえる。

いずれにせよ、この「擬似国境」による隔離が存在しなければ、政治・経済的に巨大な格差の存在する大陸と香港は、それぞれ大きな脅威に晒されることになる。

（2）経済面での独立した国際的地位

「一国二制度」の下では、香港の外交と国防は中央政府が管轄する。しかし、香港は「外事権」を認められており、「中国香港」の名義で、外国や国際組織と関係を持ったり、国際組織や国際会議に参加したりすることが認められている。香港はWTO、IMF、APECなど、一部の国際組織に国家と同様の待遇で加盟している。オリンピックにおいても、香港は一九五二年の国際オリンピック委員会加盟以来、独自のチームを結成し、中国チームには属さない。また、香港政府は大陸に四ヵ所、台湾に一ヵ所、そして東京を含む世界一三ヵ所に在外事務所を設置している。対外関係においては、香港は「香港に永住権を持つ中国公民」を対象に独自のパスポートも発行している。また、通貨の香港ドルは、国際取引にも多用される、世界の主要通貨の一つという地位を築いている。関税・国際運輸や通信・郵便等の協定などには、香港は中国と別の地域として加盟しており、こういった経済関係上、あるいは民間社会の関係においては、香港は中国の一部というよりも、「準国家」とも称すべき別個の存在である。

日本と香港の双方の政府も、経済面での相互関係の強化を重視している。河野太郎外務大臣は二〇一八年三月、外相としては約二〇年ぶりに香港を訪問した。日本には農産物の輸出先としての香港に対する期待が大きい。一方、林鄭月娥（キャリー・ラム）行政長官は、特に香港・マカオと近隣の広東省の経済融合を図る「粤港澳大湾区」プロジェクトにおいて、日本との関係を非常に重視している。二〇一八年一〇月から一一月にかけては五日間にわたって日本を訪問した。香港行政長官の訪日は約一〇年ぶりであった。一一月二日、林鄭月娥は河野太郎外務大臣と会談し、経済・文化の幅広い面について「協力の深化及び拡大に関する共同ステートメント」を発表している。二〇一九年四月には「粤港澳大湾区シンポジウム」への参加のため、林鄭月娥は再度東京を訪ねた。

他方、日本政府は香港の民主主義や人権などに深く関与してはきていない。例えば、二〇一四年の雨傘運動でも、日本政府は米国のように明確に運動への支持を表明することはなかった。一〇月三日の記者会見で、政府はデモについて「香港は一国二制度の下に自由で開かれた体制が維持されることが大事だ」と述べるにとどめた。記者からは、支持を表明しないのは一一月に予定されていた習近平国家主席と安倍晋三首相の首脳会談に向けた配慮ではないかとの質問が出たが、菅義偉官房長官はこれに対して「勘繰りすぎだ」と不快感を示したという(1)。

（3）西洋化された社会と国際ネットワーク

こうした、中国大陸から切り離された独自性の上に、香港は西洋化された価値観に支えられた国際ネットワークを持っている。アムネスティ・インターナショナルなどの多くの著名な国際NGOが香港に支部を置くほか、キリスト教会のネットワークにおいても香港は重要な位置を占める。

近年は特に、香港では西洋的な人権・法治・民主・自由などの価値観が主流となりつつあるとも指摘される。西洋型の民主主義を「世界標準」として、「中国式」の民主化と対抗したのがセントラル占拠行動であった。民主派が求めた「真の普通選挙」の基準は「世界標準」、具体的には「国際人権B規約」第二五条の、「すべての市民はいかなる差別もなく、不合理な制限なしに、普通かつ平等の選挙権に基づき行われる真正な定期的選挙において、投票し及び選挙される権利及び機会を有する」との内容であった。民主派はしばしば国連を訪れ、香港の人権状況や民主化に関する公聴会に出席しており、実際、国連は二〇一三年三月、香港に対し、全ての人が不合理な制限なしに立候補でき、投票できる普通選挙の導入の明確な計画がないことに憂慮を表明した。一方中国政府はこのような「世界標準」の概念を嫌う。二〇一三年、中国共産党は各大学に対し、「普遍的価値」、「報道の自由」、「市民社会」、「公民の権利」、「中国共産党の歴史的過ち」、「特権資産階級」、「司法の独立」の七つを、学生と論じてはならないタブー(「七不講」)と通知したとされる。(2) その筆頭にあるのが「普遍的価値」である。

セントラル占拠行動の組織者は「世界標準」の影響を深く受けた人物であった。セントラル占拠行動を最初に提唱したのは、香港大学法学部の戴耀廷(ベニー・タイ)准教授である。戴耀廷はロンドン大学で法学修士号を得ており、コモン・ローの法学理論の訓練を受けている。また、熱心なプロテスタントの信者であり、公共・公義・公民などの概念がキリスト教の信仰にも通底するものであることを説く。(3) 二〇一三年三月にセントラル占拠行動の構想を発表する際にも、彼は教会堂を会場として利用した。戴耀廷のほかに二名が「発起人」として加わったが、うち一名は香港中文大学の社会学者で、中国の市民社会について研究してきた陳健民准教授、もう一名は長く民主化運動に関わってきた、プロテスタント教会の朱耀明牧師である。彼らは西洋の学問・思想とキリスト教的・欧米的価値観を「世界標準」と信じる。

また、セントラル占拠行動がアメリカで起きた二〇一一年のウォール街占拠行動にヒントを得たものであることも言うまでもない。香港でも二〇一一年一〇月、すでに一回目のセントラル占拠行動と題する抗議活動は起きていた。

ウォール街の運動に刺激された若者が、香港経済の象徴的存在である香港上海銀行の香港本部ビル下にテントを張って住みつき、不動産価格の高騰や金融機関の影響力拡大に抗議した。運動は小規模ながら二〇一二年九月に完全に排除されるまで継続し、世界の同種の運動の中で最も長く続いた。この「第一次」の運動は、ニューヨークと同様に、格差問題という経済のテーマが中心となっていた。一方、同年には中東でジャスミン革命も発生しており、香港でもこれを受けて「中国茉莉花革命」と題する抗議活動が発生した。こちらは民主化問題をテーマに、中央政府の香港出先機関である中央政府駐香港連絡弁公室（中連弁）前で定期的なデモを続けた。

議会制民主主義が格差問題という社会問題の解決に対して無力であることに抗議するニューヨークのウォール街占拠行動と、独裁からの民主化を要求するアラブ世界起源のジャスミン革命は、社会の文脈が大きく異なる場所で発生しており、同時期に発生したとはいえ、双方の間に共通点は少ない。しかし、非民主的な政治体制と先進的な経済を持つ香港の場合、双方が同時に起きることがあり得る。香港は世界でも稀な、ウォール街占拠行動とジャスミン革命が同時発生した場所なのである。(4)

台湾で立法院を占拠したひまわり学生運動も香港の運動を鼓舞した。同運動の発生は二〇一四年三月であり、同年九月からの香港の雨傘運動はそれに影響されて発生したとの分析がまれに見られるが、実際のところ、公道を占拠して民主化を訴える構想は、雨傘運動が実際に発生した一年半以上前の、二〇一三年春にはすでに浮上していた。しかし、いずれにせよ台湾と香港の学生は交流を重ね、香港の学生は抗争のノウハウを学んだという。

計画されていたセントラル占拠行動は、発起人の戴耀廷らの号令一下、共鳴する市民が一斉に道路にはみ出して座り込むというものであった。警察はこれに対し、静かに座り込んでいる市民を一人ずつ抱えて運び出すことを想定し、六人一組で一人を排除するのに一五分かかるとして、六〇〇〇人を動員すれば一時間で四〇〇〇人を排除でき、数時間のうちに排除を完了できるという計算をしていたとも言われるが、これは明らかに双方とも全くの机上の空論であった。二〇一四年九月二八日午後、集会の人数増加と警察の通行規制によって、人々が路上にあふれて突如道路占拠が始まった。警察は催涙弾を使っての排除に出たが、最後は人数の勢いに押され断念し、長期の座り込みが始まった。デモ隊は戴耀廷らが想定したように、主催者側の指示に従うことはなかったし、警察が想定したようにおとなしく座ってもいなかった。ここで効果を発揮したのはネットなどの通信手段である。フェイスブックなどで催涙弾での排除の様子が伝えられると、これに怒った多くの市民が学生を守ると称して次々と現場に殺到した。大陸では禁止されているSNSで、香港は世界と繋がっていた。実弾使用の警告の旗を掲げるなどの警察の強硬な態度は、無数の携帯カメラによって克明に記録され、ネットに載せられ、瞬く間に世界に伝わり、香港の学生・市民に対する幅広い世界の同情を呼んだ。

その後の長期の占拠行動においては、三ヵ所に分裂した占拠地区には統一した指導者がなく、また、反対派の者が度重なる挑発を行ったにもかかわらず、周辺の車両や商店に危害を加えるような暴動化することもなく、清掃が行われ、ごみが分別され、概ね秩序ある非暴力のデモが行われた。事前にネット上の呼びかけなどで、活動の趣旨や理念が参加者に幅広く周知されていたからである。CNNやBBCなどの国際メディアのカメラの前で、学生や市民は世界標準の高いモラルを見せつけたのである。すでに催涙弾によって香港市民からの信頼を失った香港警察が強制的な手段を用いることはますます困難になった。こうした運動が世界に感動を広げ、日本人でも坂本龍一や村上春樹が支持を表明し、香港の運動参加者を鼓舞した。

（4）「一国二制度」への外部認証評価

このような、単に中国の一部にとどまらない役割を果たす香港を、諸外国もまた主に経済の面で中国大陸とは別個の存在として扱う。したがって、返還記念日等の節目においては香港の外の多くの者が「一国二制度」の実施状況を振り返って論評する。例えば二〇一七年の返還二〇周年においては、日本の外務省は外務報道官談話を発表し、「香港において、引き続き『一国二制度』の下、従来の自由で開かれた体制が維持され、民主的に力強く発展していくことを期待しています(5)」と評した。

より制度化された仕組みを持つのが旧宗主国の英国である。「中英共同声明」の規定に基づき、一九八五年に中英合同連絡小組が設置され、返還過渡期においては両国の香港問題の話し合いの場として機能した。合同連絡小組は二〇〇〇年を最後に解散されたが、英国政府はその後も半年ごとに香港問題をめぐる報告書を作成し、議会に提出している。内容はその間の香港内政をめぐる詳細な記述であり、外相名で書かれる巻頭言では香港の政策についての英国からの注文が付される。例えば、二〇〇四年上半期についての報告書では、全国人民代表大会（全人代）常務委員会の基本法解釈と決定や、相次いだラジオ政治番組司会者の降板問題など、この時期に発生した政治問題に触れた上で、中央政府の介入は「中英共同声明」の保障する高度の自治と一致しないと指摘した。結論においては「一九九七年の香港返還以来、私たちの議会への定期報告書は、全体として『一国二制度』はよく実施されており、『中英共同声明』と『基本法』で約束された権利と自由は引き続き維持されていると結論づけてきた。過去六ヵ月においては、我々は政治体制改革の速度と幅についての中央政府の介入に懸念を持ってきた(6)」と論じ、「一国二制度」の順調な実施を初めて過去形で論じた。

こうした外からの批判に対して、香港問題はあくまで中国の内政に属するとの主張を北京は繰り返し、反論・

無視するのが通例である。一方、米国の「一国二制度」への監視は、実際に政策と直接リンクされている点に特徴がある。

米国が返還後の香港との関係を規定した法律が、一九九二年制定の「米国－香港政策法」である。同法は、一九七九年の米台断交時に制定された「台湾関係法」と同様に、中国との関係の変化で国際的な地位が変更される地域に対して、従来同様の経済・社会の関係を維持することを目的とした法律であることから、「香港関係法」とも邦訳されてきた。同法は返還後も香港を中国とは別個の独立した関税地域と見なし、経済・貿易などの関係において香港を中国とは異なる待遇で扱うことを認めた。

ただし同法は、米国大統領が香港の自治の状況は中国と異なる扱いをするには不足であると認定した場合、この特別扱いを停止する命令を発することができるとも規定している。いわば、「一国二制度」への外部認証評価制度である。同法は香港の自治の状況を確認するため、定期的に米国と香港の関係や香港の民主化についての報告書を国務省から議会に提出することを義務づけた。

報告書は一九九七年以降毎年作成されたが、「一国二制度」の成功を米国政府が肯定的に評価する内容が続いた。「香港政策法」が規定した報告書の提出義務は二〇〇六年までであったため、二〇〇七年を最後に報告書の提出は一旦終了した。米国政府が定期的な監視を一旦終わらせたことは、この時期、香港の安定した政治・経済情勢と良好な米中関係を反映して、「一国二制度」の運用を米国が信認していたことの証左であった。

2　急激な外部環境の変化

（1）「一国二制度」を受容した当事者間の妥協

このように、香港が中国の一部でありながら、独自の個性とネットワークを持つ場所として存立しえたのは、中央政府と国際社会の双方が、そのような曖昧さを含む香港のあり方を受け入れていたからである。「一国二制度」は、英国および国際社会、中国、香港の三者にとって、いずれも妥協の産物である。英国は植民地の放棄を迫られた。中国は自国内で外国製の政治体制が存続することを受け入れた。香港市民は中英交渉から排除され、ロンドンと北京が決定した身分変更に従うことを迫られた。

しかしこの妥協は、この三者の利益を最大化する最適解であるとのコンセンサスが、長きにわたり広く存在していたと見てよいであろう。植民地支配の継続、社会主義中国の一部としての統合、或いは独立といった別の方式と比較して、「一国二制度」は、国際社会・中国・香港のそれぞれにとって、明らかに経済的な利益が大きかったからである。

経済を重視した政治の妥協を可能にしたのは、一九七〇年代以降の世界とアジアにおける、冷戦の緩和から終結へと向かう大変動であった。中国は一九七一年に国連加盟、一九七二年にニクソン訪中と日中国交正常化を実現し、急速に西側諸国との関係改善を進めた。それを背景に中国は近代化政策へと舵を切った。一九七八年から中国は改革・開放政策を開始し、資本主義の市場原理を取り入れた経済改革や、西側諸国に対する市場開放を進めていった。社会主義のイデオロギーを曲げてでも、中国は経済を優先して発展させる政策をとった。

一方の西側諸国も、中国の変化を肯定的に捉えた。日本でも日中友好ムードは一九八〇年代まで続いた。一九八九年の天安門事件によって中国は民主化を拒否し、西側諸国は中国に一斉に制裁を課したものの、まもなく中国の国際社会への復帰を許すこととなった。その背景には、中国も経済成長に伴って将来的には徐々に民主的・開放的な政治体制へと変化してゆくであろうという楽観的な見方があった。東アジアにおいては韓国・台湾・フィリピンなどで民主化が進んでおり、ソ連の崩壊や東欧の民主化と同様に、中国もそれに続くであろうという考えが当時の主流であった。

返還の「真の当事者」である香港市民は、発言権のないまま返還が決められたことに動揺したが、結果的には返還を「受け入れた」。改革・開放の中国にいち早く投資したのは香港資本であった。彼らは大陸に低コストで工場を設置して利益を得る一方、香港には本社機能が残り、香港の金融・サービス業・物流などの急速な発展がもたらされた。アジアＮＩＥｓの雄として飛躍する香港には、天安門事件などにより海外に移民した香港人も返還前に還流した。中国はまた、返還後の香港で民主化を漸進的に進めることも約束しており、天安門事件に恐怖した香港人も、民主的な政治体制で祖国復帰するという「民主回帰」論に、将来への期待を繋いだ。

(2) 米国内での「中国脅威論」の高まり

しかし、こうした曖昧な「一国二制度」を取り巻く地政学的な環境は、時代とともに大きく変容した。経済的利益の最大化に政治が妥協する発想法は、二一世紀に入るとその前提を徐々に崩され、動揺した。これによって、世界・中国・香港のいずれのレベルにおいても、イデオロギー的な対立が前面に出てくるという変化が進んだ。

世界レベルでの変化は、欧米を中心とする国際社会の対中強硬化である。期待に反して、中国の民主化は進まなかった。天安門事件後も、中国は農村自治や党内民主など、民主化を完全に否定したわけではなかった。二〇〇七年には全人代常務委員会が香港についても「二〇一七年に普通選挙実施可能」とする決定を下している。香港が大陸に先立って民主化し、中国政治のモデルケースとなる可能性も想定された。しかし、中国の民主化への期待は後に急速にしぼんでゆく。リーマン・ショック後、中国は世界経済の牽引車となった。中国が西側諸国に遠慮せねばならない理由は減り、むしろ中国自身の政治・経済体制の集権的な効率の良さを、中国は西側諸国にない自らの優位性と認識するようになっていった。そうなると、アヘン戦争以来の屈辱の歴史への報復感情も相まって、中国は外国の影響を排した「中国の特色」路線へのこだわりを強めた。こうした態度は香港に対しても表れた。かつて中国のGDPの二割以上の規模を持った香港経済は、二〇一〇年代には二％ほどにまで相対的に縮小した。「香港不要論」が大陸で力を得て、英国の下で「西洋の犬」をやってきたと見なされた香港人は、ネット上などで中国民族主義者の恰好の標的となった。

このため、このまま推移すれば中国は民主化もせず、他方で崩壊もしないという議論が、特に米国において徐々に台頭してきた。例えば、米国のジャーナリストのジェームズ・マンは二〇〇七年、「中国がいまのように順調な経済成長を続けるとしても、その政治体制は基本的には変わらないのではないか。いまから二十五年先、三十年先、より豊かで、国力の大きくなった中国が、相変わらず一党支配下に置かれ、組織的反対勢力はいまと同じように弾圧されているのではないか。その一方で、中国は対外的には開放され、貿易や投資その他の経済的な絆で世界各地と深く結びついている。中国では、……政治体制の自由化は進まない。だが……混乱にも陥らない。政治が不安定化して体制の危機が増せば、それに応じて当局は取り締まりを強化する。場合によっては人民武装警察や人民解放軍を動員するのも辞さないだろう。必ずしも二十五年先の中国で共産党が依然権力を握っていると想定する必要はない。党の名称やその他の用語は変わっているかもしれない。……にもかかわらず、……中国はより強くより豊かになっても、その政治体制は根本的には何の変化もない。その政治路線はいまと同じである」(7)と論じ、中国の民主化を期待するのは「危険な幻想」と断じた。中国共産党体制の存続の理由の研究が盛んになり、体制の弾力性(resilience)が注目を集めた(8)。

それどころか、やがて中国式の権威主義的政治体制と国家資本主義の経済体制の結合体は「北京コンセンサス」として、中国だけでなく途上国に幅広く受け入れられつつあると指摘されるようになった。ステファン・ハルパーは、「中国政府の指導者は、……従来の国際秩序を破壊しようとしている。……一方の極に、グローバルな市場経済を生み出し、一九四五年以後に作られた世界経済秩序を当然視している西側自由主義陣営があるとすれば、他方の極に、市場経済と一党独裁から最大の利益を生み出すことで、資本主義が民主主義を生み出すとする意見を迷妄だと退ける、アジアからアフリカにいたる非西側諸国がある、というわけだ。富の中心が移動する中で、西側の優位は消滅しつつあり、新興国は『国家資本主義』へとなびきつつある。新興国は、市場経済と(半)独裁政治を融合させ、西側の経済モデルを拒否しつつある。中央政府は部分的に自由化された経済を制御し、人びとは西洋とは異なる市民社会——経済的な自由を謳歌し、生活水準が向上することと引き換えに、公的領域では政治的弾圧を許す社会——を受け入れつつあるのだが、こうしたモデルを世界中に拡げようとしているのが中国である」(9)と論じ、中国の影響がアフリカ等の途上国に及ぶことの脅威を論じた。

中国が世界第二の経済大国に成長し、さらに世界一を窺うと報じられるようになると、二〇一七年には外国の民主化を支援する米国の政府系団体である全米民主主義基金(NED)が「シャープ・パワー」と称して、中国やロシアなどが世論操作によって西側諸国に対しても影響を与え始めたと論じた。中国の影響は、ついに民主主義社会にまで及びつつあると認識され始めるに到ったのである。二〇一七年にNEDの研究者らが発表したシャープ・パワーの議論は、中国・ロシアなどの権威主義諸国が、民主主義社会に様々な形で浸透していることに警告を与えている。[10]

このシャープ・パワー論は、主として権威主義国家の対外的な影響力の伸張に注目した議論であるが、それに先立つ議論がラリー・ダイヤモンドらの研究である。[11] 同書では冷戦後、「権威主義の波が来ている」として、主として権威主義「ビッグ5」（中国・ロシア・イラン・ベネズエラ・サウジアラビア）の政治と、それらの国々と民主主義国家との「ソフト・パワー競争」を論じている。特に重点的に論じられているのは、対外宣伝よりも、それらの国々の内政において市民社会を法律の行使や情報操作で圧迫し、民主主義を封じ込める行動と、その相互学習である。

例えば、ロシアの事例においては、プーチンは不正選挙や不正裁判を多用する。それらは反感を買ったり、あきれられたりし、伝統的な意味での「正統性」を高めることにつながらない。しかし、プーチンの目的は、ロシアの民主主義が本物であることを示すことにはなく、人々に「どう行動すべきか」を教えることにあるという。圧倒的に強いプーチンが不必要な不正選挙を行うのはなぜか、それは、プーチンが神聖不可侵な存在と見せつけるためである。不正な裁判も、クレムリンは白を黒とも言いくるめることが可能であり、だれもそれに逆らえないと示すことになる。つまり、クレムリンが望むのは、自分たちが全てを主導していると見せつけることであり、国内に向けたプロパガンダの目的は人々に冷笑主義を広めることにある。制度や確固たる価値を信用できなくなったとき、人々は陰謀論に流されやすくなる。ロシアの国営放送はそうした陰謀論を積極的に流しているという。[12]

同書で中国に関する章を執筆したアンドリュー・ネイサンは、中国が民主主義国の権威主義化までは求めていないとする一方で、北京の自己防衛的行動が、①他の権威主義国を鼓舞する実例の提供、②権威主義体制を美化する国際プロパガンダ、③他国に弾圧の手法を伝授する権威主義国家のサークルでの中心的役割、④香港・マカオ・台湾の民主主義の芽を摘み、逆転させる、⑤北朝鮮などの友好的権威主義国への経済・軍事的支援、⑥国際的な人権規範の解釈権を各国に与え、民主主義を求める規範を弱めることで、国際機関への民主主義の影響を薄める、という六つの点で、民主主義に悪影響を与えると論じている。[13]

(3)「一国二制度」のあり方をめぐる西側諸国と中国の対立

こうして、米国や西側諸国に中国に対する不信感が拡大していくにつれ、香港問題においても欧米の態度は強硬化していった。

二〇一四年の雨傘運動当時は、欧米諸国と中国の関係はまだ相対的に良好であった。中国政府は「外国勢力の陰謀」を喧伝したが、実際には雨傘運動をめぐる欧米諸国の対中政策は抑制的であった。運動発生直後の一〇月一日、米国のオバマ大統領は訪米中の王毅外相に対し、香港問題を注視していることを伝え、平和的なデモの処理を求めた。しかし、当時「イスラム国」への対応などで中国の協力を仰ぎたい米国は、香港問題で中国との関係悪化を引き起こすことを望まなかった。訪中したオバマと習近平国家主席の一一月一二日の会談では、米国は香港のデモに関与していないが、人々の声を反映した選挙の実施を促すと述べるに留めた。旧宗主国の英国は、当初の警察による催涙弾使用についてはキャメロン首相も中国を批判したものの、二〇一七年の行政長官選挙への民主派の出馬を事実上不可能にした全人代常務委員会の「八三一決定」に対しては、英国政府は二〇一四年下期の報告書で、フィリップ・ハモンド外相による「全人代常務委員会の決定が定めた制限は明らかに多くの者が期待したよりも厳しかったが、しかし私は民主主義にいたる有意義な一歩の余地が残っていると確かに信じる」[14]との序文を掲載し、民主派が激しく失望し、雨傘運動のきっかけとなった北京の決定に支持を表明していた。

しかし、雨傘運動の挫折の後、香港の民主や自由をめぐる中国と西側諸国の論争が強まった。その一つのきっかけとなったのが二〇一五年末に発生した銅鑼湾書店事件である。失踪した書店関係者五名のうち、桂民海がスウェーデン国籍、李波が英国国籍を保持していたため、事件は国際問題に発展した。在中国の英国大使館は二〇一六年一月五日、李波は英国人であり、香港政府・中国政府に対して支援を求めたと発表したが、同日、中国の王毅外相は、李波は中国公民であると反論した。中国系の血統を持ち、英国のパスポートを保持する李波のような人物の国籍や領事保護をめぐる問題は、返還前から長く論争の対象となっており、中英双方の見解は食い違った。二月四日、欧州議会は事件に対して重大な懸念を表明し、中国当局に書店の五人の即時釈放を求める議案を全会一致で可決した。英国のハモンド外相は二月一二日に発表した二〇一五年下期の香港報告書において、「事件の全容は未だ明らかではないが、今のところ我々が持つ情報が示すところによれば、李氏は香港特別行政区の法が定める手続きを一切経ずに、意に反して大陸に送られた。これは『中英共同声明』の深刻な侵害であり、香港住民に香港の司法制度の保護を保障する『一国二制度』の原則を突き崩す」[15]と、北京を批判した。英国のキャロライン・ウィルソン香港総領事は八月二九日のインタビューで、李波の事件は返還後二〇年来で初めて「中英共同声明」に違反したものと述べ、二度とあって欲しくないと述べた。[16]

返還二〇周年を前にした二〇一七年六月二九日、英国のボリス・ジョンソン外相は、英国は香港がさらに民主的になることを望む、香港返還を決めた一九八四年の「中英共同声明」での香港に対する約束は返還前と同様にしっかりと守ってゆく、高度の自治・法の支配・司法の独立・自由は香港の成功の重点であるなどとする声明を発表した。これに対し中国外務省の陸慷報道官は三〇日、香港問題は中国の内政である、「中英共同声明」は中国の主権行使の回復等についての規定であり、二〇年を経て共同声明はすでに歴史となっており、何ら現実的な意味を有さない、中央政府の香港に対する管理に対して「中英共同声明」は一切拘束力を持たない、英国は返還後の香港に対して主権・統治権・監督権を持たないと認識すべきであると反論した。英国外務省は即座に反論し、共同声明は国連に登録された法的拘束力ある条約であり、締約国の一つとして英国はその執行を監督すると述べた。同年一〇月一一日には、英国保守党人権委員会のベネディクト・ロジャース副委員長が香港への入国を拒否された。これは、ロジャースが香港訪問時に獄中の黄之鋒ら若い政治活動家に面会する可能性が疑われたためとも報じられた。英国政府は駐ロンドンの中国大使を呼び出して抗議した。テリーザ・メイ首相は一九日、すでに英国外務省がさまざまなルートでこの問題を中国政府・香港政府に提起しており、「一国二制度」が引き続き実行されることを希望すると議会で発言した。

米国では二〇一七年にトランプ大統領が就任し、中国との「米中貿易戦争」と言われる対立を起こしていた。そうした中で、米国は「香港政策法」の規定を発動し、香港を中国と同一視する可能性をほのめかすに至った。米国議会の米中経済・安全保障審査委員会は二〇一八年一一月一四日に発表した年次報告書において、北京が香港の政治制度・法治・言論の自由を侵食し続けており、香港が徐々に大陸の他の都市と変わらなくなっていると「一国二制度」の現状に対する疑念を示し、香港に対する軍事転用可能な技術の輸出規制を大陸並みにすることを商務省が検討すべきと論じた。

返還後問題なく続いてきた米国の香港への特別待遇が見直される可能性が浮上すると、香港財界にも動揺が生じた。香港政策法によって認められている、香港を大陸とは別個の独立した関税区とする扱いを米国がもし取り消すと、米国は香港を中国と同じ経済地域と見なし、あらゆる面で香港に対して厳しい政策をとることとなり、国際金融センターとしての香港の地位に大打撃となるとも見られたからである。自由党の鍾国斌（フェリックス・チョン）立法会議員は、もし香港が中国の普通の一都市と見なされれば「ゲーム・オーバー」だとして、香港政府からワシントンに職員を派遣したり、在香港の米国外交官に説明したりすべきであると主張した。三月一七日、北京を訪問した林鄭月娥に対し、李克強総理は、国際情勢が複雑である下で、香港が自由貿易港・独立した関税区として安定した経済成長をしていることは「容易ならぬこと（来之不易）」であると特に言及した。

二〇一九年三月二一日、米国政府は二〇一九年版の香港政策法報告書を発表した。[17] その内容では香港の自治が弱まっていることを指摘し、前年までは香港に特別待遇を与えるのに「充分以上（more than sufficient）の自治」があると評していたものを、「充分だが、減退している（sufficient - although diminished）」との表現に改めた。

3 「新冷戦」下の香港危機

(1) 「逃亡犯条例」改正反対運動への国際社会の反発

このように、香港をめぐる国際関係が雨傘運動後に大きく変化していたことも、二〇一九年の「逃亡犯条例」改正反対運動を激しいものにした一つの要因であった。

香港危機の発端は、二〇一八年に台北で若い香港人の男が交際中の香港人女性を殺害し、遺体を遺棄したまま香港に逃げ帰った事件の犯人を、台湾に引き渡すために「逃亡犯条例」の改正をするという、極めて非政治的かつテクニカルに見える問題であった。大陸からの難民とその子孫が多数を占める「逃亡犯の街」香港において、台湾への引き渡し実現を口実に、大陸への引き渡しをも可能にするよう「逃亡犯条例」を改正する政府の提案は、極めて不人気な政策であった。しかし、政府は反対の声が高まると、それを無視してますます改正を急いだ。その結果、市民の怒りはより強まった。

同時に、外交団や香港の外国商工会議所など、国際社会も一斉に反対した。米国は「香港独立派」とされる者の政界からの排除などを、香港の自治の後退として懸念を強めており、この改正にも重大な関心を示した。三月二二日には、訪米中の陳方安生（アンソン・チャン）元政務長官らが、マイク・ペンス副大統領との会談を実現した。四月二五日、米国政府が「逃亡犯条例」改正問題への関心を表明した。

米国以外の欧米諸国も強く反応した。カナダはファーウェイの孟晩舟副会長を拘束した後、中国との関係が悪化し、中国でカナダ人の逮捕が相次いだ。引き渡しの対象は香港に在住・滞在する者や、香港を経由する者など、外国人にも及ぶ。移民都市である香港には外国籍を所持する「香港人」が多数存在する。中国系のルーツを持ち、広東語を話す香港永住権所持者でも、国籍上外国人の者は少なくない。特に、英国のほか、返還前に香港からの移民を多く受け入れたカナダ・オーストラリア・米国の国籍所持者は多く、香港には八万五〇〇〇人の米国人が在住していると言われている。香港在住の外国人が「人質」にされることが危惧されたのである。カナダ・英国・EUなどはいずれも問題を指摘した。三月六日には、香港米国商工会議所が李家超（ジョン・リー）保安局長に意見書を提出し、「逃亡犯条例」改正への強い留保を表明するなど、欧米諸国の香港商工会議所は続々と反対を表明した。

六月九日の「一〇三万人デモ」の発生後、継続的な激しい抗議活動へと事態が展開すると、この問題は国際社会にも大きな衝撃を与えた。北京の中央政府を支えとする香港政府と戦うため、抗議活動参加者は当初から国際社会の支援を求めた。中でも彼らが期待したのは米国であった。トランプ大統領が対中強硬路線をとっていたことに加え、米国は実際に「香港政策法」という「武器」を持っていたからである。

それでもデモ発生後しばらくの間、トランプ個人は香港問題への無関心を露わにしていた。八月一日には、トランプはデモを暴動（riots）と称した上で、これは香港と中国の間の問題であり、香港は中国の一部であるから、彼らが自分で解決すべきであり、アドバイスは必要ないと述べた。これには中国外交部報道官も、香港で起きていることは騒乱と暴動であるという点と、香港は中国の一部であるという点の二点は少なくとも正しいと賛同したほどであった。

しかし、米国議会はトランプよりも敏感であった。下院人権委員会のクリストファー・スミス委員長らは八月二日、マイク・ポンペオ国務長官とウィルバー・ロス商務長官に書簡を送り、当局が香港警察に武器を売らないことなどを求めた。下院のナンシー・ペロシ議長は六日声明を発表し、議会内の民主・共和両党は自由と民主を求める香港人の側に立つと述べた。このため、香港の抗議活動参加者は米国領事館前に集結して星条旗を振るデモを行うなどして、米国議会に「香港政策法」の強化版とも称される「香港人権・民主主義法」の制定を求めた。同法は二〇一四年の雨傘運動後に初めて米国議会に提出され、審議未了で不成立となっていたが、デモ開始後の二〇一九年六月に再度議会に提出されていた。それでも、米国にとって必ずしも優先順位の高い政策とは言えない、香港問題に関する法律の成立の可能性は疑問視されていたが、香港情勢の悪化を受けて議会は法案審議を加速し、下院が一〇月一五日、上院が一一月一九日にこれをほぼ全会一致で採決した。中国との「ディール」を目指していたトランプが、外交という行政の権限を議会が縛る性質を持つこの法律に署名しない可能性も一部で言われた。しかし、議会の圧倒的な賛成を前に、結局トランプは一一月二七日に同法案に署名し、成立させた。香港のデモはトランプにも恐らく不本意な態度変更を迫ったのである。

同法には香港の人権を害する者の米国入国拒否や資産凍結が盛り込まれ、中央政府と香港政府の公務員が制裁対象となる可能性が生じた。また、軍民両用技術の中国への輸出規制と、国連と米国による北朝鮮とイランへの制裁の実施状況を米国が調査し、特に中国が広東省・香港・マカオの経済融合を図る「粤港澳大湾区」構想を使って、香港から敏感な技術を輸入することを監視するとした。香港政府の陳茂波（ポール・チャン）財政長官は一二月二日の立法会で、香港のイノベーションと粤港澳大湾区の発展の急所を同法がついていると述べている。米国は人権や民主主義という理由で、中国のハイテク戦略を牽制する手段を手にしたのである。

(2) コロナ禍と抗議活動の沈静化

しかし、抗議活動は二〇二〇年、突然のコロナ禍から大きな影響を受けた。

香港の防疫の特徴は、前年の抗議活動と非常に類似した、社会運動による政府への圧力と、政府の強硬な対応という形で、市民と政府の相互不信と自己防衛の対策が双方において採られたことであった。まず焦点となったのは、大陸との人の流れの遮断の是非であった。武漢での謎の肺炎への集団感染発生は、すでに二〇一九年末から香港で報じられていた。しかし、大陸との間の人の往来は止められなかった。深圳と陸続きで一体化した経済圏を形成する香港には、通勤・通学で毎日両地を往復する者も少なくない。大陸からの観光・買い物客が香港経済を支えていることも周知の事実である。コロナ禍の発生当初、中国政府は中国人を入国拒否する国を批判する態度を示していたから、中央政府の影響が強まる香港政府が大陸からの入境を拒絶するような政策の導入を躊躇するのも当然であった。

一方、香港市民には二〇二〇年の事例と同様に大陸から流入した新型コロナウイルスが原因となった二〇〇三年のSARSの苦い記憶が鮮明に残っていた。今回も大陸からの情報に懐疑的であった香港市民は、いち早く自己防衛に走った。市民の多くはマスクを着用し、外出を控えるようになった。香港政府は湖北省以外からの来港を制限することには消極的であったが、医学者は全面的にチェックポイントを封鎖すること（全面封関）を提唱していた。香港の公立病院は隔離が必要な香港人以外の者を無料で治療していたため、大陸からの感染者の流入を惹起し、医療体系に負担がかかると懸念された。

そうした中で発動されたのは、全面封関を求める医師・看護師によるストライキであった。ストを発動したのは新興労組「医管局員工陣線」であった。同労組は二〇一九年の抗議活動現場で負傷者の応急処置をしていた公立病院関係者によるネット通信アプリ「テレグラム」上でのグループを通じて成立したという。公立病院で働く多くの看護師は警察と抗議者が激しく衝突するような抗議活動の現場で応急処置を行っていた。彼らは抗議活動の一つの手段として労働組合の設立を二〇一九年一〇月下旬ごろから進め、正式には一二月四日に同労組が発足した。副代表の羅卓堯は大学学生会の連合組織である香港専上学生連会（学連）の常務委員会副主席として、雨傘運動に大きく関わった一人であった。[18] 香港の立法会および行政長官選挙委員会の選挙には、職業別に投票権が与えられる職能別選挙の枠があり、従来親政府派が牛耳を執ってきた労働界枠での投票権を獲得するため、民主派寄りの若者は抗議活動の期間中に多数の新興労組を成立させていた。ストライキは二月三日から七日まで続いた。このほか、感染症対策指定病院化に反対する地域住民の抗議活動、隔離に使用する予定の未入居の完成済み公共住宅への放火、深圳湾チェックポイントへの時限爆弾の設置といった、前年の抗議活動で見られた実力行使の延長線上にあると思われる抗議の手法も見られた。

他方、香港政府の行動にも、市民の要求に対する強硬さにおいて、前年の「逃亡犯条例」改正問題を想起させるものがあった。香港政府は全面封関を拒否し続けたが、主に大陸側で厳しい規制が敷かれたことにより、香港への入境者数は全面封関がなくとも激減した。林鄭月娥行政長官は二月一二日、すでに人の流れは最小限にとどめられているとして、全面封関は今や意味がないと述べた[19]。この対応は、「逃亡犯条例」改正案の撤回を断固拒否しつつも、審議には入れない状態を引きずったまま最終的に撤回に追い詰められた、前年の政府の行動にも似た構造を示している。即ち、香港市民の民意が大陸との関係の杜絶にあっても、中央政府に配慮する香港政府はそれを決断できず、市民と長期にわたり対立したのである。

他方、防疫は、大量動員する市民運動を制限するには好都合な口実であった。市民が人混みを恐れる状況下で、二〇二〇年は元旦大デモ(主催者側一〇三万人以上、警察四万七五六〇人)、一月二〇日の集会(主催者側一五万人、警察一万一〇〇〇人)を最後に、大規模なデモと集会は開催されなくなった。特に威力を発揮したのは、三月二九日から政府が新たに導入した防疫措置である「集会制限令」であった。五人以上の集会が禁止され、違反すれば二〇〇〇香港ドルの罰金とされた。人数制限は感染状況に応じて三人から五一人の間で変動を続けたが、当初一四日間で開始された規制は延長を繰り返し、二〇二一年まで解除されずに続いた。このため、毎年恒例の六月四日の天安門事件追悼集会は、二〇二〇年は三一回目にして初めて開催できず(主催団体は無許可のまま部分開催を強行し、民主派関係者多数が違法集会扇動罪で後日実刑判決を受けた)、返還記念日の七月一日デモも不許可となった。これ以外の散発的に開催される集会やデモも、警察は「集会制限令」を理由にして容易に取り締まった。こうして抗議活動は再開の機を逸した。

その間に、北京は着々と対香港政策の立て直しを図った。まず行われたのは人事の一新であった。一月四日に中連弁の主任が駱恵寧に、二月一三日には北京における香港担当の国務院香港マカオ弁公室（港澳弁）の主任が夏宝龍に、それぞれ交代した。この人事異動の従来と異なる特徴は、両名ともこれまで香港問題を担当したことがない一方、習近平国家主席と関係が深い人物であったことである。中でも夏宝龍は全国政治協商会議副主席という副国家指導者クラスの高官であり、港澳弁自体が格上げされたことを意味した。夏宝龍はかつて浙江省共産党委員会書記を務めていた際、省内のキリスト教会を弾圧し、十字架を取り壊す大規模な運動を指揮した強硬派であった。

抗議活動の「休戦」の中で、香港政府・中央政府は様々な方面で民主派に圧力を加え始めた。港澳弁・中連弁は四月一三日、立法会内務委員会で、中国国歌を正しく歌わない者を処罰する内容を持つ「国歌条例」の審議を妨害している民主派を非難する共同の声明を発出した。これを民主派は、中央政府部門が香港に介入することを禁じた「基本法」二二条に反する行為と翌日に会見して批判した。すると一七日には中連弁が声明を出し、港澳弁・中連弁は「基本法」二二条には拘束されず、立法会に対する監督権を正当に行使したとの解釈を示し、介入を正当化した。

言論統制も強化の様相を見せた。五月一四日、香港の大学入試統一試験において、「一九〇〇年—四五年の日本の行為が中国にとって利が多かったか」と問う問題が出題された。当然、受験生はこれに反対の意見で論じることも可能という問題であったが、一五日に楊潤雄（ケヴィン・ヨン）教育局長はこの問題が「国民感情と尊厳を傷つけた」として、担当部門に史上初めて問題の取り下げを要求した。一六日には『人民日報』にも「香港の教育には治療が必要」と非難する記事が掲載され、結局、多数の受験生がすでに解答した後であったにもかかわらず、この問題は取り消しとなった。また、五月一九日には、通信管理局は公営放送局・香港電台が三一年前から放送してきた政治風刺テレビ番組「頭条新聞」の二月放送分の回について、警察が侮辱されたと訴えたことを妥当と裁定した。同番組は六月一九日の放送を最後に打ち切られた。

これらの弾圧は、「集会制限令」がなければ大規模デモの原因となった可能性が高い。結果的に政府は、反政府活動の取り締まりにコロナ禍を利用したような形となった。

(3)「国家安全維持法」の制定と国際関係のさらなる緊張

こうした中で、中央政府は突如衝撃的な動きを見せた。五月二一日、コロナ禍での延期を経て翌二二日から開催されることとなった全人代は、香港版の「国家安全法」を審議すると発表したのである。

本来、「基本法」二三条には、国家の安全を守るための法律を北京ではなく、香港政府が自ら制定するとの規定が存在する。しかし、これに基づいて二〇〇三年に提案された「国家安全条例」は、同年七月一日の「五〇万人デモ」発生を受けて廃案となり、以来立法作業は滞っていた。一方、中国では二〇一五年に「国家安全法」が制定されており、当時からこれを香港にも適用するという主張をする者は存在した。二〇一九年の危機を受けて、北京はこの強烈な手段を選んだ。

中央政府は制定を非常に急いだ。五月二八日の全人代は、「国家安全法」の制定作業を全人代常務委員会に付託することを決定した。五月二五日の全人代で栗戦書全人代委員長が行った演説にはなかった「立法を加速して推進する」との文言が、三一日に発表された公式の演説全文には加えられた。すると、全人代常務委員会は六月一八―二〇日と、二八―三〇日に開催され、六月三〇日、「香港国家安全維持法（国安法）」を成立させた。通常、全人代常務委員会は偶数月の下旬開催であり、また、法律制定には三回の会議を経るのが通例であるから、月内に二回の会議を開催して成立させ、直後に施行したのは異常とも言うべき速さであった。

さらに異例であったのは、起草過程の秘匿性である。全人代で決定されたのは、国家分裂、国家政権転覆、テロ活動、外国の干渉（後に外国との結託に修正）の四つのカテゴリーの罪を裁くことなどの法案の大枠のみであった。その後の全人代常務委員会の審議の過程でも条文は公開されず、六月三〇日午前に全人代常務委員会で同法が「成立した」との報道はなされたが、この時点でも条文は未公開であった。その日のうちに「国安法」を香港に適用する手続きが進められた。条文が公開されたのは六月三〇日の午後一一時であり、その際同時に、すでに同法は香港に適用されたとも発表された。つまり、外部の者は同法の具体的内容を、報道にリークされる断片的情報以外には知ることがなく、人々が条文を知ったときにはすでに同法は施行されていたのである。香港大学法学院長の傅華伶によれば、施行まで条文が明らかにされなかったことは過去数十年の中国の立法作業でも前例がないという[20]。

このように、「国安法」は香港の反応をほぼ顧慮することなく、北京で秘密裏にスピード審議され、成立した。これまで香港市民は、巨大なデモなどの抵抗運動を通じて、多くの政策や法案を廃案に追い込んできたが、立法手続きが全て北京で行われ、条文内容も知らされなかった「国安法」に対しては為す術もなく、香港社会には無力感が漂った。

一方、香港版の「国家安全法」を審議すると全人代が突然発表したことで、世界には衝撃が走り、多くの国が中国に非難の声を向けた。米国・英国・オーストラリア・カナダは五月二八日に異例の共同声明を発表し、「国家安全法」は「中英共同声明」が定めた高度の自治に違反するとして、深い憂慮を示した。日本も五月二八日、秋葉剛男外務事務次官が孔鉉佑中国大使を召致し、全人代において香港に関する議決が、国際社会や香港市民が強く懸念する中でなされたこと及びそれに関連する香港の情勢を深く憂慮しているなどと申入れを行う異例の対応をした。

各国は非難と並行して具体的な対応を迫られた。多くの国が香港市民の移民に道を開き、香港との犯罪人引き渡し条約を停止した。英国のジョンソン首相は六月三日に『サウス・チャイナ・モーニング・ポスト』紙などに寄稿し、英国史上最大規模のビザ政策の変更を行うとして、返還前の香港住民を対象に発給されている英国海外市民（BNO）パスポート保持者三五万人と、二〇〇万人以上の有資格者に対し、英国滞在期間を六ヵ月から一二ヵ月へ延長するとともに更新可能とし、就労や市民権取得にも道を開くとした。

一方、米国は制裁に踏み切った。或いは米国は全人代における北京の動きをある程度予測していたかもしれない。五月六日、ポンペオ国務長官は、本来五月二五日までに発行すると義務づけられている「香港人権・民主主義法」に基づく年次報告書の発表を遅らせるとした。その理由は、五月二八日までの全人代までに、中国政府が香港の自治を弱める行動に出るかどうかを見極めるためとされていたのである。五月二八日、国務長官が発表した二〇二〇年の「香港政策法」報告書は、もはや香港に特別待遇を続けることを保障することはできないと記した。五月二九日、トランプ大統領が会見し、「一国二制度」は「一国一制度」になったと述べた上で、香港への特別待遇を廃止することを始めるよう政府に指示したと発表した。

その間、米国議会は「香港人権・民主主義法」の強化版とも言われる「香港自治法」を急ピッチで審議した。「国家安全法」制定の動きを受けて五月末に議会に提出された同法案は両院を全会一致で通過し、トランプ大統領は七月一四日にこれに署名し、成立した。同法は、香港の自治を侵害する個人に対して、資産の凍結や米国入国拒否などの制裁を行う規定を設けると同時に、こうした制裁対象の者と取引する金融機関に対して、米国での様々な業務を不可能にする制裁を課すとした。

それでも中国政府が「国安法」を制定すると、六月二六日、初めての具体的措置として、ポンペオ国務長官は一部の中国政府関係者への米国へのビザの制限をすでに行ったと発表した。同二九日には、香港へのセンシティブな技術の輸出を禁止した。そして八月七日、米国財務省は林鄭月娥行政長官、夏宝龍港澳弁主任、駱恵寧中連弁主任など一一人を、香港人の表現や集会の自由を制限したとして制裁すると発表した。八月一一日、米国政府は香港で製造された米国向けの輸出品に「Made in Hong Kong」ではなく、「Made in China」と書くことを義務づけると発表した。八月一九日には、米国政府は香港政府との逃亡犯引き渡し、受刑者引き渡し、海運業の二重課税防止の三つの協定を停止したと発表した。一〇月七日からは米国の外国人永住権抽選プロジェクトの募集が始まったが、特別待遇を失った香港市民は対象外とされた。

一〇月一四日、米国政府は初めての「香港自治法報告書」を議会に提出した。[21] 報告書では、民主派立法会議員の逮捕や、教科書から「三権分立」の記述を削除したことなど、米国が「中英共同声明」と「基本法」に反する動きと見なした行為に関わった一〇名（八月の財務省の制裁名簿の一一名から、すでに退職していた盧偉聡元警務処長を除いた一〇名）に対し、制裁を課すとした。この一〇名には一年以内に制裁が課されるほか、「香港自治法」の規定では、報告書から六〇日以内に、この一〇名と取引の多い金融機関がリストアップされ、制裁を受けるとされた。財務省の制裁対象リストには、その後も警察関係者や全人代副委員長などが追加されている。

しかし、これまでに米国が課した制裁には、ある種の「手加減」がなされているように見える。とうに製造業の大部分が大陸に移転してしまった香港において、Made in Hong Kong の表記禁止が経済全体に与える影響は軽微である。また、制裁対象には中央政府の最高指導層は含まれていない。ブルームバーグの報道によれば、トランプは自身の検討チームが提案した制裁対象者リストから、韓正副総理を外したとされる。[22]制裁対象者は銀行口座やクレジットカードの利用を制限されており、林鄭月娥行政長官の給与が全て現金で支払われたり、[23]次男の留学に支障が出たりといった事態が生じていると報じられているが、[24]これらの問題はごく限られた政治指導者の個人生活レベルの問題にとどまり、制裁対象者の毅然とした態度は中央政府から称賛されている。

何よりも、中国にとっての香港の利用価値と、香港の国際金融センターとしての地位の源泉である、米ドルと香港ドルの固定相場制に対する攻撃が避けられていることは、最大の「手加減」である。

中国にとっての香港の価値は、自国の主権下にある国際金融センターという地位にある。上海・深圳など、中国国内の主要な金融センターでは、企業は資本移動が自由化されていない人民元しか調達できない。他方香港ドルは返還前の一九八三年、一米ドルを七・八香港ドルに固定するペッグ制が採用された。したがって、香港市場で香港ドルを調達することは事実上米ドルを調達することを意味し、中国企業にとっては外貨調達という上海や深圳でできないことが香港では可能となる。

国際金融センターと言われる場所は世界に多数存在するが、中国企業にとって外国、特に米中関係の緊張により、米国市場の政治的リスクは懸念材料となった。中国の主権下にありながら外貨を調達できる香港は、中国企業にとって唯一無二の存在である。二〇一九年一一月二六日、抗議活動激化と区議会議員選挙での民主派の圧勝という状況の下で、アリババはニューヨークに次いで香港に新規上場して約一三〇億米ドルを調達し、その結果香港は二〇一九年も新規上場(IPO)での調達額の世界首位を維持した。

香港ドルの固定相場を維持するためには、香港ドルが固定の相場で米ドルに交換できるだけの外貨準備を、香港金融当局が常に確保している必要がある。仮に米国が、香港への米ドルの供給を妨害するような措置をとれば、ペッグ制は崩壊することになる。これが恐らく、米国が持っている制裁の最強のカードである。しかし、米国は結局、このカードを切っていない。ブルームバーグの報道によれば、ホワイトハウスでは香港の銀行による米ドルの取得を規制することも検討したが、この措置は米国への打撃になりかねないとして却下したという。[25] ドル兌換規制は「核兵器級」の選択肢とも称される。攻撃力は抜群ながら、同時に中国だけでなく、世界の金融全体に破壊的な副作用をもたらしかねないため、米国自身もこれを使うことができないという意味である。一二月二日、米財務省は報告書を発表し、金融機関が制裁対象者と重大な取引をしている状況は確認していないとした。[26] 個別金融機関に対する制裁も回避されている。

おわりに

香港は中国の一部であるが、その地位と役割は単に中国の一地方というものにとどまらず、大陸とは隔離され、独自の個性を持つ存在として香港はあり続けた。香港が「一国二制度」の独自性を維持できたのは、中国と国際社会の双方がそれを求め、認めてきたからであり、その大前提は国際社会が経済を重視し、イデオロギー色を薄めてゆくことであった。しかし、欧米諸国は二〇一〇年代後半に入ると対中強硬化し、「一国二制度」の外部環境は不安定化した。その状況下であったために、二〇一九年の「逃亡犯条例」改正問題は、世界を巻き込む香港危機へと発展したのである。

国際社会・中国・香港の三者が、いずれも妥協の意志を失い、政治対立が前面に出てきている。これらは共通して、グローバル化の変調を思わせる現象である。米国ではトランプ現象、英国ではEU離脱と、いずれもグローバル化に異議を唱え、政治によって「国境の壁」が高められる現象が広がった。中国はこれを批判し、グローバル化と自由貿易の守り手を自任するが、言うまでもなく中国の政治経済体制の実態は国有企業の政治任務を前面に押し出す「国家資本主義」であり、その閉鎖性は自由民主主義諸国の比ではなく、むしろ世界経済の中に中国が自らの経済圏を築く動きも見える。

米中対立の最前線である香港は、グローバル化の変調の最前線に置かれているとも言える。「一国二制度」の大前提である政治的妥協が各方面から失われた以上、現状では米国の制裁は手加減がなされているとはいえ、ガラスの均衡の上に立つ香港に政治的安定は望みがたい。こうして「一国二制度」は極めて重大な岐路に立たされたのである。

終　章　「国安法」後の香港

本書では、二〇一〇年代の香港の激しい「政治化」の現象について、さらに長い歴史を視野に入れながら検討してきた。全体を通して明らかに言えることは、長期的な変化の蓄積が、急激な変化の要因として重要であったという点であろう。香港政治には最初から北京との激しい衝突が存在し続けたわけではないし、北京の対香港政策も常に強圧的であったわけではない。しかし、主に二〇一〇年代に、政治・経済・社会・国際関係などの様々な方面で、中港関係や香港政治を不安定化や対立激化に向かわせる、様々な動きが同時進行したのである。

中央政府の指導者が鄧小平から習近平まで交代を続ける間に、中国の政策課題は近代化から「国家の安全」へと変化し、徐々にイデオロギー色が濃くなった。その間に香港でも「脱政治化」を支えていた政治・経済的環境が大きく変化し、四分五裂を繰り返しつつも急進化を深めていった民主派勢力は、二〇一九年の危機に大結集して巨大な抵抗運動を呼んだ。中央政府と香港市民の対立に燃料を投下し続けたのが、マクロ経済重視の「中港融合」の進展によって進んでいった、社会の急速な変質であった。香港市民は圧倒的な政治権力と経済力で迫る中国大陸を前に、アイデンティティ喪失の危機感を強めた。そうした中で、市民が香港の将来に期待を繋ぐよすがは、将来の全面普通選挙化の約束にあった。しかし、「普通選挙」が指すところについて、恐らく当初から北京の共産党政権と香港の市民の間には深い溝が存在していた。まだ普通選挙が「将来の目標」である時点では、双方ともあえて「普通選挙」がどのような選挙を指すのか、具体的な議論を始めようとしなかった。しかし、二〇一七年に普通選挙を実現するとのタイムテーブルが設定されると、「普通選挙」をめぐる中央政府と香港市民の食い違いが可視化され、両者間に妥協困難な激しい対立を招いた。共産党政権は香港の市民社会を取り込む努力を重ねたものの、ついに「人心の回帰」に成功することはなく、力によって忠誠を強制する方法をとらざるを得なくなった。二〇一九年の巨大な抗議活動を経て、ついに北京は二〇二〇年の「香港国家安全維持法（国安法）」制定と、二〇二一年の選挙制度の変更に踏み切り、政治的自由を抑制して全面的な香港社会の改造に乗り出した。しかし、こうした北京の統治手法は欧米諸国から強く非難されるに至った。米中「新冷戦」とも称される対立の中で、香港の抵抗運動は大きな国際問題となったのである。

「一国二制度」は、香港社会・中国共産党政権・欧米諸国といった、それぞれ異なる力と価値観を持つ主体が妥協して維持してきた枠組みであった。その変質の原因は、これらのうちいずれか一者のみに求められるものではない。三者いずれの力も、価値観も、「一国二制度」適用が決定された一九八〇年代は勿論、一九九七年の返還当時と比較しても、巨大な変化を経験していた。かつて三者はいずれも経済的利益を重視し、利害の一致を見て、それぞれ妥協・譲歩していた。しかし現在は、香港市民が民主化を求め、共産党政権が「国家の安全」を求め、米国が体制間競争における優位を求めるという形で、それぞれが経済以上に重視する政治的目標を持つに至った。香港問題において対立する三者の関係は、合意による妥協よりも、それぞれの力の限界によって膠着した均衡にのみ支えられるものとなった。香港の現状は三者いずれにとっても想定外の姿であり、そのことでそれぞれに強い苛立ちを抱えている。「社会主義国家において、一部の地域だけ全く異なる資本主義の体制を維持させる」

という実験は、恐らく鄧小平が当初ナイーブに発想した、香港で金儲けの自由さえ保障すれば問題にならないというような、単純なものではなかったのである。

これが本書のここまでの議論の結論である。しかし、これからの香港政治の展開は、この結論による理解を越えて進むことが筆者には強く予感される。北京による「国安法」の制定・施行と、選挙制度の一方的な変更は、香港社会と北京の間の均衡を完全に壊し、政権の優位が確立される画期的な出来事となるからである。そして、力の均衡が崩れたときに一般的に見られるように、香港ではめまぐるしい速さで、急速な変化が生じている。本書の最後にあたり、「国安法」と選挙制度変更の内容を検討し、これ以後の香港政治がどう展開すると考えられるか、筆者の見解を示しておきたい。

1 「国安法」の衝撃

(1)「国安法」の条文――自治と自由への総攻撃

二〇二〇年六月三〇日に施行された「国安法」は、それまでの香港政治のあり方を根本的に変更するほどの衝撃をもたらす存在である。

まず、「国安法」の条文に注目すると、その規定は、様々な方面で香港の自治を迂回して、中央政府が直接管理するための装置となっている。三権のいずれについても、「国安法」は香港内部の機関を無力化させ、北京の統制下に置く仕組みを定めた。

第一に、「国安法」は香港の立法権を無視して制定された。同法は香港で一切審議されることなく、市民に諮問されることもなく、全国人民代表大会（全人代）常務委員会で一方的に制定された。言うまでもなく、これは「一国二制度」においては極めて異例の事態である。「基本法」第一八条には中国の法律を香港に適用する規定は存在するが、それまでに適用されたのは中国の首都や国旗を定める法律、国籍法など、論争性の低いものに限られていた。中国で「国歌法」が制定されたことを受け、同法も香港に適用されることとなり、二〇二〇年六月一二日に施行されたが、正しく歌わない場合の刑罰などの規定が必要であるため、同法の香港版は香港の立法会で審議され、成立した。「国安法」のような、香港で最も論争性の高い法律を、一切香港に審議させずに北京が制定したことは、従来は考えられないことであった。この手続きが取られたのは、民主派が激しく抵抗し、多くの法案を廃案に追い込んできた立法会を避けるためであり、立法会は宙づりにされた。

第二に、香港の行政機関を北京が監視・制御しうる、新たな仕組みが架設された。「国安法」は、香港政府に「国家安全維持委員会」を設け（第一二条）、行政長官がその長を務め、香港政府関係各部門の高官などで構成する（第一三条）としているが、ここに中央政府は顧問を派遣すると定める（第一五条）。二〇二〇年七月三日、初代の顧問に駱恵寧中央政府駐香港連絡弁公室（中連弁）主任が就任した。香港における共産党のトップが顧問となった以上、顧問が目付役として非公開の会議を実質的に主導することは想像に難くない。ちなみに、すでに「マカオ特別行政区基本法」二三条に基づく「国家安全法」を二〇〇九年に立法会で成立させ、同じく国家安全委員会を設置しているマカオにはこの顧問制度は存在しない。顧問制度には抗議活動の鎮圧に苦戦した香港の行政部門に対する中央政府の不信感が如実に表れている。中国における「国家の安全」は、「経済安全」、「文化安全」、「社会安全」、「科学技術安全」、「ネット安全」、「生態安全」、「海外利益安全」などという(1)、通常の安全保障の領域をはるかに超える幅広い概念である。北京は事実上、あらゆる政策分野について「国家の安全」を理由とした介入が可能であり、行政長官の傀儡化が進むと考えられる。

第三に、従来独立性が高く、外国の影響も強かった司法部門に、北京の強い影響が及ぶ仕組みが築かれた。「国安法」第四八条に基づき、中央政府の出先部門として新たに「中央国家安全維持公署（国安公署）」が香港に設置された。初代の国安公署長には七月三日、かつて広東省烏坎村の自治要求の制圧を担当した経歴を持つ、共産党広東省委員会常務委員の鄭雁雄が就任した。公署の人員は香港で限定的ながら法執行も行うとされる。それは、容疑者を逮捕して大陸に送致し裁判を受けさせることを意味し（第四九条）、「逃亡犯条例」改正案の撤回で消滅したはずの容疑者の大陸への引き渡しが実現することになる。さらに、「国安法」は香港の既存法の規定に優先するとされ（第六二条）、「一国二制度」の下で英米法の判例や、「国際人権規約」の規定の実施のために香港の他の法律に優先して効力を持つ「人権法」を参照する香港の裁判所の人権保護の規定は、「国安法」に勝つことができない。条件次第ではメディアや市民の傍聴を認めない秘密裁判（第四一条）や、陪審なしの裁判（第四六条）も実施できる。容疑者が国家の安全を害する行為を引き続き行うことはないと信じる十分な理由がなければ、保釈はしてはならないとされる（第四二条）。そして、裁判の実務においても、「国安法」に関連する案件を裁く裁判官は行政長官が指定する（指定裁判官制度）とされ（第四四条）、裁判所の人事に事実上中央政府が政治的に介入する余地を作り、原告が裁判官を選ぶ状態となる。また、裁判において、原告側が提出した証拠が国家の安全や国家機密に関わるものかどうかの判断の問題が出た場合、行政長官がこれについて判断し、その判断が裁判所を拘束するとされる（第四七条）。即ち中央政府は、政治的理由で特に攻撃を加えたい対象が出現した場合、行政長官を使役してその対象者を香港警察に何らかの「国安法」違反容疑で検挙させ、行政長官に選ばせた裁判官による法廷を組織した上で、有罪性が争われた場合は行政長官に本件は国家の安全を侵害したとの書面を提出すれば、容易に対象者を有罪とすることができると考えられる。「国安法」は、行為を行う者の国籍と、行為が発生する場所を問わず、全世界のあらゆる人を対象とする（第三八条）。「火星人が火星で行う行為も罰する」条文として、香港では「宇宙法案」とも揶揄された。

そして、香港の自由に対しても、「国安法」は莫大な脅威である。党政一致の中国において、「国家の安全」は共産党政権の安全とほぼ同義である。政権批判を「国家の安全」への侵害と捉えうる枠組みが設けられた以上、政治に関連する自由は失われる。

「国安法」が何を標的にしているのかはかなり明確である。同法は国家分裂（第二〇―二二条）・国家政権転覆（第二二―二三条）・テロ活動（第二四―二八条）・外国との結託（第二九―三〇条）の四つのカテゴリーの行為・活動を取り締まるとされた。これらの語は二〇一九年の抗議活動に対する非難の言葉として、中央政府関係者がしばしば用いてきた。また、「国安法」制定を発表した二〇二〇年五月二二日の全人代の記者会見で、スポークスマンの張業遂は制定の目的を「新しい情勢」への対応のためと述べている。つまり、二〇一九年以来の香港の政治危機を収束させることが「国安法」の当面の目的である。

「逃亡犯条例」改正反対運動に端を発した巨大な抗議活動は長期にわたって続き、行動もエスカレートした。政府は「暴力を止め、混乱を制する」と主張し、強硬に対応したが、一一月二四日の区議会議員選挙では民主派が八五％の議席を得る大勝利を収め、同二七日には香港の人権と民主主義を阻害する中国政府・香港政府の政府関係者に制裁を加えることなどを盛り込んだ米国の「香港人権・民主主義法」が成立した。これらは北京にとって想定外の事態であった。民主派はさらに余勢を駆って、二〇二〇年九月の立法会議員選挙での過半数獲得を目指した。「基本法」の規定によれば、民主派が過半数を得れば、政府予算を否決するなどの方法により、行政長官を辞職に追い込むことも可能になる。これは北京から見れば「権力奪取」、「革命」であり、「政権転覆」という「国家の安全」への脅威である。「国安法」には、選挙への出馬の際に文書で基本法と特区への忠誠を誓うことを義務づける条文があり、民主派に踏み絵を踏ませる内容となっている。加えて、同法違反で有罪となった者は議員や公職などの資格を失うとも規定されており、仮に首尾良く就任しても、その後の政府を攻撃する言行が問題視されれば、民主派議員は職を失ったり、罪に問われたりする可能性がある。こうして、選挙を前にして「革命」のハードルは大幅に上げられた。

こうした立法の意図は明確である一方、条文の規定は曖昧である。例えば「国家分裂罪」は、国家を分裂させたり、国家の統一を壊したりする行為を組織・計画・実施したり、これに参加したりする者は、武力行使の有無にかかわらず犯罪となるとして、懲役三年から終身刑までの刑を定める。しかし、具体的にどういう行為がこの罪に問われるのか、例えば、「香港独立」を発言したり、書籍やネット上で主張したりといった言論活動だけでも罪になるのかといった点は、全く書かれていない。つまり、何をしたら罪に問われるかが分からないと同時に、何をしても罪に問われないかを保障する内容も存在しない。

「国安法」は一方では「国際人権規約」にもある言論・報道・出版の自由、結社・集会・デモ行進・デモの自由の尊重をうたう(第四条)が、他方、権利と自由は香港を中華人民共和国の不可分の一部であるとする「基本法」第一条と、香港は中央政府の直轄下にあるとする第一二条に反してはならないとの条項もあり(第二条)、「香港独立」の言論には自由はないとの立場が見える。前述の通り、香港には他の法律に優越する「人権法」が存在するが、「国安法」はそれらの香港の既存の法律に優越する。制定直後の二〇二〇年七月六日には国家安全維持委員会が初会合し、「国安法」に関連する捜査について定めた第四三条の実施細則を決定した。そこでは、特殊・緊急の場合は令状なしで捜索可能とすること、通信傍受や秘密捜査は行政長官が認可するが、緊急の場合は警務処長による口頭の許可で可能とすること、特殊な状況では弁護士が法廷・刑務所・警察で容疑者に面会する様子を秘密監視することを可能とすることが規定された。

(2)「国安法」の施行状況

このような強烈な法律が、実際にどう使われるかが注目された。「抜かずの宝刀」として萎縮効果にのみ使われる可能性も指摘されたが、実際には「国安法」は成立後早速適用された。施行の翌日である七月一日、「国安法」に反対する無許可のデモが敢行されたが、その現場で一〇名が「国安法」違反容疑で逮捕された。最初の逮捕者は、カバンの中に「香港独立」と書かれた旗を所持していたことが容疑とされた。香港政府は七月二日「厳粛な声明」を発表し、「逃亡犯条例」改正反対デモで多用された「光復香港、時代革命(香港をとり戻せ、革命の時代だ)」のスローガンは、「今や」香港独立または分離または政権転覆の意味があるとして、「国安法」違反となる可能性を指摘した。七月一日のデモに対する警察の対応のガイドラインでは、「香港独立、唯一出路(香港独立が唯一の活路)」、「香港人建国」、「香港独立、民族自強」、「光復香港、時代革命」のスローガンと、「香港独立」の旗、「香港国」の旗、チベットの「雪山獅子旗」、それに、香港のほか新疆や台湾など各地の独立を主張する九種の独立派の旗が違法と列挙されていたという(2)。

そうした、抗議活動の現場での行動を理由とした取り締まりに加え、恐らく「国安法」の主要な目的である、著名な抗議活動関係者に対する取り締まりが展開された。七月二九日には、中高生の香港独立派組織「学生動源」の招集人である鍾翰林が逮捕され、後に起訴された。八月一〇日には、主要紙で唯一共産党政権に極めて批判的な立場を取る『蘋果日報』の創業者である黎智英（ジミー・ライ）や、反国民教育運動・雨傘運動などで大きな役割を果たし、後に新政党・香港衆志の幹部を務めた周庭（アグネス・チョウ）らが、外国による中国・香港への制裁を求める活動に関与したとして、外国との結託に関する罪の疑いで逮捕された。黎智英は一二月一一日に起訴された。

極めて衝撃的だったのは、民主派「予備選挙」関係者の一斉逮捕・起訴であった。予備選挙は、当時予定されていた二〇二〇年九月の立法会議員選挙を前に、七月一一日から一二日にかけて行われていた。民主派は一九八九年の天安門事件以来活動を続けてきた「伝統民主派」と呼ばれる団体から、二〇一九年の抗議活動を機に政治参加した新興勢力まで、多様なメンバーを含む。香港の選挙制度は中選挙区制で、民主派が勝利するためには、共倒れを招かぬように適切な人数の候補者を擁立する必要がある。このため、候補者の選定のために、主要な民主派の勢力がいずれも参加する形で、選挙を前に一般市民の人気投票を行うのがこの予備選挙の趣旨であった。

したがって、予備「選挙」とは言っても、その内実はあくまで民間団体のイベントであり、公的には何ら法的効力をもたない。しかし、香港政府は事前に、予備選挙が「国安法」違反の可能性があると指摘していた。民主派は立法会の過半数の議席の獲得を目指していた。予備選挙のコーディネーター役は、二〇一三年にセントラル占拠行動を提唱し、翌年の雨傘運動の引き金を引いた香港大学の戴耀廷（ベニー・タイ）准教授らが務めていた。戴耀廷は民主派が過半数を得た後、予算案を否決するなどして政府を麻痺させ、それによって北京に大規模な香港に対する弾圧を引き起こさせ、西側諸国の対中制裁を引き出すとの計画を新聞紙上で発表していた(3)。これは、二〇一九年の抗議活動で「攬炒（死なば諸共）」と言われ、流行した発想であった。香港が壊れれば、最終的に共産党政権を巻き添えにできるとのこの絶望的な戦術には、二〇一九年夏以降、抗議活動参加者の間で支持が広がっていた。しかし、政府からの脅しはむしろ民主派の動員の追い風になったとも言われ、結局、民主派は予定通り予備選挙を実施し、六一万人が投票した。

予備選挙の投票が行われた翌一三日、林鄭月娥（キャリー・ラム）行政長官は、民主派が過半数を得る目的が政府法案の否決であれば「国安法」違反になると述べた[4]。中連弁は同日声明を出して激しく予備選挙を非難した。中連弁は、反対派の少数の団体が外部勢力の支持の下で計画した予備選挙は、現行の選挙制度への挑発であり、選挙の公平・公正性を破壊し、他の候補者の合法的権利・正当な利益を侵害したあからさまな違法行為である、反対派の目標は香港の統治権の奪取であり、香港版カラー革命の実施を妄想している、立法会を制御し、予算案を否決し、香港政府を麻痺させて、全面的に香港で「攬炒」を行い、国家政権を転覆することは、すでに「国安法」第二二条に反していると指摘した[5]。

それでも、民間イベントである予備選挙を罪に問うことは、香港司法の従来の常識からみて極めて考えにくいことであり、これらは口頭の威嚇に過ぎないとも見られていた。しかし、二〇二一年一月六日から七日、警察は予備選挙を組織した者六名と、すでに国外逃亡した二名を除く予備選挙の全候補者四九名の、合計五五名を「国安法」違反容疑で逮捕した。

この大量逮捕には、民主派のみならず、香港の保守的な専門家からも異論が出た。行政会議メンバーで弁護士の湯家驊（ロニー・トン）は、予備選挙に違法性は見いだせないと疑問を呈した[6]。香港大学法学部教授で、北京から基本法委員会メンバーに任命されている陳弘毅（アルバート・チェン）は、本件で仮に無罪判決になった場合は政治的な結果がどうなるか想像もつかず、起訴されれば保釈もできないのであるから、政府はよほど有罪にする自信がなければ起訴すべきでないと述べている[7]。

しかし二月二八日、政府は五五名のうち四七名の民主派予備選挙関係者を一斉に起訴した。その直前の二月二二日、夏宝龍国務院香港マカオ弁公室（港澳弁）主任が「少数の反中乱港分子」として黎智英・戴耀廷・黄之鋒（ジョシュア・ウォン）を挙げ、彼らは極端に劣悪な者であり、香港政府のあらゆる公権力から排除するだけでなく、違法行為に対し法に基づいて厳罰を科すことが必要であると発言していた。一月に逮捕された者の多くはその後保釈され、次回出頭は四月とされていたが、この発言を受けてか、二月二六日に突如二八日の出頭を命じられ、同日の起訴となった。この際、戴耀廷は予備選挙の組織を行ったとして、黄之鋒は候補者の一人であったとして起訴されており、すでに起訴されていた黎智英と合わせて、発言の直後に夏宝龍が名指しした三名が全て「国安法」で起訴されたことになる。しかし、急ぎ起訴をしておきながら、三月一日の初公判で原告側はさらに捜査が必要として、次回裁判を五月三一日まで待つよう要求した。これには弁護側の多数の弁護士が、原告側は捜査も終えずにむりやり被告を法廷に引きずり出した、理解不能であると批判し、急いで三月五日開幕の全人代に間に合わせたのかと疑っている(8)。

こうして起訴された者の多くは保釈が認められず、裁判を待たずに長期にわたって勾留されている。黎智英は保釈を申請し、二〇二〇年一二月二三日に一旦、高額の保釈金・頻繁な出頭・自宅での蟄居・外国関係者との連絡禁止・ネット上などの公開発言禁止などの厳しい条件ながら保釈された。しかし、この決定には『人民日報』を含む中国大陸のメディアと、香港の左派系紙から連日激しい非難が浴びせられた。一二月三一日、原告側の不服申し立てにより、裁判所は再び黎智英を収監して保釈の是非を審議し、二〇二一年二月九日、終審法院が保釈申請を却下する逆転判決を言い渡した。この判決では終審法院が「国安法」の違憲性や「人権法」違反を裁くことはできないとの判断も示され、香港の法廷に「国安法」を拘束する手段がないことが確認された。四七名の予備選挙関係者については、三月四日にうち一五名の保釈が認められたが、政府は即時抗告して一五名も再び収監された。しかし政府は翌五日、そのうち四名への抗告を取り下げ、四名は保釈された。その後の裁判過程で保釈された者は少数にとどまっている。

なお、行政長官が裁判を担当できる裁判官を指定するという「国安法」の規定に基づく指定裁判官のリストは公開されていない。しかし、各裁判を担当する裁判官の氏名は裁判が行われる都度公表されるため、裁判が行われるごとに、その担当裁判官が指定裁判官であることが帰納的に明らかになっている。香港終審法院では外国籍の裁判官が圧倒的多数を占め、その存廃について賛否両論が存在するが[9]、ここまで明らかになった指定裁判官には外国籍裁判官は含まれておらず、「国安法」案件からは外国籍裁判官が意図して除外されていると考えられる。

一方、二〇二二年七月現在でまだ発動された事例がないのが大陸への送致である。香港政府が発行した説明の小冊子では、軍事や国防などで外交交渉が必要な場合は大陸で裁くとしており、李家超（ジョン・リー）保安局長は、大陸に送致される例は一万分の一もないと述べている[10]。また、これまでのところ、捜査・逮捕などは香港警察の国家安全処が担当しており、規定で可能とされている中央政府の国安公署の香港での捜査事例の発生はない。

刑事事件での逮捕のほか、「国安法」を根拠にしたネット規制も開始された。二〇二一年一月、香港警察は、「逃亡犯条例」改正反対デモの取り締まりにあたった警察官の個人情報などを掲載してきた「香港編年史」と題するウェブサイトを封鎖した。プロバイダーの香港寛頻は、警察の求めで同サイトへの接続を遮断したことを認めた[11]。

（3）「国安法」を受けた香港社会の変質

「国安法」の条文公開の直後に会見した民主派は、これを「一国二制度」の死と評した。かつて立法会議員を務めた公民党の陳淑荘（ターニャ・チャン）は、同法によって、これまでに民主派が抗議活動で廃案に追い込んできた「国家安全条例」・国民教育科・「逃亡犯条例」改正が同時に来たと表現した[12]。実際、同法の出現により、香港社会の様相は大きく変化した。

「国安法」は施行前からすでに猛威をふるった。同法の条文は二〇二〇年六月三〇日夜一一時の施行と同時に公表されるまで、完全に秘された。その間、同法が過去の罪を遡及して裁く可能性が指摘され、政権批判や独立の主張を行ってきた者には恐怖が広がった。このため、同法の施行直前の三〇日午後には、若者が設立した新しい政治団体が多数、続々と活動停止や解散を発表した。黄之鋒や周庭らは幹部を務めた香港衆志の脱退を表明し、その直後に同団体は解散した。

「国安法」は、実際に取り締まりに使われる以外にも、警告として社会に巨大な萎縮効果をもたらした。政府は「光復香港、時代革命」が違法の可能性を指摘し、「法を試すな」と市民に警告する声明を発していた。警察は民主派の議員事務所や民主派支持の商店などを回り、壁に掲示されているスローガンが違法である可能性を指摘した。こうした脅しの結果、街頭からは急速にスローガンが姿を消した。さらに、公営の図書館は七月四日、本土派の論客・陳雲、公民党の陳淑荘、黄之鋒が書いた少なくとも九冊の書籍を閲覧停止にした。

学校での政治の議論にも規制がしかれた。七月八日、楊潤雄（ケヴィン・ヨン）教育局長は、二〇一九年の抗議活動の歌である「香港に栄光あれ」を学校で歌ってはならない、また、抗議活動の際に実行された、校外で「人間の鎖」を作る運動は、高所から物を投げつけられる可能性があるため学校は規制すべきであると発言した。学校はこれに対応を迫られた。例えば、名門高校である香港華仁書院・九龍華仁書院は、保護者に向けて学校内での政治活動禁止との書面を送った。そこでは、「国安法」と「国歌条例」が成立したので、生徒の言行に気をつけるようにとの呼びかけがなされたという。[13] 教師個人にも政治的圧力が加わっている。二〇二〇年六月には生徒が音楽の試験で「香港に栄光あれ」を演奏することを止めなかったとして、学校から音楽教師が契約を打ち切られた。ある小学校教師は、二〇一九年三月に作成した教材で香港独立の主張を流布させたとして、教員免許を取り消された。これについて二〇二〇年一〇月六日、教育局は声明を行い、指導案は八五分をかけて香港民族党や香港独立・チベット独立・新疆独立・台湾独立に言及していたと非難した。

学術研究においても、特に政治学は大きな影響を受けている。米国政治学会は、香港で予定されていたアジア政治についてのワークショップの開催地を「国安法」を理由としてソウルに変更した。[14] 香港城市大学の小林哲郎准教授は、調査会社「Yougov」に「国安法」に関する民意調査を委託したところ、同法に違反する可能性との指摘を受け、一部の設問の削除を求められた。[15]

個別の研究者に対する政治的圧力も強まっている。二〇二〇年一一月一六日、左派系紙『大公報』は、香港科技大学の李静君教授が五月のネット上での講座で「香港は中国のものではない」と発言したとして、猛然と批判した。李静君は、香港がグローバル都市であり、中国に属するのではなく、世界に属するとの発言を、主権の帰属の問題と曲解されたと釈明した。また、戴耀廷は二〇二〇年七月二八日、香港大学の憲法学准教授の職を解雇された。同大学の教務委員会は解雇には相当しないとの結論を出していたが、上位の意志決定機関である校務委員会は賛成一八、反対二で解雇を決定した。戴耀廷はこれを、外の勢力が香港大学内の代理人を通じて行った決定であり、香港の学術の自由の終わりを示すと批判した。[16]

研究への脅威は文科系の学術にとどまらない。『ネイチャー』誌は、[17] 匿名の香港の大学の科学者の、もはや中国政府の科学技術政策を批判することはできないとの憂慮を報じた。香港中文大学医学院の古明達院長補佐は、敏感な学術研究に不安を感じる科学者は多く、特に大陸の事情について論評することには憂慮があると指摘している。[18]

大学内での学生の行動にも、かつて躊躇された警察の介入が行われるようになっている。二〇二〇年一二月七日、香港中文大学の卒業式当日に一〇〇人近くが大学内をデモ行進した件について、警察国家安全処は八名を違法集会罪で逮捕し、うち三名は「国安法」の国家分裂罪にも問われた。こうした情勢を前に、ベルリンに本部があるグローバル公共政策研究所が毎年公表している世界の学術の自由指数のうち、二〇二一年三月一三日に公表された指数では、香港はAからEの五段階評価でDランクに落ちた。学術の自由はロシアやカンボジアを下回り、ウガンダと同レベルと評された。調査は香港について特に、この五年間で顕著に学術の自由が失われた場所と指摘している。[19]

文化にも様々な圧力が加わっている。第一三回香港インディペンデント映画祭（香港独立電影節）のパンフレットは、表紙の「香港独立」の文字を嫌われ、印刷会社によって印刷を拒否されたという。出版社「次文化堂」の彭志銘社長は、二〇二〇年一二月だけで三冊の本が、警察の暴力に言及したため印刷を拒否されたと証言している。印刷業界には恐怖が蔓延しており、文化大革命のようなやり方で攻撃されることを恐れていると彭志銘は述べた。[20]

二〇一九年一一月の抗議活動で発生した香港理工大学での衝突を記録した映画「理大囲城」は、二〇二〇年九月の公開二時間前に政府から成人映画の指定を受け、未成年の鑑賞が禁止された上、上映に際しては「刑事罰になる恐れのある行為を記録している」などの注意を表示することも義務づけられた。しかし、同作品は二〇二〇年度の香港映画評論家協会大賞を受け、二〇二一年三月一五日からの映画館「高先電影院」での受賞作上映イベントでの上映が決まっていた。映画館にはチケットを求める行列ができるほどの人気を誇ったが、左派系紙はこの映画が

「文化安全」を侵害し、「国安法」違反であり、放映を中止すべきとの攻撃を加えた。[21] 結局映画館は上映を中止した。

このような状況であるから、政治活動が萎縮するのは当然である。二〇一九年の区議会議員選挙では民主派が圧勝し、一八区のうち一七区で圧倒的多数派を占めたが、政府公務員は以後、区議会での政治体制についての議論の際に一斉退席するなど、議員に対して非協力的な態度をとるようになった。こうした状況を受け、民主派・本土派などの区議会議員の一部は、一八の区の枠組みを超えて政治を議論するための「公民議政プラットフォーム」の設立を二〇二〇年夏から構想した。しかし、成立記者会見を前にした一二月二五日の左派系紙『大公報』は、徐英偉（キャスパー・ツイ）民政事務局長による、このプラットフォームは「中央政府の容認限度に公然と挑戦している」、「十分に違法性があり、法的制裁を受ける」との発言を報じた。この記事は何が違法なのかを具体的な条文などに基づいて示してはおらず、『明報』紙の問い合わせにも民政事務局からは回答がなかったというが、[22] これを受けてプラットフォームからの議員の離脱が相次ぎ、一二月三一日、プラットフォームの準備を進めていた区議会議員らは設立断念を発表した。このほか、予備選挙関係者の一斉逮捕を受けて、二〇〇二年以降民主派の候補者調整などを行ってきたNGO「民主動力」が解散した。また、シンガポール紙『連合早報』が二〇二一年三月五日、民間人権陣線が米国からの資金援助を受けてデモを実施している疑惑を警察が捜査していると報じたことから、民主党・公民党などの主要メンバーが相次いで民間人権陣線を脱退した。『明報』の報道によれば、多くの民主派団体に政府との「仲介役」が接触し、摘発を避けるために民間人権陣線を離脱するよう勧めたとされる。民主派団体には去就について議論もあったが、従来の香港政府の各種の取り締まりと比較して「国安法」は予測不能であるため、安全策をとらざるを得なかったという。[23]

民主派は今後活動資金にも窮する可能性が高い。二〇二〇年一一月一一日の全人代常務委員会の決定で四人の民主派立法会議員が失職を宣告されると、これを受けて民主派のほぼ全議員が相次いで抗議のために辞職した。民主派が区議会・立法会の議員歳費を収入源として職業政治家として生きる空間は激しく縮んでいる。加えて、デモや街頭活動はコロナ禍の発生以来ほぼ実行できていないので、街頭で寄付金を得ることも困難になっている。香港市民支援愛国民主運動連合会（支連会）は毎年旧正月前にビクトリア公園で行われる恒例の臨時市場に出店し、各種のグッズを売り上げていたが、二〇二一年二月六日にはブースに天安門事件の名誉回復を求める横断幕があったことを理由に、政府は支連会の出店契約違反を指摘してブースを撤去させた。これは事件から三二年目で初めての事態であった。民主党は二〇二一年度、一〇〇〇万香港ドルを超える赤字を見込んでおり、チャリティくじの販売を開始した。募金責任者の袁海文（レイモン・ユン）は、今年党員の数百万ドルに上る訴訟費用を支援せねばならず、十数年来で最も深刻な赤字になると予想している[24]。元立法会議員の許智峯（テッド・ホイ）は家族とともに欧州に逃亡したが、その香港上海銀行の口座は凍結された。「国安法」制定以後、現金を確保するために民主派の元議員らが所有する不動産を売却する動きが相次いだ。

2 「中国式」選挙制度の導入

（1）「愛国者治港」の提起——選挙制度改変への前奏

前述の通り、二〇一九年の区議会議員選挙での大勝の余勢を駆って、民主派は立法会で過半数を得て、行政長官選挙にも影響力を行使しようとしていた。この情勢を前に、左派からは選挙制度に問題があるとの声が散発的に上がっていた。一月二七日に行われた、林鄭月娥行政長官の習近平国家主席に対するリモート会議方式での職務報告では、習近平は「一国二制度」がさらに安定して進むためには「愛国者による香港統治（愛国者治港）」を堅持する必要がある、愛国者治港が実現してはじめて中央政府の全面的統治権が実現すると発言した。これを受けて新華社は二月一八日から二〇日にかけて、大陸の専門家が香港の選挙制度の問題点を指摘する記事を立て続けに配信した。かつて香港の中連弁で法律部長も務めた王振民清華大学教授は、「香港に対して何の貢献もない者が、『香港独立』の旗を立てるだけで簡単に当選する事例がますます増えている」などと述べた。韓大元人民大学教授は、現行制度には、①「基本法」の初心と政治の原則に反する現象が出現、②候補者が愛国者の基準を保障できない、③国家の意志と利益と香港社会全体の利益が有効に選挙制度の具体的運営に反映されない、④民意の代表性を欠く、⑤外部の干渉を防げないという五つの穴があると述べた。中央政府系の学会である全国港澳研究会の何俊志副会長は、選挙制度に愛国者治港の原則が十分貫徹されていないと指摘した。

その直後の二二日には、夏宝龍港澳弁主任が全国港澳研究会のシンポジウムで発言した[25]。夏宝龍は習近平が提起した愛国者治港について、一九八四年六月に鄧小平が提起した『港人治港』には、境界線と基準がある。即ち、愛国者を主体とする香港人によって香港を管理せねばならない。将来の香港特別行政区政府の主な中身は愛国者である。もっとも、そうでない者も受け入れねばならないし、外国人を顧問として雇用してもよい」という、しばしば引かれる発言を引き、愛国者治港は新しい概念ではなく、共産党の「一国二制度」の初心であると述べた。その上で、夏宝龍は近年発生した就任宣誓の問題や、二〇一九年の抗議活動の暴力化、立法会での民主派による審議の引き延ばしなどを批判し、区議会が本来のコミュニティと草の根に奉仕する公共機関から、高度に政治化した闘争の場と化したと指摘した。そして、その原因は愛国者治港の原則が全面的に実現していないためと夏宝龍は述べた。

その上で夏宝龍は、各種の手段を利用してヒステリックに中央政府を攻撃する者、公に香港独立を主張する者、外国で香港を悪く言い、外国の対中・対香港制裁実施を要求する者、「国安法」に抵触する者、中国の社会主義制度に挑戦する者、中央政府の直轄下にあるという香港の憲制の秩序を受け入れないまたは故意に歪曲する者、香港を愛するが中国は愛さないと言う者は、いずれも愛国者ではなく、「反中乱港分子」であるとした。さらに、先述の通り、黎智英・戴耀廷・黄之鋒を名指しし、排除と処罰が必要とした。

夏宝龍はまた、中国共産党が「一国二制度」方針の創立者であり、「一国二制度」事業の指導者であるから、「一国二制度」を擁護すると称する者がその創立者・指導者に反対することは矛盾ではないかと述べている。この発言を、香港城市大学の政治学者である葉健民（レイ・イェプ）は、愛国とは必ず共産党を愛さねばならないということであると初めて明確に述べたと指摘した[26]。他方、林鄭月娥行政長官は、愛国者治港は党を愛することを条件としないと述べたが、中国が社会主義を実施していることを尊重し、受け入れよとも述べた。いずれにしても、中国の一党支配の社会主義制度の尊重を義務化することは、民主化を要求すること自体が問題視される論拠になり得る。

（2）選挙制度変更の内容

これらを述べた上で、夏宝龍は愛国者治港を実現するための選挙制度の改革が急務であると主張した。夏宝龍はまた、改革は必ず中央政府が主導せねばならないと述べた。「基本法」付属文書二の規定によれば、選挙制度の改革には立法会の三分の二の賛成が必要とされていた。これによって、三分の一以上の議席を常に占めてきた民主派は、事実上の否決権を握っていた。しかし、「基本法」は全人代が制定した中国法であるため、北京が改革を発動すれば、この規定に関係なく一方的に選挙制度を変更することを可能とした。

二〇二一年三月一一日、全人代は「香港特別行政区の選挙制度の改善に関する決定」を採択し、選挙制度を定める「基本法」付属文書を改定する手続きを開始した。「国安法」制定時と同様に、細部の検討は全人代常務委員会に委託するという形がとられ、全人代常務委員会は三月二九日から三〇日にかけての会議で「基本法」付属文書の改定を採択した。これに基づいて香港で立法作業が進められ、新しい選挙方法の基本的枠組みが確定した。選挙制度の改変はその後立法会の審議にかけられ、民主派の辞職によって翼賛議会化した立法会で五月二七日、賛成四〇、反対二で可決・成立した。

この改変の重大な特徴は、第一に、中央政府が一方的かつ詳細に決定を下したことである。従来の「基本法」付属文書一は、行政長官選挙委員会を四つの枠から各三〇〇人、合計一二〇〇人とすること、付属文書二は立法会を普通選挙と職能別選挙からそれぞれ三五人選出することのみを決定し、その内訳については香港内部の法規によって定められていた。しかし、今回は全人代常務委員会による付属文書の改定によって、選挙委員会を五枠計一五〇〇人、立法会は選挙委員会選出の四〇人、職能別選挙選出の三〇人、普通選挙選出の二〇人と定めたのみならず、選挙委員会と立法会の各枠の内訳についても、この時点で詳細に定められた。その過程において幅広い香港市民への諮問はなかった。香港が自治の範囲で定められるのは選挙実施の細則だけに留まる。

第二に、行政長官選挙・選挙委員会選挙・立法会議員選挙のいずれにおいても、候補者が選挙に出馬できるか否かが、事実上政府の一存で決定される仕組みが設けられたことである。表1にあるように、二〇一六年までは立法会議員選挙への立候補には、供託金や推薦者などの事務的な手続きさえ満たせば、政治的な制限はなか

表1　立法会議員選挙への出馬資格・議員資格への制限の強化

	2016年まで	2016年 立法会議員選挙以後	2020年 「国安法」制定後	2021年 選挙制度変更後
出馬まで	事務的手続きのみ	・出馬手続き時に基本法の擁護等を誓約する「確認書」を提出 ・「確認書」提出の有無にかかわらず、香港政府の担当公務員（選挙主任）が出馬した者を香港独立派と断定すれば、出馬資格を喪失	・出馬時に文書で基本法と特区への忠誠を誓う義務を明文化（6条） ・「国安法」で有罪判決を受けた者は出馬資格喪失（35条）	・出馬前に「選挙委員会」5つの枠全てから2名以上の委員の指名を得る必要 ・出馬前に政府高官が構成する「資格審査委員会」の承認が必要（警察国安処が候補者を調査、それに基づき国家安全維持委員会が資格審査委員会に報告書を提出、資格審査委員会の判断材料に）
就任時	宣誓の文言変更等のパフォーマンスは就任に影響なし	就任宣誓の文言変更などを行うと議員資格を剥奪される	・就任時に文書で基本法と特区への忠誠を誓う義務を明文化（6条）	同左
在職中	任期満了まで在任可能、弾劾の前例なし	同左	・「政府の妨害」は有罪の可能性（22条） ・「外国と結託し、憎悪をかき立てる」と有罪の可能性（29条） ・「国安法」で有罪判決を受けた者は議員資格喪失（35条）→運用上は、次期選挙の出馬資格を取り消された4議員を全人代常務委員会の決定により資格停止（2020年11月11日）	同左 ＋ 民主派が少数派になることは確実→議員弾劾が可能に（禁固1ヵ月以上の刑を受けた者は、立法会議員の3分の2の賛成で罷免：基本法第79条）

出所：筆者作成。

った。二〇一六年以後、「香港独立派」を排除する政治審査が開始された。今回の選挙制度改変により、出馬資格の審査が厳格されたことに加え、出馬には選挙委員会のメンバーからの指名を獲得することを義務づけるなど、出馬資格の政治審査を制度化した。立法会議員選挙では、出馬には選挙委員会の五つの枠全てから最低二名の推薦が出馬の条件とされる。選挙制度を踏まえれば、民主派は五枠中財界枠、草の根枠、全人代等の枠の三枠においては一人の選挙委員も得られないと見られるため、これらの枠から推薦を得ることは容易ではない。現下の政治情勢において、これらの枠の親北京派の選挙委員が、中央政府のゴーサインなしに民主派候補を推薦することは考えにくい。言い換えれば、民主派が仮に立法会議員選挙出馬に必要な推薦を得られたとすれば、それは中央政府がその候補に脅威を感じず、飾り物として議会に置きたいという価値を見出し、親中派の選挙委員にその民主派を推薦するように指令したと考えるのが自然である。香港の世論は当該候補の裏取引を疑うであろう。このため、民主派とされる者がこの関門を乗り越えて出馬できた瞬間に、その候補は最早、多くの市民からは真正な民主派とは見なされなくなるであろう。

行政長官選挙に至っては各枠一五人の推薦が必要であり、民主派の出馬の可能性がほぼゼロであることは勿論、中央政府が完璧な信頼を置く者以外は親政府派であっても出馬はできないと見られる。二〇一二年や二〇一七年の行政長官選挙で見られた親政府派候補同士の競争が再演されるかどうかも不明であり、中央政府が最も信任する唯一の者の当選については何らの不確定要素もないという選挙になるであろう。

さらに、この高い指名のハードルを越えた後、全ての選挙の各候補者について、新設の資格審査委員会が出馬の可否を判断するという手続きが規定された。資格審査委員会の判断の材料として、香港警察の国家安全処が候補者の政府への忠誠を審査し、それに基づいて香港政府の国家安全維持委員会が資格審査委員会に意見を提出する。警察が調査した情報に基づく国安委の報告が資格審査委員会で覆されるとは考えられず、審査は形式化したものに過ぎない。警察が提出する意見書は公開もされないので、出馬を拒まれた者にはその理由は開示されない。しかし、審査結果に異議申し立てができないことも規定されている。「国安法」と同様に、チェック・アンド・バランスを迂回し、公開性と第三者的・客観的な視点を完全に排除して、一元的決定を貫徹するための執拗な制度設計が徹底されている。

第三に、民主派が優位にあった部分に集中して、選挙制度が変更されていることである。選挙委員会と、立法会職能別選挙において、従来親政府派の牙城であった枠については大きな改変がない。これに対し、民主派が強かった中産階級専門職の業界や、今後の選挙で民主派が獲得を目指すとしてきた業界については、選挙委員数を減員したり、職能別選挙での選出方法を変更したりして、民主派に不利になるように選挙方法を改変している。例えば、表2の通り、二〇一六年の選挙委員会選挙で民主派が五割を超える委員を獲得した業界は合計一〇存在したが、その一〇業界全てについて、民主派が勝利しやすい個人投票から、一定数が指定された親中派の団体に振り分けられたり、業界の委員数が他業界との合併によって大幅減員されたりする制度への改変が行われた。加えて、民主派が圧倒的な優位を誇った第二枠の一〇業界全てにおいて、個人での投票から、団体責任者等の役職者指定枠や、団体単位での投票に変更された。親中派の団体が投票権を得る一方、民主派寄りの個人は投票できず、民主派の勢力は激減するであろう。民主派が普通選挙での八割を超える議席を獲得した区議会の議員には、従来選挙委員一一七人と、立法会議員六議席が割り当てられていたが、全廃された。こうした枠の減員分は、親中派が確実に多数を占める各種の社会団体関係者などに新たに振り分けられた。選挙委員会で社会福祉界などが減員された分は、草の根社会団体や同郷会という親中派団体に充当された。二〇二一年四月一日の

表2　選挙委員会の変更点

2016年行政長官選挙委員会選挙						2021年有権者選挙委員会選挙での変更点			
	業界名	定数	有権者	民主派獲得数	民主派獲得率		定数	有権者	変更点
第一枠	工業界（第一）	18	542	0	0.0%	第一枠（商工・金融界）	17	35	個人投票を廃止
	工業界（第二）	18	764	0	0.0%		17	97	
	紡績・衣類製造業界	18	2,330	0	0.0%		17	57	個人投票を廃止
	商業界（第一）	18	1,045	0	0.0%		17	22	
	商業界（第二）	18	1,460	0	0.0%		17	71	個人投票を廃止
	香港中国企業協会	16	308	0	0.0%		17	93	「商業界（第三）」に改称、個人投票を廃止
	金融業界	18	122	0	0.0%		17	55	
	金融サービス界	18	622	0	0.0%		17	195	
	保険業界	18	131	0	0.0%		17	88	
	不動産・建設業界	18	706	0	0.0%		17	91	個人投票を廃止
	運輸・交通業界	18	195	0	0.0%		17	199	
	輸出入業界	18	1,379	0	0.0%		17	45	個人投票を廃止
	観光業界	18	1,298	0	0.0%		17	131	
	ホテル業界	17	120	0	0.0%		16	57	
	飲食業界	17	5,530	0	0.0%		16	135	
	卸・小売業界	18	6,706	0	0.0%		17	63	
	香港雇用主連合会	16	139	0	0.0%		15	18	
	中小企業界	—	—	—	—		15	194	新設
	第一枠合計	***300***	***23,397***	***0***	***0.0%***		***300***	***1,646***	

（表2　つづき）

	2016年行政長官選挙委員会選挙					2021年有権者選挙委員会選挙での変更点		
第二枠	IT 業界	30	12,109	30	100.0%	第二枠（専門業界）	30	54	「科学技術・イノベーション業界」に改称、15人は中国科学院等の指名、15人は団体が選出
	エンジニア業界	30	9,405	15	50.0%		30	60	15人は法的機関等の責任者の役職者指定枠、15人は団体が選出
	建築・測量・都市計画・園芸業界	30	7,370	25	83.3%		30	55	15人は法的機関等の責任者の役職者指定枠、15人は団体が選出
	会計業界	30	26,001	26	86.7%		30	39	15人は財政部顧問会計士等の指名、15人は団体が選出
	法律界	30	6,769	30	100.0%		30	30	6人は役職者指定枠、9人は中国法学会の指名、15人は団体が選出
	教育界	30	80,643	30	100.0%		30	1,750	2業界を合併、16人は役職者指定枠、14人は団体が選出
	高等教育界	30	7,497	30	100.0%				
	衛生サービス界	30	37,387	30	100.0%		30	82	2業界を合併、15人は法的機関等の責任者の役職者指定枠、15人は団体が選出
	医学界	30	11,189	19	63.3%				
	漢方医業界	30	6,143	3	10.0%		30	51	15人は世界漢方医学会等の指名、15人は団体が選出
	第二枠合計	***300***	***204,513***	***238***	***79.3%***				
第三枠	スポーツ・芸能・文化・出版業界	60	2,909	0	0.0%		30	223	第二枠に移動、15人はIOC等の指名、15人は団体が選出
	社会福祉業界	60	14,130	60	100.0%		30	144	第二枠に移動、15人は法的機関等の責任者の役職者指定枠、15人は団体が選出
							300	***2,488***	

	漁業・農業界	60	154	0	0.0%	第三枠（草の根、労働、宗教等業界）	60	151	
	労働界	60	668	0	0.0%		60	407	
	草の根社会団体	–	–	–	–		60	404	新設
	同郷団体	–	–	–	–		60	324	新設
	宗教界	60	–	0	0.0%		60		抽籤で選出
	第三枠合計	***300***	***17,861***	***60***	***20.0%***		***300***	***1,286***	
第四枠	立法会	70	–	27	38.6%	第四枠（立法会議員、地区組織代表）	90		立法会の増員に合わせる
	郷議局	26	147	0	0.0%		27	160	
	香港島・九龍区議会	57	208	0	0.0%		0		廃止
	新界区議会	60	223	0	0.0%		0		廃止
	香港島・九龍分区委員会・犯罪撲滅委員会・防火委員会	–	–	–	–		76	1,083	新設
	新界分区委員会・犯罪撲滅委員会・防火委員会	–	–	–	–		80	857	新設
	大陸の香港人団体	–	–	–	–		27		新設
							300	***2,100***	
	全国政協	51	91	0	0.0%	第五枠（人代・政協・全国団体）	190	451	第五枠に移動、全メンバーが役職者指定枠
	全人代	36	–	0	0.0%				
	全国団体の香港代表	–	–	–	–		110		新設
	第四枠合計	***300***	***669***	***27***	***9.0%***		***300***	***451***	
総計		***1,200***	***246,440***	***325***	***27.1%***	***総計***	***1,500***	***7,971***	

注：民主派獲得数は『明報』2016年12月13日、2021年の変更点は『明報』2021年3月31日、有権者数は香港政府選擧事務處ウェブサイト（https://www.voterregistration.gov.hk/chi/statistic20164.html）による。
出所：筆者作成。

表3　立法評議会・臨時立法会・立法会選挙の議席数の変遷

名称		立法評議会				臨時立法会	立法会							
選出年		84	85	88	91	95	97	98	00	04	08	12	16	21
総督＋高官＋委任		47	33	31	21	–	–	–	–	–	–	–	–	–
間接選挙	推選委員会	–	–	–	–	–	60	–	–	–	–	–	–	–
	選挙委員会	–	–	–	–	10	–	10	6	–	–	–	–	40
	職能別選挙	–	12	14	21	30	–	30	30	30	30	35	35	30
	選挙団選出	–	12	12	–	–	–	–	–	–	–	–	–	–
普通選挙		–	–	–	18	20	–	20	24	30	30	35	35	20
合計		47	57	57	60	60	60	60	60	60	60	70	70	90

出所：筆者作成。

『明報』の試算では、一五〇〇人の選挙委員のうち、政府系団体や役職者指定枠など、中央政府が四一九人、香港政府が二三二人、計六五一人を直接掌握しており、これが全体の四三%を占める。他にも中連弁が強い影響を持つ団体などが含まれ、香港中文大学の政治学者・馬嶽は、「一〇〇〇人以上が中央政府の指示に従う者」と分析する。

立法会の普通選挙の二〇議席は、従来の中選挙区を廃し、定数二の選挙区一〇区に再編するとした。これまで普通選挙での民主派と親政府派の得票は一般に六対四と言われてきたが、二人区であれば、仮に民主派が出馬したとしても、非常に高い確率で親政府派と一議席ずつを分け合う結果に留まる。

第四に、明らかな民主化の後退である。表3の通り、香港の民主化は普通選挙の漸進的拡大という形で進展してきたが、普通選挙の議席が立法会に占める割合は二〇〇四年に五〇%に達した後停滞し、絶対数も二〇一二年以来三五議席で横ばいとなっていた。しかし、この改変では普通選挙は総数九〇議席のうち二〇議席と、比率・絶対数とも大幅に減少し、比率においては一九九一年の普通選挙の初導入以後最低となった。代わって、二〇〇〇年にすでに放棄されたはずの、非民主的な選挙委員会の選出議員が最大の割合を占めるようになった。

また、選挙委員会においては、民選の区議会議員に従来割り当てられていた選挙委員は、政府が委任する分区委員会・犯罪撲滅委員会・防火委員会といった非民選組織に充てられた。この三委員会のメンバーには二〇一九年に民主派に敗れて落選した親政府派の区議会議員候補が多数含まれている。つまり、当選者の職権を剝奪し、落選者に新たに賦与した形である。立法会職能別選挙枠の区議会六議席のうち五議席は、政府と民主派の妥協で二〇一二年に導入された新制度により、三〇〇万人を超える市民の投票で選ばれていたが、全廃された。香港の有権者の九割以上は、これまで持っていた二票の投票権が、一票に減らされた。

そして、今後民主化を進めて普通選挙に至る手続きから香港が排除された。従来の手続きでは、選挙制度の変更には立法会の三分の二による可決や行政長官の同意などの、香港内部でのプロセスも必要とされていた。実際、立法会では民主派が否決権を行使し、「中国式」の民主化を阻止してきた。今回これらの手続きは全廃され、選挙方法の改正については全人代常務委員会が「法に基づいて改正権を行使する」とのみ規定された。「基本法」本文は改正されていないため、行政長官と立法会の普通選挙という最終目標を北京は取り下げてはいない。しかし、今回ここまで大幅に普通選挙を削減したことを踏まえれば、目標がかなり遠ざかったことは間違いないし、決定権を独占する中央政府が自ら目標から大幅に逆行する行為を実施することを厭わない状況からは、目標に（仮にあったとしても）極めて低い優先順位しか与えられていないことも明白である。さらに、将来仮に普通選挙が実現するとしても、今回の改変で導入された各種の資格審査などで政府によって事前に候補者が絞り込まれ、西洋型のデモクラシーからはほど遠い、信任投票に類似した「普通選挙」に終わることも目に見えている。全人代常務委員会の決定の後、鄧中華港澳弁副主任は、中央政府が断固として政治体制の発展を進める意志は変わっていないとの決まり文句を繰り返したが、香港の選挙を長年研究してきた香港中文大学講師の蔡子強（アイヴァン・チョイ）は、制度改変を従来の民主化の「順序ある漸進」ではなく「突然死」と評した。香港大学の政治学者である陳祖為（ジョセフ・チャン）も全く同じ「突然死」という表現を使用している。[27] 香港の民主化は終わりを告げたと言わざるを得ない。

3 「国安法」後の香港の未来像

(1) 市民社会への攻撃

二〇二〇年の「国安法」と、二〇二一年の選挙制度の変更は、香港政治のあり方に根本から大きな変化を迫るものとなるであろう。最後に、「国安法」以後の香港がどうなるかについて、これまでの状況を踏まえて考えたい。

選挙制度の変更について審議する全人代において、栗戦書全人代常務委員会委員長は、全人代で決定を下し、それに基づいて常務委員会が関連する法律を改正して、「法律のコンビネーションパンチ（組合拳）を繰り出す」と述べた。会議に参加した香港選出の全人代代表である王庭聡は、「国安法」と選挙制度の変更を「二つの拳法」と表現した。[28] こうした戦闘的な比喩は、二〇一七年の張徳江全人代委員長による、基本法二〇周年シンポジウムでの「強大な法律の武器」発言以来、中央政府で多用されてきたものである。「国安法」については、元政府高官の張炳良（アンソニー・チョン）香港教育大学教授が「武器化」を避けるよう政府に促したが、これに対して林鄭月娥行政長官は二〇二〇年八月一八日、「国安法」自体が法治の武器であり、犯罪者を懲らしめるためのものであると述べ、武器化するなとの議論は理解できないと述べている。[29]

いずれにせよ、栗戦書や林鄭月娥の発言は、中央政府・香港政府が、社会において従順でない勢力に対する攻撃的な対策に傾いていることを示している。二〇二〇年九月には、中連弁が親政府派の立法会議員を呼んで開いた秘密会議での議論を、出席していた何君堯（ジュニアス・ホー）立法会議員が暴露して波紋を呼んだ。何君堯によれば、中連弁は親政府派に戦闘能力を高め、戦闘を厭わず、戦闘に長けた存在になることを求めたという。また、立法会議員選挙を前に、議会闘争は司法・教育・社会福祉の「三つの大山」を処理せねばならないと強調したという。[30] これらは、職能別選挙で常に民主派の議員を当選させてきた、社会における民主派の牙城とも言うべき業界である。これらをはじめ、民主派支持の傾向が強い中産階級の専門職の業界において、国家主義的でタカ派色の強い「改革」が、同時多発的に進行している。

教育の分野においては、政府は政治や社会に関する議論を行ってきた「通識教育」の改革を開始した。同科目は、植民地期末期に返還後を展望して進められた公民教育の延長線上に位置づけられ、詰め込み教育を反省し、生徒の批判的思考の養成を意図したもので、二〇〇九年からは高校で必修化された。教科書は存在せず、教師は新聞記事や映像などの素材を活用して授業を行う。六つの単元の一つに「今日の香港」があり、そこでは時事が学習の対象となるため、雨傘運動なども多くの教師によって公民教育実践の機会と捉えられていたという。[31] 通識教育の必修化が若者の政治化と軌を一にしたため、主に左派系の者から、通識教育が若者の過激化を呼んだとの批判が噴出していた。林鄭月娥行政長官は二〇二〇年五月一一日の左派系紙『大公報』のインタビューで同科目の改革を約束し、一一月二五日に発表した施政方針演説では、林鄭月娥は通識教育が本来の目的から逸脱したことを糺すとして改革を宣言した。二〇二一年二月二日に教育局が検討委員会の初歩的提案として発表した内容では、通識教育の総授業時間は従来の二五〇時間から一三〇〜一五〇時間へとほぼ半減させ、国家や中華文化についての授業を増やす一方、成績評価は従来の七段階評価から合否のみの評価に変更し、選択式の出題や一問一答を多用するとした。教材や教師の研修などについては詳細な計画がないまま、改革は二〇二一年度から実施を目指すとした。(32)教育局は二〇二一年四月一日、科目名を「公民・社会発展科」に改めると発表した。教育内容においては中国についての内容が大きな比重を占めるようになるという。また、「国安法」が国家安全教育を実施するとしていることから、教育局は二〇二一年二月四日、国家安全教育のガイドラインを学校向けに発表した。ガイドラインでは各科目の内容に国家安全教育を浸透させることを求め、生徒が学校内でスローガンを叫んだり、人間の鎖を作ったりした場合は直ちに阻止せねばならず、必要な場合は警察に通報するなどとしている。また、学校内の掲示物や図書館の蔵書、刊行物やビラ等が国家の安全に危害を加える内容のないようにすることも求め、教師は生徒に対し、国家の安全に関わる問題には妥協や論争の余地はないと示す必要があるとも指摘している。(33)

司法については、前述の何君堯が引いた中連弁の秘密会議は、裁判官に英国式の「カツラを脱がせる」こと、裁判官に中国事情についての研修を受けさせること、英国式の法廷弁護士(バリスタ)資格の廃止、裁判官人事を提言する司法人員推薦委員会の増員などの司法改革が話題となったという。左派の者には抗議活動参加者が厳罰に処されないことへの不満が強く、「警察が逮捕しても裁判所が釈放する」などという言葉で司法機関への批判が浴びせられてきた。左派系紙『大公報』は二〇二〇年九月四日以降、抗議活動参加者に多数の無罪判決を出した何俊堯裁判官を、民主派寄りの裁判官として連日非難する論陣を張った。法律界には、こうした世論工作の結果として政府が改革を強いられ、法曹が粛清されることを恐れる声があがったという。中央政府系の学者組織・全国港澳研究会の副会長を務める親北京派の政治学者・劉兆佳は、中央政府には一部の裁判官が被告に同情することで、「国安法」の実践において威嚇効果が損ぜられることへの心配があると述べている。(34)左派の者から頻繁に「司法改革」が論じられるようになったことを受けて、二〇二一年一月五日、馬道立(ジェフリー・マー)終審法院首席法官は、「毎回の裁判で必ず勝とうとし、裁判に勝てないから改革が必要と言うならば、それはあまり良い理由とは言いがたく、多くの市民も受け入れがたいと感じるだろう」と苦言を呈した。しかし、司法への政治の圧力が効果を発揮していると想像される事態はすでに生じている。二〇一九年の抗議活動に関連する裁判で、二〇二〇年には香港政府の法務庁（律政司）が、一審判決の刑が軽すぎるとして一六回上訴した。二〇二一年三月二三日までに、この一六件の全てで法務庁が勝訴し、二審で刑が加えられた。弁護士は政府が二審で全て一審を覆す勝訴を勝ち取っていることは「ほとんど歴史上に前例がない」と述べている。[35]

社会福祉についても、民主派寄りの傾向が強いソーシャルワーカーやNGOに対して、政治的圧力が今後増す可能性がある。二〇二〇年八月一〇日、米国からの制裁への報復という形で、中央政府は一一人に対して制裁を課した。その中には米国のNGO責任者五名が含まれており、これを受けて香港政府も「制裁執行に全面的に協力し、法に基づいて処理する」と声明した。香港には多数の有力な国際NGOがアジア拠点を置くほか、多くの香港のNGOは国際的なネットワークを持っている。外国からの寄付など、従来大きな問題にならなかったことが、最悪の場合「国安法」違反容疑にもなり得るであろう。

「三つの大山」以外に、巨大な政治的圧力に晒されているのがメディアである。民間放送の有線電視は、二〇二〇年一二月一日、調査報道番組「新聞刺針」スタッフ全員のリストラを発表した。経営難が理由とされているが、政治的理由への疑念も強い。これに抗議して、同局の大陸に関する報道を担ってきた「有線中国組」のスタッフは一斉に抗議の辞職をした。新聞刺針と有線中国組は同年、共同で制作した天安門事件三〇周年に関する報道で、香港記者協会やアムネスティなどが主催する人権ニュース賞の優秀賞を獲得していた。政府営放送局の香港電台への圧力はより鮮明である。二〇二一年二月一九日、香港政府は香港電台の内部のガバナンスに関する報告書を発表し、ずさんな管理体制を指弾して香港電台のトップである梁家栄広播処長との契約を打ち切ると発表した。後任にはメディアでの職務経験の一切ない公務員である李百全が就任し、李百全はその後、抗議活動や民主派に関連する番組を、「中立を欠く」との理由で次々と放送停止した。

(2) 香港の抵抗

この状況は今後、香港にどういった変化をもたらすのか。近年香港で使われる比喩は、猛烈な時計の針の逆転である。二〇一九年の抗議活動と二〇二〇年の「国安法」は一九六七年の香港暴動とその後の弾圧以来の事態と評されるし、民主化の逆行は一九七〇年代の諮問政治への退行とも言われる。

それでも、二〇二〇年以降、抵抗運動は低調である。「デモの都」と言われた香港で、デモは大幅に減った。警察トップの鄧炳強（クリス・タン）警務処長は「国安法」施行二ヵ月後の八月三一日、新華社のインタビューに対し、「国安法」は威嚇効果が抜群であり、違法集会やデモはほぼゼロとなったと説明した。実際、同法施行後にはほぼ全てのデモ・集会が警察から不許可とされている。

しかし、現時点での街頭政治の低調の直接の原因はコロナ禍である。市民が密集を自粛する一方、警察が「集会制限令」を根拠に人が集まることを厳しく取り締まるからである。疫禍が去った後の状況については予断を許さない。鄧鍵一（ゲーリー・タン）と袁瑋熙（サムソン・ユン）は、抗議活動経験者六〇一七人に対し、「国安法」以前の二〇二〇年四月と、以後の一〇月にインタビュー調査を行った。それによれば、恐らく弾圧等の恐れから、彼らがネット上で政治についての情報を議論したり、転送したりする機会はその間に減ったものの、彼らの香港政治に対する関心度はむしろ上昇していたという。民主派支持者の店で買い物し、政府寄りの店をボイコットする運動への熱は相変らず高かった。コロナ禍が去った後に大型の抗議活動が発生した場合に参加するかとの問いには、熱意の若干の低下が見られたものの、友人・家族・同僚等と政見が一致しているとの感覚は強化されていた。[36]

抵抗の意志は確かに消滅してはいないようである。例えば、「国安法」以後、香港で政治に関する書籍を出版することはますます困難になっている。しかし、大型書店が拒否するような書物も、小書店等では販売が続けられている。九龍の盛り場・旺角の雑居ビル七階にある書店「序言書室」では、香港政治関連の書籍は非常によく売れているという。[37] ジャーナリストのふるまいよしこが二〇二二年一月に香港で行った取材によれば、弾圧を前にして若者と民主派の間にはむしろ協力の模索があり、人々の反政府感情と抵抗の意志は削がれていないという。[38] 二〇一四年の雨傘運動後に見られた、内部分裂と対立の果ての「無力感」とは多少異質な状況と見える。

そもそも二〇一九年の「逃亡犯条例」改正問題は、無力感が蔓延していると言われた状況から、かつてない方法での抵抗運動を突如惹起した。それを踏まえれば、無力感の中で沈黙を強いられている人が多数存在している限り、彼らが次に何らかの情勢の変化が生じた際には行動を起こす可能性もあると想定すべきであろう。例えば、二〇二〇年と二〇二一年にはコロナ禍を理由に禁止とされた天安門事件追悼集会を今後も恒久的に禁止とするのかなど、課題は少なくない。「国安法」により従来の手段での抵抗は困難になったものの、それを抵抗の終わりと結論づけることを筆者は躊躇する。

抗議活動の「沈静化」を完璧に実現しようとすれば、全ての民主派寄りの教師・法曹・ソーシャルワーカー・メディア関係者等を屈服させるまで圧力をかけ続けなければならない。社会主義の中国大陸ではそれは実現可能かもしれないが、経済と社会において民間に多くを負う香港で政府がさらに弾圧に注力する必要に迫られれば、統治のコストは高まる一方である。反政府感情を解消できないままいわゆる「ガス抜き」の手段を徹底してなくすという統治手法の先に、仮に何らかの新しい抵抗運動が発生した場合はどのようなものになるのか、リスクは計り知れない。

(3) 国際社会との関係

一方、難を逃れて、或いは先行きを悲観して、香港を離れる者も続出している。元香港衆志所属立法会議員の羅冠聡(ネイサン・ロー)は、「国安法」施行直前に香港を離れ、英国に亡命申請した。民主党の立法会議員を務めた許智峯は二〇二〇年一二月三〇日に香港を逃れたと発表した。一方、八月二三日、香港から台湾への密航を企てた一二人の活動家が海上で中国海警局によって拘束され、一二月三〇日、未成年者二人を除く一〇人に、深圳の裁判所は懲役七ヵ月から三年の刑を言い渡した。「逃亡犯条例」改正審議が始まるといち早く台湾に移住した「銅鑼湾書店」店長の林栄基は、香港人は早く香港を離れろ、香港に前途はない、命を維持して外地で抗争を続けるのが最善の方法と促す[39]。

そうした香港からの移民の受け入れ拡大に動いている国もある。オーストラリアのスコット・モリソン首相は二〇二〇年七月九日、香港人への卒業生ビザ・臨時就労ビザを五年に延長し、その後永住権申請を可能とする構想を発表した。オーストラリア政府の統計では、二〇一九年一一月から二〇二〇年六月までに六二人の香港人が難民ビザ(永久保護ビザ)を申請していたが、それが「国安法」施行後は二〇二〇年七月と八月だけで五四人に上ったという[40]。カナダ政府は二〇二〇年一一月一二日、最近五年以内にカナダまたは海外の大学等を卒業した香港人に、勤務先の確保の有無を問わずに三年間の就労ビザを発給することや、カナダでの大学等の卒業者または一年以上の就労経験のある香港人に永住権申請資格を与えるなどの新しい政策を発表した。台湾は七月一日、香港からの逃亡者を受け入れる台港服務交流弁公室を設置した。蔡英文総統は、これは世界初の香港人支援のための政府部門であり、必要な人道支援を提供すると述べた。

最も大きな動きを見せたのは英国である。六月三日ボリス・ジョンソン首相は『タイムズ』紙などに寄稿し、英国史上最大のビザ政策の変更として、返還前に発給された英国海外市民（BNO）パスポートを保持する香港市民に対して一年間の英国滞在を認め、その後の永住にも道を開くと表明した。さらに七月二二日、英国政府はBNOパスポート保持者とその近親者が特別ビザで五年間英国に滞在できるようにすることを決定した。新しいビザの申請受付は二〇二一年一月三一日から開始され、最初の二週間に五〇〇〇人を超える申し込みがあったという。[41]二〇二〇年一月から一一月までの一一ヵ月間で、英国は二七・二万冊のBNOパスポートを香港人に対して発給した。これは二〇一九年の年間総発行数を二割上回っていたという。香港英国内務省は今後五年間に三二万人、最も極端なケースでは一〇五万人の香港人が英国に移民すると推計した。[42]英国の積極姿勢は、天安門事件当時、香港からの大量流入を警戒したのとは対照的である。方針転換の背景には実利の計算もあろう。EU離脱した英国は、積極的に欧州・中国以外との関係強化に動いている。また、バンク・オブ・アメリカは、移民が不動産を売却するなどして転出することで、二〇二二年に三六〇億米ドルの資金が香港から英国に流出する可能性を試算している。[43]英国のあるシンクタンクは、一〇〇万人の香港人BNO所持者が英国に移住すれば、経済効果は四〇〇億ポンドになると試算した。[44]「世界一裕福な難民」などと称される、高学歴で言語能力や専門性に長けた香港からの移民は、少なからぬ国から貴重な人材と捉えられている。香港からの実際の流出数の正確な統計はないが、英国のBNO保持者対象の特別ビザには、一月末の申請受付開始から三月末までに三万四三〇〇人が申し込んだという。[45]間接的に移民の増加を示す情報もある。例えば、香港政府の統計では、二〇二〇年の第3四半期には、恒久的に香港を離れるとの理由で解約された強制積立年金の金額が、二〇一四年の統計開始以来で最高額となったという。[46] 移民の増加により、捨てられたペットの亀のシェルターが満杯になっているとの報道もある。[47]

一方、在香港米国総領事館は一〇月二七日、保護を求めた香港独立派の鍾翰林を受け入れず、領事館から退去させた。鍾翰林はその直後に「国安法」違反容疑で逮捕された。劉兆佳全国港澳研究会副会長は、鍾翰林をもし領事館が匿えば、最悪の場合閉鎖に追い込まれる可能性があったと述べる。[48] また、政治的迫害を受ける香港人を保護する「香港人民の自由と選択法案」は、一二月七日に米下院を全会一致で通過したが、一八日の上院で、テッド・クルーズ議員から、法案は移民の拡大や中国のスパイを浸透させることにつながるとの疑義が提出され、議会の会期満了により不成立となった。

首尾良く海外に受け入れ先を見つけることができたとしても、言うまでもなく、ゼロからのスタートとなる亡命者の生活は困難である。抗議活動の過程で外国に対中制裁を呼びかける「民間外交ネットワーク」スポークスマンを務めた張崑陽(サニー・チョン)は、「国安法」制定を受けて二〇二〇年八月に外国に逃亡したが、一二月のインタビューで、精神的苦痛などもあり、亡命は軽々には勧められないと述べている。張崑陽は海外在住香港人の同郷会の設立を目指しており、[49] 外国を拠点に活動を続ける構想を持つ者も多いが、民主派寄りの学者で、日本在住の練乙錚(ジョセフ・リエン)も、チベットやキューバの亡命者の運動が奏功していないことなどを例に、外国での運動は戦略なく抗争を続けて大部分が力を失うであろうと、厳しい見方を論じた。[50]

しかし、チベットやキューバと香港の違いは、香港が開かれた巨大な国際都市であるという点である。いかに強権的な弾圧が進もうと、香港と西側諸国とのヒト・モノ・カネ・情報の流れを遮断することは困難である。中国大陸の価値観に基づいて教育やメディアを改造し、大々的に情報発信をしても、香港市民はネットや民間メディアなどで、それとは全く違う情報を得てそれを相対化するであろう。政権としては、こうした移民の中から出現する「亡命者」のコミュニティの影響力を殺がなければならない。通常、亡命者たちが強権統治下にある祖国に送る情報は、祖国においては必ず遮断されるものである。したがって、政権が真に「国家の安全」を確立しようとするならば、情報統制が必要となる。問題は、それを行えば、国際金融と貿易による香港の繁栄を根幹から脅かす事態が生じかねないことである。自由な情報流通や公正な行政・司法など、国際都市の必須条件とも言うべき特徴を維持することと、情報統制や司法の政治化は矛盾する。どうバランスをとるのか。

統制の強化は、短期的には政権の安定、すなわち北京のいうところの「国家の安全」につながりうるが、香港の国際競争力に対して明らかに悪影響を及ぼす。その兆候はすでに現れている。例えば、「国安法」施行後の二〇二〇年九月二日、オーストラリア人のジェームズ・スピーゲルマン終審法院非常任裁判官が、同法への不安を理由に辞任した。英国のロバート・リード最高裁長官は二〇二二年三月一七日に英国議会で発言し、最高裁の名誉を危機に陥れることは許されないとして、香港の司法の独立が損なわれたり、法治に反することが起きたり、裁判官が良心に基づいて行動できなくなったりすれば、自身は香港の終審法院非常任法官を務めないし、他の裁判官の推薦もやめると述べた。現状では外国籍裁判官の大量辞職などには至っておらず、「国安法」後にも新規の外国人裁判官の着任はあるが、今後行われる「国安法」裁判の展開によっては、香港の司法の質に疑義も生じかねない。状況の悪化が続けば、最悪の場合、香港がコモン・ローの世界から「デカップリング」されることも考えられる。

中国政府は資本主義経済の存続をもって「一国二制度」の堅持を強調しているが、香港への国際的評価が下落し尽くしてしまえば、トランプ大統領がかつて「香港の金融市場はこれから死ぬ、誰も香港にビジネスに行かなくなる」と予言したように、国際金融センターとしての地位を失う危険が生じる。例えば、米国のヘリテージ財団による経済の自由指数では、香港は調査開始から二〇一九年まで、二五年間連続して世界一自由な経済と評されたが、二〇二〇年にシンガポールに抜かれて二位に陥落した後、二〇二一年には、北京による経済統制の強化を理由として、香港とマカオは中国の一部として扱われることとなり、調査対象から外されてしまった。[51] 実際に中国の政治リスクが香港金融市場で露呈したのが、アント・グループの上場問題であった。二〇二〇年一一月三日、上海証券取引所は五日に予定されていた、アリババ傘下の電子決済サービス「アリペイ」を運営するアント・グループの上場を、必要条件を満たしていないとして延期させたと発表した。これにより、本来別個の市場であるはずの香港での上場も延期された。同社の上場は史上最大の三五〇億米ドルを調達する計画とされ、香港ではすでに機関投資家や個人投資家多数が新規株式公開に応募していた。アリババ創業者の馬雲（ジャック・マー）が一〇月二四日のスピーチで中国の金融当局を批判し、上場直前の一一月二日に当局から呼び出しを受けたこととの関連が指摘されている。

国家による統制と相性の悪い業界においては、企業等の「香港離れ」の兆候が窺える。「国安法」施行直後の二〇二〇年七月一四日には、『ニューヨーク・タイムズ』紙がデジタルニュース業務の拠点を香港から韓国・ソウルに移転すると発表した。中国企業バイトダンスが運営する動画アプリ「ティックトック」は七月六日、香港からの撤退を発表した。米国政府からも名指しで攻撃されていた同社が、「国安法」が規定する情報の削除や警察への協力を断れないと疑われることを回避するためとみられている。一方、グーグル・フェイスブック・ツイッターは「国安法」を受けて、従来の香港政府への直接の情報提供をやめ、中国大陸と同じ扱いに変更した。グーグルは香港警察に対し、今後情報提供の要請は米国司法省を通じて行えとの書簡を送った。このルートでの情報提供要求の手続きは数週間から数ヵ月を要する煩瑣なものになるという。[52] ただし、情報提供は「国安法」の下では義務であり、この態度は潜在的に「国安法」違反に問われる危険性をはらむ。香港で大陸並みに外国のアプリが制限される可能性について、IT商会名誉会長の方保僑は、中国政府がグーグルに撤退を命ずる可能性はゼロではないと指摘する。[53]

当面は、さらなる「中国化」がこれらの穴を補って余りあるという可能性はあろう。ティックトックは撤退と同時に、その中国版である「抖音」で香港をカバーする。また、米国が中国企業の上場に厳しい条件を課しはじめたため、中国企業の香港市場への重複上場が相次いだ。二〇二〇年の香港への新規上場（IPO）による調達額は合計三九〇〇億香港ドルを超え、二〇一一年以来の高水準となり、米ナスダック市場に次ぐ世界二位となった。しかし、香港の国際的なビジネス拠点としての将来性には不透明さも残る。香港米国商工会議所が会員を対象に二〇二一年五月に行った調査では、香港在住の会員の四二％が近く香港を離れる計画であると回答した。そのうち六二・三％がその理由として「国安法」に対する不安を挙げた。[54]

水も漏らさぬ情報統制体制の確立と、二一世紀の国際金融都市としての繁栄を両立させることは可能なのか。中国政府は、統制強化と国際性・開放性の維持のジレンマと今後向き合っていかねばならない。

（4）経済・社会の改造と「新時代」

いずれにせよ、「国安法」と選挙制度の改変によって、今後の香港政治を中央政府が主導し、香港政府を指導して強力に統治することは確実である。北京の意向で選ばれる行政長官が、香港の民意で選ばれる立法会と対立し、様々な抵抗によって法案や政策が実行できないことは、香港政治の常態となっていた。中央政府は長年、こうした香港の行政府を牽制する「チェック・アンド・バランス」のあり方に苛立っていたと思われる。しかしそれは、三権分立が否定され、中央政府が「全面的統治権」を確立することによって、今後解消するであろう。それではその先に北京はどのような政策を実行し、どのような香港を作る未来像を描いているのか。

中央政府は香港の貧富格差などを「深層の矛盾」と称してきた。特に、不動産価格の暴騰が政治問題の根源にあるという見方は北京において一貫している。民主化の停滞が想定される中で、まずは市民の政治に対する不満のガス抜きとして、そうした経済・社会問題の解決が急務と位置づけられるであろう。

従来香港の政治体制は、共産党政権と関係の深い香港財界が過剰に代表され、親政府派を構成するというシステムになっており、その既得権益を侵害するような住宅の大量供給などの政策は、財界の強い抵抗に遭ってきた。しかし、二〇一二年と二〇一七年の行政長官選挙では香港財界と北京の意向に齟齬も生じ、二〇一九年の「逃亡犯条例」改正問題では、引き渡しを嫌う香港財界が陰に陽に抵抗したとみられるなど、北京と香港財界との溝は近年開いていた。「一国二制度」は、当初香港財界が中国の近代化を牽引することを想定して設計された制度であるが、中国の経済成長に伴い、香港財界がそうした役割を果たすことへの北京の期待も相対的に低下している。こうなると、不動産業界に傾斜している香港財界は、北京から見て盟友よりも抵抗勢力という位置づけになり得る。

新しい選挙制度では、民主派の排除だけでなく、財界を中心とした従来の親政府派の影響力も相対的に薄められている。そうなると香港財界にはどのような運命が待ち受けるのか。米国の政治学者である裴敏欣（ミンシン・ペイ）は、香港のエリートは「脱出の戦略」を考えよと論じている。表面上、北京による弾圧は安定を回復させ、香港の財界人や政府官僚のエリートは喜んだかも知れない。しかし、北京が選挙制度の改変に香港のエリートへの諮問をほとんどしなかったことが示すように、香港を完全に制御しようとしている以上、政府の人事は今後さらにルールが変更されて北京に忠実な者が優遇され、大陸との経済融合では中国資本が優遇されるとペイは予想する。党員かもしれないアリババ創業者の馬雲すら信用しない共産党政権が香港財界を信頼するとは考えにくく、経済融合は香港財界を肥やすのではなく、香港の大陸への依存を深める目的で進められる。したがって、エリートはさらに周縁化され、不安定な地位に追いやられる。それが嫌ならば、一九四九年に上海から逃げた先人の経験を知るべきと裴敏欣は論じた。(55)

一方、財界とともに親政府派の一翼を占めてきたものの、財界とは経済政策をめぐって緊張関係にもあった草の根寄りの左派の一部は意気軒昂である。北京の共産党政権・香港政府・財界の堅固な団結によって守られてきた不動産業界の既得権にメスが入るかもしれないからである。左派系労組の工連会は「新時代の新しい労働運動」という綱領を掲げ、香港社会の深層の問題の原因を土地政策と分配の不公平に求める。会長の呉秋北はマルクスを引用しつつ、不動産業界の覇権を痛烈に批判し、政府が地主や開発業者に圧力を加えて土地を確保し、住宅問題を解決すべきと論じた。(56)しかし、左派も順風満帆とは言えない。草の根の市民への地道な奉仕と支援を売りにしてきた左派は、かつて一九六七年に香港暴動の主力となり、英国統治時代には周縁化され、弾圧されてきた。この経緯から、その政治能力に対しては少なからぬ市民が疑問を抱く。三月三日、北京で香港政治についての若手のブレーンとして活動する北京航空航天大学の田飛龍准教授が『明報』に寄稿した際、「愛国者治港」について、「中央政府が作ろうと決意しているのはゴム・スタンプや忠誠あるゴミ(忠誠的廃物)ではなく、賢くて能力のある愛国者である」と論じたことは、左派には当てこすりと受け取られた。左派系政党・民建連のベテラン幹部であり、香港選出の全人代代表でもある葉国謙は、田飛龍の発言に無礼であるとして感情的に反発し、「人からあなたは役立たず学者（廃柴学者）と思われていないか」との言辞を返した。[57]

このように、香港財界・香港左派と北京の直接統治の間ではせめぎ合いが続くと考えられるが、香港の住宅問題は北京の懸案事項であり、北京が民主派を排除した後にこの積年の懸案を解決させ、それによって民意の支持を獲得するという戦略を描いていることは明らかである。しかし、これは巨大な政策転換であり、それがもし実行に移されれば、香港にもたらすインパクトは計り知れない。

政治学者の蔡子強は、財界がキングメーカーの地位を失った後、香港では共産党が政権獲得当初に行った土地改革や、官僚と財界を弾圧して屈服させた「三反五反運動」が来ると予測する。チェック・アンド・バランスを欠いた体制の下では、効率よく「地産覇権（不動産業者の覇権）」が壊されても、その後に大陸資本による「金融覇権」が来る可能性があると蔡子強は述べる。[58] 普通選挙を大幅に減らす「改革」の末に誕生する政権が、多数派の民意に配慮する必然性はなく、むしろ新たな既得権益層が出現する可能性もあろう。

他方、仮に社会主義的な方向性を帯びた政策へと転換されるならば、そのこと自体が香港経済に対してもたらすリスクは莫大なものとなるであろう。「世界一自由」と称された、自由放任型の経済が香港の繁栄の鍵とされてきた。「中国式」を信奉する左派はそれを時代遅れと見なし、改造に取り組もうとしているが、経済の自由は現在でも香港の競争力の根幹にある。国際金融センター、そしてタックス・ヘイヴンとして世界の資本を引きつけてきた香港が「社会主義化」すれば、開港以来常に自由貿易港・低税率・低福祉の体制を維持してきた香港にとって、未知の境地に入ることになる。少なくとも外資がこれにネガティブな反応を示すことは疑いないであろうし、大陸企業にとっての香港の魅力も減退するかもしれない。不動産価格が逆に暴落しても巨大な問題を引き起こしうることは、一九九七年のアジア通貨危機によって不動産バブルが崩壊した際、不況と失業者の急増から二〇〇三年の「五〇万人デモ」に至った歴史が証明済みである。

そうした香港経済のあり方の社会主義的な改革を、二〇一九年の抗議活動を支持した多数派の市民が望んだわけでもない。市民の多数が望んだのは、現状維持または過去を「取り戻す」ことであった。抗議活動は「革命」の語を掲げつつも、「光復（取り戻す）」というスローガンを使用した。この運動はむしろ、かつての香港の姿を取り戻す、或いは守るといった意識に支えられていた。その点である意味この運動は非常に「革命的でない」ものであった。これに対し、左派政党の民建連が現在掲げるスローガンが「革新香港」であることが示すように、香港内部の変革についても、現在香港で「新」の字を多用するのはむしろ政権側である。共産党政権は「習近平新時代」との語で、テクノロジーを用いた徹底した管理社会の構築を進める。これが英国統治期以来の社会の自由放任に慣れ親しんだ香港に適用されれば、ある意味社会に革命的変化をもたらす未来像となる。

二〇一九年の危機から「国安法」を受けて、中央政府・香港政府は急速に社会の管理を進めようとしている。そういった、政府が大きな役割を果たし、市民を管理する「新しい」社会への変革を拒む意識が、香港の抵抗運動の根底にある。かつてはアジアの最先進都市としての発展ぶりが香港のアイデンティティであった。しかし、近年はむしろ、香港市民の間ではある意味懐かしい古さに「香港らしさ」を見出す傾向が強まっている。一〇年後の香港の暗い未来像を描き、香港アカデミー賞を受賞した二〇一五年のオムニバス映画『十年』では、大陸出身者は都会的で裕福ながら冷たさを感じるエリートとして描出された（こうした大陸出身のエリートは香港では「新香港人」などとも称される）。返還前の香港映画で多く描かれた「貧乏でダサい大陸人」はもういない。他方、映画に登場する、変化に戸惑う香港市民は、多くが古い団地の小商店や食堂に出入りする庶民である。開発主義に背を向け、個人がそれぞれの価値を追求することが「香港らしい」と観念される傾向が強まっている。しかし、それは中国式の「国家資本主義」とは極めて相性の悪い価値観である。北京が主導する「社会主義化」が開発主義を伴うことも確実であろう。しかし、それは「中港矛盾」をさらに悪化させるかもしれない。

このように、香港をさらに「中国式」に改造するというプロジェクトには、将来に向けてまだ多くの不透明性をはらんでいる。香港返還交渉の際、英国の統治がなければ香港の繁栄はなかったと主張するマーガレット・サッチャー英首相に対し、中国は中国人にも香港を立派に管理できると豪語して、香港返還を勝ち取った。今や真の意味で中国が香港を管理できるか否かが示される時が来たとも言える。「国安法」成立後、早速香港には中国が誇る、地区封鎖・強制検査・追跡アプリ義務化といった新型コロナウイルス対策の防疫措置が持ち込まれはじめた。かつて香港は、中国大陸に向けて自由や民主の価値観を見せるショウ・ウィンドーとも称されたが、直接統治に乗り出した共産党政権が、高度な国際都市である香港をいかに巧みに統治できるかという問題は、世界に影響力を拡大する「中国式」の真の実力を世界に示す試金石である。

註

第一章

（1）『朝日新聞』、二〇一七年六月一一日。

（2）Congressional-Executive Commission on China, *Will the Hong Kong Model Survive?: An Assessment 20 Years After the Handover*, Hearing before the Congressional-Executive Commission on China, One Hundred Fifteenth Congress, First Session, 3 May 2017（https://www.gpo.gov/fdsys/pkg/CHRG-115hhrg26340/html/CHRG-115hhrg26340.htm, accessed 19 May 2021）.

（3）『朝日新聞』、二〇一七年七月二日。

（4）『産経新聞』、二〇一七年七月二日。

（5）Roberts, Priscilla, 'Prologue: Cold War Hong Kong', Roberts, Priscilla and Carroll, John M. eds., *Hong Kong in the Cold War*, Hong Kong: Hong Kong University Press, 2016, pp. 21-22.

（6）江關生『中共在香港：上巻（一九二一―一九四九）』、天地圖書、二〇一一年、二四七ページ。

（7）毛里和子は、「中国語の『制度』は日本語では『体制』に近い」として、「一国家二体制」という訳語を用いている（毛里和子『現代中国政治』、名古屋大学出版会、一九九三年、一三〇ページ）。

（8）趙睿・張明瑜主編『中國領導人談香港』、明報出版社、一九九七年、五〇三ページ。

（9）一九八四年六月二二・二三日、鄧小平が香港財界・著名人代表団と会談した際の発言要旨。趙睿・張明瑜主編、前掲書、五〇六―五〇七ページ。

（10）許家屯著、青木まさこ・小須田秀幸・趙宏偉訳『香港回収工作（上）』、筑摩書房、一九九六年、一九五ページ。

（11）趙睿・張明瑜主編、前掲書、五一四―五二〇ページ。
（12）パーシー・クラドック著、小須田秀幸訳『中国との格闘―ある英国外交官の回想』、筑摩書房、一九九七年、三一三ページ。
（13）香港政府新聞處「新聞公報」、一九九七年七月一日（http://www.info.gov.hk/gia/general/dib/c0701.htm、二〇二一年五月一九日閲覧）。
（14）初代行政長官は「推選委員会」四〇〇人によって選ばれた。委員は北京が設置した香港特別行政区準備委員会と、全国人民代表大会・全国政治協商会議の香港側メンバーが選出しており、北京の意思に対して従順な組織であった。
（15）香港大学民意研究プロジェクトの後身である香港民意研究所のウェブサイトに掲載（https://www.pori.hk/pop-poll/cross-strait-relations/k002.html、二〇二一年五月二四日閲覧）。
なお、香港には多くの民意調査が存在するが、本書では香港大学民意研究計画・香港民意研究所の調査結果を多用する。同研究所は香港大学の民意調査研究の専門家である鍾庭耀（ロバート・チョン）によって開設された。鍾庭耀が民主派の各種の調査や、擬似住民投票などのアレンジを請け負っているため、親政府派からは鍾庭耀の調査には激しい攻撃が日常的に行われている。特に二〇二〇年七月の立法会議員選挙を前にした民主派の予備選挙においては、香港民意研究所が電子投票システムなどを請け負ったが、政府側から同イベントが「香港国家安全維持法（国安法）」違反の疑いがあると非難され、研究所には実施前日に家宅捜索が入った。しかし、開示されている研究方法は十分に客観的・科学的なものであり、香港としては比較的早い一九九〇年代から、比較可能なデータを公開していることに大きなメリットがある。
（16）『信報』、二〇〇五年六月二二日。
（17）『立法會會議過程正式紀錄』、二〇〇一年二月八日、二一一〇ページ。
（18）『文匯報』、二〇〇一年三月七日。

(19)「愛国者論争」については、拙著「『愛国者論争』：香港人意識と愛国心」、拙著『中国返還後の香港：「小さな冷戦」と一国二制度の展開』、名古屋大学出版会、二〇〇九年、第五章を参照。
(20)『星島日報』、二〇〇三年一二月六日。
(21) Vickers, Edward and Kan, Flora "The Re-education of Hong Kong: Identity, Politics and History Education in Colonial and Postcolonial Hong Kong", Vickers, Edward and Jones, Alisa eds., *History Education and National Identity in East Asia*, New York: Routledge, 2005, p. 174.
(22)『明報』、二〇〇七年七月一日。
(23) 曹二宝「『一国両制』条件下香港的管治力量」『学習時報』第四二二期（二〇〇八年一月）（立法会ウェブサイトに原文転載、https://www.legco.gov.hk/yr08-09/chinese/panels/ca/papers/ca0420cb2-1389-2-c.pdf、二〇二一年五月一九日閲覧）。
(24)「胡錦濤在中国共産党第十八次全国代表大会上的報告」、人民網（http://cpc.people.com.cn/n/2012/1118/c64094-19612151-10.html、二〇二一年五月一八日閲覧）。
(25)『明報』、二〇一七年一〇月四日。
(26) 香港民意研究所ウェブサイト（https://www.pori.hk/pop-poll/ethnic-identity/q001.html、二〇二一年五月一九日閲覧）。
(27)『香港統計年刊』、二〇〇一年版、一八四ページおよび『香港統計年刊』、二〇一九年版、三三三ページ。
(28)「《"一国両制"在香港特別行政区的実践》白皮書（全文）」、中華人民共和国国務院新聞弁公室、二〇一四年六月一〇日（http://www.scio.gov.cn/tt/Document/1372801/1372801.htm、二〇二一年五月二一日閲覧）。同白書は日本語も含む多言語版が作成されている。日本語版は「白書：『一国二制度』の香港　特別行政区における実践、中国網、二〇一四年六月一九日（http://japanese.china.org.cn/politics/txt/2014-06/19/content_32711388.htm、二〇二一年五月二一日閲覧)。

(29)『明報』、二〇一四年六月一一日。

(30)『文匯報』、二〇一四年一〇月二日。

(31) 人民網に転載(陳須隆「顏色革命的不同版本与共有症候」、人民網、二〇一四年一〇月一二日、http://opinion.people.com.cn/n/2014/1012/c1003-25817489.html、二〇二一年五月一九日閲覧)。

(32) Kou, Yubo, Kow, Yong Ming, Gui, Xinning and Cheng, Waikuen, 'One Social Movement, Two Social Media Sites: A Comparative Study of Public Discourses', *Computer Supported Cooperative Work*, December 2017, Volume 26, Issue 4-6, pp.807–836.

(33)『明報』、二〇一六年四月九日。なお、ウェブサイト「傘捕者：關注國內支持雨傘運動被捕人士」に、雨傘運動を支持して逮捕された者に関する情報が掲載されている(https://umchinasupporter.wordpress.com/、二〇二一年五月一九日閲覧)。

(34)『蘋果日報』、二〇一四年一〇月二四日。

(35)『蘋果日報』、二〇一四年九月二四日。

(36)『明報』、二〇一四年一一月六日。

(37) 一九八九年のベトナム難民キャンプでの騒乱に対して適用された前例がある。

(38) 何曦偉「二零一六年學苑『政治與抗爭』民意調查結果」香港大學學生會『學苑』、二〇一六年八月号、三六―四三ページ。

(39)『明報』、二〇一六年八月二一日。

(40)『星島日報』、二〇一六年五月一六日。

(41)『明報』、二〇一七年六月一四日。

（42）『明報』、二〇一四年一月二三日。

（43）『星島日報』、二〇一六年四月二四日。

（44）『明報』、二〇一六年七月二一日。

（45）全文は『明報』、二〇一七年七月二日に掲載。

（46）「王志民主持召開中連弁領導班子会議　学習貫徹習近平総書記有関重要指示和重要講話精神」、中央政府駐香港連絡弁公室、二〇一八年二月二三日（http://www.locpg.hk/jsdt/2018-02/23/c_129814846.htm、二〇二一年五月一九日閲覧）。

（47）律政司・運輸及房屋局・保安局『討論文件：廣深港高速鐵路香港段清關、出入境及檢疫安排』、二〇一七年七月、一六ページ（https://www.thb.gov.hk/tc/policy/transport/policy/colocation/Chi_XRL_LegCo_(Final).pdf、二〇二一年五月一九日閲覧）。

（48）『明報』、二〇一七年一一月三〇日。

（49）「全国人民代表大会常務委員会関於批准《内地与香港特別行政区関於在広深港高鉄西九龍站設立口岸実施〝一地両検〟的合作安排》的決定」、新華網、二〇一七年一二月二八日（http://www.xinhuanet.com/gangao/2017-12/28/c_1122176568.htm、二〇二一年五月一九日閲覧）。

（50）『明報』、二〇一八年一二月二八日。

（51）香港大律師公會「香港大律師公會就全國人大常委會於二〇一七年一二月二七日批准『一地兩檢』合作安排的決定之聲明」、二〇一七年一二月二八日（https://hkba.org/sites/default/files/20171228%20-%20Bar%20Co-Location%20Arrangement%20Statement%20%28Chinese%29%20FINAL%20%283%29_0.pdf、二〇二一年五月一九日閲覧）。

（52）馬嶽『反抗的共同體：二〇一九香港反送中運動』、左岸文化、二〇二〇年、三ページ。

（53）「社評：香港書商配合調査真是被炒作歪了」、環球網、二〇一六年一月七日（https://opinion.huanqiu.com/

article/9CaKrnJSVdL、二〇二一年五月一九日閲覧）。
（54）馬嶽、前掲書、二三ページ。
（55）Forsythe, Michael and Mozur, Paul, 'A Video, a Wheelchair, a Suitcase: Mystery of Vanished Tycoon Deepens', *The New York Times*, 10 February 2017（https://www.nytimes.com/2017/02/10/world/asia/xiao-jianhua-hong-kong-disappearance.html, accessed 19 May 2021）.
（56）Jucca, Lisa, 'Missing tycoon casts fresh doubt on HK's status', *Reuters*, 2 February 2017（https://www.breakingviews.com/considered-view/missing-tycoon-casts-fresh-doubt-on-hks-status/, accessed 19 May 2021）.
（57）『明報』、二〇一九年三月一四日。
（58）「行政長官於行政會議前會見傳媒開場發言和答問內容」、香港特別行政區政府新聞公報、二〇一九年五月二一日（https://www.info.gov.hk/gia/general/201905/21/P2019052100412.htm、二〇二一年五月一九日閲覧）。
（59）Torode, Greg and Stewart, Phil, 'Exclusive: China's PLA signals it will keep Hong Kong-based troops in barracks', *Reuters*, 9 July 2019（https://www.reuters.com/article/us-hongkong-extradition-pla-exclusive-idUSKCN1U40QR, accessed 24 May 2021）.
（60）『明報』、二〇一九年九月八日。
（61）『明報』、二〇一九年六月一三日。
（62）『明報』、二〇一九年六月二二日。
（63）『明報』、二〇一九年八月一日。
（64）ジェームズ・パーマー「香港区議選：中国共産党は親中派の勝利を確信していた（今はパニック）」『ニューズウィーク日本版』（https://www.newsweekjapan.jp/stories/world/2019/11/post-13472.php、二〇二一年五月一九日閲覧）。
（65）『明報』、二〇一九年一〇月六日。

(66) 「中央堅定不移貫徹一國兩制」、香港政府新聞網、二〇一五年一二月二三日（https://www.news.gov.hk/tc/categories/admin/html/2015/12/20151223_170439.shtml、二〇二一年五月二四日閲覧）。

(67) 『明報』、二〇二〇年一一月一八日。

第1章

(1) 中村元哉『中国、香港、台湾におけるリベラリズムの系譜』、有志舎、二〇一八年、一七〇―一七七ページ。

(2) 倉田徹・張彧暋『香港：中国と向き合う自由都市』、岩波新書、二〇一五年、一三三―一三九ページ。

(3) Lau, Siu-Kai, *Society and Politics in Hong Kong*, Hong Kong: The Chinese University Press, 1984.

(4) Miners, Norman, *The Government and Politics of Hong Kong* (fifth edition), Hong Kong: Oxford University Press, 1995.

(5) Faure, David, *Colonialism and the Hong Kong Mentality*, Hong Kong: Centre of Asian Studies, The University of Hong Kong, 2003.

(6) Lam, Wai-man, *Understanding the Political Culture of Hong Kong*, New York: M. E. Sharpe, 2004.

(7) 葉健民「『六七暴動』的罪與罰：緊急法令與國家暴力」趙永佳・呂大樂・容世誠合編『胸懷祖國：香港「愛國左派」運動』、牛津大學出版社、二〇一四年、一三―三二ページ。

(8) ジョン・M・キャロル著、倉田明子・倉田徹訳『香港の歴史：東洋と西洋の間に立つ人々』、明石書店、二〇二〇年、一七一ページ。

(9) 周奕『香港左派闘争史』、利文出版、二〇〇二年、二九―三〇ページ。

(10) 周奕、前掲書、九六ページ。

(11) 李彭廣『管治香港：英國解密檔案的啓示』、牛津大學出版社、二〇一二年、一〇五—一一一ページ。
(12) 政治部の活動は、政治部の職員であった羅亜の回顧録に詳しい(羅亞『政治部回憶録』、中文大學出版社、一九九六年)。
(13) Ma, Ngok, *Political Development in Hong Kong: State, Political Society, and Civil Society*, Hong Kong: Hong Kong University Press, 2007, p. 164.
(14) 江關生『中共在香港：上卷(一九二一—一九四九)』、天地圖書、二〇一一年、二二七ページ。
(15) Chou, Bill, 'State, Market Force and National Identity', Zheng, Yongnian and Yew, Chiew Ping eds., *Hong Kong under Chinese Rule: Economic Integration and Political Gridlock*, Singapore: World Scientific Publishing, 2013, pp. 115-116.
(16) Matthew Turner '60s/90s: Dissolving the People' 潘毅・余麗文編『書寫都市：香港的身份與文化』、牛津大學出版社、二〇〇三年、二六ページ。
(17) Bill Chou, op. cit., p. 116.
(18) King, Ambrose Yeo-chi, 'Administrative Absorption of Politics in Hong Kong: Emphasis on the Grass-roots Level', *Asian Survey*, Vol. 15, No. 5 (May, 1975), pp. 422-439.
(19) 羅永生「香港現代思想史：『本土意識』の歩み」羅永生著、丸川哲史・鈴木将久・羽根次郎編訳『誰も知らない香港現代思想史』、共和国、二〇一五年、一九—八七ページ。
(20) 倉田徹『中国返還後の香港：「小さな冷戦」と一国二制度の展開』、名古屋大学出版会、二〇〇九年、二五〇—二五一ページ。
(21) 中大香港亞太研究所電話調査研究室「中大香港亞太研究所民調：香港核心價值多元多様」、二〇一四年一〇月三〇日(https://www.cpr.cuhk.edu.hk/tc/press_detail.php?id=1915、二〇二一年五月一九日閲覧)。

(22) 呂大樂『四代香港人』、進一步多媒體、二〇〇七年。
(23) 香港民意研究所ウェブサイト(https://www.pori.hk/pop-poll/ethnic-identity/q001-broadchinese.html)、二〇二一年五月一九日閲覧)。
(24) 香港青年協會「『青年價值觀指標2014』調査結果」、五ページ。
(25) 『蘋果日報』、二〇一七年一一月三日。
(26) 「36%大學生支持本土派　70%人認同和理非」、大學線、二〇一六年四月一八日(http://ubeat.com.cuhk.edu.hk/124poll/、二〇二一年五月一九日閲覧)。
(27) 方志恒編『香港革新論:革新保港、民主自治、永續自治。為香港前途而戦』、漫遊者文化事業、二〇一五年。
(28) 香港社會民主基金會『二十一世紀的香港:經濟、社會與政治的可持續發展研究報告』、曾澍基ウェブサイト、二〇〇一年一〇月(http://www.sktsang.com/ArchiveIII/HK21C-(10.13).pdf、二〇二一年五月二六日閲覧)。
(29) 司徒華『司徒華回顧録:大江東去』、牛津大學出版社、二〇一一年、一〇五ページ。
(30) 陳雲、『香港城邦論』、天窗出版社、二〇一一年、一六ページ。
(31) 『明報』、二〇一五年三月五日。
(32) 二〇一三年度香港大學學生會学苑編『香港民族論』、香港大學學生會、二〇一四年。
(33) 『明報』、二〇一四年一一月五日。
(34) 『蘋果日報』、二〇一五年二月一五日。
(35) 晩餐会での発言全文は『星島日報』、二〇一六年五月一九日に掲載。

第三章

（1）一九九一年に香港政庁が制定した「人権法」に基づいて「公安条例」が修正され、デモや集会は許可制から届け出制へと変更された。しかし、臨時立法会はこれを許可制に戻す改正を行った。二〇一九年には警察がデモへの許可を出さないことが常態化し、無許可で敢行されたデモや集会に関わった民主派関係者には様々な刑罰が科されている。

（2）「你會點樣評價回歸以來中央政府對香港既政策」、香港民意研究所（https://www.pori.hk/pop-poll/hksar-anniversary/r002.html、二〇二一年五月二一日閲覧）。

（3）「市民對中國前途的信心」、香港民意研究所（https://www.pori.hk/pop-poll/cross-strait-relations/k005.html、二〇二一年五月二一日閲覧）。

（4）「『個人遊』計劃」、香港政府旅遊事務署（https://www.tourism.gov.hk/tc/visitor_ind.php、二〇二一年五月二一日閲覧）。

（5）『成報』、二〇一一年二月二五日。

（6）『明報』、二〇一二年二月一日。

（7）『明報』、二〇一三年一月二六日。

（8）『明報』、二〇一三年二月一日。

（9）『東方日報』、二〇〇六年九月二二日。

（10）『明報』、二〇一一年一〇月二四日。

（11）香港金融管理局「二〇〇三年第二季負資産住宅按揭貸款」、二〇〇三年八月一四日（https://www.hkma.gov.hk/chi/news-and-media/press-releases/2003/08/20030814-4/、二〇二一年五月二一日閲覧）。

（12）『明報』、二〇一〇年四月一九日。

（13）『立法會會議過程正式紀錄』、二〇一一年四月一三日、六五二九—六五三〇ページ。

（14）『明報』、二〇一九年七月二〇日。

（15）『明報』、二〇〇九年一〇月一九日。

（16）『明報』、二〇〇四年一一月六日。

（17）『香港商報』、二〇〇七年七月二三日。

（18）『立法會會議過程正式紀錄』、二〇一〇年三月三日、三七八九ページ。

（19）『明報』、二〇一〇年四月二九日。

（20）『東方日報』、二〇一一年八月二日。

（21）『星島日報』、二〇一二年一月二五日。

（22）曽根康雄「香港は〝金の卵を産むニワトリ〟でなくなったのか？：特殊な相互依存関係の変貌」倉田徹編『香港の過去・現在・未来：東アジアのフロンティア』、勉誠出版、二〇一九年、二三―三六ページ。

（23）呂大樂「還是在過去的框框裏打轉」呂大樂『香港模式：從現在式到過去式』、中華書局、二〇一五年、一五九―一九三ページ。

（24）『明報』、二〇〇五年四月四日。

（25）Miller, Terry Kim, Anthony B., Roberts, James M. with Tyrrell, Patrick, 'Highlights of the 2019 Index of Economic Freedom', The Heritage Foundation, 2019, https://www.heritage.org/index/pdf/2019/book/highlights.pdf (accessed 21 May 2021). なお、二〇二一年には香港は本調査の対象から除外された。本書終章参照。

（26）Walker, Christopher and Ludwig, Jessica, 'The meaning of sharp power: How authoritarian states project influence', *Foreign Affairs*, 16 November 2017, https://www.foreignaffairs.com/articles/china/2017-11-16/meaning-sharp-power (accessed 21 May 2021).

（27）大學教育資助委員會『教資會年報　２０１８－１９』、九八ページ（https://www.ugc.edu.hk/doc/eng/ugc/publica

tion/report/AnnualRpt1819/full.pdf、二〇二一年五月二一日閲覧）。
（28）『香港商報』、二〇一一年一一月三〇日。
（29）『信報』、二〇一六年四月二七日。
（30）『明報』、二〇一六年五月八日。
（31）『明報』、二〇一六年六月一七日。
（32）『香港經濟日報』、二〇一六年八月八日。
（33）「中大香港亞太研究所民調：五成受訪者認為香港與深圳傾向互相競爭　六成半覺得深圳取代香港金融中心機會微」、香港中文大學香港亞太研究所、二〇二〇年一二月七日（http://www.hkiaps.cuhk.edu.hk/wd/ni/20201208-160119_1.pdf、二〇二一年五月二一日閲覧）。
（34）Fong, Brian C. H., *Hong Kong's Governance Under Chinese Sovereignty: The failure of the state-business alliance after 1997*, New York: Routledge, 2015.
（35）「"個人遊"計劃」、立法會秘書處資料研究組『研究簡報』第六期、二〇一四年五月、八ページ。
（36）區家麟『傘聚』、天窗出版社、二〇一四年、一二二ページ。
（37）例えば、林泉忠『「辺境東アジア」のアイデンティティ・ポリティクス—沖縄・台湾・香港』、明石書店、二〇〇五年など。
（38）Carroll, John M., *Edge of Empires: Chinese Elites and British Colonials in Hong Kong*, Hong Kong: Hong Kong University Press, 2011.
（39）『明報』、二〇一一年三月二五日。
（40）『明報』、二〇一六年四月一九日。
（41）公民教育委員會『國民教育推廣活動意見調查』、二〇一〇年一〇月、五八ページ。

(42) 『明報』、二〇〇五年一一月二一日。
(43) 『明報』、二〇一一年八月八日。
(44) 「立法會九題：青少年的內地交流和實習活動」、香港特別行政區政府新聞公報、二〇二〇年一一月四日（https://www.info.gov.hk/gia/general/202011/04/P2020110400516.htm、二〇二一年五月二一日閲覧）。
(45) 『明報』、二〇一七年六月一日。
(46) 『明報』、二〇一〇年一一月一一日。
(47) 『星島日報』、二〇一〇年一一月一六日。
(48) 『明報』、二〇一〇年一二月一二日。
(49) 『明報』、二〇一二年六月一五日。
(50) 『明報』、二〇一二年七月一日。
(51) 強世功『中國香港：文化與政治的視野』、牛津大學出版社、二〇〇八年。
(52) 強世功、前掲書、八六ページ。
(53) 強世功、前掲書、一九二ページ。
(54) 強世功、前掲書、一四ページ。
(55) 『明報』、二〇一〇年一一月一日。
(56) 『東方日報』、二〇一〇年七月一八日。
(57) 倉田明子「都市・チャリティ・動物：動物虐待防止条例の成立からみる『香港社会』の形成」倉田徹編『香港の過去・現在・未来：東アジアのフロンティア』、勉誠出版、二〇一九年、一一五―一二六ページ。
(58) 陳雲、『香港城邦論』、天窗出版社、二〇一一年、四三―五〇ページ。
(59) 王俊杰「本土意識是港人抗爭的唯一出路」、二〇一三年度香港大學學生會学苑編『香港民族論』、香港大學學生會、二〇一四年、四四ページ。

(60) 第一章注27に同じ。

(61) 呉介民・蔡宏政・鄭祖邦主編『吊燈裡的巨蟒：中國因素作用力與反作用力』、左岸文化、二〇一七年。

(62) Link, Perry, "China: The Anaconda in the Chandelier", *The New York Review of Books*, April 11 2002 Issue, (https://www.nybooks.com/articles/2002/04/11/china-the-anaconda-in-the-chandelier/, accessed 21 May 2021).

(63) スーザン・ストレンジ著、西川潤・佐藤元彦訳『国際政治経済学入門』、東洋経済新報社、一九九四年、三七―四七ページ。

(64) Reeves, Jeffrey, 'Structural Power, the Copenhagen School and Threats to Chinese Society', *The China Quarterly*, Vol. 217, March 2014, pp.140–161.

(65) 林泉忠「中国台頭症候群：香港・台湾から見た『チャイニーズ・システム』の課題」『アジア研究』、第六三巻第一号(二〇一七年一月)、四八―六七ページ。

第四章

(1) ポール・ピアソン『ポリティクス・イン・タイム：歴史・政治・社会分析』、勁草書房、二〇一〇年、一〇三―一〇六ページ。

(2) パーシー・クラドック著、小須田秀幸訳『中国との格闘――ある英国外交官の回想』、筑摩書房、一九九七年、二一六―二二三ページ。

(3) Lo Shiu-hing, *The Politics of Democratization in Hong Kong*, London: Macmillan, 1997, pp. 74–75.

(4) *The New York Times*, 28 Oct. 2014.

（5）ジョン・M・キャロル著、倉田明子・倉田徹訳『香港の歴史：東洋と西洋の間に立つ人々』、明石書店、二〇二〇年、二九三ページ。

（6）Wilson, David, "Learning to Live with China", Blyth, Sally and Wotherspoon, Ian eds., *Hong Kong Remembers*, Oxford University Press, 1996, p. 179.

（7）鍾士元『香港回歸歷程　鍾士元回憶錄』、中文大學出版社、二〇〇一年、一〇七ページ。

（8）パーシー・クラドック著、前掲書、三〇九ページ。

（9）「全國人民代表大會關於香港特別行政區第一屆政府和立法會產生辦法的決定」、一九九〇年四月四日（https://www.basiclaw.gov.hk/filemanager/content/tc/files/basiclawtext/basiclawtext_doc10.pdf 二〇二一年五月二一日閲覧）。

（10）「香港特別行政区政府と立法会の選出方法に関する決定」に、初代行政長官の選挙方法は、全人代が設立する準備委員会（「香港特別行政区籌備委員会」）が設立した推選委員会の話し合い、または話し合いの後候補者を指名して選挙を行うことによって選出されると規定されている。準備委員会は全員全人代の委任によって選ばれており、推選委員会は四〇〇名中六〇名が香港地区の全人代代表と政協委員が占め、残る三四〇名を選出する選挙では、五八〇〇名以上の応募があったが、準備委員会主任委員会の絞り込みによって、四〇九名のみしか候補者となれなかった。

（11）ポール・ピアソン、前掲書、六〇ページ。

（12）ポール・ピアソン、前掲書、一三五―一七三ページ。

（13）劉兆佳「没有獨立的非殖民地化與香港政治領袖的匱乏」『廣角鏡月刊』、一九九〇年九月、二〇―三八ページ。

（14）中園和仁『香港返還交渉――民主化をめぐる攻防』、国際書院、一九九八年、一一九―一二〇ページ。

（15）厳家其「『一国両制』的科学涵義及其特徴」『紅旗』、一九八五年第六期、一八―二〇ページ。

（16）谷垣真理子「管理された民主化：普通選挙導入をめぐる香港の事例」『東洋文化研究所紀要』第一五五冊（二〇〇九年三月）、六九―一〇一ページ。

（17） フィリップ・シュミッター、ギジェルモ・オドンネル著、真柄秀子・井戸正伸訳『民主化の比較政治学――権威主義支配以後の政治世界』、未來社、一九八六年、二七ページ。

（18） 民主派は当初、「基本法」が定める民主化のペースが遅すぎるとして、「基本法」の改正を目指した。例えば一九九七年一〇月一五日、民主派の陳財喜議員は臨時立法会に、特別行政区政府が直ちに「基本法」の改正手続きを進め、極力早く行政長官と立法会議員の全面直接選挙化を実現するよう求める議案を提出したが、反対多数で否決された。「基本法」改正の具体的手続きが進められたのは、二〇〇〇年一月一九日、民主派の梁耀忠議員が議員立法を制限する「基本法」第七四条の改正を発議し、反対多数で否決されたのが唯一の事例である。いずれにせよ、「基本法」改正は親政府派・香港政府・中央政府が反対しているため明らかに実現不可能であり、民主派は徐々に「基本法」に基づいて民主化を進めるとの方針へと転換していった。

（19） フィリップ・シュミッター、ギジェルモ・オドンネル著、真柄秀子・井戸正伸訳、前掲書、三五ページ。

（20） 銭其琛『外交十記』、世界知識出版社、二〇〇三年、三三〇ページ。

（21） 銭其琛、前掲書、三二九ページ。

（22） 趙睿・張明瑜主編『中國領導人談香港』、明報出版社、一九九七年、二二六ページ。

（23） 『立法會會議過程正式紀錄』、一九九八年九月二三日、一二八八―一二八九ページ。

（24） DeGolyer, Michael E., 'A Collision of Cultures: Systemic Conflict in Hong Kong's Future with China', McMillen, Donald H. and DeGolyer, Michael E. eds, *One Culture, Many Systems: Politics in the Reunification of China*, 1993, pp. 271-302.

（25） 中国憲法第三条は、「中華人民共和国の国家機構は、民主集中制の原則を実行する」とし、人民代表大会が民主的に選出される（民主）一方、中央と地方の国家機構は中央の統一的な指導の下で職権を分与される（集中）としている。しかし、民主的選挙が形骸化した状態の中、実態は中央集権体制であると評価される。

（26） 呉邦国「全国人民代表大会常務委員会工作報告」、中国人大網、二〇〇九年三月九日（http://www.npc.gov.cn/zgrdw/npc/wbgwyz/content_1614333_5.htm、二〇二一年五月二一日閲覧）。

（27） 「選民登記數字」、香港特別行政區政府選民登記ウェブサイト（https://www.voterregistration.gov.hk/chi/statistic20201.html、二〇二一年五月二一日閲覧）。

（28） 新力量網絡『２０１４年度香港特區政府管治評估報告』、新力量網絡、二〇一四年、一三ページ。

（29） 『朝日新聞』、二〇一二年九月三〇日。

（30） Scott, Ian, "The Disarticulation of Hong Kong's Post-Handover Political System", *China Journal*, Volume 43 (January 2000), pp. 29-53.

（31） 趙向陽『澳門選挙制度』、社会科学文献出版社、二〇一三年、二一―三四ページ。

（32） 「最大剰余方式」の計算方法は以下の通り。①全有効投票数を、議席定数で割った数字「基数」を算出、②各名簿の得票数をそれぞれ「基数」で割る、③②で算出した数のうち、整数分だけの議席数を各名簿に配分、④②で算出した数のうち、小数部分＝「剰余」の上位から順に、残りの議席を割り当て、各名簿の得票数を決定（范振汝『香港特別行政區的選舉制度』、三聯書店、二〇〇六年、八一―八二ページ）。

（33） Lau, Siu-kai, 'The Making of the Electoral System', Kuan, Hsin-chi, Lau, Siu-kai, Louie, Kin-sheun and Wong, Ka-ying eds. *Power Transfer and Electoral Politics*, Hong Kong: The Chinese University Press, 1999, pp. 3-35.

（34） 馬嶽『港式法團主義：功能界別25年』、香港城市大學出版社、二〇一三年、一三―二〇ページ。

（35） 『明報』、二〇二一年五月二九日。

（36） この過程については倉田徹『中国返還後の香港：「小さな冷戦」と一国二制度の展開』、名古屋大学出版会、二〇〇九年、第二章を参照。

（37） 「表七 八十六年民眾對中共『一國兩制』的看法」、中華民國大陸委員會（http://www.mac.gov.tw/ct.asp?xItem=6

7600&ctNode=6153&mp=1、二〇二一年五月二一日閲覧）。
(38) 『明報』、二〇〇七年三月一六日。
(39) 「人大常委会関于香港２０１２年行政長官産生弁法決定」、中華人民共和国中央人民政府、二〇〇七年一二月二九日（http://www.gov.cn/jrzg/2007-12/29/content_847036.htm、二〇二一年五月二一日閲覧）。
(40) 政制及内地事務局「二零一二年行政長官及立法會產生辦法建議方案」、香港特別行政區二零一二年行政長官及立法會產生辦法建議方案、二〇一〇年四月（http://www.cmab-cd2012.gov.hk/doc/package/package_c.pdf、二〇二一年五月二一日閲覧）。
(41) 同議案の審議については『立法會會議過程正式紀錄』、二〇〇九年六月一七日、六三六七―六四一八ページを参照。
(42) コメント全文は『明報』、二〇一〇年一月一六日に掲載。
(43) 『文匯報』、二〇一〇年一月二二日。
(44) 『明報』、二〇一〇年一月二三日。
(45) 何俊仁『謙卑的奮鬥』、香港大學出版社、二〇一〇年、一一四―一一五ページ。
(46) 民主党ウェブサイトに転載。終極普選聯盟「政制改革宣言」、民主黨、二〇一〇年三月三〇日（http://www.dphk.org/image/data/2010/03/aus100330.pdf、二〇二一年五月二一日閲覧）。
(47) 『明報』、二〇一一年一一月八日。
(48) 筆者はかつてこれを、英国式の democracy から中国の特色ある民主（minzhu）へと香港の選挙が変容して行く過程と表現した。詳細は倉田徹、前掲書、一四二―一四八ページを参照。
(49) 『立法會會議議程正式紀錄』、二〇〇九年一二月二日、一八〇五―一八七〇ページ。
(50) 『明報』、二〇一三年三月二五日。
(51) 『明報』、二〇一五年六月二一日。

(52)「確認書」の書式は香港政府選挙管理事務処ウェブサイトに掲載（https://www.eac.gov.hk/pdf/legco/2016lc/reo-n-confirmation-2016lc.pdf、二〇二一年五月二一日閲覧）。

(53)『明報』、二〇一六年七月二〇日。

(54)『明報』、二〇一六年七月二三日。

(55) 通知書と理由書の原文は香港民族党のフェイスブックページに掲載（https://www.facebook.com/hknationalparty/photos/a.472253396306953.1073741828.468882569977369/520828928116066/?type=3&theater、二〇二一年五月二一日閲覧）。

(56) 梁天琦への通知書原文は「【選管會通知全文】禁梁天琦參選　選舉主任：不信真正改變了主張港獨立場」、立場新聞、二〇一六年八月二日（https://www.thestandnews.com/politics/選管會通知全文-禁梁天琦參選-選舉主任-不信真正改變了主張港獨立場/、二〇二一年五月二一日閲覧）。

(57)『明報』、二〇一六年八月九日。

(58)『明報』、二〇一六年七月二一日。

(59)『明報』、二〇一七年五月四日。

第五章

(1) Nye, Joseph S. Jr., *Soft Power: The Means to Success in World Politics*, New York: Public Affairs, 2004. 邦訳はジョセフ・S・ナイ著、山岡洋一訳『ソフト・パワー：21世紀国際政治を制する見えざる力』、日本経済新聞出版社、二〇〇四年。

(2) Cardenal, Juan Pablo, Kucharczyk, Jacek, Mesežnikov, Grigorij and Pleschová, Gabriela, *Sharp Power: Rising*

Authoritarian Influence, National Endowment for Democracy, 2017, p.8.

（3） ‘Freedom in the World’, Freedom House（https://freedomhouse.org/sites/default/files/2021-02/Country_and_Territory_Ratings_and_Statuses_FIW1973-2021.xlsx, accessed 21 May 2021）.

（4） ロバート・A・ダール著、高畠通敏・前田脩訳『ポリアーキー』、岩波文庫、二〇一四年、一〇ページ。

（5） Kuan, Hsin-chi, ‘Power Dependence and Democratic Transition: The Case of Hong Kong’, *China Quarterly*, Volume 128, December 1991, pp.774–793.

（6） Miners, Norman, *The Government and Politics of Hong Kong*（fifth edition）, Hong Kong: Oxford University Press, 1995, p.69.

（7） Miners, op. cit., p.83. もっとも、これは既得権益者との対立を意味し、ヘネシーが華人住民に対して「過度に」寛容であったことがそうした対立の原因であるとされる（ジョン・M・キャロル著、倉田明子・倉田徹訳『香港の歴史：東洋と西洋の間に立つ人々』、明石書店、二〇二〇年、九〇—九二ページ）。

（8） Goodstadt, Leo F., *Uneasy Partners: The Conflict Between Public Interest and Private Profit in Hong Kong*, Hong Kong: Hong Kong University Press, 2009, pp.49–70.

（9） Ure, Gavin, *Governors, Politics and the Colonial Office: Public Policy in Hong Kong*, Hong Kong: Hong Kong University Press, 2012.

（10） 李彭廣『管治香港：英國解密檔案的啓示』、牛津大學出版社、二〇一二年、一二八—一三一ページ。

（11） 呂大樂『那似曾相識的七十年代』、中華書局、二〇一二年、一四一—一八六ページ。

（12） Lau, Siu-Kai, *Society and Politics in Hong Kong*, Hong Kong: The Chinese University Press, 1984.

（13） 邱永漢『１９９７香港の憂鬱』、小学館、一九九七年、二六—三二ページ。

（14） Tang, James T. H., “World War to Cold War: Hong Kong’s Future and Anglo-Chinese Interactions, 1941–55”,

Chan, Ming K. ed., *Precarious Balance: Hong Kong between China and Britain, 1842-1992*, Armonk: Sharpe, 1994, p. 114.

(15) Grantham, Alexander, *Via Ports: From Hong Kong to Hong Kong*, Hong Kong: Hong Kong University Press, 1965, pp. 179-80.

(16) Mark, Chi-kwan, *Hong Kong and the Cold War: Anglo-American Relations*, 1949-1957, Oxford: Clarendon, 2004, p. 6.

(17) ジョン・M・キャロル著、倉田明子・倉田徹訳、前掲書、二二八—二二九ページ。

(18) 邱永漢『邱永漢ベスト・シリーズ　香港・濁水渓』、実業之日本社、一九九二年、四七ページ。

(19) ジョン・M・キャロル著、倉田明子・倉田徹訳、前掲書、六九—七〇ページ。

(20) Sinn, Elizabeth, *Power and Charity: The Early History of the Tung Wah Hospital, Hong Kong*, Hong Kong: Oxford University Press, 1989.

(21) ジョン・M・キャロル著、倉田明子・倉田徹訳、前掲書、二三八ページ。

(22) 沢田ゆかり「レッセ・フェールと社会福祉」沢田ゆかり編『植民地香港の構造変化』、アジア経済研究所、一九九七年、二三一—二六一ページ。

(23) Ma, Ngok, *Political Development in Hong Kong: State, Political Society, and Civil Society*, Hong Kong: Hong Kong University Press, 2007, p. 194

(24) Ma Ngok, op. cit., pp. 186-191.

(25) 呂大樂「港式政治態度的新危機：並存而不共融的倫理秩序」羅金義編著『回歸20年香港精神的變易』、香港城市大學出版社、二〇一七年、一九五—二〇九ページ。

(26) 廣江倫子「香港における国際人権法の実施」『一橋法学』第二巻第三号（二〇〇三年一一月）、三七三—四〇〇ページ。

(27) 廣江倫子『香港基本法解釈権の研究』、信山社、二〇一八年。

(28) 'Worldwide Governance Indicators', World Bank (http://info.worldbank.org/governance/wgi/, accessed 22 May 2021).

(29) 'Judicial independence', World Economic Forum (http://reports.weforum.org/global-competitiveness-report-2019/competitiveness-rankings/#series=EOSQ144, accessed 22 May 2021).

(30) 'World Justice Project Rule of Law Index 2019', World Justice Project (https://worldjusticeproject.org/sites/default/files/documents/WJP_RuleofLawIndex_2019_Website_reduced.pdf, accessed 22 May 2021).

(31) 『明報』、二〇一八年九月二三日、九月三〇日、一〇月七日、一〇月一四日。

(32) 沢田ゆかり、前掲論文、二三三ページ。

(33) 江關生『中共在香港：上卷（一九二一—一九四九）』、天地圖書、二〇一一年。

(34) Burns, John P., 'The Structure of Communist Party Control in Hong Kong', *Asian Survey*, Vol. 30 No. 8 (1990), pp. 748–765.

(35) 江關生、前掲書、一一七—一一八ページ。

(36) 江關生、前掲書、二二四—二二五ページ。

(37) 劉翠珊「國家權力與教育：戰後至回歸前親共愛國學校在香港的發展」趙永佳・呂大樂・容世誠編『胸懷祖國：香港「愛國左派」運動』、牛津大學出版社、二〇一四年、三三—四七ページ。

(38) 江關生、前掲書、一六九ページ。

(39) Burns, John P., op. cit., pp. 759–761.

(40) 『蘋果日報』、二〇一五年四月九日。

（41）趙永佳・呂大楽・梁懿剛「愛國足球滄桑：愉園60年」趙永佳・呂大樂・容世誠編、前掲書、八三—一一三ページ。

（42）Lo, Sonny Shiu-Hing, *The Dynamics of Beijing-Hong Kong Relations: A Model for Taiwan?*, Hong Kong: Hong Kong University Press, 2008, p. 18.

（43）『明報』、二〇一二年一一月二八日。

（44）保安局『立法會保安事務委員會資料文件：內地居民來港家庭團聚的出入境安排』、立法會CB（2）775/13-14（03）號文件、二〇一四年二月七日（https://www.legco.gov.hk/yr13-14/chinese/panels/se/papers/se0207cb2-775-3-c.pdf、二〇二一年五月二二日閲覧）。

（45）立法会ウェブサイトに転載。曹二寶『一國兩制條件下香港的管治力量』、立法會CB（2）1389/08-09（02）號文件、二〇〇八年一月二九日（https://www.legco.gov.hk/yr08-09/chinese/panels/ca/papers/ca0420cb2-1389-2-c.pdf、二〇二一年五月二二日閲覧）。

（46）『明報』、二〇一八年一月一五日。

（47）「認識我們」、民主建港協進聯盟（https://www.dab.org.hk/aboutus、二〇二一年五月二二日閲覧）。

（48）Wong, Stan Hok-Wui, *Electoral Politics in Post-1997 Hong Kong: Protest, Patronage, and the Media*, Singapore: Springer, 2015, pp. 97–129.

（49）二〇一六年一一月に民建連が開催した資金集めパーティには張曉明中連弁主任が出席し、自筆の書を競りにかけたところ、財界人の高敬徳全国政協委員により一八八〇万香港ドルで競り落とされた。民建連は同日、総額六〇〇〇万香港ドルを集金したと見られる（『明報』、二〇一六年一一月二二日）。

（50）江關生、前掲書、二四二—二四四ページ。

（51）江關生、前掲書、二六〇ページ。

（52）陸恭蕙『地下陣線：中共在香港的歷史』、香港大學出版社、二〇一一年、一〇一—一〇三ページ。

(53) 許家屯著、青木まさこ・小須田秀幸・趙宏偉訳『香港回収工作（上）』、筑摩書房、一九九六年、一四〇ページ。

(54) 許家屯著、青木まさこ・小須田秀幸・趙宏偉訳、前掲書、一六九ページ。

(55) Wong, Wai-kwok, ‘Can Co-optation Win Over the Hong Kong People? China’s United Front Work in Hong Kong Since 1984’, *Issues & Studies*, Vol. 33, No. 5 (May 1997), pp. 102–137.

(56) 張賢登・陳家偉・李柱銘・司徒華・徐漢光『會員政策專責小組報告』、民主黨、二〇〇六年一一月一〇日（https://dphk.org/image/data/2010/06/1011064.pdf　二〇二一年五月二九日閲覧）。

(57) Lee, Chin-Chuan, “The Paradox of Political Economy Media Structure, Press Freedom, and Regime Change in Hong Kong”, Lee, Chin-Chuan ed. *Power, Money, and Media: Communication Patterns and Bureaucratic Control in Cultural China*, Evanston: Northwestern University Press, 2000, pp. 288–336.

(58) 黎佩兒「從基本法第23條的立法看香港媒體與公民社會：兼論澳門媒體與公民社會在第23條立法問題上的表現」郝志東主編『公民社會：中國大陸與港澳台』、澳門大學・八方文化創作室、二〇一三年、二六二ページ。

(59) 『星島日報』、二〇一五年一二月一二日。

(60) 香港記者協会『一國兩魘：港媒深陷意識形態戰　二零一六年言論自由年報』、二〇一六年七月、五ページ。

(61) Ma Ngok, op. cit., pp. 171–173.

(62) Lui, Tai-lok and Chiu, Stephen Wing-kai, ‘Governance crisis and changing state-business relations: A political economy perspective’, Chiu, Stephen Wing Kai and Lui, Tai Lok eds., *Repositioning the Hong Kong Government: Social Foundations and Political Challenges*, Hong Kong: Hong Kong University Press, 2012, pp. 90–120.

(63) Lo, Sonny Shiu-Hing, op. cit., p. 7.

(64) Lo, Sonny Shiu-Hing, op. cit., p. 32.

(65) 『明報』、二〇一五年七月五日。

(66)『明報』、二〇一四年六月一六日。
(67) Wong, Wai-kwok, op. cit., p. 119.
(68) 蘇鑰機、葉菁華「報紙手機平台逐漸興起」香港電台『傳媒透視』、二〇一三年一月、七ページ(https://app3.rthk.hk/mediadigest/downloads/201301.pdf、二〇二一年五月二二日閲覧)。なお、この調査は複数の新聞を読む者は二回カウントしているため、調査対象全二一紙・サイトの合計は一四九・六%となっている。
(69) 森一道『「香港情報」の研究—中国改革開放を促す〈同胞メディア〉の分析』、芙蓉書房出版、二〇〇七年、八一—八三ページ。
(70) 金堯如『金堯如:香江五十年憶往』、金堯如紀念基金、二〇〇五年、一八五—一八七ページ。
(71) '2021 World Press Freedom Index', Reporters without borders (https://rsf.org/en/ranking, accessed 22 May 2021).
(72)『蘋果日報』、二〇一三年八月二〇日。
(73) 香港中文大学の黄偉豪准教授および陳思恒研究補佐による研究結果。『明報』、二〇一五年一月一七日。
(74) 呂大樂、前掲論文、二〇四—二〇六ページ。
(75) 倉田徹「『愛国者論争』:香港人意識と愛国心」倉田徹『中国返還後の香港:「小さな冷戦」と一国二制度の展開』、名古屋大学出版会、二〇〇九年、二七一—三二六ページ。
(76) Wong, Pik-wan 'The Pro-Chinese Democracy Movement in Hong Kong', Chiu, Stephen Wing Kai and Lui, Tai Lok eds., *The Dynamics of Social Movements in Hong Kong*, Hong Kong: Hong Kong University Press, 2000, pp. 55-90.
(77) Garrett, Daniel and Ho, Wing-chung, 'Hong Kong at the Brink: Emerging Forms of Political Participation in the New Social Movement', Cheng, Joseph Y. S. ed., *New Trends of Political Participation in Hong Kong*, Hong Kong: City University of Hong Kong Press, 2014, p. 349.

(78) Vickers, Edward and Kan, Flora, 'The Re-education of Hong Kong: Identity, Politics and History Education in Colonial and Postcolonial Hong Kong', Vickers, Edward and Jones, Alisa eds, *History Education and National Identity in East Asia*, New York: Routledge, 2005, pp. 174-176.

(79) 『明報』、二〇一六年八月六日。

(80) 黎佩兒、前掲論文、二六一—二七二ページ。

(81) Ma Ngok, op. cit., pp. 199-220.

(82) 『明報』、二〇一四年一二月九日。

(83) 伯川星矢「香港が香港であり続けるために：香港と日本のハーフが見た雨傘革命」遠藤誉編『香港バリケード：若者はなぜ立ち上がったのか』、明石書店、二〇一五年、一七〇—一八二ページ。

(84) 梁振英「二零一五年施政報告　重法治　掌機遇　作抉擇　推進民主　發展經濟　改善民生」、二〇一五年一月一四日、第一〇段（https://www.policyaddress.gov.hk/2015/chi/p8.html、二〇二一年五月二一日閲覧）。

(85) 『明報』、二〇一八年六月三日。

(86) 『明報』、二〇一六年一月四日。

(87) 『明報』、二〇一六年一月一四日。

(88) 馬嶽『反抗的共同體：二〇一九香港反送中運動』、左岸文化、二〇二〇年、二一ページ。

(89) 「特區政府回應傳媒查詢」、香港特別行政區政府新聞公報、二〇一八年三月三〇日（http://www.info.gov.hk/gia/general/201803/30/P2018033000531.htm、二〇二一年五月二二日閲覧）。

(90) 『明報』、二〇一八年四月一日。

(91) 「香港特別行政區東區裁判法院刑事案件２０１５年第２７９１號判刑理由」、ESCC 2791/2015、二〇一六年八月一五日（https://legalref.judiciary.hk/lrs/common/search/search_result_detail_frame.jsp?DIS=105334&QS=%2B&TP

=RS、二〇二一年五月二二日閲覧）。

（92）「香港特別行政區高等法院上訴法庭刑事司法管轄權覆核申請　覆核申請案件２０１６年第４號」、CAAR 4/2016、二〇一七年八月一七日（https://legalref.judiciary.hk/lrs/common/search/search_result_detail_frame.jsp?DIS=110877&QS=%2B&TP=JU、二〇二一年五月二二日閲覧）。

（93）「新聞摘要　終院刑事上訴２０１７年第８－10號」、FACC Nos. 8, 9, 10/2017、二〇一八年二月六日（https://legalref.judiciary.hk/doc/judg/html/vetted/other/en/2017/FACC000008_2017_files/FACC000008_2017CS.htm、二〇二一年五月二二日閲覧）。

（94）「香港特別行政區西九龍裁判法院刑事案件編號：２０２０年第２２８９號　判刑理由書」、WKCC 2289/2020、二〇二〇年一二月二日（https://legalref.judiciary.hk/lrs/common/search/search_result_detail_frame.jsp?DIS=132201&QS=%2B&TP=RS、二〇二一年五月二二日閲覧）。

（95）『明報』、二〇二一年四月一七日。

（96）『香港經濟日報』、二〇一六年二月一二日。

（97）「張德江在紀念中華人民共和國香港特別行政區基本法實施20周年座談會上的講話」、中国共産党新聞網、二〇一七年五月二七日（http://cpc.people.com.cn/BIG5/n1/2017/0528/c64094-29305595.html、二〇二一年五月二二日閲覧）。

（98）『明報』、二〇一七年六月一二日。

（99）例えば、但見亮「『中国夢』的『一国二制度』：香港の『宣誓風波』をめぐって」新潟大学法学会『法政理論』第五〇巻第二号（二〇一八年）、六〇—九一ページ、萩原隆太「香港における『依法治国』の浸透：『参選風波』事件をめぐって」倉田徹編『香港の過去・現在・未来』、勉誠出版、二〇一九年、二五四—二六四ページなど。

（100）Burns, John P., op. cit., pp. 761-763.

（101）Tai, Benny Yiu-ting ed. China's Sharp Power in Hong Kong, Hong Kong Civil Hub, 2018.

(102) *Ibid*., p. 6.

(103) 「『青少年國民身份』研究報告」、新民黨、二〇一八年四月一〇日(https://npp.org.hk/asset/upload/新民黨「青少年國民身份」研究報告.pdf、二〇二一年五月二二日閲覧)。

第六章

(1) 『北海道新聞』、二〇一四年一〇月四日。

(2) 『明報』、二〇一三年五月一一日。

(3) 戴耀廷「戴序:基督信仰與公共、公義、公民」趙崇明『佔領中環與教會政治』、基道出版社、二〇一三年、一〇―一七ページ。

(4) 倉田徹「『民主』(democracy)と『民主』(minzhu)の出会い――香港から考える」『アステイオン』七七号(二〇一二年一一月)、六七―八一ページ。

(5) 外務報道官「香港の中国返還20周年に際して(外務報道官談話)」、外務省(http://www.mofa.go.jp/mofaj/press/danwa/page4_003087.html、二〇二一年五月二二日閲覧)。

(6) Secretary of State for Foreign and Commonwealth Affairs, *Six-monthly Report on Hong Kong*, January-June 2004, The Stationery Office, pp. 23-24.

(7) ジェームズ・マン著、渡辺昭夫訳『危険な幻想:中国が民主化しなかったら世界はどうなる?』、PHP研究所、二〇〇七年、三六―三七ページ。

(8) 例えば、Dimitrov, Martin K., *Why Communism Did Not Collapse: Understanding Authoritarian Regime Resilience in Asia and Europe*, Cambridge: Cambridge University Press, 2013. など。

(9) ステファン・ハルパー著、園田茂人・加茂具樹訳『北京コンセンサス：中国流が世界を動かす?』、岩波書店、二〇一一年、二ページ。

(10) Cardenal, Juan Pablo, Kucharczyk, Jacek, Mesežnikov, Grigorij and Pleschová, Gabriela, *Sharp Power: Rising Authoritarian Influence*, National Endowment for Democracy, 2017.

(11) Diamond, Larry, Plattner, Marc F. and Walker, Christopher eds., *Authoritarianism Goes Global: The Challenge to Democracy*, Baltimore: Johns Hopkins University Press, 2016.

(12) Pomerantsev, Peter, 'The Kremlin's Information War', Diamond, Plattner and Walker eds., op. cit., pp. 176-177.

(13) Nathan, Andrew 'China's Challenge', Diamond, Plattner and Walker, eds., op. cit., pp. 23-37.

(14) Secretary of State for Foreign and Commonwealth Affairs, *Six-monthly Report on Hong Kong*, 1 July to 31 December 2014, The Stationery Office, p. 2.

(15) Secretary of State for Foreign and Commonwealth Affairs, *Six-monthly Report on Hong Kong*, 1 July to 31 December 2015, The Stationery Office, p. 3.

(16) 『明報』、二〇一六年八月三〇日。

(17) Bureau of East Asian and Pacific Affairs, '2019 Hong Kong Policy Act Report', U. S. Department of State, 21 March 2019（https://2017-2021.state.gov/2019-hong-kong-policy-act-report/index.html, accessed 29 May 2021）

(18) 石井大智「香港中文大・第8報：テレグラムから生まれた新興労働組合の実相」『日経ビジネス』、二〇二〇年三月一三日（https://business.nikkei.com/atcl/seminar/19/00030/031100082/、二〇二一年五月二二日閲覧）。

(19) 『明報』、二〇二〇年二月一二日。

(20) 『明報』、二〇二〇年七月一三日。

(21) Bureau of East Asian and Pacific Affairs, 'Identification of Foreign Persons Involved in the Erosion of the

Obligations of China Under the Joint Declaration or the Basic Law', U.S. Department of Stats, 14 October 2020（https://www.state.gov/identification-of-foreign-persons-involved-in-the-erosion-of-the-obligations-of-china-under-the-joint-declaration-or-the-basic-law/, accessed 29 May 2021）.

（22）Jacobs, Jennifer and Mohsin, Saleha, 'Trump Leans Against Sanctions on Chinese Officials for Now', *Bloomberg Quint*, 15 Jul 2020（https://www.bloombergquint.com/global-economics/trump-leans-against-sanctions-on-chinese-officials-for-now, accessed 29 May 2021）.

（23）『蘋果日報』、二〇二〇年一一月二八日。

（24）『明報』、二〇二〇年八月一〇日。

（25）Jacobs, Jennifer and Mohsin, Saleha, 'Trump Rejects Ending Hong Kong Dollar Peg as Penalty to China', *Bloomberg*, 14 Jul 2020（https://www.bloomberg.com/news/articles/2020-07-13/trump-aides-rule-out-ending-hong-kong-dollar-peg-as-punishment, accessed 29 May 2021）.

（26）Department of the Treasury, 'Report Pursuant to Section 5(b) of the Hong Kong Autonomy Act', 11 December 2020（https://home.treasury.gov/system/files/126/hkaa_report_12112020.pdf, accessed 29 May 2021）.

終章

（1）「國家安全重點領域」、全民國家安全教育日（https://www.nsed.gov.hk/national_security/?a=national_security_main_focus、二〇二一年五月二二日閲覧）。

（2）『明報』、二〇二〇年七月三日。

（3）『蘋果日報』、二〇二〇年四月二八日。

（4）『明報』、二〇二〇年七月一四日。

（5）「香港中聯辦：嚴厲譴責反對派策動非法〝初選〞破壞立法會選舉公平 決不允許外部勢力操控香港政治事務」、中華人民共和国中央人民政府、二〇二〇年七月一四日（http://big5.www.gov.cn/gate/big5/www.gov.cn/xinwen/2020-07/14/content_5526538.htm、二〇二一年五月二二日閲覧）。

（6）『明報』、二〇二一年一月七日。

（7）『明報』、二〇二一年一月八日。

（8）『明報』、二〇二一年三月二日。

（9）廣江倫子「香港終審法院の外国籍裁判官」倉田徹編『香港の過去・現在・未来：東アジアのフロンティア』、勉誠出版、二〇一九年、三七―四九ページ。

（10）『明報』、二〇二〇年七月二日。

（11）『明報』、二〇二一年一月一五日。二〇二一年五月現在、日本からは閲覧が可能（https://hkchronicles.com/、二〇二一年五月二九日閲覧）。

（12）『明報』、二〇二〇年七月二日。

（13）『明報』、二〇二〇年八月二七日。

（14）『明報』、二〇二〇年八月二日。

（15）『明報』、二〇二〇年八月一三日。

（16）『明報』、二〇二〇年七月二九日。

（17）Silver, Andrew, ‘Hong Kong’s contentious national security law concerns some academics’, *Nature*, 12 June 2020（https://www.nature.com/articles/d41586-020-01693-y, accessed 29 May 2021）.

（18）『蘋果日報』、二〇二〇年六月二五日。

(19)『明報』、二〇二一年三月一七日。
(20)『明報』、二〇二〇年一二月二六日。
(21)『文匯報』、二〇二一年三月一一日。
(22)『明報』、二〇二〇年一二月二六日。
(23)『明報』、二〇二一年三月一五日。
(24)『明報』、二〇二一年四月七日。
(25)全文は『大公報』、二〇二一年三月二日に掲載。
(26)『明報』、二〇二一年二月二六日。
(27)『明報』、二〇二一年三月三一日。
(28)『香港商報』、二〇二一年三月九日。
(29)「行政長官於行政會議前會見傳媒開場發言及答問內容(附短片)」、香港特別行政區政府新聞公報、二〇二〇年八月一八日(https://www.info.gov.hk/gia/general/202008/18/P2020081800417.htm、二〇二一年五月二二日閲覧)。
(30)『明報』、二〇二〇年九月二四日。
(31)阿古智子「通識教育から愛国教育へ:教育を通して考える香港の『法の支配』の行方」廣江倫子・阿古智子編『香港国家安全維持法のインパクト:一国二制度における自由・民主主義・経済活動はどう変わるか』、日本評論社、二〇二一年、二二九―二四九ページ。
(32)『明報』、二〇二一年二月三日。
(33)「香港國家安全教育課程框架」、教育局、二〇二一年四月(https://www.edb.gov.hk/attachment/tc/curriculum-development/kla/pshe/national-security-education/nse_framework.pdf、二〇二一年五月二二日閲覧)。
(34)『明報』、二〇二〇年九月一〇日。

(35)『明報』、二〇二一年三月二四日。
(36)『明報』、二〇二〇年一二月二七日。
(37)『明報』、二〇二〇年一〇月二日。
(38) ふるまいよしこ「中国政府に『自由』を奪われた、香港の人々が『いま考えていること』～現地からの報告：香港民主活動の最前線」『現代ビジネス』、二〇二一年三月二日(https://gendai.ismedia.jp/articles/-/80714、二〇二一年五月二二日閲覧)。
(39)『蘋果日報』、二〇二〇年一二月一五日。
(40)『明報』、二〇二〇年一〇月三日。
(41)『明報』、二〇二一年二月一九日。
(42)『明報』、二〇二一年一月一日。
(43) 'Hong Kong emigration to Britain could mean $36 billion capital outflow', *Reuters*, 14 January 2021 (https://www.reuters.com/article/uk-hongkong-finance-outflows-idUSKBN29J0WM, accessed 22 May 2021)
(44)『星島日報』、二〇二〇年七月七日。
(45)『朝日新聞』、二〇二一年五月二九日。
(46)『明報』、二〇二〇年三月三一日。
(47)『明報』、二〇二一年四月六日。
(48)『明報』、二〇二〇年一〇月二八日。
(49)『明報』、二〇二〇年一二月二一日。
(50)『蘋果日報』、二〇二一年一月二日。
(51) '2021 Index Of Economic Freedom: Global Economic Freedom Remains At All-Time High, U.S. Drops To An All-

Time Low', Heritage Foundation, 4 Mar 2021（https://www.heritage.org/press/2021-index-economic-freedom-global-economic-freedom-remains-all-time-high-us-drops-all-time, accessed 22 May 2021）.

（52） Nakashima, Ellen, Mahtani, Shibani and Lerman, Rachel, 'Google ends direct cooperation with Hong Kong authorities on data requests', *Washington Post*, 14 August 2020（https://www.washingtonpost.com/world/asia_pacific/google-hong-kong-national-security-law-data-requests/2020/08/14/c492b9e2-ddce-11ea-b4f1-25b762cdbbf4_story.html, accessed 22 May 2021）.

（53）『明報』、二〇二〇年八月一五日。

（54） The American Chamber of Commerce in Hong Kong, *Should I Stay or Should I Go?: A Temperature Testing Survey of Expats in Hong Kong*, May 2021（https://www.amcham.org.hk/sites/default/files/content-files/Survey/202105%20AmCham%20Survey%20-%20Should%20I%20Stay%20or%20Should%20I%20Go%20-%20FINAL_1.pdf, accessed 22 May 2021）

（55） Pei, Minxin, 'Hong Kong's elites should think about an exit strategy: Beijing already moving to sideline China loyalists within the city's establishment, *Nikkei Asia*, 2 April 2021（https://asia.nikkei.com/Opinion/Hong-Kong-s-elites-should-think-about-an-exit-strategy, accessed 22 May 2021）.

（56） 原文は『大公報』ウェブサイトを参照（http://www.takungpao.com.hk/opinion/text/2021/0324/566700.html、二〇二一年四月八日閲覧）。

（57）『明報』、二〇二一年三月一六日。

（58）『明報』、二〇二一年四月七日。

あとがき

本書の企画の発案者は東京大学出版会の阿部俊一氏である。それぞれお招きにあずかり、同出版会からの三冊の著作（田中明彦・川島真編『20世紀の東アジア史』、東大社研現代中国研究拠点編『コロナ以後の東アジア：変動の力学』、川島真・池内恵編『新興国から見るアフターコロナの時代』）に次々と執筆の機会を頂戴した。これをきっかけに、阿部氏から筆者に二〇二〇年夏頃、過去の論文などを下書きとして香港政治について一冊の書物をまとめてみてはとのアイデアを頂戴したのである。

有難いお申し出を受けて早速構想を開始した。しかし、章立ての立案と、各章の本文に使えるであろう自著論文の選定までは大きな障害なく進んだが、その先の作業においては想像以上に苦しんだ。その最たる要因は筆者自身の文章構成力の問題である。元となった文章は、文の長短、執筆した媒体の性質、想定した読者対象などがまちまちであった。それを一本の文章にして論を立てることが簡単にできると見込んだのは、身の程を知らぬ甘い想定であった。筆者の過去一〇年の研究の問題意識は、その間発表した様々な文章をつなぎ合わせれば自然と一冊の書物ができあがるほどに、一貫したものでも、整理されたものでもなかった。結局、過去の多くの文章を部分的に引用しつつも、その間をつなぎ合わせるために、大量の新たな執筆作業を余儀なくされた。そのため、ようやくこうして本書を世に問うことができたとはいえ、当初阿部氏に約束した期限を大きく過ぎてしまった。阿部氏にもご迷惑をおかけし、また、二〇二〇年度に筆者に研究休暇を与えてくださった立教大学法学部にも、この成果を研究休暇の終了までにお届けできなかったことを申し訳なく思う。

一方、言い訳がましいが、香港政治の激変が執筆中にも進行したことにもう一つの遅延の原因があるのも事実である。冒頭述べたとおり、二〇一〇年代は香港政治の大転換の時代であった。本書を編むにあたり、筆者は過去一〇年余りの自身の文章を改めて見返したが、雨傘運動以前の香港政治の叙述は、自分で読んでも今からは牧歌的とすら見えた。筆者自身の問題意識の不安定も、香港政治自体の変化によって、筆者の眼前で従来の香港政治の常識が次々と崩れていったことにも起因する。しかも、そうした変化は二〇一九年の抗議活動以後さらに加速した。数年前の分析はもはや完全に古びてしまった。本書の執筆作業において辛かったのは、当初現在形で書いた過去の文章の多くを、過去形に直さざるを得ないことであった。また、現在も急速に進む香港の政治と社会の変化の中で、どこで一区切りを付けて本書の完成とすべきかについても悩んだ。

このため、各章はいずれも、過去に筆者が発表した複数の文章を下敷きにしているが、大幅に加筆と修正を加えており、既刊の文章を原形のまま採録した章はない。各章の核となった主要論文については以下に挙げておくが、これ以外にも主に年鑑やメディアに掲載された複数の拙著短文も一部利用した。

第一章
「返還後二〇年の香港政治：中国と香港の巨大な変化」『立教法学』第九八巻（二〇一八年三月）、三〇一―二八一ページ。

「逃亡犯条例改正問題のいきさつ」倉田徹・倉田明子編『香港危機の深層』、東京外国語大学出版会、二〇一九年、一三一―六六ページ。

「習近平政権下の香港『一国二制度』」『問題と研究』第四七巻第三号（二〇一八年七月）、一一三―一四〇ページ。

第二章

前掲「返還後二〇年の香港政治：中国と香港の巨大な変化」

『世界標準』か、『中国の特色』か：香港の民主・自由・法治」『現代中国研究』第四四巻（二〇二〇年三月）、三四―五一ページ。

「雨傘運動とその後の香港政治――一党支配と分裂する多元的市民社会」『アジア研究』第六三巻第一号（二〇一七年一月）、六八―八四ページ。

「雨傘運動をめぐる多様な思想：香港の『自分探し』の旅」周保松・倉田徹・石井知章『香港雨傘運動と市民的不服従』、日本評論社、二〇一九年、一七九―二二四ページ。

「香港デモ暴力の論理：米中を巻き添えにする「絶望の戦術」とは」『外交』第五七号（二〇一九年九月）、一四―一九ページ。

第三章

「香港は民主へ目覚めたのか：対立続く北京政府と香港民主派」『改革者』第五五巻第九号（二〇一四年九月）、一八―二一ページ。

「『嵐の中で自由を抱きしめる』：『中国化』と香港の自由」『国際問題』第六四三号（二〇一五年七―八月）、一七―二八ページ。

前掲「雨傘運動をめぐる多様な思想：香港の『自分探し』の旅」

第四章
「香港の民主化問題の『時間の政治学（ポリティクス・イン・タイム）』」加茂具樹、林載桓編著『現代中国の政治制度：時間の政治と共産党支配』、慶應義塾大学出版会、二〇一八年、一五一—一七八ページ。

「香港民主化問題・中央政府と民主派の選択」『金沢法学』第五三巻第二号（二〇一一年三月）、七三—九五ページ。

第五章
前掲「雨傘運動とその後の香港政治——一党支配と分裂する多元的市民社会」

前掲「『嵐の中で自由を抱きしめる』：『中国化』と香港の自由」

前掲「『世界標準』か、『中国の特色』か：香港の民主・自由・法治」

第六章
前掲「逃亡犯条例改正問題のいきさつ」

「香港デモ・混迷の構図」『世界』第九二九号（二〇二〇年二月）、一六一—一六六ページ。

「加速する香港民主化運動の『新冷戦化』：コロナ禍と香港『国家安全維持法』」東大社研現代中国研究拠点編『コロナ以後の東アジア——変動の力学』、東京大学出版会、二〇二〇年、一二三—一二八ページ。

「『米中新冷戦』下の香港」廣江倫子・阿古智子編『香港国家安全維持法のインパクト：一国二制度における自由・民主主義・経済活動はどう変わるか』、日本評論社、二〇二一年、一一七—一三〇ページ。

終章
「香港危機は世界の危機へ：『国家安全維持法』成立過程とそれがもたらすもの」『外交』第六二号（二〇二〇年

八月)、二二四—二三〇ページ。

これらの文章の多くは、ご依頼またはお招きをいただいて執筆したものである。阿部俊一氏をはじめ、筆者を信頼してオファーを下さった全ての方々にお礼を申し上げたい。

本書の完成に至る研究活動と出版の経費については、筆者が代表を務める科学研究費補助金基盤研究(B)「香港に見る中国的価値観の受容と抵抗：周辺地域への示唆」(課題番号18H03452)のご支援を頂戴している。同研究プロジェクトの分担者および「香港史研究会」に集まってくださっている研究者・学生の皆様からは、公私にわたりお付き合いいただき、有益な情報や交遊の機会を賜っている。共同研究の代表者の任務は筆者にとって初めてのことであり、多くの先輩・後輩にお集まりいただきながら、十分にその任に堪える仕事ができた自信はないが、今後も研究にご同道頂き、お支え頂けるならば無上の喜びである。全員のお名前を挙げることはできないが、スマホで香港の様々な人々や情報に常につながり、広東語を読み熟して、IT弱者の筆者に昼夜問わず最新の動向を知らせてくれた、研究分担者であり、筆者の妻である倉田明子氏については、本書の陰の主役であることを強調したい。二〇二一年夏にいたって未だガラケーを持ち続け、人付き合いを得意としない筆者は、ネットを使って瞬時に、縦横無尽につながって、形を変えながら行動する香港の人々について、本来ならば論じうる能力を欠いた存在なのである。

本書の脱稿からこのあとがきを執筆するまでの間にも、『蘋果日報』の廃刊や、区議会議員の大量辞職といった事態が発生した。本書で触れることはできなかったが、それらがどれほどの大事件なのか、本書をお読み下さった方々にはご理解頂けるのではないかと思う。香港の自由と民主の先行きはただ憂慮されるばかりである。本書でも言及した筆者の少なからぬ友人・知人が今は獄中にある。香港政治研究は心理的にも辛い作業になってしまった。しかし、本書に記したように、香港の人々はこれまでも常に状況を判断して行動し、柔軟に姿形を変えながら、驚くような新展開を繰り広げてきた。今が苦しい時期ならば、それが終わる時が来ると考えるのも、香港人の常識であろう。何よりも筆者が感謝すべき対象は、筆者との交流の有無にかかわらず、筆者にそうしたことを教えてくれた全ての香港の人々である。コロナ禍により、筆者はすでに一年半以上香港を訪れることができていないが、目下香港は東京五輪のフェンシング男子フルーレ個人で張家朗選手が、全種目を通じて香港史上二人目、返還後初の金メダルを獲得したことに沸いているようだ。遠からず、これを上回るような栄光が再び香港にあらんことを願う。

二〇二一年　七月

倉田　徹

人名索引

さ行

た行

な行

は行

ま行

や行

ら行

事項索引

か行

さ行

た行

な行

は行

ま行

や行

ら行

わ行

主要参考文献

本書各章と関連の深い拙著については別途「あとがき」を参照。

中国語文献

『「青少年國民身份」研究報告』、新民黨、2018年4月10日。

『《“一国两制”在香港特別行政区的実践》白皮書（全文）』、中華人民共和国国務院新聞弁公室、2014年。

『香港統計年刊』、香港政府統計處、各年版。

『立法會會議過程正式紀錄』、香港立法會。

王家英編著『過渡期香港民意與政治』、田園書屋、1997年。

區家麟『傘聚』、天窗出版社、2014年。

王賡武『香港史新編（上・下）』、三聯書店、1997年。

王振民『中央與特別行政區關係：一個法治結構的解析』、三聯書店、2014年。

何曦偉「二零一六年學苑『政治與抗爭』民意調査結果」香港大學學生會『學苑』、2016年8月号、36-43ページ。

郝志東主編『公民社會：中國大陸與港澳台』、澳門大學・八方文化創作室、2013年。

郭中實・陳潁琳・張少威『界線與戒線：傳媒工作者眼中的新聞創意』、香港城市大學出版社、2017年。

郭天武・李建星『香港選挙制度的発展及其対香港政治生態的影響』、社会科学文献出版社、2015年。

學民思潮『鐵屋吶喊』、明窗出版社、2013年。

何俊仁『謙卑的奮鬥』、香港大學出版社、2010年。

強世功『中國香港：文化與政治的視野』、牛津大學出版社、2008年。

金堯如『金堯如：香江五十年憶往』、金堯如紀念基金、2005年。

金耀基『中國政治與文化（增訂版）』、牛津大學出版社、2013年。

群策會編『一國兩制下的香港』、群策會、2003年。

厳家其「『一国両制』的科学涵義及其特徴」『紅旗』、1985年第6期、18-20ページ。

呉靄儀『拱心石下：從政十八年』、啓思出版社、2018年。

呉靄儀・陳伯添編著『有得揀你至係老闆』、博益出版集團有限公司、2007 年。
黄偉豪『香港特區的管治和失誤：布魯金斯智庫之道』、明報出版社、2003 年。
江關生『中共在香港：上卷（1921-1949）』、天地圖書、2011 年。
――『中共在香港：下卷（1949-2012）』、天地圖書、2012 年。
鄺健銘『港英時代：英国殖民管治術』、天窗出版、2015 年。
黄之鋒『我不是細路：十八前後』、白卷出版社、2015 年。
――『獄文字』、白卷出版社、2018 年。
黄湛利『香港政府諮詢委員會制度』、中華書局、2015 年。
高望来『大国談判謀略：中英香港談判内幕』、時事出版社、2012 年。
公民教育委員會『國民教育推廣活動意見調査』、2010 年 10 月。
呉介民・蔡宏政・鄭祖邦主編『吊燈裡的巨蟒：中國因素作用力與反作用力』、左岸文化、2017 年。
呉康民口述、方鋭敏整理『呉康民口述歴史：香港政治與愛國教育』、三聯書店、2011 年。
呉國偉『雨傘基督徒』、春天教會、2015 年。
呉俊雄・馬傑偉・呂大樂編『香港・文化・研究』、香港大學出版社、2006 年。
蔡玉萍『誰是香港人？：身份與認同』、進一步多媒體、2010 年。
蔡子強『香港選舉制度透視』、明報出版社、1998 年。
司徒華『司徒華回顧録：大江東去』、牛津大學出版社、2011 年。
謝均才編『我們的地方　我們的時間：香港社會新編』、牛津大學出版社、2002 年。
周永新『香港人的身份認同和價値觀（増訂版）』、中華書局、2016 年。
周奕『香港左派闘争史』、利文出版、2002 年。
朱耀偉『香港流行文化的（後）青春歳月』、中華書局、2019 年。
朱耀偉主編『香港研究作為方法』、中華書局、2016 年。
鍾士元『香港回歸歴程：鍾士元回憶録』、中文大學出版社、2001 年。
徐承恩『香港，鬱躁的家邦：本土觀點的香港源流史』、左岸文化、2017 年。
沈旭暉『平行時空Ⅰ：立足本土的國際視野』、天窗出版、2015 年。
――『1967：國際視野的反思』、天地圖書、2015 年。
新力量網絡『2014 年度香港特區政府管治評估報告』、新力量網絡、2014 年。
大學教育資助委員會『教資會年報 2018-19』、2019 年。

錢其琛『外交十記』、世界知識出版社、2003 年。

曾蔭權『我會做好呢份工』、哲基傑訊、2007 年。

曾鋭生『管治香港：政務官與良好管治的建立』、香港大學出版社、2007 年。

曹二寶「一國兩制條件下香港的管治力量」、『學習時報』、2008 年 1 月 28 日。

宗道一『周南口述：身在疾風驟雨中』、三聯書店、2007 年。

蘇鑰機、葉菁華「報紙手機平台逐漸興起」香港電台『傳媒透視』、2013 年 1 月、7-9 ページ。

戴耀廷『香港的憲政之路』、中華書局、2010 年。

――『佔領中環：和平抗爭心戰室』、天窗出版、2013 年。

中大香港亞太研究所電話調査研究室「中大香港亞太研究所民調：香港核心價值多元多樣」、香港中文大學香港亞太研究所、2014 年。

趙睿・張明瑜主編『中國領導人談香港』、明報出版社、1997 年。

趙永佳・呂大樂・容世誠合編『胸懷祖國：香港「愛國左派」運動』、牛津大學出版社、2014 年。

張家偉『六七暴動：香港戰後歷史的分水嶺』、香港大學出版社、2012 年。

趙向陽『澳門選挙制度』、社会科学文献出版社、2013 年。

趙崇明『佔領中環與教會政治』、基道出版社、2013 年。

張賢登・陳家偉・李柱銘・司徒華・徐漢光『會員政策專責小組報告』、民主黨、2006 年。

陳雲『香港城邦論』、天窗出版社、2011 年。

――『香港遺民論』、次文化堂、2013 年。

――『香港保衛戰』、次文化堂、2013 年。

陳健民『走向公民社會：中港的經驗與挑戰』、上書局、2010 年。

――『公民社會視野：從亂象走向善治』、圓卓精英、2012 年。

陳弘毅『一國兩制下香港的法治探索』、中華書局、2014 年。

陳弘毅・趙心樹『民主與選擧：香港政改的回顧前瞻』、天地圖書、2017 年。

鄭宇碩編著『香港政治參與新型態』、香港城市大學、2015 年。

――『探討本土主義』、香港城市大學當代中國研究計劃、2017 年。

鄭煒・袁瑋熙編『社運年代：香港抗爭政治的軌跡』、中文大學出版社、2018 年。

程翔『香港六七暴動始末：解讀吳荻舟』、牛津大學出版社、2018 年。

鄭蓉「36% 大學生支持本土派　70% 人認同和理非」『大學線』124 期（2016 年

4 月 18 日)。
田飛龍『香港政改觀察：從民主與法治的視角』、商務印書館、2015 年。

二〇一三年度香港大學學生會学苑編『香港民族論』、香港大學學生會、2014 年。

馬嶽『香港政治：發展歷程與核心課題』、香港中文大學亞太研究所、2010 年。

——『港式法團主義：功能界別 25 年』、香港城市大學出版社、2013 年。

——『反抗的共同體：二〇一九香港反送中運動』、左岸文化、2020 年。

馬嶽・蔡子強『選舉制度的政治効果－港式比例代表制的經驗』、香港城市大學出版社、2003 年。

馬嶽編著『香港 80 年代民主運動口述歷史』、香港城市大學出版社、2012 年。

潘毅・余麗文編『書寫都市：香港的身份與文化』、牛津大學出版社、2003 年、26 ページ。

范振汝『香港特別行政區的選舉制度』、三聯書店、2006 年。

保安局『立法會保安事務委員會資料文件：内地居民來港家庭團聚的出入境安排』、立法會 CB(2)775/13-14(03)號文件、2014 年 2 月 7 日。

方志恒主編『寸土必爭：香港民主運動的政治論述』、上書局、2011 年。

方志恒編『香港革新論：革新保港，民主自治，永續自治。為香港前途而戰』、漫遊者文化事業、2015 年。

香港記者協会『一國兩魘：港媒深陷意識形態戰　二零一六年言論自由年報』、2016 年 7 月。

香港大律師公會『香港大律師公會就全國人大常委會於 2017 年 12 月 27 日批准「一地兩檢」合作安排的決定之聲明』、2017 年。

香港特別行政區政府政制及内地事務局『二零一二年行政長官及立法會產生辦法建議方案』、2010 年 4 月。

香港社會民主基金會『二十一世紀的香港：經濟、社會與政治的可持續發展研究報告』、香港社會民主基金會、2001 年 10 月。

香港青年協會『「青年價值觀指標 2014」調查結果』、香港青年協會、2014 年。

民間人權陣線『民陣十年：700 萬人的故事』、民間人權陣線、2013 年。

葉蔭聰・陳景輝編『罷課不罷學：雨傘運動前夕的理論和思想大檢閱』、進一步多媒體、2015 年。

葉健民主編『從九七算起：公民社會的第一個十年』、進一步多媒體、2007 年。

葉健民編『以香港方式繼續愛國－解讀二十三條爭議及七一大遊行』、新力量網

絡、2003年。

――『特區管治的挑戰』、香港城市大學出版社、2017年。

葉健民『靜默革命：香港廉政百年共業』、中華書局、2014年。羅亞『政治部回憶録』、中文大學出版社、1996年。

羅亞『政治部回憶録』、中文大學出版社、1996年。

――『香港絶密檔案』、太平洋世紀出版社、1999年。

羅金義編著『回歸20年香港精神的變易』、香港城市大學出版社、2017年。

陸恭蕙『地下陣線：中共在香港的歷史』、香港大學出版社、2011年。

李少南編『香港傳媒新世紀（第二版）』、中文大學出版社、2015年。

律政司・運輸及房屋局・保安局『討論文件：廣深港高速鐵路香港段清關、出入境及檢疫安排』、2017年。

立法會『立法會會議過程正式紀録』

立法會秘書處資料研究組「"個人遊"計劃」、『研究簡報』第6期、2014年5月。

李彭廣『管治香港：英國解密檔案的啓示』、牛津大學出版社、2012年。

劉兆佳「没有獨立的非殖民地化與香港政治領袖的匱乏」『廣角鏡月刊』、1990年9月、20-38ページ。

――『回歸十五年以來香港特區管治及新政權建設』、商務印書館、2012年。

――『回歸後的香港政治』、商務印書館、2013年。

――『一國兩制在香港的實踐』、商務印書館、2015年。

――『香港的獨特民主路』、商務印書館、2014年。

――『香港社會的民主與管治』、商務印書館、2017年。

――『香港人的政治心態』、商務印書館、2017年。

――『香港社會的政制改革』、商務印書館、2017年。

梁振英『二零一五年施政報告　重法治　掌機遇　作抉擇　推進民主　發展經濟　改善民生』、2015年1月14日。

呂大樂『四代香港人』、進一步多媒體、2007年。

――『唔該，埋單：一個社會學家的香港筆記（增訂本）』、牛津大學出版社、2007年。

――『那似曾相識的七十年代』、中華書局、2012年。

――『香港模式：從現在式到過去式』、中華書局、2015年。

呂大樂・呉俊雄・馬傑偉『香港・生活・文化』、牛津大學出版社、2011年。

林泉忠『當「崛起中國」遇上「太陽傘」：透視廿一世紀兩岸三地新關係』、明報出版社、2019 年。
魯平口述、錢亦蕉整理『魯平口述：香港回歸』、三聯書店、2009 年。

英語文献

Blyth, Sally and Wotherspoon, Ian eds., *Hong Kong Remembers*, Oxford University Press, 1996.
Bureau of East Asian and Pacific Affairs, *Hong Kong Policy Act Report*, U. S. Department of State, issued each year.
Burns, John P., 'The Structure of Communist Party Control in Hong Kong', *Asian Survey*, Vol. 30 No. 8 (1990), pp. 748-765.
Cardenal, Juan Pablo, Kucharczyk, Jacek, Mesežnikov, Grigorij and Pleschová, Gabriela, *Sharp Power: Rising Authoritarian Influence, National Endowment for Democracy*, 2017.
Carroll, John M., *Edge of Empires: Chinese Elites and British Colonials in Hong Kong*, Hong Kong: Hong Kong University Press, 2011.
Cheng, Joseph Y. S. ed., *The July 1 Protest Rally: Interpreting a Historic Event*, Hong Kong: City University of Hong Kong Press, 2005.
——, *The Hong Kong Special Administrative Region in its First Decade*, Hong Kong: City University of Hong Kong Press, 2007.
——, *The Second Chief Executive of Hong Kong SAR: Evaluationg the Tsang Years 2005-2012*, Hong Kong: City University of Hong Kong Press, 2013.
——, *New Trends of Political Participation in Hong Kong*, Hong Kong: City University of Hong Kong Press, 2014.
Chiu, Stephen and Lui, Tai-Lok, *Hong Kong: Becoming a Chinese Global City*, New York: Routledge, 2009.
Chiu, Stephen Wing Kai and Lui, Tai Lok eds., *The Dynamics of Social Movements in Hong Kong*, Hong Kong: Hong Kong University Press, 2000.
——, *Repositioning the Hong Kong Government: Social Foundations and Political Challenges*, Hong Kong: Hong Kong University Press, 2012.
——, *Hong Kong Divided?: Structures of Social Inequality in the Twenty-First*

Century, Hong Kong: Hong Kong Institute of Asia-Pacific Studies, The Chinese University of Hong Kong, 2011.

Chu, Cindy Yik-yi, *Chinese Communists and Hong Kong Capitalists: 1937–1997*, New York: Palgrave Macmillan, 2010.

DeGolyer, Michael E., 'A Collision of Cultures: Systemic Conflict in Hong Kong's Future with China', McMillen, Donald H. and DeGolyer, Michael E. eds, *One Culture, Many Systems: Politics in the Reunification of China*, 1993,

Diamond, Larry, Plattner, Marc F. and Walker, Christopher eds., *Authoritarianism Goes Global: The Challenge to Democracy*, Baltimore: Johns Hopkins University Press, 2016.

Dimitrov, Martin K., *Why Communism Did Not Collapse: Understanding Authoritarian Regime Resilience in Asia and Europe*, Cambridge: Cambridge University Press, 2013.

Endacott, G. B., *A History of Hong Kong*, Hong Kong: Oxford University Press, 1964.

Faure, David, *Colonialism and the Hong Kong Mentality*, Hong Kong: Centre of Asian Studies, The University of Hong Kong, 2003.

Faure, David ed., *A Documentary History of Hong Kong: Society*, Hong Kong: Hong Kong University Press, 1997.

Faure, David and Lee, Pui-tak eds., *A Documentary History of Hong Kong: Economy*, Hong Kong: Hong Kong University Press, 2004.

Fong, Brian C. H., *Hong Kong's Governance Under Chinese Sovereignty: The failure of the state-business alliance after 1997*, New York: Routledge, 2015.

Goodstadt, Leo F., *Uneasy Partners: The Conflict Between Public Interest and Private Profit in Hong Kong*, Hong Kong: Hong Kong University Press, 2009.

Grantham, Alexander, *Via Ports: From Hong Kong to Hong Kong*, Hong Kong: Hong Kong University Press, 1965.

King, Ambrose Yeo-chi, 'Administrative Absorption of Politics in Hong Kong: Emphasis on the Grass-roots Level', *Asian Survey*, Vol. 15, No. 5 (May,

1975), pp. 422-439.

Kou, Yubo, Kow, Yong Ming, Gui, Xinning and Cheng, Waikuen, 'One Social Movement, Two Social Media Sites: A Comparative Study of Public Discourses', *Computer Supported Cooperative Work*, December 2017, Volume 26, Issue 4–6, pp. 807–836.

Kuan, Hsin-chi, 'Power Dependence and Democratic Transition: The Case of Hong Kong', *China Quarterly*, Volume 128, December 1991, pp. 774-793.

Kuan, Hsin-chi, Lau, Siu-kai, Louie, Kin-sheun and Wong, Ka-ying eds. *Power Transfer and Electoral Politic*s, Hong Kong: The Chinese University Press, 1999.

Lam, Wai-man, *Understanding the Political Culture of Hong Kong*, New York: M. E. Sharpe, 2004.

Lam, Wai-man, Lui, Percy Luen-tim and Wong, Wilson eds., *Contemporary Hong Kong Government and Politics* (*Expanded Second Edition*), Hong Kong: Hong Kong University Press, 2012.

Lau, Siu-Kai, *Society and Politics in Hong Kong*, Hong Kong: The Chinese University Press, 1984.

Lau, Siu-Kai and Kuan, Hsin-Chi, *The Ethos of the Hong Kong Chinese*, Hong Kong: The Chinese University Press, 1988.

Lee, Chin-Chuan ed. *Power, Money, and Media: Communication Patterns and Bureaucratic Control in Cultural China*, Evanston: Northwestern University Press, 2000.

Lee, Eliza W. Y., Chan, Elaine Y. M., Chan, Josepf C. W., Cheung, Peter T. Y., Lam, Wai Fung and Lam, Wai-man, *Public Policymaking in Hong Kong: Civic Engagement and State-Society Relations in a Semi-Democracy*, New York: Routledge, 2013.

Lee, Francis L. F., *Talk Radio, the Mainstream Press, and Public Opinion in Hong Kong*, Hong Kong: Hong Kong University Press, 2014.

Link, Perry, "China: The Anaconda in the Chandelier", *The New York Review of Books*, April 11, 2002.

Lo Shiu-hing, *The Politics of Democratization in Hong Kong*, London: Macmillan,

1997.
——, *The Dynamics of Beijing-Hong Kong Relations: A Model for Taiwan?*, Hong Kong: Hong Kong university Press, 2008.
Loh, Christine and Civic Exchange eds., *Functional Constituencies: A Unique Feature of the Hong Kong Legislative Council*, Hong Kong: Hong Kong University Press, 2006.
Lui, Tai-lok, Chiu, Stephen W.K. and Yep, Ray eds., *Routledge Handbook of Contemporary Hong Kong*, New York: Routledge, 2019.
Ma, Ngok, *Political Development in Hong Kong: State, Political Society, and Civil Society*, Hong Kong: Hong Kong University Press, 2007.
Mark, Chi-kwan, *Hong Kong and the Cold War: Anglo-American Relations*, 1949–1957, Oxford: Clarendon, 2004.
Miller, Terry, Kim, Anthony B., Roberts, James M. with Tyrrell, Patrick, 'Highlights of the 2019 Index of Economic Freedom', The Heritage Foundation, 2019.
Miners, Norman, *The Government and Politics of Hong Kong* (fifth edition), Hong Kong: Oxford University Press, 1995.
Nye, Joseph S. Jr., *Soft Power: The Means to Success in World Politics*, New York: Public Affairs, 2004.
Patten, Chris, *East and West*, London: Macmillan, 1998.
——, *First Confession: A Sort of Memoir*, London: Penguin Books, 2017.
Pepper, Suzanne, *Keeping Democracy at Bay: Hong Kong and the Challenge of Chinese Political Reform*, Lanham, Maryland: Rowman & Littlefield Publishers, 2008.
Reeves, Jeffrey, 'Structural Power, the Copenhagen School and Threats to Chinese Society', *The China Quarterly*, Vol. 217, March 2014, pp. 140–161.
Roberts, Priscilla and Carroll, John M. eds., *Hong Kong in the Cold War*, Hong Kong: Hong Kong University Press, 2016.
Scott, Ian, "The Disarticulation of Hong Kong's Post-Handover Political System", *China Journal*, Volume 43 (January 2000), pp. 29–53.
Secretary of State for Foreign and Commonwealth Affairs, *Six-monthly Report*

on Hong Kong, The Stationery Office, issued every six months.
Silver, Andrew, 'Hong Kong's contentious national security law concerns some academics', *Nature*, 12 June 2020.
Sinn, Elizabeth, *Power and Charity: The Early History of the Tung Wah Hospital, Hong Kong*, Hong Kong: Oxford University Press, 1989.
So, Alvin Y., *Hong Kong's Embattled Democracy*, Baltimore: The Johns Hopkins University Press, 1999.
Tai, Benny Yiu-ting ed. *China's Sharp Power in Hong Kong*, Hong Kong Civil Hub, 2018.
Tang, James T. H., "World War to Cold War: Hong Kong's Future and Anglo-Chinese Interactions, 1941-55", Chan, Ming K. ed., *Precarious Balance: Hong Kong between China and Britain, 1842-1992*, Armonk: Sharpe, 1994.
Ure, Gavin, *Governors, Politics and the Colonial Office: Public Policy in Hong Kong*, Hong Kong: Hong Kong University Press, 2012.
Vickers, Edward and Jones, Alisa eds., *History Education and National Identity in East Asia*, New York: Routledge, 2005.
Walker, Christopher and Ludwig, Jessica, 'The meaning of sharp power: How authoritarian states project influence', *Foreign Affairs*, 16 November 2017.
Wong, Stan Hok-Wui, *Electoral Politics in Post-1997 Hong Kong: Protest, Patronage, and the Media*, Singapore: Springer, 2015.
Wong, Wai-kwok, 'Can Co-optation Win Over the Hong Kong People? China's United Front Work in Hong Kong Since 1984', *Issues & Studies*, Vol. 33 No. 5 (May 1997), pp. 102-137.
Zheng, Yongnian and Yew, Chiew Ping eds., *Hong Kong under Chinese Rule: Economic Integration and Political Gridlock*, Singapore: World Scientific Publishing, 2013.

日本語文献

阿古智子『香港あなたはどこへ向かうのか』、出版舎ジグ、2020年。

アジア経済研究所編『アジア動向年報』、日本貿易振興機構アジア経済研究所、各年版。

安藤丈将「香港・菜園村生活館におけるパーマカルチャーと社会運動」『ソシオロジスト』23号（2021年3月）、47-98ページ。

石井大智「香港中文大・第8報：テレグラムから生まれた新興労働組合の実相」『日経ビジネス』、2020年3月13日。

石井大智編著『「小さな主語」で語る香港デモ』、現代人文社、2021年。

小川善照『香港デモ戦記』、集英社新書、2020年。

ジョン・M・キャロル著、倉田明子・倉田徹訳『香港の歴史：東洋と西洋の間に立つ人々』、明石書店、2020年。

邱永漢『1997香港の憂鬱』、小学館、1997年。

――『邱永漢ベスト・シリーズ　香港・濁水渓』，実業之日本社、1992年。

許家屯著、青木まさこ・小須田秀幸・趙宏偉訳『香港回収工作（上）（下）』、筑摩書房、1996年。

倉田明子「都市・チャリティ・動物：動物虐待防止条例の成立からみる『香港社会』の形成」倉田徹編『香港の過去・現在・未来：東アジアのフロンティア』、勉誠出版、2019年、115-126ページ。

倉田徹『中国返還後の香港：「小さな冷戦」と一国二制度の展開』、名古屋大学出版会、2009年。

――「『民主』（democracy）と『民主』（minzhu）の出会い――香港から考える」『アステイオン』77号（2012年11月）、67-81ページ。

倉田徹・倉田明子編『香港危機の深層：「逃亡犯条例」改正問題と「一国二制度」のゆくえ』、東京外国語大学出版会、2019年。

倉田徹・張彧暋『香港：中国と向き合う自由都市』、岩波新書、2015年。

パーシー・クラドック著、小須田秀幸訳『中国との格闘――ある英国外交官の回想』、筑摩書房、1997年。

興梠一郎『「一国二制度」下の香港』、論創社、2000年。

沢田ゆかり編『植民地香港の構造変化』、アジア経済研究所、1997年。

フィリップ・シュミッター、ギジェルモ・オドンネル著　真柄秀子・井戸正伸訳『民主化の比較政治学――権威主義支配以後の政治世界』、未來社、1986年。

スーザン・ストレンジ著、西川潤・佐藤元彦訳『国際政治経済学入門』、東洋経済新報社、1994年。

曽根康雄「香港は“金の卵を産むニワトリ”でなくなったのか？：特殊な相互依存関係の変貌」倉田徹編『香港の過去・現在・未来：東アジアのフロンティア』、勉誠出版、2019年、23-36ページ。

竹内孝之『返還後香港政治の10年』、アジア経済研究所、2007年。

但見亮「『中国夢』的『一国二制度』：香港の『宣誓風波』をめぐって」新潟大学法学会『法政理論』第50巻第2号（2018年）、60-91ページ。

谷垣真理子「管理された民主化：普通選挙導入をめぐる香港の事例」『東洋文化研究所紀要』第155冊（2009年3月）、69-101ページ。

谷垣真理子・塩出浩和・容應萸編『変容する華南と華人ネットワークの現在』、風響社、2014年。

ロバート・A・ダール著、高畠通敏・前田脩訳『ポリアーキー』、岩波文庫、2014年。

中国研究所編『中国年鑑』、中国研究所、各年版。

張彧暋「香港本土派とは：対中幻想からの決別」倉田徹編『香港の過去・現在・未来：東アジアのフロンティア』、勉誠出版、2019年、183-200ページ。

銭俊華『香港と日本：記憶・表象・アイデンティティ』、ちくま新書、2020年。

中嶋嶺雄『新版　香港：移りゆく都市国家』、時事通信社、1997年。

中園和仁『香港返還交渉：民主化をめぐる攻防』、国際書院、1998年。

中村元哉『中国、香港、台湾におけるリベラリズムの系譜』、有志舎、2018年。

野嶋剛『香港とは何か』、ちくま新書、2020年。

ジェームズ・パーマー「香港区議選：中国共産党は親中派の勝利を確信していた（今はパニック）」『ニューズウィーク日本版』、2019年11月26日。

萩原隆太「香港における『依法治国』の浸透：『参選風波』事件をめぐって」倉田徹編『香港の過去・現在・未来』、勉誠出版、2019年、254-264ページ。

伯川星矢「香港が香港であり続けるために：香港と日本のハーフが見た雨傘革命」遠藤誉編『香港バリケード：若者はなぜ立ち上がったのか』、明石書店、2015年、170-182ページ。

ステファン・ハルパー著、園田茂人・加茂具樹訳『北京コンセンサス：中国流が世界を動かす？』、岩波書店、2011年。

ポール・ピアソン『ポリティクス・イン・タイム：歴史・政治・社会分析』、勁草書房、2010 年、103-106 ページ。

廣江倫子「香港における国際人権法の実施」『一橋法学』第 2 巻第 3 号（2003 年 11 月）、373-400 ページ。

――『香港基本法の研究：「一国両制」における解釈権と裁判管轄を中心に』、成文堂、2005 年。

――『香港基本法解釈権の研究』、信山社、2018 年。

――「香港終審法院の外国籍裁判官」倉田徹編『香港の過去・現在・未来：東アジアのフロンティア』、勉誠出版、2019 年、37-49 ページ。

廣江倫子・阿古智子編『香港国家安全維持法のインパクト：一国二制度における自由・民主主義・経済活動はどう変わるか』、日本評論社、2021 年。

福嶋亮大・張彧暋『辺境の思想：日本と香港から考える』、文藝春秋、2018 年。

ふるまいよしこ「中国政府に『自由』を奪われた、香港の人々が『いま考えていること』～現地からの報告：香港民主活動の最前線」『現代ビジネス』、2021 年 3 月 2 日。

益満雄一郎『香港危機の 700 日全記録』、ちくま新書、2021 年。

松谷曄介編訳『香港の民主化運動と信教の自由』、教文館、2021 年。

ジェームズ・マン著、渡辺昭夫訳『危険な幻想：中国が民主化しなかったら世界はどうなる？』、PHP 研究所、2007 年。

村井寛志「『香港人』はどのように語られてきたか：1940 年代後半の『新生晩報』文芸欄を中心に」倉田徹編『香港の過去・現在・未来：東アジアのフロンティア』、勉誠出版、2019 年、173-182 ページ。

毛里和子『現代中国政治』、名古屋大学出版会、1993 年。

森一道『「香港情報」の研究―中国改革開放を促す〈同胞メディア〉の分析―』、芙蓉書房出版、2007 年、81-83 ページ。

安田信之編『香港・1997 年・法』、アジア経済研究所、1993 年。

遊川和郎『香港：返還 20 年の相克』、日本経済新聞出版社、2017 年。

吉川雅之編『「読み・書き」から見た香港の転換期：1960-70 年代のメディアと社会』、明石書店、2009 年。

吉川雅之・倉田徹編『香港を知るための 60 章』、明石書店、2016 年。

羅永生著、丸川哲史・鈴木将久・羽根次郎編訳『誰も知らない香港現代思想

史』、共和国、2015年。

李怡著　坂井臣之助訳『香港はなぜ戦っているのか』、草思社、2020年。

林泉忠『「辺境東アジア」のアイデンティティ・ポリティクス――沖縄・台湾・香港』、明石書店、2005年。

――「中国台頭症候群：香港・台湾から見た『チャイニーズ・システム』の課題」『アジア研究』、第63巻第1号（2017年1月）、48-67ページ。

中国語サイト

環球網、https://www.huanqiu.com/
新華網、http://www.xinhuanet.com/
人民網、http://www.people.com.cn/
中央人民政府駐香港特別行政区連絡弁公室、http://www.locpg.hk/
中華民國大陸委員會、http://www.mac.gov.tw/
中国共産党新聞網、http://cpc.people.com.cn/
中国政府網、https://www.gov.cn/
香港司法機構法律參考資料系統、https://legalref.judiciary.hk/lrs/common/ju/judgment.jsp
香港特別行政區政府新聞資料庫、https://www.info.gov.hk/gia/ISD_public_Calendar_tc.html
香港特別行政區政府新聞網、https://www.news.gov.hk/chi/index.html
香港特別行政區政府選舉管理委員會、https://www.eac.gov.hk/
香港特別行政區政府選民登記、https://www.voterregistration.gov.hk/chi/home.html
香港特別行政區政府統計處、https://www.censtatd.gov.hk/tc/
香港特別行政區政府旅遊事務署、https://www.tourism.gov.hk/tc/index.php
香港民意研究所、https://www.pori.hk/
民主建港協進聯盟、https://www.dab.org.hk/
立場新聞、https://www.thestandnews.com/

英語サイト

Breakingviews, Reuters, https://www.breakingviews.com/

Freedom House, https://freedomhouse.org/
Reporters without borders, https://rsf.org/
Reuters, https://www.reuters.com/
Washington Post, https://www.washingtonpost.com/
World Bank, http://info.worldbank.org/governance/wgi/
World Economic Forum, http://reports.weforum.org/
World Justice Project, https://worldjusticeproject.org/

著者略歴
倉田　徹（くらた　とおる）
1975 年生まれ。2008 年東京大学大学院総合文化研究科博士後期課程修了，博士（学術）。2003 ～ 06 年に在香港日本国総領事館専門調査員。金沢大学人間社会学域国際学類准教授などを経て，現在，立教大学法学部政治学科教授。専門は，現代中国・香港政治。著書に『中国返還後の香港――「小さな冷戦」と一国二制度の展開』（名古屋大学出版会，サントリー学芸賞受賞），共著に『香港 中国と向き合う自由都市』（岩波新書），『香港危機の深層――「逃亡犯条例」改正問題と「一国二制度」のゆくえ』（東京外国語大学出版会）など。

香港政治危機――圧力と抵抗の2010年代

2021 年 9 月 17 日　初　版

［検印廃止］

著　者　倉田《くらた》　徹《とおる》

発行所　一般財団法人　東京大学出版会
代表者　吉見 俊哉
153-0041 東京都目黒区駒場4-5-29
http://www.utp.or.jp/
電話　03-6407-1069　Fax 03-6407-1991
振替　00160-6-59964

組　版　有限会社プログレス
印刷所　株式会社ヒライ
製本所　牧製本印刷株式会社

ISBN 978-4-13-033110-4　Printed in Japan